André Gide

Les Faux-Monnayeurs

Dossier et notes réalisés par
Frédéric Maget

Lecture d'image par
Agnès Verlet

folioplus
classiques

Frédéric Maget est professeur de lettres modernes. Il est l'auteur de *Colette. Livret pédagogique* (Livre de Poche, 2004) et il a édité notamment *Dialogues de bêtes, Mère et fille. Correspondances de Mme de Sévigné, George Sand, Sido et Colette* («Folioplus classiques» n°s 36 et 112) et *Le Blé en herbe* (Flammarion, «Étonnants classiques»). Il collabore à la revue *TDC* (Colette, Senghor, Char…). Il est depuis 2003 secrétaire général de la Société des amis de Colette.

Maître de conférences en littérature française à l'Université de Provence (Aix-Marseille I), **Agnès Verlet** centre de plus en plus ses recherches sur les rapports entre la littérature et les arts plastiques (peinture, sculpture). Elle travaille également sur la mémoire, l'inscription, la trace. Dans ce double registre, elle est l'auteur de plusieurs ouvrages, *Les Vanités de Chateaubriand* (Droz, 2001), et *Pierres parlantes, florilège d'épitaphes parisiennes* (Paris-Musées, 2000). Collaborant au *Magazine littéraire* et à *Europe*, elle a publié un roman et des nouvelles.

Sommaire

Sommaire

Les Faux-Monnayeurs

Première partie

Paris

I

« C'est le moment de croire que j'entends des pas dans le corridor », se dit Bernard. Il releva la tête et prêta l'oreille. Mais non : son père et son frère aîné étaient retenus au Palais ; sa mère en visite ; sa sœur à un concert ; et quant au puîné[1], le petit Caloub, une pension le bouclait au sortir du lycée chaque jour. Bernard Profitendieu était resté à la maison pour potasser son bachot ; il n'avait plus devant lui que trois semaines. La famille respectait sa solitude ; le démon pas. Bien que Bernard eût mis bas sa veste, il étouffait. Par la fenêtre ouverte sur la rue n'entrait rien que de la chaleur. Son front ruisselait. Une goutte de sueur coula le long de son nez, et s'en alla tomber sur une lettre qu'il tenait en main :

« Ça joue la larme, pensa-t-il. Mais mieux vaut suer que de pleurer. »

Oui, la date était péremptoire. Pas moyen de douter : c'est bien de lui, Bernard, qu'il s'agissait. La lettre était adressée à sa mère ; une lettre d'amour vieille de dix-sept ans ; non signée.

« Que signifie cette initiale ? Un V, qui peut aussi bien être un N... Sied-il d'interroger ma mère ?... Faisons crédit

_____
1. Cadet.

à son bon goût. Libre à moi d'imaginer que c'est un prince.
La belle avance si j'apprends que je suis le fils d'un cro-
quant[1] ! Ne pas savoir qui est son père, c'est ça qui guérit
de la peur de lui ressembler. Toute recherche oblige. Ne
retenons de ceci que la délivrance. N'approfondissons pas.
Aussi bien j'en ai mon suffisant pour aujourd'hui. »

Bernard replia la lettre. Elle était de même format que
les douze autres du paquet. Une faveur[2] rose les attachait,
qu'il n'avait pas eu à dénouer ; qu'il refit glisser pour ceintu-
rer comme auparavant la liasse. Il remit la liasse dans le coffret et le coffret dans le tiroir de la console. Le tiroir n'était
pas ouvert ; il avait livré son secret par en haut. Bernard
rassujettit les lames disjointes du plafond de bois, que
devait recouvrir une lourde plaque d'onyx[3]. Il fit doucement, précautionneusement, retomber celle-ci, replaça par-
dessus deux candélabres de cristal et l'encombrante pendule
qu'il venait de s'amuser à réparer.

La pendule sonna quatre coups. Il l'avait remise à l'heure.

« Monsieur le juge d'instruction et Monsieur l'avocat son
fils ne seront pas de retour avant six heures. J'ai le temps.
Il faut que Monsieur le juge, en rentrant, trouve sur son
bureau la belle lettre où je m'en vais lui signifier mon
départ. Mais avant de l'écrire, je sens un immense besoin
d'aérer un peu mes pensées — et d'aller retrouver mon
cher Olivier, pour m'assurer, provisoirement du moins,
d'un perchoir. Olivier, mon ami, le temps est venu pour
moi de mettre ta complaisance à l'épreuve et pour toi de
me montrer ce que tu vaux. Ce qu'il y avait de beau dans
notre amitié, c'est que, jusqu'à présent, nous ne nous étions
jamais servis l'un de l'autre. Bah ! un service amusant à

---

1. Terme péjoratif qui désigne un paysan ou un rustre.
2. Ruban fin et étroit.
3. Variété de marbre.

rendre ne saurait être ennuyeux à demander. Le gênant, c'est qu'Olivier ne sera pas seul. Tant pis ! je saurai le prendre à part. Je veux l'épouvanter par mon calme. C'est dans l'extraordinaire que je me sens le plus naturel. »

La rue de T…, où Bernard Profitendieu avait vécu jusqu'à ce jour, est toute proche du jardin du Luxembourg. Là, près de la fontaine Médicis, dans cette allée qui la domine, avaient coutume de se retrouver, chaque mercredi entre quatre et six, quelques-uns de ses camarades. On causait art, philosophie, sports, politique et littérature. Bernard avait marché très vite ; mais en passant la grille du jardin il aperçut Olivier Molinier et ralentit aussitôt son allure.

L'assemblée ce jour-là était plus nombreuse que de coutume, sans doute à cause du beau temps. Quelques-uns s'y étaient adjoints que Bernard ne connaissait pas encore. Chacun de ces jeunes gens, sitôt qu'il était devant les autres, jouait un personnage et perdait presque tout naturel.

Olivier rougit en voyant approcher Bernard et, quittant assez brusquement une jeune femme avec laquelle il causait, s'éloigna. Bernard était son ami le plus intime, aussi Olivier prenait-il grand soin de ne paraître point le rechercher ; il feignait même parfois de ne pas le voir.

Avant de le rejoindre, Bernard devait affronter plusieurs groupes, et, comme lui de même affectait de ne pas rechercher Olivier, il s'attardait.

Quatre de ses camarades entouraient un petit barbu à pince-nez, sensiblement plus âgé qu'eux, qui tenait un livre. C'était Dhurmer.

« Qu'est-ce que tu veux, disait-il en s'adressant plus particulièrement à l'un des autres, mais manifestement heureux d'être écouté par tous. J'ai poussé jusqu'à la page trente sans trouver une seule couleur, un seul mot qui peigne. Il parle d'une femme ; je ne sais même pas si sa robe était rouge ou bleue. Moi, quand il n'y a pas de couleurs, c'est bien simple, je ne vois rien.» — Et par besoin d'exagérer, d'autant plus qu'il se sentait moins pris au sérieux, il insistait : «Absolument rien.»

Bernard n'écoutait plus le discoureur ; il jugeait malséant de s'écarter trop vite, mais déjà prêtait l'oreille à d'autres qui se querellaient derrière lui et qu'Olivier avait rejoints après avoir laissé la jeune femme ; l'un de ceux-ci, assis sur un banc, lisait l'*Action française* [1].

Combien Olivier Molinier, parmi tous ceux-ci, paraît grave ! Il est l'un des plus jeunes pourtant. Son visage presque enfantin encore et son regard révèlent la précocité de sa pensée. Il rougit facilement. Il est tendre. Il a beau se montrer affable envers tous, je ne sais quelle secrète réserve, quelle pudeur, tient ses camarades à distance. Il souffre de cela. Sans Bernard, il en souffrirait davantage.

Molinier s'était un instant prêté, comme fait Bernard à présent, à chacun des groupes ; par complaisance, mais rien de ce qu'il entend ne l'intéresse.

Il se penchait par-dessus l'épaule du lecteur. Bernard, sans se retourner, l'entendait dire :

«Tu as tort de lire les journaux ; ça te congestionne.»

Et l'autre repartir d'une voix aigre :

«Toi, dès qu'on parle de Maurras [2], tu verdis.»

Puis un troisième, sur un ton goguenard, demander :

«Ça t'amuse, les articles de Maurras ?»

Et le premier répondre :

«Ça m'emmerde ; mais je trouve qu'il a raison.»

---

1. Revue bimensuelle puis journal quotidien, à partir de 1908, du mouvement monarchiste d'extrême droite du même nom. Ses principaux animateurs furent Charles Maurras (1868-1952), Jacques Bainville (1879-1936) et Léon Daudet (1868-1942).

2. Après avoir participé avec Jean Moréas (1856-1910) à la création de l'école romane, «chapelle» de l'école symboliste, Charles Maurras se consacra à l'exposé de ses thèses nationalistes et monarchistes. Il dirigea à partir de 1908 la version quotidienne de *L'Action française*.

Puis un quatrième, dont Bernard ne reconnaissait pas la voix :

« Toi, tout ce qui ne t'embête pas, tu crois que ça manque de profondeur. »

Le premier ripostait :

« Si tu crois qu'il suffit d'être bête pour être rigolo !

— Viens », dit à voix basse Bernard, en saisissant brusquement Olivier par le bras. Il l'entraîna quelques pas plus loin :

« Réponds vite ; je suis pressé. Tu m'as bien dit que tu ne couchais pas au même étage que tes parents ?

— Je t'ai montré la porte de ma chambre ; elle donne droit sur l'escalier, un demi-étage avant d'arriver chez nous.

— Tu m'as dit que ton frère couchait là aussi ?

— Georges, oui.

— Vous êtes seuls tous les deux ?

— Oui.

— Le petit sait se taire ?

— S'il le faut. Pourquoi ?

— Écoute. J'ai quitté la maison ; ou du moins je vais la quitter ce soir. Je ne sais pas encore où j'irai. Pour une nuit, peux-tu me recevoir ? »

Olivier devint très pâle. Son émotion était si vive qu'il ne pouvait regarder Bernard.

« Oui, dit-il ; mais ne viens pas avant onze heures. Maman descend nous dire adieu chaque soir, et ferme notre porte à clef.

— Mais alors… »

Olivier sourit :

« J'ai une autre clef. Tu frapperas doucement pour ne pas réveiller Georges s'il dort ?

— Le concierge me laissera passer ?

— Je l'avertirai. Oh ! je suis très bien avec lui. C'est lui qui m'a donné l'autre clef. À tantôt. »

Ils se quittèrent sans se serrer la main. Et tandis que Bernard s'éloignait, méditant la lettre qu'il voulait écrire et que le magistrat devait trouver en rentrant, Olivier, qui ne voulait pas qu'on ne le vît s'isoler qu'avec Bernard, alla retrouver Lucien Bercail que les autres laissent un peu à l'écart. Olivier l'aimerait beaucoup, s'il ne lui préférait Bernard. Autant Bernard est entreprenant, autant Lucien est timide. On le sent faible ; il semble n'exister que par le cœur et par l'esprit. Il ose rarement s'avancer, mais devient fou de joie dès qu'il voit qu'Olivier s'approche. Que Lucien fasse des vers, chacun s'en doute ; pourtant Olivier est, je crois bien, le seul à qui Lucien découvre ses projets. Tous deux gagnèrent le bord de la terrasse.

« Ce que je voudrais, disait Lucien, c'est raconter l'histoire, non point d'un personnage, mais d'un endroit — tiens, par exemple, d'une allée de jardin, comme celle-ci, raconter ce qui s'y passe — depuis le matin jusqu'au soir. Il y viendrait d'abord des bonnes d'enfants, des nourrices, avec des rubans… Non, non… d'abord des gens tout gris, sans sexe ni âge, pour balayer l'allée, arroser l'herbe, changer les fleurs, enfin la scène et le décor avant l'ouverture des grilles tu comprends ? Alors l'entrée des nourrices. Des mioches font des pâtés de sable, se chamaillent ; les bonnes les giflent. Ensuite il y a la sortie des petites classes — et puis les ouvrières. Il y a des pauvres qui viennent manger sur un banc. Plus tard des jeunes gens qui se cherchent ; d'autres qui se fuient ; d'autres qui s'isolent, des rêveurs. Et puis la foule, au moment de la musique et de la sortie des magasins. Des étudiants, comme à présent. Le soir, des amants qui s'embrassent ; d'autres qui se quittent en pleurant. Enfin, à la tombée du jour, un vieux couple… Et, tout à coup, un roulement de tambour ; on ferme. Tout le monde sort. La pièce est finie. Tu comprends : quelque chose qui donnerait l'impression de la fin de tout, de la mort… mais sans parler de la mort, naturellement.

— Oui, je vois ça très bien, dit Olivier qui songeait à Bernard et n'avait pas écouté un mot.

— Et ça n'est pas tout ; ça n'est pas tout ! reprit Lucien avec ardeur. Je voudrais, dans une espèce d'épilogue, montrer cette même allée, la nuit, après que tout le monde est parti, déserte, beaucoup plus belle que pendant le jour ; dans le grand silence, l'exaltation de tous les bruits naturels : le bruit de la fontaine, du vent dans les feuilles, et le chant d'un oiseau de nuit. J'avais pensé d'abord à y faire circuler des ombres, peut-être des statues… mais je crois que ça serait plus banal ; qu'est-ce que tu en penses ?

— Non, pas de statues, pas de statues, protesta distraitement Olivier ; puis, sous le regard triste de l'autre : Eh bien, mon vieux, si tu réussis cela, ce sera épatant », s'écriat-il chaleureusement.

2

> *Il n'y a point de trace, dans les lettres de Poussin, d'aucune obligation qu'il aurait eue à ses parents. Jamais dans la suite il ne marqua de regrets de s'être éloigné d'eux. Transplanté volontairement à Rome, il perdit tout désir de retour, on dirait même tout souvenir.*
>
> PAUL DESJARDINS [1]
> (*Poussin*).

Monsieur Profitendieu était pressé de rentrer et trouvait que son collègue Molinier, qui l'accompagnait le long du boulevard Saint-Germain, marchait bien lentement. Albéric Profitendieu venait d'avoir au Palais une journée particulièrement chargée : il s'inquiétait de sentir une certaine pesanteur au côté droit ; la fatigue, chez lui, portait sur le foie, qu'il avait un peu délicat. Il songeait au bain qu'il allait prendre ; rien ne le reposait mieux des soucis du jour qu'un bon bain ; en prévision de quoi il n'avait pas goûté ce jour-d'hui, estimant qu'il n'est prudent d'entrer dans l'eau, fût-

---

1. Professeur et journaliste français (1859-1940). Il racheta au début du XXᵉ siècle l'abbaye de Pontigny, où il organisa ultérieurement des rencontres annuelles d'intellectuels auxquelles participa André Gide.

elle tiède, qu'avec un estomac non chargé. Après tout, ce n'était peut-être là qu'un préjugé ; mais les préjugés sont les pilotis de la civilisation.

Oscar Molinier pressait le pas tant qu'il pouvait et faisait effort pour suivre Profitendieu, mais il était beaucoup plus court que lui et de moindre développement crural[1] ; de plus, le cœur un peu capitonné de graisse, il s'essoufflait facilement. Profitendieu, encore vert à cinquante-cinq ans, de coffre creux et de démarche alerte, l'aurait plaqué volontiers ; mais il était très soucieux des convenances ; son collègue était plus âgé que lui, plus avancé dans la carrière : il lui devait le respect. Il avait, de plus, à se faire pardonner sa fortune qui, depuis la mort des parents de sa femme, était considérable, tandis que monsieur Molinier n'avait pour tout bien que son traitement de président de chambre, traitement dérisoire et hors de proportion avec la haute situation qu'il occupait avec une dignité d'autant plus grande qu'elle palliait sa médiocrité. Profitendieu dissimulait son impatience ; il se retournait vers Molinier et regardait celui-ci s'éponger ; au demeurant ce que lui disait Molinier l'intéressait fort ; mais leur point de vue n'était pas le même et la discussion s'échauffait.

« Faites surveiller la maison, disait Molinier. Recueillez les rapports du concierge et de la fausse servante, tout cela va fort bien. Mais faites attention que, pour peu que vous poussiez un peu trop avant cette enquête, l'affaire vous échappera... Je veux dire qu'elle risque de vous entraîner beaucoup plus loin que vous ne pensiez tout d'abord.

— Ces préoccupations n'ont rien à voir avec la justice.

— Voyons ! Voyons, mon ami ; nous savons vous et moi ce que devrait être la justice, et ce qu'elle est. Nous faisons pour le mieux, c'est entendu ; mais, si bien que nous fas-

---

1. Relatif à la cuisse.

sions, nous ne parvenons à rien que d'approximatif. Le cas qui vous occupe aujourd'hui est particulièrement délicat : sur quinze inculpés, ou qui, sur un mot de vous, pourront l'être demain, il y a neuf mineurs. Et certains de ces enfants, vous le savez, sont fils de très honorables familles. C'est pourquoi je considère en l'occurrence le moindre mandat d'arrêt comme une insigne maladresse. Les journaux de parti vont s'emparer de l'affaire, et vous ouvrez la porte à tous les chantages, à toutes les diffamations. Vous aurez beau faire : malgré toute votre prudence vous n'empêcherez pas que des noms propres soient prononcés… Je n'ai pas qualité pour vous donner un conseil, et vous savez combien plus volontiers j'en recevrais de vous dont j'ai toujours reconnu et apprécié la hauteur de vue, la lucidité, la droiture… Mais, à votre place, voici comment j'agirais : je chercherais le moyen de mettre fin à cet abominable scandale en m'emparant des quatre ou cinq instigateurs… Oui, je sais qu'ils sont de prise difficile ; mais que diable, c'est notre métier. Je ferais fermer l'appartement, le théâtre de ces orgies, et je m'arrangerais de manière à prévenir les parents de ces jeunes effrontés, doucement, secrètement, et simplement de manière à empêcher les récidives. Ah ! par exemple, faites coffrer les femmes ! ça, je vous l'accorde volontiers ; il me paraît que nous avons affaire ici à quelques créatures d'une insondable perversité et dont il importe de nettoyer la société. Mais, encore une fois, ne vous saisissez pas des enfants ; contentez-vous de les effrayer, puis couvrez tout cela de l'étiquette "ayant agi sans discernement" et qu'ils restent longtemps étonnés d'en être quittes pour la peur. Songez que trois d'entre eux n'ont pas quatorze ans et que les parents sûrement les considèrent comme des anges de pureté et d'innocence. Mais au fait, cher ami, voyons, entre nous, est-ce que nous songions déjà aux femmes à cet âge ? »

Il s'était arrêté, plus essoufflé par son éloquence que par la marche, et forçait Profitendieu qu'il tenait par la manche, de s'arrêter aussi...

«Ou si nous y pensions, reprenait-il, c'était idéalement, mystiquement, religieusement si je puis dire. Ces enfants d'aujourd'hui, voyez-vous, ces enfants n'ont plus d'idéal... À propos, comment vont les vôtres? Bien entendu, je ne disais pas tout cela pour eux. Je sais qu'avec eux, sous votre surveillance, et grâce à l'éducation que vous leur avez donnée, de tels égarements ne sont pas à craindre.»

En effet Profitendieu n'avait eu jusqu'à présent qu'à se louer de ses fils; mais il ne se faisait pas d'illusion: la meilleure éducation du monde ne prévalait pas contre les mauvais instincts; Dieu merci, ses enfants n'avaient pas de mauvais instincts, non plus que les enfants de Molinier sans doute; aussi se garaient-ils d'eux-mêmes des mauvaises fréquentations et des mauvaises lectures. Car que sert d'interdire ce qu'on ne peut pas empêcher? Les livres qu'on lui défend de lire, l'enfant les lit en cachette. Lui, son système est bien simple: les mauvais livres, il n'en défendait pas la lecture; mais il s'arrangeait de façon que ses enfants n'aient aucune envie de les lire. Quant à l'affaire en question, il y réfléchirait encore et promettait en tout cas de ne rien faire sans en aviser Molinier. Simplement on continuerait à exercer une discrète surveillance et, puisque le mal durait déjà depuis trois mois, il pouvait bien continuer quelques jours ou quelques semaines encore. Au surplus, les vacances se chargeraient de disperser les délinquants. Au revoir.

Profitendieu put enfin presser le pas.

Sitôt rentré, il courut à son cabinet de toilette et ouvrit les robinets de la baignoire. Antoine guettait le retour de son maître et fit en sorte de le croiser dans le corridor.

Ce fidèle serviteur était dans la maison depuis quinze ans; il avait vu grandir les enfants. Il avait pu voir bien des choses; il en soupçonnait beaucoup d'autres, mais faisait mine de ne remarquer rien de ce qu'on prétendait lui cacher. Bernard ne laissait pas d'avoir de l'affection pour Antoine. Il n'avait pas voulu partir sans lui dire adieu. Et peut-être par irritation contre sa famille se plaisait-il à mettre un simple domestique dans la confidence de ce départ que ses proches ignoraient; mais il faut dire à la décharge de Bernard qu'aucun des siens n'était alors à la maison. De plus Bernard n'aurait pu leur dire adieu sans qu'ils cherchassent à le retenir. Il redoutait les explications. À Antoine il pouvait dire simplement: « Je m'en vais. » Mais ce faisant il lui tendait la main d'une façon si solennelle que le vieux serviteur s'étonna.

« Monsieur Bernard ne rentre pas dîner?

— Ni pour coucher, Antoine. » Et comme l'autre restait indécis ne sachant trop ce qu'il devait comprendre, ni s'il devait interroger davantage, Bernard répéta plus intentionnellement: « Je m'en vais », puis il ajouta: « J'ai laissé une lettre sur le bureau de... » Il ne put se résoudre à dire: de papa, il se reprit: « ... sur la table du bureau. Adieu. »

En serrant la main d'Antoine, il était ému comme s'il prenait congé du même coup de son passé; il répéta bien vite adieu, puis partit, avant de laisser éclater le gros sanglot qui montait à sa gorge.

Antoine doutait si ce n'était point une grave responsabilité que de le laisser partir ainsi — mais comment eût-il pu le retenir?

Que ce départ de Bernard fût pour toute la famille un événement inattendu, monstrueux, Antoine le sentait de reste, mais son rôle de parfait serviteur était de ne paraître pas s'en étonner. Il n'avait pas à savoir ce que monsieur Profitendieu ne savait pas. Sans doute aurait-il pu lui dire simplement: « Monsieur sait-il que monsieur Bernard est parti? » mais il perdait ainsi tout avantage et cela n'était pas plaisant du tout. S'il attendait son maître avec tant d'impatience, c'était pour lui glisser, sur un ton neutre, déférent, et comme un simple avis que l'eût chargé de transmettre Bernard, cette phrase qu'il avait longuement préparée :

« Avant de s'en aller, monsieur Bernard a laissé une lettre pour Monsieur dans le bureau. » Phrase si simple qu'elle risquait de demeurer inaperçue ; il avait vainement cherché quelque chose de plus gros, sans rien trouver qui fût à la fois naturel. Mais comme il n'arrivait jamais à Bernard de s'absenter, monsieur Profitendieu, qu'Antoine observait du coin de l'œil, ne put réprimer un sursaut :

« Comment ! avant de... »

Il se ressaisit aussitôt ; il n'avait pas à laisser paraître son étonnement devant un subalterne ; le sentiment de sa supériorité ne le quittait point. Il acheva d'un ton calme, magistral vraiment :

« C'est bien. »

Et tout en gagnant son cabinet :

« Où dis-tu qu'elle est, cette lettre ?

— Sur le bureau de Monsieur. »

Profitendieu, sitôt entré dans la pièce, vit en effet une enveloppe posée d'une manière bien apparente en face du fauteuil où il avait coutume de s'asseoir pour écrire ; mais Antoine ne lâchait pas prise si vite, et monsieur Profitendieu n'avait pas lu deux lignes de la lettre, qu'il entendait frapper à la porte.

« J'oubliais de dire à Monsieur qu'il y a deux personnes qui attendent dans le petit salon.

— Quelles personnes ?

— Je ne sais pas.

— Elles sont ensemble ?

— Il ne paraît pas.

— Qu'est-ce qu'elles me veulent ?

— Je ne sais pas. Elles voudraient voir Monsieur. »

Profitendieu sentit que la patience lui échappait.

« J'ai déjà dit et répété que je ne voulais pas qu'on vienne me déranger ici — surtout à cette heure ; j'ai mes jours et mes heures de réception au Palais... Pourquoi les as-tu introduites ?

— Elles ont dit toutes deux qu'elles avaient quelque chose de pressé à dire à Monsieur.

— Elles sont ici depuis longtemps ?

— Depuis bientôt une heure. »

Profitendieu fit quelques pas dans la pièce et passa une main sur son front ; de l'autre il tenait la lettre de Bernard. Antoine restait devant la porte, digne, impassible. Enfin il eut la joie de voir le juge perdre son calme et l'entendre, pour la première fois de sa vie, frappant du pied, gronder :

« Qu'on me fiche la paix ! Qu'on me fiche la paix ! Dis-leur que je suis occupé. Qu'elles reviennent un autre jour. »

Antoine n'était pas plus tôt sorti que Profitendieu courut à la porte :

« Antoine ! Antoine !... Et puis, va fermer les robinets de la baignoire. »

Il était bien question d'un bain ! Il s'approcha de la fenêtre et lut :

« Monsieur,

« J'ai compris, à la suite de certaine découverte que j'ai faite par hasard cet après-midi, que je dois cesser de vous considérer comme mon père, et c'est pour moi un immense soulagement. En me sentant si peu d'amour pour vous, j'ai longtemps cru que j'étais un fils dénaturé ; je préfère savoir que je ne suis pas votre fils du tout. Peut-être estimez-vous que je vous dois la reconnaissance pour avoir été traité par vous comme un de vos enfants ; mais d'abord j'ai toujours senti entre eux et moi votre différence d'égards, et puis tout ce que vous en avez fait, je vous connais assez pour savoir que c'était par horreur du scandale, pour cacher une situation qui ne vous faisait pas beaucoup honneur — et enfin parce que vous ne pouviez faire autrement. Je préfère partir sans revoir ma mère, parce que je craindrais, en lui faisant mes adieux définitifs, de m'attendrir et aussi parce que devant moi, elle pourrait se sentir dans une fausse situation — ce qui me serait désagréable. Je doute que son affection pour moi soit bien vive ; comme j'étais le plus souvent en pension, elle n'a guère eu le temps de me connaître, et comme ma vue lui rappelait sans cesse quelque chose de sa vie qu'elle aurait voulu effacer, je pense qu'elle me verra partir avec soulagement et plaisir. Dites-lui, si vous en avez le courage, que je ne lui en veux pas, de m'avoir fait bâtard ; qu'au contraire, je préfère ça à savoir que je suis né de vous. (Excusez-moi de parler ainsi ; mon intention n'est pas de vous écrire des insultes ; mais ce que j'en dis va vous permettre de me mépriser, et cela vous soulagera.)

« Si vous désirez que je garde le silence sur les secrètes raisons qui m'ont fait quitter votre foyer, je vous prie de ne point chercher à m'y faire revenir. La décision que je prends de vous quitter est irrévocable. Je ne sais ce qu'a pu vous coûter mon entretien jusqu'à ce jour ; je pouvais accepter de vivre à vos dépens tant que j'étais dans l'ignorance, mais il va sans dire que je préfère ne rien recevoir de vous à l'avenir. L'idée de vous devoir quoi que ce soit m'est intolérable et je crois que, si c'était à recommencer, je préférerais mourir de faim plutôt que de m'asseoir à votre table. Heureusement il me semble me souvenir d'avoir entendu dire que ma mère, quand elle vous a épousé, était plus riche que vous. Je suis donc libre de penser que je n'ai vécu qu'à sa charge. Je la remercie, la tiens quitte de tout le reste, et lui demande de m'oublier. Vous trouverez bien un moyen d'expliquer mon départ auprès de ceux qui pourraient s'en étonner. Je vous permets de me charger (mais je sais bien que vous n'attendrez pas ma permission pour le faire).

« Je signe du ridicule nom qui est le vôtre, que je voudrais pouvoir vous rendre, et qu'il me tarde de déshonorer.

« BERNARD PROFITENDIEU.

« P.-S. — je laisse chez vous toutes mes affaires qui pourront servir à Caloub plus légitimement, je l'espère pour vous. »

Monsieur Profitendieu gagna, en chancelant, un fauteuil. Il eût voulu réfléchir, mais les idées tourbillonnaient confusément dans sa tête. De plus, il ressentait un petit pincement au côté droit, là, sous les côtes ; il n'y couperait pas : c'était la crise de foie. Y avait-il seulement de l'eau de Vichy à la maison ? Si au moins son épouse était rentrée ! Comment allait-il l'avertir de la fuite de Bernard ? Devait-il lui montrer la lettre ? Elle est injuste, cette lettre, abominablement injuste. Il devrait s'en indigner surtout. Il voudrait prendre pour de l'indignation sa tristesse. Il respire fortement et à chaque expiration exhale un « ah ! mon Dieu ! » rapide et faible comme un soupir. Sa douleur au côté se confond avec sa tristesse, la prouve et la localise. Il lui semble qu'il a du chagrin au foie. Il se jette dans un fauteuil et relit la lettre de Bernard. Il hausse tristement les épaules. Certes elle est cruelle pour lui, cette lettre ; mais il y sent du dépit, du défi, de la jactance [1]. Jamais aucun de ses autres enfants, de ses vrais enfants, n'aurait été capable d'écrire ainsi, non plus qu'il n'en aurait été capable lui-même ; il le sait bien, car il n'est rien en eux qu'il n'ait connu de reste en lui-même. Certes il a toujours cru qu'il devait blâmer ce qu'il sentait

---

1. Attitude par laquelle on manifeste ostensiblement la haute opinion qu'on a de soi-même.

en Bernard de neuf, de rude, et d'indompté ; mais il a beau le croire encore, il sent bien que c'est précisément à cause de cela qu'il l'aimait comme il n'avait jamais aimé les autres.

Depuis quelques instants on entendait dans la pièce d'à côté Cécile qui, rentrée du concert, s'était mise au piano et répétait avec obstination la même phrase d'une barcarole[1]. À la fin Albéric Profitendieu n'y tint plus. Il entrouvrit la porte du salon et, d'une voix plaintive, quasi suppliante, car la colique hépatique commençait à le faire cruellement souffrir (au surplus il a toujours été quelque peu timide avec elle) :

« Ma petite Cécile, voudrais-tu t'assurer qu'il y a de l'eau de Vichy à la maison ; et s'il n'y en a pas, en envoyer chercher. Et puis tu serais gentille d'arrêter un peu ton piano.

— Tu es souffrant ?

— Mais non, mais non. Simplement j'ai besoin de réfléchir un peu jusqu'au dîner et ta musique me dérange. »

Et, par gentillesse, car la souffrance le rend doux, il ajoute :

« C'est bien joli ce que tu jouais là. Qu'est-ce que c'est ? »

Mais il sort sans avoir entendu la réponse. Du reste sa fille qui sait qu'il n'entend rien à la musique et confond *Viens Poupoule*[2] avec la marche de Tannhäuser[3] (du moins c'est elle qui le dit), n'a pas l'intention de lui répondre. Mais voici qu'il rouvre la porte :

« Ta mère n'est pas rentrée ?

— Non, pas encore. »

---

1. Le terme désigne une chanson des gondoliers vénitiens et, par extension, une pièce de musique vocale ou instrumentale sur un rythme berceur à trois temps.

2. Chanson populaire interprétée par Félix Mayol (1872-1941) en 1902.

3. Référence à un célèbre opéra de Richard Wagner (1813-1883) représenté pour la première fois à Paris en 1861 et dont la marche des pèlerins qui se rendent à Rome est un des thèmes principaux.

C'est absurde. Elle allait rentrer si tard qu'il n'aurait pas le temps de lui parler avant le dîner. Qu'est-ce qu'il pourrait inventer pour expliquer provisoirement l'absence de Bernard? Il ne pouvait pourtant pas raconter la vérité, livrer aux enfants le secret de l'égarement passager de leur mère. Ah! tout était si bien pardonné, oublié, réparé. La naissance d'un dernier fils avait scellé leur réconciliation. Et soudain ce spectre vengeur qui ressort du passé, ce cadavre que le flot ramène...

Allons! qu'est-ce que c'est encore? La porte de son bureau s'est ouverte sans bruit; vite, il glisse la lettre dans la poche intérieure de son veston; la portière tout doucement se soulève. C'est Caloub.

« Papa, dis... Qu'est-ce que ça veut dire, cette phrase latine. Je n'y comprends rien...

— Je t'ai déjà dit de ne pas entrer sans frapper. Et puis je ne veux pas que tu viennes me déranger comme ça à tout bout de champ. Tu prends l'habitude de te faire aider et de te reposer sur les autres, au lieu de donner un effort personnel. Hier, c'était ton problème de géométrie, aujourd'hui c'est une... de qui est-elle ta phrase latine? »

Caloub tend son cahier:

« Il ne nous a pas dit; mais, tiens, regarde: toi tu vas reconnaître. Il nous l'a dictée, mais j'ai peut-être mal écrit. Je voudrais savoir au moins si c'est correct... »

Monsieur Profitendieu prend le cahier, mais il souffre trop. Il repousse doucement l'enfant:

« Plus tard. On va dîner. Charles est-il rentré?

— Il est redescendu à son cabinet. (C'est au rez-de-chaussée que l'avocat reçoit sa clientèle.)

— Va lui dire qu'il vienne me trouver. Va vite. »

Un coup de sonnette! Madame Profitendieu rentre enfin, elle s'excuse d'être en retard; elle a dû faire beaucoup de visites. Elle s'attriste de trouver son mari souffrant. Que

peut-on faire pour lui? C'est vrai qu'il a très mauvaise mine.
— Il ne pourra manger. Qu'on se mette à table sans lui,
Mais qu'après le repas elle vienne le retrouver avec les
enfants. — Bernard? «Ah! c'est vrai; son ami... tu sais
bien, celui avec qui il prenait des répétitions de mathéma-
tiques, est venu l'emmener dîner.»

Profitendieu se sentait mieux. Il avait d'abord eu peur
d'être trop souffrant pour pouvoir parler. Pourtant il importait de donner une explication de la disparition de Bernard.
Il savait maintenant ce qu'il devait dire, si douloureux que
cela fût. Il se sentait ferme et résolu. Sa seule crainte, c'était
que sa femme ne l'interrompît par des pleurs, par un cri;
qu'elle ne se trouvât mal...

Une heure plus tard, elle entre avec les trois enfants:
s'approche. Il la fait asseoir près de lui contre son fauteuil.

«Tâche de te tenir, lui dit-il à voix basse, mais sur un ton
impérieux; et ne dis pas un mot, tu m'entends. Nous causerons ensuite tous les deux.»

Et tandis qu'il parle, il garde une de ses mains à elle dans
les siennes.

«Allons; asseyez-vous, mes enfants. Cela me gêne de
vous sentir là, debout devant moi comme pour un examen.
J'ai à vous dire quelque chose de très triste. Bernard nous
a quittés et nous ne le reverrons plus... d'ici quelque
temps. Il faut que je vous apprenne aujourd'hui ce que je
vous ai caché d'abord, désireux que j'étais de vous voir
aimer Bernard comme un frère; car votre mère et moi
nous l'aimions comme notre enfant. Mais il n'était pas notre
enfant... et un oncle à lui, un frère de sa vraie mère qui nous
l'avait confié en mourant... est venu ce soir le reprendre.»

Un pénible silence suit ses paroles et l'on entend renifler
Caloub. Chacun attend, pensant qu'il va parler davantage.
Mais il fait un geste de la main:

« Allez maintenant, mes enfants. J'ai besoin de causer avec votre mère. »

Après qu'ils sont partis, monsieur Profitendieu reste longtemps sans rien dire. La main que madame Profitendieu a laissée dans les siennes est comme morte. De l'autre, elle a porté son mouchoir à ses yeux. Elle s'accoude à la grande table, et se détourne pour pleurer. À travers les sanglots qui la secouent, Profitendieu l'entend murmurer :

« Oh ! vous êtes cruel… Oh ! vous l'avez chassé… »

Tout à l'heure, il avait résolu de ne pas lui montrer la lettre de Bernard ; mais devant cette accusation si injuste, il la lui tend :

« Tiens : lis.

— Je ne peux pas.

— Il faut que tu lises. »

Il ne songe plus à son mal. Il la suit des yeux, tout le long de la lettre, ligne après ligne. Tout à l'heure en parlant, il avait peine à retenir ses larmes ; à présent l'émotion même l'abandonne ; il regarde sa femme. Que pense-t-elle ? De la même voix plaintive, à travers les mêmes sanglots, elle murmure encore :

« Oh ! pourquoi lui as-tu parlé… Tu n'aurais pas dû lui dire.

— Mais tu vois bien que je ne lui ai rien dit… Lis mieux sa lettre.

— J'ai bien lu… Mais alors comment a-t-il découvert ? Qui lui a dit ?… »

Quoi ! c'est à cela qu'elle songe ! C'est là l'accent de sa tristesse ! Ce deuil devrait les réunir. Hélas ! Profitendieu sent confusément leurs pensées à tous deux prendre une direction divergente. Et tandis qu'elle se plaint, qu'elle accuse, qu'elle revendique, il essaye d'incliner cet esprit rétif vers des sentiments plus pieux.

« Voilà l'expiation », dit-il.

Il s'est levé, par instinctif besoin de dominer ; il se tient à présent tout dressé, oublieux et insoucieux de sa douleur physique, et pose gravement, tendrement, autoritairement la main sur l'épaule de Marguerite. Il sait bien qu'elle ne s'est jamais que très imparfaitement repentie de ce qu'il a toujours voulu considérer comme une défaillance passagère ; il voudrait lui dire à présent que cette tristesse, cette épreuve pourra servir à son rachat ; mais il cherche en vain une formule qui le satisfasse et qu'il puisse espérer faire entendre. L'épaule de Marguerite résiste à la douce pression de sa main. Marguerite sait si bien que toujours, insupportablement, quelque enseignement moral doit sortir, accouché par lui, des moindres événements de la vie ; il interprète et traduit tout selon son dogme. Il se penche vers elle. Voici ce qu'il voudrait lui dire :

« Ma pauvre amie, vois-tu : il ne peut naître rien de bon du péché. Il n'a servi de rien de chercher à couvrir ta faute. Hélas ! j'ai fait ce que j'ai pu pour cet enfant ; je l'ai traité comme le mien propre. Dieu nous montre à présent que c'était une erreur, de prétendre... »

Mais dès la première phrase il s'arrête.

Et sans doute comprend-elle ces quelques mots si chargés de sens ; sans doute ont-ils pénétré dans son cœur, car elle est reprise de sanglots, encore plus violents que d'abord, elle qui depuis quelques instants ne pleurait plus ; puis elle se plie comme prête à s'agenouiller devant lui, qui se courbe vers elle et la maintient. Que dit-elle à travers ses larmes ? Il se penche jusqu'à ses lèvres. Il entend :

« Tu vois bien... Tu vois bien... Ah ! pourquoi m'as-tu pardonné... ? Ah ! je n'aurais pas dû revenir ! »

Presque il est obligé de deviner ses paroles. Puis elle se tait. Elle non plus ne peut exprimer davantage. Comment lui eût-elle dit qu'elle se sentait emprisonnée dans cette vertu qu'il exigeait d'elle ; qu'elle étouffait ; que ce n'était pas tant sa faute qu'elle regrettait à présent, que de s'en être repentie. Profitendieu s'était redressé :

« Ma pauvre amie, dit-il sur un ton digne et sévère, je crains que tu ne sois un peu butée ce soir. Il est tard. Nous ferions mieux d'aller nous coucher. »

Il l'aide à se relever, puis l'accompagne jusqu'à sa chambre, pose ses lèvres sur son front, puis retourne dans son bureau et se jette dans un fauteuil. Chose étrange, sa crise de foie s'est calmée ; mais il se sent brisé. Il reste le front dans les mains, trop triste pour pleurer. Il n'entend pas frapper à la porte, mais, au bruit de la porte qui s'ouvre, lève la tête : c'est son fils Charles :

« Je venais te dire bonsoir. »

Charles s'approche. Il a tout compris. Il veut le donner à entendre à son père. Il voudrait lui témoigner sa pitié, sa tendresse, sa dévotion, mais, qui le croirait d'un avocat : il est on ne peut plus maladroit à s'exprimer ; ou peut-être devient-il maladroit précisément lorsque ses sentiments sont sincères. Il embrasse son père. La façon insistante qu'il a de poser, d'appuyer sa tête sur l'épaule de son père et de l'y laisser quelque temps, persuade celui-ci qu'il a compris. Il a si bien compris que le voici qui, relevant un peu la tête, demande, gauchement, comme tout ce qu'il fait, — mais il a le cœur si tourmenté qu'il ne peut se retenir de demander :

« Et Caloub ? »

La question est absurde, car, autant Bernard différait des autres enfants, autant chez Caloub l'air de famille est sensible. Profitendieu tape sur l'épaule de Charles :

« Non ; non ; rassure-toi. Bernard seul. »

Alors Charles, sentencieusement :

« Dieu chasse l'intrus pour... »

Mais Profitendieu l'arrête ; qu'a-t-il besoin qu'on lui parle ainsi ?

« Tais-toi. »

Le père et le fils n'ont plus rien à se dire. Quittons-les. Il est bientôt onze heures. Laissons madame Profitendieu dans sa chambre assise sur une petite chaise droite peu confortable. Elle ne pleure pas ; elle ne pense à rien. Elle voudrait, elle aussi, s'enfuir ; mais elle ne le fera pas. Quand elle était avec son amant, le père de Bernard, que nous n'avons pas à connaître, elle se disait : Va, tu auras beau faire ; tu ne seras jamais qu'une honnête femme. Elle avait peur de la liberté, du crime, de l'aisance ; ce qui fit qu'au bout de dix jours elle rentrait repentante au foyer. Ses parents autrefois avaient bien raison de lui dire : Tu ne sais jamais ce que tu veux. Quittons-la. Cécile dort déjà. Caloub considère avec désespoir sa bougie ; elle ne durera pas assez pour lui permettre d'achever un livre d'aventures, qui le distrait du départ de Bernard. J'aurais été curieux de savoir ce qu'Antoine a pu raconter à son amie la cuisinière ; mais on ne peut tout écouter. Voici l'heure où Bernard doit aller retrouver Olivier. Je ne sais pas trop où il dîna ce soir, ni même s'il dîna du tout. Il a passé sans encombre devant la loge du concierge ; il monte en tapinois l'escalier...

3

Plenty and peace breeds cowards; hardness ever
Of hardiness is mother[1].

SHAKESPEARE.

Olivier s'était mis au lit pour recevoir le baiser de sa mère, qui venait embrasser ses deux derniers enfants dans leur lit tous les soirs. Il aurait pu se rhabiller pour recevoir Bernard, mais il doutait encore de sa venue et craignait de donner l'éveil à son jeune frère. Georges d'ordinaire s'endormait vite et se réveillait tard ; peut-être même ne s'apercevrait-il de rien d'insolite.

En entendant une sorte de grattement discret à la porte, Olivier bondit de son lit, enfonça ses pieds hâtivement dans des babouches et courut ouvrir. Point n'était besoin d'allumer ; le clair de lune illuminait suffisamment la chambre. Olivier serra Bernard dans ses bras.

« Comme je t'attendais ! Je ne pouvais pas croire que tu viendrais. Tes parents savent que tu ne couches pas chez toi ce soir ? »

---

1. « Le bien-être et la paix enfantent les lâches ; le dénuement a pour fille la hardiesse » (trad. François-Victor Hugo). Extrait de l'acte III, scène 6, de *Cymbeline* de William Shakespeare (1564-1616).

Bernard regardait tout droit devant lui, dans le noir. Il haussa les épaules.

« Tu trouves que j'aurais dû leur demander la permission, hein ? »

Le ton de sa voix était si froidement ironique qu'Olivier sentit aussitôt l'absurdité de sa question. Il n'a pas encore compris que Bernard est parti « pour de bon » ; il croit qu'il n'a l'intention de découcher que ce seul soir et ne s'explique pas bien le motif de cette équipée. Il l'interroge : « Quand Bernard compte-t-il rentrer ? — Jamais ! » Le jour se fait dans l'esprit d'Olivier. Il a grand souci de se montrer à la hauteur des circonstances et ne se laisser surprendre par rien ; pourtant un : « C'est énorme, ce que tu fais là » lui échappe.

Il ne déplaît pas à Bernard d'étonner un peu son ami ; il est surtout sensible à ce qui perce d'admiration dans cette interjection ; mais il hausse de nouveau les épaules. Olivier lui a pris la main ; il est très grave ; il demande anxieusement :

« Mais… pourquoi t'en vas-tu ?

— Ah ! ça, mon vieux, c'est des affaires de famille. Je ne peux pas te le dire. Et pour ne pas avoir l'air trop sérieux, il s'amuse, du bout de son soulier, à faire tomber la babouche qu'Olivier balance au bout de son pied, car ils se sont assis au bord du lit.

— Alors où vas-tu vivre ?

— Je ne sais pas.

— Et avec quoi ?

— On verra ça.

— Tu as de l'argent ?

— De quoi déjeuner demain.

— Et ensuite ?

— Ensuite il faudra chercher. Bah ! je trouverai bien quelque chose. Tu verras ; je te raconterai. »

Olivier admire immensément son ami. Il le sait de carac-

tère résolu; pourtant, il doute encore; à bout de ressources et pressé par le besoin bientôt, ne va-t-il pas chercher à rentrer? Bernard le rassure: il tentera n'importe
quoi plutôt que de retourner près des siens. Et comme il
répète à plusieurs reprises et toujours plus sauvagement:
«n'importe quoi», une angoisse étreint le cœur d'Olivier. Il
voudrait parler, mais il n'ose. Enfin, il commence, en baissant la tête et d'une voix mal assurée:

«Bernard... tout de même, tu n'as pas l'intention de...»
Mais il s'arrête. Son ami lève les yeux et, sans bien voir Olivier, distingue sa confusion.

«De quoi? demande-t-il. Qu'est-ce que tu veux dire?
Parle. De voler?»

Olivier remue la tête. Non, ce n'est pas cela. Soudain il
éclate en sanglots; il étreint convulsivement Bernard.

«Promets que tu ne te...»

Bernard l'embrasse, puis le repousse en riant. Il a compris:

«Ça, je te le promets. Non, je ne ferai pas le marlou.» Et
il ajoute: «Avoue tout de même que ça serait le plus
simple.» Mais Olivier se sent rassuré; il sait bien que ces
derniers mots ne sont dits que par affectation de cynisme.

«Ton examen?

— Oui; c'est ça qui m'embête. Je ne voudrais tout de
même pas le rater. Je crois que je suis prêt; c'est plutôt une
question de ne pas être fatigué ce jour-là. Il faut que je me
tire d'affaire très vite. C'est un peu risqué; mais... je m'en
tirerai; tu verras.»

Ils restent un instant silencieux. La seconde babouche est
tombée. Bernard:

«Tu vas prendre froid. Recouche-toi.

— Non, c'est toi qui vas te coucher.

— Tu plaisantes! Allons, vite — et il force Olivier à rentrer dans le lit défait.

— Mais toi? Où vas-tu dormir?

« — N'importe où. Par terre. Dans un coin. Il faut bien que je m'habitue.

— Non, écoute. Je veux te dire quelque chose, mais je ne pourrai pas si je ne te sens pas tout près de moi. Viens dans mon lit. » Et après que Bernard, qui s'est en un instant dévêtu, l'a rejoint : « Tu sais, ce que je t'avais dit l'autre fois... Ça y est... J'y ai été. »

Bernard comprend à demi-mot. Il presse contre lui son ami, qui continue :

« Eh bien ! mon vieux, c'est dégoûtant. C'est horrible... Après, j'avais envie de cracher, de vomir, de m'arracher la peau, de me tuer.

— Tu exagères.

— Ou de la tuer, elle...

— Qui était-ce ? Tu n'as pas été imprudent, au moins ?

— Non, c'est une gonzesse que Dhurmer connaît bien ; à qui il m'avait présenté. C'est surtout sa conversation qui m'écœurait. Elle n'arrêtait pas de parler. Et ce qu'elle est bête ! Je ne comprends pas qu'on ne se taise pas à ces moments-là. J'aurais voulu la bâillonner, l'étrangler...

— Mon pauvre vieux ! Tu devais pourtant bien penser que Dhurmer ne pouvait t'offrir qu'une idiote... Était-elle belle, au moins ?

— Si tu crois que je l'ai regardée !

— Tu es un idiot. Tu es un amour. Dormons... Est-ce qu'au moins tu as bien...

— Parbleu ! C'est bien ça qui me dégoûte le plus : c'est que j'aie pu tout de même... tout comme si je la désirais.

— Eh bien ! mon vieux, c'est épatant.

— Tais-toi donc. Si c'est ça l'amour, j'en ai soupé pour longtemps.

— Quel gosse tu fais !

— J'aurais voulu t'y voir.

— Oh ! moi, tu sais, je ne cours pas après. Je te l'ai dit :

j'attends l'aventure. Comme ça, froidement, ça ne me dit rien. N'empêche que si je...

— Que si tu... ?

— Que si elle... Rien ; dormons. » Et brusquement il tourne le dos, s'écartant un peu de ce corps dont la chaleur le gêne. Mais Olivier, au bout d'un instant :

« Dis... tu crois que Barrès[1] sera élu ?

— Parbleu !... Ça te congestionne ?

— Je m'en fous ! Dis... Écoute un peu... » Il pèse sur l'épaule de Bernard qui se retourne. « Mon frère a une maîtresse.

— Georges ? »

Le petit, qui fait semblant de dormir, mais qui écoute tout, l'oreille tendue dans le noir, en entendant son nom, retient son souffle.

« Tu es fou ! Je te parle de Vincent. (Plus âgé qu'Olivier, Vincent vient d'achever ses premières années de médecine.)

— Il te l'a dit ?

— Non. Je l'ai appris sans qu'il s'en doute. Mes parents n'en savent rien.

— Qu'est-ce qu'ils diraient, s'ils apprenaient ?

— Je ne sais pas. Maman serait au désespoir. Papa lui demanderait de rompre ou d'épouser.

— Parbleu ! les bourgeois honnêtes ne comprennent pas qu'on puisse être honnête autrement qu'eux. Comment l'as-tu appris, toi ?

— Voici : depuis quelque temps Vincent sort la nuit, après

---

1. Maurice Barrès (1862-1923), écrivain français. Il s'engagea en faveur du général Boulanger (1837-1891). Il développa dans son œuvre des thèses nationalistes allant du culte du moi (*Le Jardin de Bérénice*, 1891), au désenchantement le plus catégorique (*Un jardin sur l'Oronte*, 1922) en passant par la célébration des régions et de la terre natale (*Le Roman de l'énergie nationale* (1897-1902) : *Les Déracinés*, *L'Appel au soldat*, *Leurs figures*).

que mes parents sont couchés. Il fait le moins de bruit qu'il peut en descendant, mais je reconnais son pas dans la rue. La semaine dernière, mardi je crois, la nuit était si chaude que je ne pouvais pas rester couché. Je me suis mis à la fenêtre pour respirer mieux. J'ai entendu la porte d'en bas s'ouvrir et se refermer. Je me suis penché, et quand il a passé près du réverbère, j'ai reconnu Vincent. Il était minuit passé. C'était la première fois. Je veux dire : la première fois que je le remarquais. Mais, depuis que je suis averti, je surveille — oh ! sans le vouloir... et presque chaque nuit je l'entends sortir. Il a sa clef et mes parents lui ont arrangé notre ancienne chambre, à Georges et à moi, en cabinet de consultation, pour quand il aura de la clientèle. Sa chambre est à côté, à gauche du vestibule, tandis que le reste de l'appartement est à droite. Il peut sortir et rentrer quand il veut, sans qu'on le sache. D'ordinaire je ne l'entends pas rentrer, mais avant-hier, lundi soir, je ne sais ce que j'avais ; je songeais au projet de revue de Dhurmer... Je ne pouvais pas m'endormir. J'ai entendu des voix dans l'escalier ; j'ai pensé que c'était Vincent.

— Il était quelle heure ? » demande Bernard, non tant par désir de le savoir que pour marquer son intérêt.

« Trois heures du matin, je pense. Je me suis levé et j'ai mis mon oreille contre la porte. Vincent causait avec une femme. Ou plutôt c'était elle seule qui parlait.

— Alors comment savais-tu que c'était lui ? Tous les locataires passent devant ta porte.

— C'est même rudement gênant quelquefois : plus il est tard, plus ils font de chahut en montant ; ce qu'ils se fichent des gens qui dorment !... Ça ne pouvait être que lui ; j'entendais la femme répéter son nom. Elle lui disait... oh ! ça me dégoûte de redire ça...

— Va donc.

— Elle lui disait : "Vincent, mon amant, mon amour, ah ! ne me quittez pas !"

— Elle lui disait vous ?

— Oui. N'est-ce pas que c'est curieux ?

— Raconte encore.

— "Vous n'avez plus le droit de m'abandonner à présent. Que voulez-vous que je devienne ? Où voulez-vous que j'aille ? Dites-moi quelque chose. Oh ! parlez-moi." Et elle l'appelait de nouveau par son nom et répétait : "Mon amant, mon amant", d'une voix de plus en plus triste et de plus en plus basse. Et puis j'ai entendu un bruit (ils devaient être sur les marches) — un bruit comme de quelque chose qui tombe. Je pense qu'elle s'est jetée à genoux.

— Et lui, il ne répondait rien ?

— Il a dû monter les dernières marches ; j'ai entendu la porte de l'appartement qui se refermait. Et ensuite elle est restée longtemps, tout près, presque contre ma porte. Je l'entendais sangloter.

— Tu aurais dû lui ouvrir.

— Je n'ai pas osé. Vincent serait furieux s'il savait que je suis au courant de ses affaires. Et puis j'ai eu peur qu'elle ne soit très gênée d'être surprise en train de pleurer. Je ne sais pas ce que j'aurais pu lui dire. »

Bernard s'était retourné vers Olivier.

« À ta place, moi, j'aurais ouvert.

— Oh ! parbleu, toi tu oses toujours tout. Tout ce qui te passe par la tête, tu le fais.

— Tu me le reproches ?

— Non, je t'envie.

— Tu vois qui ça pouvait être, cette femme ?

— Comment veux-tu que je sache ? Bonne nuit.

— Dis… tu es sûr que Georges ne nous a pas entendus ? » chuchote Bernard à l'oreille d'Olivier. Ils restent un moment aux aguets.

« Non, il dort, reprend Olivier de sa voix naturelle ; et puis il n'aurait pas compris. Sais-tu ce qu'il a demandé, l'autre jour, à papa ?... Pourquoi les... »

Cette fois Georges n'y tient plus ; il se dresse à demi sur son lit et coupant la parole à son frère :

« Imbécile, crie-t-il ; tu n'as donc pas vu que je faisais exprès ?... Parbleu oui, j'ai entendu tout ce que vous avez dit tout à l'heure ; oh ! c'est pas la peine de vous frapper. Pour Vincent je savais ça déjà depuis longtemps. Seulement, mes petits, tâchez maintenant de parler plus bas, parce que j'ai sommeil. Ou taisez-vous. »

Olivier se tourne du côté du mur. Bernard, qui ne dort pas, contemple la pièce. Le clair de lune la fait paraître plus grande. Au fait, il la connaît à peine. Olivier ne s'y tient jamais dans la journée ; les rares fois qu'il a reçu Bernard, ç'a été dans l'appartement du dessus. Le clair de lune touche à présent le pied du lit où Georges enfin s'est endormi ; il a presque tout entendu de ce qu'a raconté son frère ; il a de quoi rêver. Au-dessus du lit de Georges, on distingue une petite bibliothèque à deux rayons où sont des livres de classe. Sur une table, près du lit d'Olivier, Bernard aperçoit un livre de plus grand format ; il étend le bras, le saisit pour regarder le titre : — *Tocqueville*[1] ; mais quand il veut le reposer sur la table, le livre tombe et le bruit réveille Olivier.

« Tu lis du Tocqueville, à présent ?

— C'est Dubac qui m'a prêté ça.

— Ça te plaît ?

— C'est un peu rasoir. Mais il y a des choses très bien.

— Écoute. Qu'est-ce que tu fais demain ? »

Le lendemain, jeudi, les lycéens sont libres[2]. Bernard

---

1. Alexis de Tocqueville (1805-1859), célèbre homme politique français à qui l'on doit entre autres *La Démocratie en Amérique* (1835).
2. En 1972, le jour de repos hebdomadaire passa du jeudi au mercredi.

songe à retrouver peut-être son ami. Il a l'intention de ne plus retourner au lycée ; il prétend se passer des derniers cours et préparer son examen tout seul.

« Demain, dit Olivier, je vais à onze heures et demie à la gare Saint-Lazare, pour l'arrivée du train de Dieppe à la rencontre de mon oncle Édouard qui revient d'Angleterre. L'après-midi, à trois heures, j'irai retrouver Dhurmer au Louvre. Le reste du temps il faut que je travaille.

— Ton oncle Édouard ?

— Oui, c'est un demi-frère de maman. Il est absent depuis six mois, et je ne le connais qu'à peine ; mais je l'aime beaucoup. Il ne sait pas que je vais à sa rencontre et j'ai peur de ne pas le reconnaître. Il ne ressemble pas du tout au reste de ma famille ; c'est quelqu'un de très bien.

— Qu'est-ce qu'il fait ?

— Il écrit. J'ai lu presque tous ses livres ; mais voici longtemps qu'il n'a plus rien publié.

— Des romans ?

— Oui ; des espèces de romans.

— Pourquoi est-ce que tu ne m'en as jamais parlé ?

— Parce que tu aurais voulu les lire ; et si tu ne les avais pas aimés…

— Eh bien ! achève.

— Eh bien, ça m'aurait fait de la peine. Voilà.

— Qu'est-ce qui te fait dire qu'il est très bien ?

— Je ne sais pas trop. Je t'ai dit que je ne le connais presque pas. C'est plutôt un pressentiment. Je sens qu'il s'intéresse à beaucoup de choses qui n'intéressent pas mes parents, et qu'on peut lui parler de tout. Un jour, c'était peu de temps avant son départ, il avait déjeuné chez nous ; tout en causant avec mon père, je sentais qu'il me regardait constamment et ça commençait à me gêner ; j'allais sortir de la pièce — c'était la salle à manger, où l'on s'attardait après le café — mais il a commencé à questionner mon

père à mon sujet, ce qui m'a gêné encore bien plus ; et tout
d'un coup papa s'est levé pour aller chercher des vers que
je venais de faire et que j'avais été idiot de lui montrer.

— Des vers de toi ?

— Mais si ; tu connais ; c'est cette pièce de vers que tu
trouvais qui ressemblait au *Balcon* [1]. Je savais qu'ils ne
valaient rien ou pas grand-chose, et j'étais extrêmement
fâché que papa sortît ça. Un instant, pendant que papa cherchait ces vers, nous sommes restés tous les deux seuls dans
la pièce, l'oncle Édouard et moi, et j'ai senti que je rougissais énormément ; je ne trouvais rien à lui dire ; je regardais
ailleurs — lui aussi du reste ; il a commencé par rouler une
cigarette ; puis, sans doute pour me mettre un peu à l'aise,
car certainement il a vu que je rougissais, il s'est levé et
s'est mis à regarder par la fenêtre. Il sifflotait. Tout à coup
il m'a dit : "Je suis bien plus gêné que toi." Mais je crois que
c'était par gentillesse. À la fin papa est rentré ; il a tendu
mes vers à l'oncle Édouard, qui s'est mis à les lire. J'étais si
énervé que, s'il m'avait fait des compliments, je crois que je
lui aurais dit des injures. Évidemment, papa en attendait, —
des compliments ; et comme mon oncle ne disait rien, il a
demandé : "Eh bien ? qu'est-ce que tu en penses ?" Mais
mon oncle lui a dit en riant : "Ça me gêne de lui en parler
devant toi." Alors papa est sorti en riant aussi. Et quand
nous nous sommes trouvés de nouveau seuls, il m'a dit qu'il
trouvait mes vers très mauvais ; mais ça m'a fait plaisir de le
lui entendre dire ; et ce qui m'a fait plus de plaisir encore
c'est que, tout d'un coup, il a piqué du doigt deux vers, les
deux seuls qui me plaisaient dans le poème ; il m'a regardé
en souriant et a dit : "Ça c'est bon." N'est-ce pas que c'est
bien ? Et si tu savais de quel ton il m'a dit ça ! Je l'aurais

1. Titre d'un poème de Charles Baudelaire (1821-1867) recueilli
dans *Les Fleurs du mal* (1857).

embrassé. Puis il m'a dit que mon erreur était de partir d'une idée, et que je ne me laissais pas assez guider par les mots. Je ne l'ai pas bien compris d'abord ; mais je crois que je vois à présent ce qu'il voulait dire — et qu'il a raison. Je t'expliquerai ça une autre fois.

— Je comprends maintenant que tu veuilles te trouver à son arrivée.

— Oh ! ce que je te raconte là n'est rien, et je ne sais pas pourquoi je te le raconte. Nous nous sommes dit encore beaucoup d'autres choses.

— À onze heures et demie, tu dis ? Comment sais-tu qu'il arrive par ce train ?

— Parce qu'il l'a écrit à maman sur une carte postale ; et puis j'ai vérifié sur l'indicateur.

— Tu déjeuneras avec lui ?

— Oh ! non, il faut que je sois de retour ici pour midi. J'aurai juste le temps de lui serrer la main ; mais ça me suf-fit… Ah ! dis encore, avant que je ne m'endorme : quand est-ce que je te revois ?

— Pas avant quelques jours. Pas avant que je ne me sois tiré d'affaire.

— Mais tout de même… si je pouvais t'aider.

— Si tu m'aidais ? — Non. Ça ne serait pas de jeu. Il me semblerait que je triche. Dors bien. »

4

> Mon père était une bête, mais ma mère avait de
> l'esprit; elle était quiétiste[1] ; c'était une petite femme
> douce qui me disait souvent: Mon fils, vous serez
> damné. Mais cela ne lui faisait point de peine.
>
> FONTENELLE[2].

Non, ce n'était pas chez sa maîtresse que Vincent Molinier s'en allait ainsi chaque soir. Encore qu'il marche vite,
suivons-le. Du haut de la rue Notre-Dame-des-Champs où
il habite, Vincent descend jusqu'à la rue Saint-Placide qui la
prolonge; puis rue du Bac où quelques bourgeois attardés
circulent encore. Il s'arrête rue de Babylone devant une
porte cochère, qui s'ouvre. Le voici chez le comte de Passavant. S'il ne venait pas ici souvent il n'entrerait pas si crânement dans ce fastueux hôtel. Le laquais qui lui ouvre sait
très bien ce qui se cache de timidité sous cette feinte assu-

---

1. Partisan du quiétisme, une doctrine religieuse apparue au
XVIIᵉ siècle et qui prônait un état de quiétude et d'union continuelle
avec Dieu.
2. Écrivain et philosophe (1657-1757), auteur d'ouvrages de vulga-
risation scientifiques (*Entretiens sur la pluralité des mondes*, 1686) et
pourfendeur des superstitions (*Histoire des oracles*, 1687). Il est considéré comme l'un des précurseurs des Lumières.

rance. Vincent affecte de ne pas lui tendre son chapeau que, de loin, il jette sur un fauteuil. Pourtant, il n'y a pas long-temps que Vincent vient ici. Robert de Passavant, qui se dit maintenant son ami, est l'ami de beaucoup de monde. Je ne sais trop comment Vincent et lui se sont connus. Au lycée sans doute, encore que Robert de Passavant soit sensible-ment plus âgé que Vincent; ils s'étaient perdus de vue quelques années, puis, tout dernièrement, rencontrés de nouveau, certain soir que, par extraordinaire, Olivier accom-pagnait son frère au théâtre; pendant l'entracte Passavant leur avait à tous deux offert des glaces; il avait appris ce soir-là que Vincent venait d'achever son externat, qu'il était indécis, ne sachant pas s'il se présenterait comme interne; les sciences naturelles, à dire vrai, l'attiraient plus que la médecine; mais la nécessité de gagner sa vie... Bref, Vin-cent avait accepté volontiers la proposition rémunératrice que lui fit peu de temps après Robert de Passavant, de venir chaque nuit soigner son vieux père, qu'une opération assez grave laissait fort ébranlé: il s'agissait de pansements à renouveler, de délicats sondages, de piqûres, enfin de je ne sais trop quoi qui exigeait des mains expertes. Mais, en plus de ceci, le vicomte avait de secrètes raisons pour se rap-procher de Vincent; et celui-ci en avait d'autres encore pour accepter. La raison secrète de Robert, nous tâcherons de la découvrir par la suite; quant à celle de Vincent, la voici: un grand besoin d'argent le pressait. Lorsqu'on a le cœur bien en place, et qu'une saine éducation vous a incul-qué de bonne heure le sens des responsabilités, on ne fait pas un enfant à une femme sans se sentir quelque peu engagé vis-à-vis d'elle, surtout lorsque cette femme a quitté son mari pour vous suivre. Vincent avait mené jusqu'alors une vie assez vertueuse. Son aventure avec Laura lui parais-sait, suivant les heures du jour, ou monstrueuse ou toute naturelle. Il suffit, bien souvent, de l'addition d'une quantité de petits faits très simples et très naturels chacun pris à part, pour obtenir un total monstrueux. Il se redisait cela tout en marchant et cela ne le tirait pas d'affaire. Certes il n'avait jamais songé à prendre cette femme définitivement à sa charge, à l'épouser après divorce ou à vivre avec elle sans l'épouser ; il était bien forcé de s'avouer qu'il ne ressentait pas pour elle un grand amour ; mais il la savait à Paris sans ressources ; il avait causé sa détresse : il lui devait, à tout le moins, cette première assistance précaire qu'il se sentait fort en peine de lui assurer — aujourd'hui moins qu'hier encore, moins que ces jours derniers. Car, la semaine dernière, il possédait encore les cinq mille francs que sa mère avait patiemment et péniblement mis de côté pour faciliter le début de sa carrière ; ces cinq mille francs eussent suffi sans doute pour les couches de sa maîtresse, sa pension dans une clinique, les premiers soins donnés à l'enfant. De quel démon alors avait-il écouté le conseil ? La somme, déjà remise en pensée à cette femme, cette somme qu'il lui vouait, lui consacrait, et dont il se fût trouvé bien coupable de rien distraire, quel démon lui souffla, certain soir, qu'elle serait probablement insuffisante ? Non, ce n'était pas Robert de Passavant. Robert jamais n'avait rien dit de semblable ; mais sa proposition d'emmener Vincent dans un salon de jeu, tomba précisément ce soir-là. Et Vincent avait accepté.

Ce tripot avait ceci de perfide, que tout s'y passait entre gens du monde, entre amis. Robert présenta son ami Vincent aux uns et aux autres. Vincent, pris au dépourvu, ne put pas jouer gros jeu ce premier soir. Il n'avait presque rien sur lui et refusa les quelques billets que proposa de lui avancer le vicomte. Mais, comme il gagnait, il regretta de n'avoir point risqué davantage et promit de revenir le lendemain.

« À présent, tout le monde ici vous connaît ; ce n'est plus la peine que je vous accompagne », lui dit Robert.

Ceci se passait chez Pierre de Brouville, qu'on appelait plus communément Pedro. À partir de ce premier soir, Robert de Passavant avait mis son auto à la disposition de son nouvel ami. Vincent s'amenait vers onze heures, causait un quart d'heure avec Robert en fumant une cigarette, puis montait au premier, et s'attardait auprès du comte plus ou moins de temps suivant l'humeur de celui-ci, sa patience et l'exigence de son état ; puis l'auto l'emmenait rue Saint-Florentin, chez Pedro, d'où elle le ramenait une heure plus tard et le reconduisait, non pas précisément chez lui, car il eût craint d'attirer l'attention, mais au plus prochain carrefour.

La nuit avant-dernière, Laura Douviers, assise sur les marches de l'escalier qui mène à l'appartement des Molinier, avait attendu Vincent jusqu'à trois heures ; c'est alors seulement qu'il était rentré. Cette nuit-là, du reste, Vincent n'était pas allé chez Pedro. Il n'avait plus rien à y perdre. Depuis deux jours, il ne lui restait des cinq mille francs plus un sou. Il en avait avisé Laura ; il lui avait écrit qu'il ne pouvait plus rien pour elle ; qu'il lui conseillait de retourner auprès de son mari, ou de son père ; d'avouer tout. Mais l'aveu paraissait désormais impossible à Laura, et même elle ne le pouvait envisager de sang-froid. Les objurgations[1] de son amant ne soulevaient en elle qu'indignation et cette indignation ne la quittait que pour l'abandonner au désespoir. C'est dans cet état que l'avait retrouvée Vincent. Elle avait voulu le retenir ; il s'était arraché d'entre ses bras. Certes, il avait dû se raidir, car il était de cœur sensible ; mais plus voluptueux qu'aimant, il s'était fait facilement, de la dureté même, un devoir. Il n'avait rien répondu à ses sup-

---

1. Prière instante par laquelle on essaie de détourner quelqu'un d'agir comme il se propose de le faire.

plications, à ses plaintes ; et, comme Olivier qui les entendit le racontait ensuite à Bernard, elle était restée, après que Vincent eut refermé sa porte sur elle, effondrée sur les marches, à sangloter longtemps dans le noir.

Depuis cette nuit, plus de quarante heures s'étaient écoulées. Vincent, la veille n'était pas allé chez Robert de Passavant dont le père semblait se remettre ; mais ce soir un télégramme l'avait rappelé. Robert voulait le revoir. Quand Vincent entra dans cette pièce qui servait à Robert de cabinet de travail et de fumoir, où il se tenait le plus souvent et qu'il avait pris soin d'aménager et d'orner à sa guise, Robert lui tendit la main, négligemment, par-dessus son épaule, sans se lever.

Robert écrit. Il est assis devant un bureau couvert de livres. Devant lui, la porte-fenêtre qui donne sur le jardin est grande ouverte au clair de lune. Il parle sans se retourner.

« Savez-vous ce que je suis en train d'écrire ? Mais vous ne le direz pas... hein ! vous me promettez... Un manifeste pour ouvrir la revue de Dhurmer. Naturellement, je ne le signe pas... d'autant plus que j'y fais mon éloge... Et puis, comme on finira bien par découvrir que c'est moi qui la commandite, cette revue, je préfère qu'on ne sache pas trop vite que j'y collabore. Ainsi : motus ! Mais j'y songe : ne m'avez-vous pas dit que votre jeune frère écrivait ? Comment donc l'appelez-vous ?

— Olivier, dit Vincent.

— Olivier, oui, j'avais oublié... Ne restez donc pas debout comme cela. Prenez un fauteuil. Vous n'avez pas froid ? Voulez-vous que je ferme la fenêtre ?... Ce sont des vers qu'il fait, n'est-ce pas ? Il devrait bien m'en apporter. Naturellement, je ne promets pas de les prendre... mais tout de même cela m'étonnerait qu'ils fussent mauvais. Il a l'air très intelligent, votre frère. Et puis, on sent qu'il est très au courant. Je voudrais causer avec lui. Dites-lui de

venir me voir. Hein ? je compte sur vous. Une cigarette ? »
et il tend son étui d'argent.

« Volontiers.

— Maintenant, écoutez, Vincent ; il faut que je vous parle
très sérieusement. Vous avez agi comme un enfant l'autre
soir... et moi aussi, du reste. Je ne dis pas que j'ai eu tort
de vous emmenez chez Pedro ; mais je me sens responsable, un peu, de l'argent que vous avez perdu. Je me dis
que c'est moi qui vous l'ai fait perdre. Je ne sais pas si c'est
ça qu'on appelle des remords, mais ça commence à me
troubler le sommeil et les digestions, ma parole ! et puis je
songe à cette pauvre femme dont vous m'avez parlé... Mais
ça, c'est un autre département ; n'y touchons pas ; c'est
sacré. Ce que je veux vous dire, c'est que je désire, que je
veux, oui, absolument, mettre à votre disposition une
somme équivalente à celle que vous avez perdue. C'était
cinq mille francs, n'est-ce pas ? et que vous allez risquer de
nouveau. Cette somme, encore une fois, je considère que
c'est moi qui vous l'ai fait perdre, que je vous la dois ; vous
n'avez pas à m'en remercier. Vous me la rendrez si vous
gagnez. Sinon, tant pis ! nous serons quittes. Retournez
chez Pedro ce soir, comme si de rien n'était. L'auto va vous
conduire, puis viendra me chercher ici pour me mener chez
lady Griffith, où je vous prie de venir ensuite me retrouver.
J'y compte, n'est-ce pas. L'auto retournera vous prendre
chez Pedro. »

Il ouvre un tiroir, en sort cinq billets qu'il remet à Vincent :
« Allez vite.

— Mais votre père...

— Ah ! j'oubliais de vous dire — il est mort, il y a... » Il
tire sa montre et s'écrie : « Sapristi, qu'il est tard ! bientôt
minuit... Partez vite. — Oui, il y a environ quatre heures. »

Tout cela dit sans précipitation aucune, mais au contraire
avec une sorte de nonchaloir.

«Et vous ne restez pas à le…

— À le veiller? interrompit Robert. Non; mon petit frère s'en charge; il est là-haut avec sa vieille bonne, qui s'entendait avec le défunt mieux que moi…»

Puis, comme Vincent ne bouge pas, il reprend:

«Écoutez, cher ami, je ne voudrais pas vous paraître cynique, mais j'ai horreur des sentiments tout faits. J'avais confectionné dans mon cœur pour mon père, un amour filial sur mesure, mais qui, dans les premiers temps, flottait un peu et que j'avais été amené à rétrécir. Le vieux ne m'a jamais valu dans la vie que des ennuis, des contrariétés, de la gêne. S'il lui restait un peu de tendresse au cœur, ce n'est à coup sûr pas à moi qu'il l'a fait sentir. Mes premiers élans vers lui, du temps que je ne connaissais pas la retenue, ne m'ont valu que des rebuffades, qui m'ont instruit. Vous avez vu vous-même, quand on le soigne… Vous a-t-il jamais dit merci? Avez-vous obtenu de lui le moindre regard, le plus fugitif sourire? Il a toujours cru que tout lui était dû. Oh! c'était ce qu'on appelle un caractère. Je crois qu'il a fait beaucoup souffrir ma mère, que pourtant il aimait, si tant est qu'il ait jamais aimé vraiment. Je crois qu'il a fait souffrir tout le monde autour de lui, ses gens, ses chiens, ses chevaux, ses maîtresses; ses amis non, car il n'en avait pas un seul. Sa mort fait dire ouf! à chacun. C'était, je crois, un homme de grande valeur "dans sa partie", comme on dit; mais je n'ai jamais pu découvrir laquelle. Il était très intelligent, c'est sûr. Au fond j'avais pour lui, je garde encore, une certaine admiration. Mais quant à jouer du mouchoir… quant à extraire de moi des pleurs… non, je ne suis plus assez gosse pour cela. Allons! filez vite et dans une heure venez me retrouver chez Lilian. — Quoi? ça vous gêne de ne pas être en smoking? Comme vous êtes bête! Pourquoi? Nous serons seuls. Tenez, je vous promets de rester en veston. Entendu. Allumez un cigare avant de sortir. Et renvoyez-moi vite l'auto ; elle ira vous reprendre ensuite. »

Il regarda Vincent sortir, haussa les épaules, puis alla dans sa chambre pour passer son habit, qui l'attendait tout étalé sur un sofa.

Dans une chambre du premier, le vieux comte repose sur le lit mortuaire. On a posé un crucifix sur sa poitrine, mais omis de lui joindre les mains. Une barbe de quelques jours adoucit l'angle de son menton volontaire. Les rides transversales qui coupent son front, sous ses cheveux gris relevés en brosse, semblent moins profondes, et comme détendues. L'œil est rentré sous l'arcade sourcilière qu'enfle un buisson de poils. Précisément parce que nous ne devons plus le revoir, je le contemple longuement. Un fauteuil est au chevet du lit dans lequel Séraphine, la vieille bonne, était assise. Mais elle s'est levée. Elle s'approche d'une table où une lampe à huile d'ancien modèle éclaire imparfaitement la pièce ; la lampe a besoin d'être remontée. Un abat-jour ramène la clarté sur le livre que lit le jeune Gontran…

« Vous êtes fatigué, monsieur Gontran. Vous feriez mieux d'aller vous coucher. »

Gontran lève un regard très doux sur Séraphine. Ses cheveux blonds, qu'il écarte de son front, flottent sur ses tempes. Il a quinze ans ; son visage presque féminin n'exprime que de la tendresse encore, et de l'amour.

« Eh bien ! et toi, dit-il. C'est toi qui devrais aller dormir, ma pauvre Fine. Déjà la nuit dernière tu es restée debout presque tout le temps.

— Oh ! moi, j'ai l'habitude de veiller ; et puis j'ai dormi pendant le jour, tandis que vous…

— Non, laisse. Je ne me sens pas fatigué ; et ça me fait du bien de rester ici à méditer et à lire. J'ai si peu connu papa ; je crois que je l'oublierais tout à fait si je ne le regardais pas bien maintenant. Je vais veiller auprès de lui jusqu'à ce qu'il fasse jour. Voilà combien de temps, Fine, que tu es chez nous ?

— J'y suis depuis l'année d'avant votre naissance ; et vous avez bientôt seize ans.

— Tu te souviens bien de maman ?

— Si je m'en souviens de votre maman ? En voilà une question ! c'est comme si vous me demandiez si je me souviens de comment je m'appelle. Pour sûr que je m'en souviens de votre maman.

— Moi aussi je m'en souviens un peu, mais pas très bien… je n'avais que cinq ans quand elle est morte… Dis… est-ce que papa lui parlait beaucoup ?

— Ça dépendait des jours. Il n'a jamais été très causeur, votre papa ; et il n'aimait pas beaucoup qu'on lui adressât la parole le premier. Mais tout de même, il parlait un peu plus que dans les derniers temps. — Et puis tenez, il vaut mieux ne pas trop remuer les souvenirs et laisser au Bon Dieu le soin de juger tout ça.

— Tu crois vraiment que le Bon Dieu va s'occuper de tout ça, ma bonne Fine ?

— Si ce n'était pas le Bon Dieu, qui voudriez-vous que ça soit ? »

Gontran pose ses lèvres sur la main rougie de Séraphine.

« Sais-tu ce que tu devrais faire ? — Aller dormir. Je te promets de te réveiller dès qu'il fera clair ; et alors moi, j'irai dormir à mon tour. Je t'en prie. »

Dès que Séraphine l'a laissé seul, Gontran se jette à genoux au pied du lit ; il enfonce son front dans les draps, mais il ne parvient pas à pleurer ; aucun élan ne soulève son cœur. Ses yeux désespérément restent secs. Alors il se relève. Il regarde ce visage impassible. Il voudrait, en ce moment solennel, éprouver je ne sais quoi de sublime et de rare, écouter une communication de l'au-delà, lancer sa pensée dans des régions éthérées, suprasensibles — mais elle reste accrochée, sa pensée, au ras du sol. Il regarde les mains exsangues du mort, et se demande combien de temps encore les ongles continueront à pousser. Il est choqué de voir ces mains disjointes. Il voudrait les rapprocher, les unir, leur faire tenir le crucifix. Ça, c'est une bonne idée. Il songe que Séraphine sera bien étonnée quand elle reverra le mort aux mains jointes, et d'avance il s'amuse de son étonnement ; puis, aussitôt ensuite, il se méprise de s'en amuser. Tout de même, il se penche en avant sur le lit. Il saisit le bras du mort le plus éloigné de lui. Le bras est déjà raide et refuse de se prêter. Gontran veut le forcer à plier, mais il fait bouger tout le corps. Il saisit l'autre bras ; celui-ci paraît un peu plus souple. Gontran a presque amené la main à la place qu'il eût fallu ; il prend le crucifix, tâche de le glisser et de le maintenir entre le pouce et les autres doigts ; mais le contact de cette chair froide le fait faiblir. Il croit qu'il va se trouver mal. Il a envie de rappeler Séraphine. Il abandonne tout — le crucifix de travers sur le drap chiffonné, le bras qui retombe inerte à sa place première ; et, dans le grand silence funèbre, il entend soudain un brutal «Nom de Dieu», qui l'emplit d'effroi, comme si quelqu'un d'autre... Il se retourne ; mais non : il est seul. C'est bien de lui qu'a jailli ce juron sonore, du fond de lui qui n'a jamais juré. Puis, il va se rasseoir et se replonge dans sa lecture.

5

C'était une âme et un corps où n'entre jamais l'aiguillon.

SAINTE-BEUVE[1].

Lilian, se redressant à demi, toucha du bout de ses doigts les cheveux châtains de Robert :

«Vous commencez à vous dégarnir, mon ami. Faites attention : vous n'avez que trente ans à peine. La calvitie vous ira très mal. Vous prenez la vie trop au sérieux.»

Robert relève son visage vers elle et la regarde en souriant.

«Pas près de vous, je vous assure.

— Vous avez dit à Molinier de venir nous retrouver ?

— Oui ; puisque vous me l'aviez demandé.

— Et... vous lui avez prêté de l'argent ?

— Cinq mille francs, je vous l'avais dit — qu'il va de nouveau perdre chez Pedro.

— Pourquoi voulez-vous qu'il les perde ?

— C'est couru. Je l'ai vu le premier soir. Il joue tout de travers.

1. Romancier et critique français (1804-1869) à qui l'on doit notamment *Les Causeries du lundi* (1851-1862), où il évoque les grands écrivains dans leurs contextes biographique, social et historique.

— Il a eu le temps d'apprendre… Voulez-vous parier que ce soir, il va gagner ?

— Si vous voulez.

— Oh ! mais je vous prie de ne pas accepter cela comme une pénitence. J'aime qu'on fasse volontiers ce qu'on fait.

— Ne vous fâchez pas. C'est convenu. S'il gagne, c'est à vous qu'il rendra l'argent. Mais s'il perd, vous me rembourserez. Ça vous va ? »

Elle pressa un bouton de sonnerie :

« Apportez-nous du tokay et trois verres. — Et s'il revient avec les cinq mille francs seulement, on les lui laissera, n'est-ce pas ? S'il ne perd ni ne gagne…

— Ça n'arrive jamais. C'est curieux comme vous vous intéressez à lui.

— C'est curieux que vous ne le trouviez pas intéressant.

— Vous le trouvez intéressant parce que vous êtes amoureuse de lui.

— Ça c'est vrai, mon cher ! On peut vous dire ça, à vous. Mais ce n'est pas pour cela qu'il m'intéresse. Au contraire : quand quelqu'un me prend par la tête, d'ordinaire ça me refroidit. »

Un serviteur reparut, portant sur un plateau le vin et les verres.

« Nous allons boire d'abord pour le pari, puis nous reboirons avec le gagnant. »

Le serviteur versa du vin et ils trinquèrent.

« Moi, je le trouve rasoir, votre Vincent, reprit Robert.

— Oh ! "mon" Vincent !… Comment si ça n'était pas vous qui l'aviez amené ! Et puis je vous conseille de ne pas répéter partout qu'il vous ennuie. On comprendrait trop vite pourquoi vous le fréquentez. »

Robert, se détournant un peu, posa ses lèvres sur le pied nu de Lilian, que celle-ci ramena vers elle aussitôt et cacha sous son éventail.

« Dois-je rougir ? dit-il.

— Avec moi ce n'est pas la peine d'essayer. Vous ne pourriez pas. »

Elle vida son verre, puis :

« Voulez-vous que je vous dise, mon cher. Vous avez toutes les qualités de l'homme de lettres : vous êtes vaniteux, hypocrite, ambitieux, versatile, égoïste…

— Vous me comblez.

— Oui, tout cela c'est charmant. Mais vous ne ferez jamais un bon romancier.

— Parce que ?

— Parce que vous ne savez pas écouter.

— Il me semble que je vous écoute fort bien.

— Bah ! Lui, qui n'est pas littérateur, il m'écoute encore bien mieux. Mais quand nous sommes ensemble, c'est bien plutôt moi qui écoute.

— Il ne sait presque pas parler.

— C'est parce que vous discourez tout le temps. Je vous connais : vous ne le laissez pas placer deux mots.

— Je sais d'avance tout ce qu'il pourrait dire.

— Vous croyez ? Vous connaissez bien son histoire avec cette femme ?

— Oh ! les affaires de cœur, c'est ce que je connais au monde de plus ennuyeux !

— J'aime aussi beaucoup quand il parle d'histoire naturelle.

— L'histoire naturelle, c'est encore plus ennuyeux que les affaires de cœur. Alors il vous a fait un cours ?…

— Si je pouvais vous redire ce qu'il m'a dit… C'est passionnant, mon cher. Il m'a raconté des tas de choses sur les animaux de la mer. Moi j'ai toujours été curieuse de tout ce qui vit dans la mer. Vous savez que maintenant ils construisent des bateaux, en Amérique, avec des vitres sur le côté, pour voir tout autour, au fond de l'Océan. Il paraît que

c'est merveilleux. On voit du corail vivant, des… des…
comment appelez-vous cela? — des madrépores[1], des
éponges, des algues, des bancs de poissons. Vincent dit qu'il
y a des espèces de poissons qui crèvent quand l'eau devient
plus salée, ou moins, et qu'il y en a d'autres au contraire qui
supportent des degrés de salaison variée, et qui se tiennent
au bord des courants, là où l'eau devient moins salée, pour
manger les premiers quand ils faiblissent. Vous devriez lui
demander de vous raconter… Je vous assure que c'est très
curieux. Quand il en parle, il devient extraordinaire. Vous
ne le reconnaîtriez plus… Mais vous ne savez pas le faire
parler… C'est comme quand il raconte son histoire avec
Laura Douviers… Oui, c'est le nom de cette femme. Vous
savez comment il l'a connue?

— Il vous l'a dit?

— À moi l'on dit tout. Vous le savez bien, homme terrible!» Et elle lui caressa le visage avec les plumes de son
éventail refermé. «Vous doutez-vous qu'il est venu me voir
tous les jours, depuis le soir où vous me l'avez amené?

— Tous les jours! Non, vrai, je ne m'en doutais pas.

— Le quatrième, il n'a plus pu y tenir; il a tout raconté.
Mais chaque jour ensuite, il ajoutait quelque détail.

— Et cela ne vous ennuyait pas! Vous êtes admirable.

— Je t'ai dit que je l'aime. Et elle lui saisit le bras empha-
tiquement[2].

— Et lui… il aime cette femme?»

Lilian se mit à rire:

«Il l'aimait. — Oh! il a fallu d'abord que j'aie l'air de m'intéresser vivement à elle. J'ai même dû pleurer avec lui. Et
cependant j'étais affreusement jalouse. Maintenant, plus.
Écoute comment ça a commencé; ils étaient à Pau tous les

---

1. Corail des mers chaudes.
2. Avec intensité et énergie.

deux, dans une maison de santé, un sanatorium, où on les avait envoyés l'un et l'autre parce qu'on prétendait qu'ils étaient tuberculeux. Au fond, ils ne l'étaient vraiment ni l'un ni l'autre. Mais ils se croyaient très malades tous les deux. Ils ne se connaissaient pas encore. Ils se sont vus pour la première fois, étendus l'un à côté de l'autre sur une terrasse de jardin, chacun sur une chaise longue, près d'autres malades qui restent étendus tout le long du jour en plein air pour se soigner. Comme ils se croyaient condamnés, ils se sont persuadés que tout ce qu'ils feraient ne tirerait plus à conséquence. Il lui répétait à tout instant qu'ils n'avaient plus l'un et l'autre qu'un mois à vivre ; et c'était au printemps. Elle était là-bas toute seule. Son mari est un petit professeur de français en Angleterre. Elle l'avait quitté pour venir à Pau. Elle était mariée depuis trois mois. Il avait dû se saigner à blanc pour l'envoyer là-bas. Il lui écrivait tous les jours. C'est une jeune femme de très honorable famille ; très bien élevée, très réservée, très timide. Mais là-bas... Je ne sais pas trop ce que Vincent a pu lui dire, mais le troisième jour elle lui avouait que, bien que couchant avec son mari et possédée par lui, elle ne savait pas ce que c'était que le plaisir.

— Et lui, alors, qu'est-ce qu'il a dit ?

— Il lui a pris la main qu'elle laissait pendre au côté de sa chaise longue et l'a longuement pressée sur ses lèvres.

— Et vous, quand il vous a raconté cela, qu'avez-vous dit ?

— Moi ! c'est affreux... figurez-vous qu'alors j'ai été prise d'un fou rire. Je n'ai pas pu me retenir et je ne pouvais plus m'arrêter... Ça n'était pas tant ce qu'il me disait, qui me faisait rire ; c'était l'air intéressé et consterné que j'avais cru devoir prendre pour l'engager à continuer. Je craignais de paraître trop amusée. Et puis, au fond, c'était très beau et très triste. Il était tellement ému en m'en parlant ! Il n'avait jamais raconté rien de tout cela à personne. Ses parents, naturellement, n'en savent rien.

— C'est vous qui devriez écrire des romans.

— Parbleu, mon cher, si seulement je savais dans quelle langue !… Mais entre le russe, l'anglais et le français, jamais je ne pourrai me décider. — Enfin la nuit suivante, il est venu retrouver sa nouvelle amie dans sa chambre et là, il lui a révélé tout ce que son mari n'avait pas su lui apprendre, et que, je pense, il lui enseigna fort bien. Seulement, comme ils étaient convaincus qu'ils n'avaient plus que très peu de temps à vivre, ils n'ont pris naturellement aucune précaution, et, naturellement, peu de temps après, l'amour aidant, ils ont commencé d'aller beaucoup mieux l'un et l'autre. Quand elle s'est rendu compte qu'elle était enceinte, ils ont été tous les deux consternés. C'était le mois dernier. Il commençait à faire chaud. Pau, l'été, n'est plus tenable. Ils sont rentrés ensemble à Paris. Son mari croit qu'elle est chez ses parents qui dirigent un pensionnat près du Luxembourg ; mais elle n'a pas osé les revoir. Les parents, eux, la croient à Pau ; mais tout finira bientôt par se découvrir. Vincent jurait d'abord de ne pas l'abandonner ; il lui proposait de partir n'importe où avec elle, en Amérique, en Océanie. Mais il leur fallait de l'argent. C'est précisément alors qu'il a fait votre rencontre et qu'il a commencé à jouer.

— Il ne m'avait rien raconté de tout ça.

— Surtout, n'allez pas lui dire que je vous ai parlé !… »
Elle s'arrêta, tendit l'oreille :

« Je croyais que c'était lui… Il m'a dit que pendant le trajet de Pau à Paris, il a cru qu'elle devenait folle. Elle venait seulement de comprendre qu'elle commençait une grossesse. Elle était en face de lui dans le compartiment du wagon ; ils étaient seuls. Elle ne lui avait rien dit depuis le matin ; il avait dû s'occuper de tout, pour le départ ; elle se laissait faire ; elle semblait n'avoir plus conscience de rien. Il lui a pris les mains ; mais elle regardait fixement devant elle, hagarde, comme sans le voir, et ses lèvres s'agitaient. Il s'est penché vers elle. Elle disait : "Un amant ! Un amant ! J'ai un amant !" Elle répétait cela sur le même ton ; et toujours le même mot revenait comme si elle n'en connaissait plus d'autres... Je vous assure, mon cher, que quand il m'a fait ce récit, je n'avais plus envie de rire du tout. De ma vie, je n'ai entendu rien de plus pathétique. Mais tout de même à mesure qu'il parlait, je comprenais qu'il se détachait de tout cela. On eût dit que son sentiment s'en allait avec ses paroles. On eût dit qu'il savait gré à mon émotion de relayer un peu la sienne.

— Je ne sais pas comment vous diriez cela en russe ou en anglais, mais je vous certifie qu'en français, c'est très bien.

— Merci. Je le savais. C'est à la suite de cela qu'il m'a parlé d'histoire naturelle ; et j'ai tâché de le persuader qu'il serait monstrueux de sacrifier sa carrière à son amour.

— Autrement dit, vous lui avez conseillé de sacrifier son amour. Et vous vous proposez de lui remplacer cet amour ? »

Lilian ne répondit rien.

« Cette fois-ci, je crois que c'est lui, reprit Robert en se levant... Vite encore un mot avant qu'il n'entre. Mon père est mort tantôt.

— Ah ! fit-elle simplement.

— Cela ne vous dirait rien de devenir comtesse de Passavant ? »

Lilian, du coup, se renversa en arrière en riant aux éclats.

« Mais, mon cher... c'est que je crois bien me souvenir que j'ai oublié un mari en Angleterre. Quoi ! je ne vous l'avais pas déjà dit ?

— Peut-être pas.

— Un lord Griffith existe quelque part. »

Le comte de Passavant, qui n'avait jamais cru à l'authenticité du titre de son amie, sourit. Celle-ci reprit:

« Dites un peu. Est-ce pour couvrir votre vie que vous imaginez de me proposer cela? Non, mon cher, non. Restons comme nous sommes. Amis, hein? » et elle lui tendit une main qu'il baisa.

« Parbleu, j'en étais sûr, s'écria Vincent en entrant. Il s'est mis en habit, le traître.

— Oui, je lui avais promis de rester en veston pour ne pas faire honte au sien, dit Robert. Je vous demande bien pardon, cher ami, mais je me suis souvenu tout d'un coup que j'étais en deuil. »

Vincent portait la tête haute; tout en lui respirait le triomphe, la joie. À son arrivée, Lilian avait bondi. Elle le dévisagea un instant, puis s'élança joyeusement sur Robert dont elle bourra le dos de coups de poing en sautant, dansant et criant (Lilian m'agace un peu lorsqu'elle fait ainsi l'enfant):

« Il a perdu son pari! Il a perdu son pari!

— Quel pari? demanda Vincent.

— Il avait parié que vous alliez de nouveau perdre. Allons, dites vite: gagné combien?

— J'ai eu le courage extraordinaire, la vertu, d'arrêter à cinquante mille, et de quitter le jeu là-dessus. »

Lilian poussa un rugissement de plaisir.

« Bravo! Bravo! Bravo! » criait-elle. Puis elle sauta au cou de Vincent, qui sentit tout le long de son corps la souplesse de ce corps brûlant à l'étrange parfum de santal, et Lilian l'embrassa sur le front, sur les joues, sur les lèvres. Vincent, en chancelant, se dégagea. Il sortit de sa poche une liasse de billets de banque.

« Tenez, reprenez votre avance, dit-il en en tendant cinq à Robert.

— C'est à lady Lilian que vous les devez à présent. »

Robert lui passa les billets, qu'elle jeta sur le divan. Elle était haletante. Elle alla jusqu'à la terrasse pour respirer. C'était l'heure douteuse où s'achève la nuit, et où le diable fait ses comptes. Dehors, on n'entendait pas un bruit. Vincent s'était assis sur le divan. Lilian se retourna vers lui, et, pour la première fois, le tutoyant :

« Et maintenant, qu'est-ce que tu vas faire ? »

Il prit sa tête dans ses mains et dit dans une sorte de sanglot :

« Je ne sais plus. »

Lilian s'approcha de lui et posa sa main sur son front qu'il releva ; ses yeux étaient secs et ardents.

« En attendant, nous allons trinquer tous les trois », dit-elle, et elle remplit de tokay les trois verres.

Après qu'ils eurent bu :

« Maintenant, quittez-moi. Il est tard, et je n'en puis plus. » Elle les accompagna vers l'antichambre, puis, comme Robert passait devant, glissa dans la main de Vincent un petit objet de métal et chuchota :

« Sors avec lui, tu reviendras dans un quart d'heure. »

Dans l'antichambre sommeillait un laquais, qu'elle secoua par le bras.

« Éclairez ces messieurs jusqu'en bas. »

L'escalier était sombre ; où il eût été simple, sans doute, de faire jouer l'électricité ; mais Lilian tenait à ce qu'un domestique, toujours, vît sortir ses hôtes.

Le laquais alluma les bougies d'un grand candélabre qu'il tint haut devant lui, précédant Robert et Vincent dans l'escalier. L'auto de Robert attendait devant la porte que le laquais referma sur eux.

« Je crois que je vais rentrer à pied. J'ai besoin de marcher un peu pour retrouver mon équilibre », dit Vincent, comme l'autre ouvrait la portière de l'auto et lui faisait signe de monter.

« Vous ne voulez vraiment pas que je vous raccompagne ? » Brusquement, Robert saisit la main gauche de Vincent, que celui-ci tenait fermée. « Ouvrez la main. Allons ! montrez ce que vous avez là. »

Vincent avait cette naïveté de craindre la jalousie de Robert. Il rougit en desserrant les doigts. Une petite clef tomba sur le trottoir. Robert la ramassa tout aussitôt, la regarda ; en riant, la rendit à Vincent.

« Parbleu ! » fit-il ; et il haussa les épaules. Puis, entrant dans l'auto, il se pencha en arrière vers Vincent qui demeurait penaud :

« C'est jeudi. Dites à votre frère que je l'attends ce soir dès quatre heures », et vite il referma la portière, sans laisser à Vincent le temps de répliquer.

L'auto partit. Vincent fit quelques pas sur le quai, traversa la Seine, gagna cette partie des Tuileries qui se trouve en dehors des grilles, s'approcha d'un petit bassin et trempa dans l'eau son mouchoir qu'il appliqua sur son front et ses tempes. Puis, lentement, il revint vers la demeure de Lilian. Laissons-le, tandis que le diable amusé le regarde glisser sans bruit la petite clef dans la serrure…

C'est l'heure où, dans une triste chambre d'hôtel, Laura, sa maîtresse d'hier, après avoir longtemps pleuré, longtemps gémi, va s'endormir. Sur le pont du navire qui le ramène en France, Édouard, à la première clarté de l'aube, relit la lettre qu'il a reçue d'elle, lettre plaintive et où elle appelle au secours. Déjà, la douce rive de son pays natal est en vue, mais, à travers la brume, il faut un œil exercé pour la voir. Pas un nuage au ciel, où le regard de Dieu va sourire. La paupière de l'horizon rougissant déjà se soulève. Comme il va faire chaud dans Paris ! Il est temps de retrouver Bernard. Voici que dans le lit d'Olivier il s'éveille.

6

We are all bastards;
And that most venerable man which I
Did call my father, was I know not where
When I was stamp'd[1].

SHAKESPEARE.

Bernard a fait un rêve absurde. Il ne se souvient pas de ce qu'il a rêvé. Il ne cherche pas à se souvenir de son rêve, mais à en sortir. Il rentre dans le monde réel pour sentir le corps d'Olivier peser lourdement contre lui. Son ami, pendant leur sommeil, ou du moins pendant le sommeil de Bernard, s'était rapproché, et du reste l'étroitesse du lit ne permet pas beaucoup de distance; il s'était retourné; à présent, il dort sur le flanc et Bernard sent son souffle chaud chatouiller son cou. Bernard n'a qu'une courte chemise de jour; en travers de son corps, un bras d'Olivier opprime indiscrètement sa chair. Bernard doute un instant si son ami dort vraiment. Doucement il se dégage. Sans éveiller

_____

1. « Nous sommes tous bâtards; et l'homme si vénérable que j'appelais mon père était je ne sais où quand j'ai été fabriqué. » Extrait de l'acte II scène 5 de *Cymbeline* de Shakespeare. Gide ne relève pas la suite — «c'est quelque faussaire qui m'a frappé à son coin» — qui reprend l'image de la fausse monnaie.

Olivier, il se lève, se rhabille et revient s'étendre sur le lit. Il est encore trop tôt pour partir. Quatre heures. La nuit commence à peine à pâlir. Encore une heure de repos, d'élan pour commencer vaillamment la journée. Mais c'en est fait du sommeil. Bernard contemple la vitre bleuissante, les murs gris de la petite pièce, le lit de fer où Georges s'agite en rêvant.

« Dans un instant, se dit-il, j'irai vers mon destin. Quel beau mot : l'aventure ! Ce qui doit advenir. Tout le surprenant qui m'attend. Je ne sais pas si d'autres sont comme moi, mais dès que je suis réveillé, j'aime à mépriser ceux qui dorment. Olivier, mon ami, je partirai sans ton adieu. Oust ! Debout, valeureux Bernard ! Il est temps. »

Il frotte son visage d'un coin de serviette trempée ; se recoiffe ; se rechausse. Il ouvre la porte, sans bruit. Dehors !

Ah ! que paraît salubre à tout être l'air qui n'a pas encore été respiré ! Bernard suit la grille du Luxembourg ; il descend la rue Bonaparte, gagne les quais, traverse la Seine. Il songe à sa nouvelle règle de vie, dont il a trouvé depuis peu la formule : « Si tu ne fais pas cela, qui le fera ? Si tu ne le fais pas aussitôt, quand sera-ce ? » — Il songe : « De grandes choses à faire » ; il lui semble qu'il va vers elles. « De grandes choses », se répète-t-il en marchant. Si seulement il savait lesquelles !… En attendant, il sait qu'il a faim : le voici près des halles. Il a quatorze sous dans sa poche, pas un liard de plus. Il entre dans un bar ; prend un croissant et un café au lait sur le zinc. Coût : dix sous. Il lui en reste quatre ; crânement, il en abandonne deux sur le comptoir, tend les deux autres à un va-nu-pieds qui fouille une boîte à ordures. Charité ? Défi ? Peu importe. À présent, il se sent heureux comme un roi. Il n'a plus rien ; tout est à lui ! — « J'attends tout de la Providence, songe-t-il. Si seulement elle consent vers midi à servir devant moi quelque beau rosbif saignant, je composerai bien avec elle » (car hier soir, il n'a pas dîné). Le soleil s'est levé depuis longtemps. Bernard rejoint le quai. Il se sent léger ; s'il court, il lui semble qu'il vole. Dans son cerveau bondit voluptueusement sa pensée. Il pense :

« Le difficile dans la vie, c'est de prendre au sérieux longtemps de suite la même chose. Ainsi, l'amour de ma mère pour celui que j'appelais mon père — cet amour, j'y ai cru quinze ans ; j'y croyais hier encore. Elle non plus, parbleu ! n'a pu prendre longtemps au sérieux son amour. Je voudrais bien savoir si je la méprise, ou si je l'estime davantage, d'avoir fait de son fils un bâtard ?... Et puis, au fond, je ne tiens pas tant que ça à le savoir. Les sentiments pour les progéniteurs, ça fait partie des choses qu'il vaut mieux ne pas chercher trop à tirer au clair. Quant au cocu, c'est bien simple : d'aussi loin que je m'en souvienne, je l'ai toujours haï ; il faut bien que je m'avoue aujourd'hui que je n'y avais pas grand mérite — et c'est tout ce que je regrette ici. Dire que si je n'avais pas forcé ce tiroir, j'aurais pu croire toute ma vie que je nourrissais à l'égard d'un père des sentiments dénaturés ! Quel soulagement de savoir !... Tout de même, je n'ai pas précisément forcé le tiroir ; je ne songeais même pas à l'ouvrir... Et puis il y avait des circonstances atténuantes : d'abord je m'ennuyais effroyablement ce jour-là. Et puis cette curiosité, cette "fatale curiosité" comme dit Fénelon[1], c'est ce que j'ai le plus sûrement hérité de mon vrai père, car il n'y en a pas trace dans la famille Profitendieu. Je n'ai jamais rencontré moins curieux que Monsieur le mari de ma mère ; si ce n'est les enfants qu'il lui a faits. Il faudra que je repense à eux quand j'aurai dîné... Soulever la

---

1. Homme d'Église et écrivain français (1651-1715). Nommé précepteur du duc de Bourgogne, il rédigea pour son élève *Les Aventures de Télémaque* (1699), ouvrage pédagogique et philosophique resté célèbre pour la clarté et l'élégance de son style. La querelle du quiétisme provoqua sa condamnation et sa chute.

plaque de marbre d'un guéridon et s'apercevoir que le
tiroir bâille, ce n'est tout de même pas la même chose que
de forcer une serrure. Je ne suis pas un crocheteur. Ça
peut arriver à n'importe qui, de soulever le marbre d'un
guéridon. Thésée[1] devait avoir mon âge quand il souleva le
rocher. Ce qui empêche pour le guéridon, d'ordinaire, c'est
la pendule. Je n'aurais pas songé à soulever la plaque de
marbre du guéridon si je n'avais pas voulu réparer la pendule... Ce qui n'arrive pas à n'importe qui, c'est de trouver
là-dessous des armes ; ou des lettres d'un amour coupable !
Bah ! l'important c'était que j'en fusse instruit. Tout le
monde ne peut pas se payer, comme Hamlet[2], le luxe d'un
spectre révélateur. Hamlet ! C'est curieux comme le point
de vue diffère, suivant qu'on est le fruit du crime ou de la
légitimité. Je reviendrai là-dessus quand j'aurai dîné... Est-ce
que c'était mal à moi de lire ces lettres ! Si ç'avait été mal...
non, j'aurais des remords. Et si je n'avais pas lu ces lettres,
j'aurais dû continuer à vivre dans l'ignorance, le mensonge
et la soumission. Aérons-nous. Gagnons le large ! "Bernard !
Bernard, cette verte jeunesse...", comme dit Bossuet[3] ;
assieds-la sur ce banc, Bernard. Qu'il fait beau ce matin ! Il
y a des jours où le soleil vraiment a l'air de caresser la
terre. Si je pouvais me quitter un peu, sûrement, je ferais
des vers. »

Étendu sur le banc, il se quitta si bien qu'il dormit.

---

1. Personnage de la mythologie grecque. Arrivé à l'âge de seize
ans, il réussit à soulever le rocher sous lequel son père Égée avait dissimulé son épée et ses sandales et accéda ainsi au pouvoir royal.
2. Personnage éponyme de la pièce de Shakespeare, Hamlet,
prince du Danemark, reçoit la visite du fantôme de son père, qui lui
révèle la vérité sur sa mort.
3. Homme d'Église français (1627-1704), il reste célèbre pour ses
sermons et ses *Oraisons funèbres* (1656-1687).

7

Le soleil déjà haut, par la fenêtre ouverte, vient caresser le pied nu de Vincent, sur le large lit où près de Lilian il repose. Celle-ci, qui ne le sait pas réveillé, se soulève, le regarde et s'étonne à lui trouver l'air soucieux.

Lady Griffith aimait Vincent peut-être; mais elle aimait en lui le succès. Vincent était grand, beau, svelte, mais il ne savait ni se tenir, ni s'asseoir, ni se lever. Son visage était expressif, mais il se coiffait mal. Surtout elle admirait la hardiesse, la robustesse de sa pensée; il était certainement très instruit, mais il lui paraissait inculte. Elle se penchait avec un instinct d'amante et de mère au-dessus de ce grand enfant qu'elle prenait à tâche de former. Elle en faisait son œuvre, sa statue. Elle lui apprenait à soigner ses ongles, à séparer sur le côté ses cheveux qu'il rejetait d'abord en arrière, et son front, à demi caché par eux, paraissait plus pâle et plus haut. Enfin, elle avait remplacé par des cravates seyantes, les modestes petits nœuds tout faits qu'il portait. Décidément lady Griffith aimait Vincent; mais elle ne le supportait pas taciturne, ou «maussade» comme elle disait.

Sur le front de Vincent elle promène doucement son doigt, comme pour effacer une ride, double pli qui, parti des sourcils, creuse deux barres verticales et semble presque douloureux.

«Si tu dois m'apporter ici des regrets, des soucis, des remords, autant vaut ne pas revenir», murmure-t-elle en se penchant vers lui.

Vincent ferme les yeux comme devant une clarté trop vive. La jubilation des regards de Lilian l'éblouit.

«Ici, c'est comme dans les mosquées; on se déchausse en entrant pour ne pas apporter la boue du dehors. Si tu crois que je ne sais pas à qui tu penses!» — Puis, comme Vincent veut lui mettre la main devant la bouche, elle se débat mutinement:

«Non, laisse-moi te parler sérieusement. J'ai beaucoup réfléchi à ce que tu me disais l'autre jour. On croit toujours que les femmes ne savent pas réfléchir, mais tu verras que cela dépend desquelles... Ce que tu me disais sur les produits de croisement... et qu'on n'obtenait rien de fameux par le mélange, mais plutôt par sélection... Hein! j'ai bien retenu ta leçon?... Eh bien! ce matin, je crois que tu nourris un monstre, quelque chose de tout à fait ridicule et que tu ne pourras jamais sevrer: un hybride de bacchante et de Saint-Esprit. Pas vrai?... Tu te dégoûtes d'avoir plaqué Laura: je lis ça dans le pli de ton front. Si tu veux retourner auprès d'elle, dis-le tout de suite et quitte-moi; c'est que je me serais trompée sur ton compte, et je te laisserais partir sans regrets. Mais, si tu prétends rester avec moi, quitte cette figure d'enterrement. Tu me rappelles certains Anglais; plus leur pensée s'émancipe, plus ils se raccrochent à la morale; c'est au point qu'il n'y a pas plus puritain que certains de leurs libres penseurs... Tu me prends pour une sans-cœur? Tu te trompes: je comprends très bien que tu aies pitié de Laura. Mais alors, qu'est-ce que tu fais ici?»

Puis, comme Vincent se détournait d'elle:

«Écoute; tu vas passer dans la salle de bains et tâcher de laisser tes regrets sous la douche. Je sonne pour le thé, hein ? Et quand tu reparaîtras, je t'expliquerai quelque chose que tu n'as pas l'air de bien comprendre. »

Il s'était levé. Elle bondit à sa suite.

« Ne te rhabille pas tout de suite. Dans l'armoire, à droite du chauffe-bain, tu trouveras des burnous, des haïks, des pyjamas… enfin tu choisiras. »

Vincent reparaît vingt minutes plus tard, couvert d'une djellabah de soie vert pistache.

« Oh ! attends ! attends que je t'arrange », s'écria Lilian ravie. Elle sortie d'un coffre oriental deux larges écharpes aubergine, ceintura Vincent de la plus sombre, l'enturbanna de l'autre.

« Mes pensées sont toujours de la couleur de mon costume (elle avait revêtu un pyjama pourpre lamé d'argent). Je me souviens d'un jour, quand j'étais toute petite, à San Francisco ; on a voulu me mettre en noir, sous prétexte qu'une sœur de ma mère venait de mourir ; une vieille tante que je n'avais jamais vue. Toute la journée j'ai pleuré ; j'étais triste, triste ; je me suis figuré que j'avais beaucoup de chagrin, que je regrettais immensément ma tante… rien qu'à cause du noir. Si les hommes sont aujourd'hui plus sérieux que les femmes, c'est qu'ils sont vêtus plus sombrement. Je parie que déjà tu n'as plus les mêmes idées que tout à l'heure. Assieds-toi là, au bord du lit ; et quand tu auras bu un gobelet de vodka, une tasse de thé, et mangé deux ou trois sandwiches, je te raconterai une histoire. Tu me diras quand je peux commencer… »

Elle s'est assise, sur la descente de lit, entre les jambes de Vincent, pelotonnée comme une stèle égyptienne, le menton sur les genoux. Après avoir elle-même bu et mangé, elle commence :

« J'étais sur la *Bourgogne,* tu sais, le jour où elle a fait naufrage. J'avais dix-sept ans. C'est te dire mon âge aujourd'hui.

J'étais excellente nageuse ; et pour te prouver que je n'ai pas le cœur trop sec, je te dirai que, si ma première pensée a été de me sauver moi-même, ma seconde a été de sauver quelqu'un. Même je ne suis pas bien sûre que ce n'ait pas été la première. Ou plutôt, je crois que je n'ai pensé à rien du tout ; mais rien ne me dégoûte autant que ceux qui, dans ces moments-là, ne songent qu'à eux-mêmes ; si : les femmes qui poussent des cris. Il y eut un premier canot de sauvetage qu'on avait empli principalement de femmes et d'enfants ; et certaines de celles-ci poussaient de tels hurlements qu'il y avait de quoi faire perdre la tête. La manœuvre fut si mal faite que le canot, au lieu de poser à plat sur la mer, piqua du nez et se vida de tout son monde avant même de s'être empli d'eau. Tout cela se passait à la lumière de torches, de fanaux et de projecteurs. Tu n'imagines pas ce que c'était lugubre. Les vagues étaient assez fortes, et tout ce qui n'était pas dans la clarté disparaissait de l'autre côté de la colline d'eau, dans la nuit. Je n'ai jamais vécu d'une vie plus intense ; mais j'étais aussi incapable de réfléchir qu'un terre-neuve, je suppose, qui se jette à l'eau. Je ne comprends même plus bien ce qui a pu se passer ; je sais seulement que j'avais remarqué, dans le canot, une petite fille de cinq ou six ans, un amour ; et tout de suite, quand j'ai vu chavirer la barque, c'est elle que j'ai résolu de sauver. Elle était d'abord avec sa mère ; mais celle-ci ne savait pas bien nager ; et puis elle était gênée, comme toujours dans ces cas-là, par sa jupe. Pour moi, j'ai dû me dévêtir machinalement ; on m'appelait pour prendre place dans le canot suivant. J'ai dû y monter puis sans doute j'ai sauté à la mer de ce canot même ; je me souviens seulement d'avoir nagé assez longtemps avec l'enfant cramponnée à mon cou. Elle était terrifiée et me serrait la gorge si fort que je ne pouvais plus respirer. Heureusement, on a pu nous voir du canot et nous attendre, ou ramer vers nous.

Mais ce n'est pas pour ça que je te raconte cette histoire. Le souvenir qui est demeuré le plus vif, celui que jamais rien ne pourra effacer de mon cerveau ni de mon cœur : dans ce canot, nous étions, entassés, une quarantaine, après avoir recueilli plusieurs nageurs désespérés, comme on m'avait recueillie moi-même. L'eau venait presque à ras du bord. J'étais à l'arrière et je tenais pressée contre moi la petite fille que je venais de sauver, pour la réchauffer et pour l'empêcher de voir ce que, moi, je ne pouvais pas ne pas voir : deux marins, l'un armé d'une hache et l'autre d'un couteau de cuisine ; et sais-tu ce qu'ils faisaient ?... Ils coupaient les doigts, les poignets de quelques nageurs qui, s'aidant des cordes, s'efforçaient de monter dans notre barque. L'un de ces deux marins (l'autre était un nègre) s'est retourné vers moi qui claquais des dents de froid, d'épouvante et d'horreur : "S'il en monte un seul de plus, nous sommes tous foutus. La barque est pleine." Il a ajouté que dans tous les naufrages on est forcé de faire comme ça ; mais que naturellement on n'en parle pas.

« Alors, je crois que je me suis évanouie ; en tout cas, je ne me souviens plus de rien, comme on reste sourd assez longtemps après un bruit trop formidable. Et quand, à bord du X... qui nous a recueillis, je suis revenue à moi, j'ai compris que je n'étais plus, que je ne pourrais plus jamais être la même, la sentimentale jeune fille d'auparavant ; j'ai compris que j'avais laissé une partie de moi sombrer avec la *Bourgogne*, qu'à un tas de sentiments délicats, désormais, je couperais les doigts et les poignets pour les empêcher de monter et de faire sombrer mon cœur. »

Elle regarda Vincent du coin de l'œil, et, cambrant le torse en arrière :

« C'est une habitude à prendre. »

Puis, comme ses cheveux mal retenus s'étaient défaits et

retombaient sur ses épaules, elle se leva, s'approcha d'un miroir, et, tout en parlant, s'occupa de sa coiffure.

« Quand j'ai quitté l'Amérique, peu de temps après, il me semblait que j'étais la toison d'or et que je partais à la recherche d'un conquérant. J'ai pu parfois me tromper ; j'ai pu commettre des erreurs... et peut-être que j'en commets une aujourd'hui en te parlant comme je fais. Mais toi, ne va pas t'imaginer, parce que je me suis donnée à toi, que tu m'as conquise. Persuade-toi de ceci : j'abomine les médiocres et ne puis aimer qu'un vainqueur. Si tu veux de moi, que ce soit pour t'aider à vaincre. Mais si c'est pour te faire plaindre, consoler, dorloter... autant te le dire tout de suite : non, mon vieux Vincent, ce n'est pas moi qu'il te faut : c'est Laura. »

Elle dit tout cela sans se retourner, tout en continuant d'arranger ses cheveux rebelles ; mais Vincent rencontra son regard dans la glace.

« Tu permettras que je ne te réponde que ce soir, dit-il en se levant et quittant ses vêtements orientaux pour reprendre ceux de la ville. À présent, il faut que je rentre vite avant que mon frère Olivier soit sorti ; j'ai quelque chose d'urgent à lui dire. »

Il dit cela en manière d'excuse et pour colorer son départ ; mais quand il s'approcha de Lilian, celle-ci se retourna souriante et si belle qu'il hésita :

« À moins que je ne lui laisse un mot qu'il trouve à déjeuner, reprit-il.

— Vous vous parlez beaucoup ?

— Presque pas. Non, c'est une invitation pour ce soir, que j'ai à lui transmettre.

— De la part de Robert... *Oh ! I see...*, dit-elle en souriant bizarrement. De celui-là aussi il faudra que nous reparlions... Alors, pars vite. Mais reviens à six heures, car, à sept, son auto nous prendra pour nous emmener dîner au Bois. »

Vincent, tout en marchant, médite ; il éprouve que du rassasiement des désirs peut naître, accompagnant la joie et comme s'abritant derrière elle, une sorte de désespoir.

8

> *Il faut choisir d'aimer les femmes, ou de les connaître ; il n'y a pas de milieu.*
>
> CHAMFORT [1].

Dans le rapide de Paris, Édouard lit le livre de Passavant : *La Barre fixe* — frais paru, et qu'il vient d'acheter en gare de Dieppe. Sans doute ce livre l'attend à Paris ; mais Édouard est impatient de le connaître. On en parle partout. Jamais aucun de ses livres à lui n'a eu l'honneur de figurer aux bibliothèques des gares. On lui a bien parlé de telle démarche qu'il suffirait de faire pour en obtenir le dépôt ; mais il n'y tient pas. Il se redit qu'il se soucie fort peu que ses livres soient exposés aux bibliothèques des gares, mais il a besoin de se le redire en y voyant le livre de Passavant. Tout ce que fait Passavant l'indispose, et tout ce qui se fait autour de Passavant : les articles, par exemple, où l'on porte son livre aux nues. Oui, c'est comme un fait exprès : chacun des trois journaux qu'il achète, à peine débarqué, contient un éloge de *La Barre fixe*. Un quatrième contient une lettre de

---

1. Écrivain et moraliste français (1741-1794), auteur des *Maximes, caractères et anecdotes* (1795), où il observe avec amertume et scepticisme le règne de Louis XVI.

Passavant, protestation à un article un peu moins louangeur que les autres, paru précédemment dans ce journal ; Passavant y défend son livre et l'explique. Cette lettre irrite Édouard plus encore que les articles, Passavant prétend éclairer l'opinion ; c'est-à-dire qu'habilement il l'incline. Jamais aucun des livres d'Édouard n'a fait lever tant d'articles ; aussi bien Édouard n'a jamais rien fait pour s'attirer les bonnes grâces des critiques. Si ceux-ci le battent froid, peu lui importe. Mais en lisant les articles sur le livre de son rival, il a besoin de se redire que peu lui importe.

Ce n'est pas qu'il déteste Passavant. Il l'a rencontré parfois et l'a trouvé charmant. Passavant s'est du reste toujours montré pour lui des plus aimables. Mais les livres de Passavant lui déplaisent ; Passavant lui paraît moins un artiste qu'un faiseur. Assez pensé à lui…

Édouard sort de la poche de son veston la lettre de Laura, cette lettre qu'il relisait sur le pont du navire ; il la relit encore :

« Mon ami,

« La dernière fois que je vous ai vu — c'était, vous en souvenez-vous, à St. James Park, le 2 avril, la veille de mon départ pour le Midi — vous m'avez fait promettre de vous écrire si je me trouvais dans l'embarras. Je tiens ma promesse. À qui d'autre que vous en appellerais-je ? Ceux sur qui je voudrais pouvoir m'appuyer, c'est à eux surtout que je dois cacher ma détresse. Mon ami, je suis dans une grande détresse. Ce qu'a été ma vie depuis que j'ai quitté Félix, je vous le raconterai peut-être un jour. Il m'a accompagnée jusqu'à Pau, puis a regagné seul Cambridge, rappelé par son cours. Ce que je suis devenue là-bas, seule et abandonnée à moi-même, à la convalescence, au printemps… Vais-je oser vous avouer à vous ce qu'à Félix je ne puis dire ? Le moment est venu que je devrais le rejoindre.

Hélas, je ne suis plus digne de le revoir. Les lettres que je lui écris depuis quelque temps sont menteuses et celles que je reçois de lui ne parlent que de sa joie de me savoir mieux portante. Que ne suis-je demeurée malade ! que ne suis-je morte là-bas !... Mon ami, j'ai dû me rendre à l'évidence : je suis enceinte ; et l'enfant que j'attends n'est pas de lui. J'ai quitté Félix il y a plus de trois mois ; de toute manière, à lui du moins je ne pourrai donner le change. Je n'ose retourner près de lui. Je ne peux pas. Je ne veux pas. Il est trop bon. Il me pardonnerait sans doute et je ne mérite pas, je ne veux pas qu'il me pardonne. Je n'ose retourner près de mes parents qui me croient encore à Pau. Mon père, s'il apprenait, s'il comprenait, serait capable de me maudire. Il me repousserait. Comment affronterais-je sa vertu, son horreur du mal, du mensonge, de tout ce qui est impur ? J'ai peur aussi de désoler ma mère et ma sœur. Quant à celui qui... mais je ne veux pas l'accuser ; lorsqu'il m'a promis de m'aider, il était en état de le faire. Mais pour être mieux à même de m'aider, il s'est malheureusement mis à jouer. Il a perdu la somme qui devait servir à mon entretien, à mes couches. Il a tout perdu. J'avais d'abord pensé partir avec lui, n'importe où, vivre avec lui, quelque temps du moins, car je ne voulais pas le gêner, ni lui être à charge ; j'aurais bien fini par trouver à gagner ma vie ; mais je ne peux pas tout de suite. Je vois bien qu'il souffre de m'abandonner et qu'il ne peut pas faire autrement, aussi je ne l'accuse pas, mais il m'abandonne tout de même. Je suis ici sans argent. Je vis à crédit, dans un petit hôtel. Mais cela ne peut durer. Je ne sais plus que devenir. Hélas ! des chemins si délicieux ne pouvaient mener qu'aux abîmes. Je vous écris à cette adresse de Londres que vous m'avez donnée, mais quand cette lettre vous parviendra-t-elle ? Et moi qui souhaitais tant d'être mère ! Je ne fais que pleurer tout le jour. Conseillez-moi, je n'espère plus rien que de vous. Secourez-moi, si cela vous est possible, et sinon… Hélas, en d'autres temps j'aurais eu plus de courage, mais à présent ce n'est plus moi seule qui meurs. Si vous n'arrivez pas, si vous m'écrivez : "Je ne puis rien", je n'aurai contre vous pas un reproche. En vous disant adieu, je tâcherai de ne pas trop regretter la vie, mais je crois que vous n'avez jamais très bien compris que l'amitié que vous eûtes pour moi reste ce que j'aurai connu de meilleur — pas bien compris que ce que j'appelais mon amitié pour vous portait un autre nom dans mon cœur.

« Laura Félix Douviers.

« *P.-S.* — Avant de jeter cette lettre à la poste, je vais le revoir une dernière fois. Je l'attendrai chez lui ce soir. Si vous recevez ceci, c'est donc vraiment que… adieu, adieu, je ne sais plus ce que j'écris. »

Édouard a reçu cette lettre le matin même de son départ. C'est-à-dire qu'il s'est décidé à partir aussitôt après l'avoir reçue. De toute manière, il n'avait pas l'intention de prolonger beaucoup son séjour en Angleterre. Je ne prétends point insinuer qu'il n'eût pas été capable de revenir à Paris spécialement pour secourir Laura ; je dis qu'il est heureux de revenir. Il a été terriblement sevré de plaisir, ces temps derniers, en Angleterre ; à Paris, la première chose qu'il fera, c'est d'aller dans un mauvais lieu ; et, comme il ne veut pas emporter là-bas de papiers personnels, il atteint dans le filet du compartiment sa valise, l'ouvre pour y glisser la lettre de Laura.

La place de cette lettre n'est pas entre un veston et des chemises ; il atteint, sous les vêtements, un cahier cartonné à demi rempli de son écriture ; y recherche, tout au commencement du cahier, tels feuillets, écrits l'an passé, qu'il relit, entre lesquels la lettre de Laura prendra place.

18 octobre.

« Laura ne semble pas se douter de sa puissance ; pour moi qui pénètre dans le secret de mon cœur, je sais bien que jusqu'à ce jour, je n'ai pas écrit une ligne qu'elle n'ait indirectement inspirée. Près de moi, je la sens enfantine encore, et toute l'habileté de mon discours, je ne la dois qu'à mon désir constant de l'instruire, de la convaincre, de la séduire. Je ne vois rien, je n'entends rien, sans penser aussitôt : qu'en dirait-elle ? J'abandonne mon émotion et ne connais plus que la sienne. Il me paraît même que si elle n'était pas là pour me préciser, ma propre personnalité s'éperdrait en contours trop vagues ; je ne me rassemble et ne me définis qu'autour d'elle. Par quelle illusion ai-je pu croire jusqu'à ce jour que je la façonnais à ma ressemblance ? Tandis qu'au contraire c'est moi qui me pliais à la sienne ; et je ne le remarquais pas ! Ou plutôt : par un étrange croisement d'influences amoureuses, nos deux êtres, réciproquement, se déformaient. Involontairement, inconsciemment, chacun des deux êtres qui s'aiment se façonne à cette idole qu'il contemple dans le cœur de l'autre… Quiconque aime vraiment renonce à la sincérité.

« C'est ainsi qu'elle m'a donné le change. Sa pensée accompagnait partout la mienne. J'admirais son goût, sa curiosité, sa culture et je ne savais pas que ce n'était que par amour pour moi qu'elle s'intéressait si passionnément à tout ce dont elle me voyait m'éprendre. Car elle ne savait rien découvrir. Chacune de ses admirations, je le comprends aujourd'hui, n'était pour elle qu'un lit de repos où allonger sa pensée contre la mienne ; rien ne répondait en ceci à l'exigence profonde de sa nature. "Je ne m'ornais et ne me parais que pour toi", dira-t-elle. Précisément j'aurais voulu que ce ne fût que pour elle et qu'elle cédât, ce faisant, à quelque intime besoin personnel. Mais de tout cela, qu'elle ajoutait à elle pour moi, rien ne restera, pas même un regret, pas même le sentiment d'un manque. Un jour vient où l'être vrai reparaît, que le temps lentement déshabille de tous ses vêtements d'emprunt ; et, si c'est de ces ornements que l'autre est épris, il ne presse plus contre son cœur qu'une parure déshabitée, qu'un souvenir... que du deuil et du désespoir.

« Ah ! de combien de vertus, de combien de perfections l'ai-je ornée !

« Que cette question de la sincérité est irritante ! *Sincérité !* Quand j'en parle, je ne songe qu'à sa sincérité à elle. Si je me retourne vers moi, je cesse de comprendre ce que ce mot veut dire. Je ne suis jamais que ce que je crois que je suis — et cela varie sans cesse, de sorte que souvent, si je n'étais là pour les accointer, mon être du matin ne reconnaîtrait pas celui du soir. Rien ne saurait être plus différent de moi, que moi-même. Ce n'est que dans la solitude que parfois le substrat m'apparaît et que j'atteins à une certaine continuité foncière ; mais alors il me semble que ma vie s'alentit, s'arrête et que je vais proprement cesser d'être. Mon cœur ne bat que par sympathie ; je ne vis que par autrui ; par procuration, pourrais-je dire, par épousaille, et ne me sens jamais vivre plus intensément que quand je m'échappe à moi-même pour devenir n'importe qui.

« Cette force anti-égoïste de décentralisation est telle qu'elle volatilise en moi le sens de la propriété — et, partant, de la responsabilité. Un tel être n'est pas de ceux qu'on épouse. Comment faire comprendre cela à Laura ?

26 octobre.

« Rien n'a pour moi d'existence, que *poétique* (et je rends à ce mot son plein sens) — à commencer par moi-même. Il me semble parfois que je n'existe pas vraiment, mais simplement que j'imagine que je suis. Ce à quoi je parviens le plus difficilement à croire c'est à ma propre réalité. Je m'échappe sans cesse et ne comprends pas bien, lorsque je me regarde agir, que celui que je vois agir soit le même que celui qui regarde, et qui s'étonne, et doute qu'il puisse être acteur et contemplateur à la fois.

« L'analyse psychologique a perdu pour moi tout intérêt du jour où je me suis avisé que l'homme éprouve ce qu'il s'imagine éprouver. De là à penser qu'il s'imagine éprouver ce qu'il éprouve… Je le vois bien avec mon amour : entre aimer Laura et m'imaginer que je l'aime — entre m'imaginer que je l'aime moins, et l'aimer moins, quel dieu verrait la différence ? Dans le domaine des sentiments, le réel ne se distingue pas de l'imaginaire. Et, s'il suffit d'imaginer qu'on aime, pour aimer, ainsi suffit-il de se dire qu'on imagine aimer, quand on aime, pour aussitôt aimer un peu moins, et même pour se détacher un peu de ce qu'on aime — ou pour en détacher quelques cristaux. Mais pour se dire cela ne faut-il pas déjà aimer un peu moins ?

« C'est par un tel raisonnement que X, dans mon livre, s'efforcera de se détacher de Z — et surtout s'efforcera de la détacher de lui.

28 octobre.

« On parle sans cesse de la brusque cristallisation de l'amour[1]. La lente *décristallisation*, dont je n'entends jamais

---

1. Référence à une théorie développée par Stendhal (1783-1842) dans *De l'amour* (1822) et qui selon lui décrit le processus par lequel

parler, est un phénomène psychologique qui m'intéresse bien davantage. J'estime qu'on le peut observer, au bout d'un temps plus ou moins long, dans tous les mariages d'amour. Il n'y aura pas à craindre cela pour Laura, certes (et c'est tant mieux), si elle épouse Félix Douviers, ainsi que le lui conseillent la raison, sa famille, et moi-même. Douviers est un très honnête professeur, plein de mérites, et très capable dans sa partie (il me revient qu'il est très apprécié par ses élèves) en qui Laura va découvrir, à l'usage, d'autant plus de vertus qu'elle s'illusionnera moins par avance ; quand elle parle de lui, je trouve même que, dans la louange, elle reste plutôt en deçà. Douviers vaut mieux que ce qu'elle croit.

« Quel admirable sujet de roman : au bout de quinze ans, de vingt ans de vie conjugale, la décristallisation progressive et réciproque des conjoints ! Tant qu'il aime et veut être aimé, l'amoureux ne peut se donner pour ce qu'il est vraiment, et, de plus, il ne voit pas l'autre — mais bien, en son lieu, une idole qu'il pare, et qu'il divinise, et qu'il crée.

« J'ai donc mis en garde Laura, et contre elle, et contre moi-même. J'ai tâché de lui persuader que notre amour ne saurait nous assurer à l'un ni à l'autre de durable bonheur. J'espère l'avoir à peu près convaincue. »

Édouard hausse les épaules, referme le journal sur la lettre et remet le tout dans la valise. Il y dépose également son portefeuille après y avoir prélevé un billet de cent francs qui lui suffira certainement jusqu'au moment où il ira reprendre sa valise, qu'il compte laisser à la consigne en arrivant. L'embêtant c'est qu'elle ne ferme pas à clef, sa

---

un individu tombe amoureux : « Ce que j'appelle cristallisation, c'est l'opération de l'esprit, qui tire de tout ce qui se présente la découverte que l'objet aimé a de nouvelles perfections. »

valise; ou du moins qu'il n'a plus la clef pour la fermer. Il perd toujours les clefs de ses valises. Bah! les employés de la consigne sont trop affairés durant le jour, et jamais seuls. Il la dégagera, cette valise, vers quatre heures; la portera chez lui; puis ira consoler et secourir Laura; il tâchera de l'emmener dîner.

Édouard somnole; ses pensées insensiblement prennent un autre cours. Il se demande s'il aurait deviné, à la seule lecture de la lettre de Laura, qu'elle a les cheveux noirs? Il se dit que les romanciers, par la description trop exacte de leurs personnages, gênent plutôt l'imagination qu'ils ne la servent et qu'ils devraient laisser chaque lecteur se représenter chacun de ceux-ci comme il lui plaît. Il songe au roman qu'il prépare, qui ne doit ressembler à rien de ce qu'il a écrit jusqu'alors. Il n'est pas assuré que *Les Faux-Monnayeurs* soit un bon titre. Il a eu tort de l'annoncer. Absurde, cette coutume d'indiquer les «en préparation», afin d'allécher les lecteurs. Cela n'allèche personne et cela vous lie... Il n'est pas assuré non plus que le sujet soit très bon. Il y pense sans cesse et depuis longtemps mais il n'en a pas écrit encore une ligne. Par contre, il transcrit sur un carnet ses notes et ses réflexions.

Il sort de sa valise ce carnet. De sa poche, il sort un stylo. Il écrit:

«Dépouiller le roman de tous les éléments qui n'appartiennent pas spécifiquement au roman. De même que la photographie, naguère, débarrassa la peinture du souci de certaines exactitudes, le phonographe nettoiera sans doute demain le roman de ses dialogues rapportés, dont le réaliste souvent se fait gloire. Les événements extérieurs, les accidents, les traumatismes, appartiennent au cinéma; il sied que le roman les lui laisse. Même la description des personnages ne me paraît point appartenir proprement au genre. Oui vraiment, il ne me paraît pas que le roman *pur* (et en art, comme partout, la pureté seule m'importe) ait à s'en occuper. Non plus que ne fait le drame. Et qu'on ne vienne point dire que le dramaturge ne décrit pas ses personnages parce que le spectateur est appelé à les voir portés tout vivants sur la scène ; car combien de fois n'avons-nous pas été gênés au théâtre, par l'acteur, et souffert de ce qu'il ressemblât si mal à celui que, sans lui, nous nous représentions si bien. — Le romancier, d'ordinaire, ne fait point suffisamment crédit à l'imagination du lecteur. »

Quelle station vient de passer en coup de vent ? Asnières. Il remet le carnet dans la valise. Mais décidément le souvenir de Passavant le tourmente. Il ressort le carnet. Il y écrit encore :

« Pour Passavant, l'œuvre d'art n'est pas tant un but qu'un moyen. Les convictions artistiques dont il fait montre, ne s'affirment si véhémentes que parce qu'elles ne sont pas profondes ; nulle secrète exigence de tempérament ne les commande ; elles répondent à la dictée de l'époque ; leur mot d'ordre est : opportunité.

« *La Barre fixe*. Ce qui paraîtra bientôt le plus vieux, c'est ce qui d'abord aura paru le plus moderne. Chaque complaisance, chaque affectation est la promesse d'une ride. Mais c'est par là que Passavant plaît aux jeunes. Peu lui chaut l'avenir. C'est à la génération d'aujourd'hui qu'il s'adresse (ce qui vaut certes mieux que de s'adresser à celle d'hier) — mais comme il ne s'adresse qu'à elle, ce qu'il écrit risque de passer avec elle. Il le sait et ne se promet pas la survie ; et c'est là ce qui fait qu'il se défend si âprement, non point seulement quand on l'attaque, mais qu'il proteste même à chaque restriction des critiques. S'il sentait son œuvre durable, il la laisserait se défendre elle-même et ne cher-

cherait pas sans cesse à la justifier. Que dis-je ? Il se félicite-
rait des mécompréhensions, des injustices. Autant de fil à
retordre pour les critiques de demain. »

Il consulte sa montre. Onze heures trente-cinq. On
devrait être arrivé. Curieux de savoir si par impossible Olivier l'attend à la sortie du train ? Il n'y compte absolument
pas. Comment supposer même qu'Olivier ait pu prendre
connaissance de la carte où il annonçait aux parents d'Olivier son retour — et où incidemment, négligemment, distraitement en apparence, il précisait le jour et l'heure —
comme on tendrait un piège au sort, et par amour des
embrasures.

Le train s'arrête. Vite, un porteur ! Non ; sa valise n'est
pas si lourde, et la consigne n'est pas si loin... À supposer
qu'il soit là sauront-ils seulement, dans la foule, se reconnaître ? Ils se sont si peu vus. Pourvu qu'il n'ait pas trop
changé !... Ah ! juste ciel ! serait-ce lui ?

9

Nous n'aurions à déplorer rien de ce qui arriva par la suite, si seulement la joie qu'Édouard et Olivier eurent à se retrouver eût été plus démonstrative; mais une singulière incapacité de jauger son crédit dans le cœur et l'esprit d'autrui leur était commune et les paralysait tous deux; de sorte que chacun se croyant seul ému, tout occupé par sa joie propre et comme confus de la sentir si vive, n'avait souci que de ne point trop en laisser paraître l'excès.

C'est là ce qui fit qu'Olivier, loin d'aider à la joie d'Édouard en lui disant l'empressement qu'il avait mis à venir à sa rencontre, crut séant de parler de quelque course que précisément il avait eu à faire dans le quartier ce matin même, comme pour s'excuser d'être venu. Scrupuleuse à l'excès, son âme était habile à se persuader que peut-être Édouard trouvait sa présence importune. Il n'eut pas plus tôt menti, qu'il rougit. Édouard surprit cette rougeur, et, comme d'abord il avait saisi le bras d'Olivier, d'une étreinte passionnée, crut, par scrupule également, que c'était là ce qui le faisait rougir.

Il avait dit d'abord:

« Je m'efforçais de croire que tu ne serais pas là; mais au fond j'étais sûr que tu viendrais. »

Il put croire qu'Olivier voyait de la présomption dans

cette phrase. En l'entendant répondre d'un air dégagé : « J'avais justement une course à faire dans ce quartier », il lâcha le bras d'Olivier, et son exaltation tout aussitôt retomba. Il eût voulu demander à Olivier s'il avait compris que cette carte adressée à ses parents, c'était pour lui qu'il l'avait écrite ; sur le point de l'interroger, le cœur lui manquait. Olivier, craignant d'ennuyer Édouard ou de se faire méjuger en parlant de soi, se taisait. Il regardait Édouard et s'étonnait d'un certain tremblement de sa lèvre, puis aussitôt baissait les yeux. Édouard tout à la fois souhaitait ce regard et craignait qu'Olivier ne le jugeât trop vieux. Il roulait nerveusement entre ses doigts un bout de papier. C'était le bulletin qu'on venait de lui remettre à la consigne, mais il n'y faisait pas attention.

« Si c'était son bulletin de consigne », se disait Olivier, en le lui voyant froisser ainsi, puis jeter distraitement, « il ne le jetterait pas ainsi. » Et il ne se retourna qu'un instant pour voir le vent emporter ce bout de papier loin derrière eux sur le trottoir. S'il avait regardé plus longtemps, il aurait pu voir un jeune homme le ramasser. C'était Bernard qui, depuis leur sortie de la gare, les suivait... Cependant, Olivier se désolait de ne rien trouver à dire à Édouard, et le silence entre eux lui devenait intolérable.

« Quand nous arriverons devant Condorcet, se répétait-il, je lui dirai : "À présent, il faut que je rentre ; au revoir." » Puis, devant le lycée, il se donna jusqu'au coin de la rue de Provence. Mais Édouard, à qui ce silence pesait également, ne pouvait admettre qu'ils se quittassent ainsi. Il entraîna son compagnon dans un café. Peut-être le porto qu'on leur servit les aiderait-il à triompher de leur gêne.

Ils trinquèrent.

« À tes succès, dit Édouard, en levant son verre. Quand est l'examen ?

— Dans dix jours.

— Et tu te sens prêt ? »

Olivier haussa les épaules.

« Est-ce qu'on sait jamais. Il suffit d'être mal en train ce jour-là. »

Il n'osait répondre : « Oui », par crainte de montrer trop d'assurance. Ce qui le gênait aussi, c'était à la fois le désir et la crainte de tutoyer Édouard ; il se contentait de donner à chacune de ses phrases un tour indirect d'où, du moins, le « vous » était exclu, de sorte qu'il enlevait par cela même à Édouard l'occasion de solliciter un tutoiement qu'il souhaitait ; qu'il avait obtenu pourtant, il s'en souvenait bien, quelques jours avant son départ.

« As-tu bien travaillé ?

— Pas mal. Mais pas si bien que j'aurais pu.

— Les bons travailleurs ont toujours le sentiment qu'ils pourraient travailler davantage », dit Édouard sentencieusement.

Il avait dit cela malgré lui ; puis, aussitôt, avait trouvé sa phrase ridicule.

« Fais-tu toujours des vers ?

— De temps en temps... J'aurais grand besoin de conseils. » Il levait les yeux vers Édouard ; c'est « de vos conseils » qu'il voulait dire ; « de tes conseils ». Et le regard, à défaut de la voix, le disait si bien qu'Édouard crut qu'il disait cela par déférence ou par gentillesse. Mais quel besoin eut-il de répondre, et avec tant de brusquerie :

« Oh ! les conseils, il faut savoir se les donner à soi-même ou les chercher auprès de camarades ; ceux des aînés ne valent rien. »

Olivier pensa : « Je ne lui en ai pourtant pas demandé ; pourquoi proteste-t-il ? »

Chacun d'eux se dépitait à ne sortir de soi rien que de sec, de contraint ; et chacun d'eux, sentant la gêne et l'agacement de l'autre, s'en croyait l'objet et la cause. De tels entretiens ne peuvent donner rien de bon, si rien ne vient à la rescousse. Rien ne vint.

Olivier s'était mal levé ce matin. La tristesse qu'il avait eue à son réveil, de ne plus voir Bernard à son côté, de l'avoir laissé partir sans adieu, cette tristesse, un instant dominée par la joie de retrouver Édouard, montait en lui comme un flot sombre, submergeait toutes ses pensées. Il eût voulu parler de Bernard, raconter à Édouard tout et je ne sais quoi, l'intéresser à son ami.

Mais le moindre sourire d'Édouard l'eût blessé, et l'expression eût trahi les sentiments passionnés et tumultueux qui l'agitaient, si elle n'eût risqué de paraître exagérée. Il se taisait; il sentait ses traits se durcir; il eût voulu se jeter dans les bras d'Édouard et pleurer. Édouard se méprenait à ce silence, à l'expression de ce visage contracté; il aimait beaucoup trop pour ne point perdre toute aisance. À peine s'il osait regarder Olivier, qu'il eût voulu serrer dans ses bras et dorloter comme un enfant; et quand il rencontrait son regard morne:

« C'est cela, pensait-il. Je l'ennuie… Je le fatigue, je l'excède. Pauvre petit! il n'attend qu'un mot de moi pour partir. » Et ce mot, irrésistiblement, Édouard le dit, par pitié pour l'autre:

« À présent tu dois me quitter. Tes parents t'attendent pour déjeuner, j'en suis sûr. »

Olivier, qui pensait de même, se méprit à son tour. Il se leva précipitamment, tendit la main. Du moins voulait-il dire à Édouard: « Quand te reverrai-je? Quand vous reverrai-je? Quand est-ce qu'on se revoit?… » Édouard attendait cette phrase. Rien ne vint. Qu'un banal: « Adieu. »

10

Le soleil avait réveillé Bernard. Il s'était levé de son banc avec un violent mal de tête. Sa belle vaillance du matin l'avait quitté. Il se sentait abominablement seul et le cœur tout gonflé de je ne sais quoi de saumâtre qu'il se refusait à appeler de la tristesse, mais qui remplissait de larmes ses yeux. Que faire ? et où aller ?... S'il s'achemina vers la gare Saint-Lazare, à l'heure où il savait que devait s'y rendre Olivier, ce fut sans intention précise, et sans autre désir que de retrouver son ami. Il se reprochait son brusque départ au matin : Olivier pouvait en avoir été peiné. N'était-il pas l'être que Bernard préférait sur terre ?... Quand il le vit au bras d'Édouard, un sentiment bizarre tout à la fois lui fit suivre le couple, et le retint de se montrer. Péniblement il se sentait de trop, et pourtant eût voulu se glisser entre eux. Édouard lui paraissait charmant ; à peine un peu plus grand qu'Olivier, l'allure à peine un peu moins jeune. C'est lui qu'il résolut d'aborder ; il attendait pour cela qu'Olivier l'eût quitté. Mais l'aborder sous quel prétexte ?

C'est à ce moment qu'il vit le petit bout de papier froissé s'échapper de la main distraite d'Édouard. Quand il l'eut ramassé, qu'il eut vu que c'était un bulletin de consigne... parbleu, le voilà bien le prétexte cherché !

Il vit entrer les deux amis dans le café ; demeura perplexe un instant ; puis, reprenant son monologue :

« Un adipeux normal n'aurait rien de plus pressé que de lui rapporter ce papier », se dit-il.

> *How weary, stale, flat and unprofitable*
> *Seem to me all the uses of this world* [1] !

ai-je entendu dire à Hamlet. Bernard, Bernard, quelle pensée t'effleure ? Hier déjà tu fouillais un tiroir. Sur quel chemin t'engages-tu ? Fais bien attention, mon garçon... Fais bien attention qu'à midi l'employé de la consigne à qui Édouard a eu affaire, va déjeuner, et qu'il est remplacé par un autre. Et n'as-tu pas promis à ton ami de tout oser ?

Il réfléchit pourtant que trop de précipitation risquait de tout compromettre. Surpris au débotté, l'employé pouvait trouver suspect cet empressement ; consultant le registre du dépôt, il pouvait trouver peu naturel qu'un bagage, mis à la consigne quelques minutes avant midi, en fût retiré sitôt après. Enfin, si tel passant, tel fâcheux, l'avait vu ramasser le papier... Bernard prit sur lui de redescendre jusqu'à la Concorde, sans se presser ; le temps qu'eût mis un autre à déjeuner. Cela se fait souvent, n'est-ce pas, de mettre sa valise à la consigne durant le temps que l'on déjeune et d'aller la reprendre ensuite ? Il ne sentait plus sa migraine. En passant devant une terrasse de restaurant, il s'empara sans façon d'un cure-dents (ils étaient en petits faisceaux sur les tables), qu'il allait grignoter devant le bureau de consigne, pour avoir l'air rassasié. Heureux d'avoir pour lui sa bonne mine, l'élégance de son costume, la distinction de sa tenue,

---

1. « Quelle lourdeur, quel goût de rance, quelle platitude, quel vide me semble avoir tout l'ordinaire de cette vie » (trad. Eugène Morand et Marcel Schwob). Extrait de l'acte I, scène 2, d'*Hamlet* de William Shakespeare.

la franchise de son sourire et de son regard, enfin ce je ne sais quoi dans l'allure où l'on sent ceux qui, nourris dans le bien-être, n'ont besoin de rien, ayant tout. Mais tout cela se fripe, à dormir sur les bancs.

Il eut une souleur [1], quand l'employé lui demanda dix centimes de garde. Il n'avait plus un sou. Que faire ? La valise était là, sur le butoir. Le moindre manque d'assurance allait donner l'éveil ; et aussi le manque d'argent. Mais le démon ne permettra pas qu'il se perde ; il glisse sous les doigts anxieux de Bernard, qui vont fouillant de poche en poche, dans un simulacre de recherche désespérée, une petite pièce de dix sous oubliée depuis on ne sait quand, là, dans le gousset de son gilet. Bernard la tend à l'employé. Il n'a rien laissé paraître de son trouble. Il s'empare de la valise et d'un geste simple et honnête, empoche les sous qu'on lui rend. Ouf ! Il a chaud. Où va-t-il aller ? Ses jambes se dérobent sous lui et la valise lui paraît lourde. Que va-t-il en faire !... Il songe tout à coup qu'il n'en a pas la clef. Et non ; et non ; et non ; il ne forcera pas la serrure ; il n'est pas un voleur, que diable !... Si du moins il savait ce qu'il y a dedans. Elle pèse à son bras. Il est en nage. Il s'arrête un instant ; pose son faix [2] sur le trottoir. Certes, il entend bien la rendre, cette valise ; mais il voudrait l'interroger d'abord. Il presse à tout hasard la serrure. Oh ! miracle ! les valves s'entrouvrent, laissant entrevoir cette perle : un portefeuille, qui laisse entrevoir des billets. Bernard s'empare de la perle et referme l'huître aussitôt.

Et maintenant qu'il a de quoi, vite ! un hôtel. Rue d'Amsterdam, il en sait un tout près. Il meurt de faim. Mais avant de s'asseoir à table, il veut mettre la valise à l'abri. Un garçon qui la porte le précède dans l'escalier. Trois étages ; un

---

1. Frayeur subite, saisissement.
2. Fardeau.

couloir; une porte, qu'il ferme à clef sur son trésor... Il redescend.

Attablé devant un beefsteak, Bernard n'osait tirer le portefeuille de sa poche (Sait-on jamais qui vous observe?) mais, dans le fond de cette poche intérieure, sa main gauche amoureusement le palpait.

« Faire comprendre à Édouard que je ne suis pas un voleur, se disait-il, voilà le hic. Quel genre de type est Édouard? La valise nous renseignera peut-être. Séduisant, c'est un fait acquis. Mais il y a des tas de types séduisants qui comprennent fort mal la plaisanterie. S'il croit sa valise volée, il ne laissera pas sans doute d'être content de la revoir. Il me sera reconnaissant de la lui rapporter, ou n'est qu'un mufle. Je saurai l'intéresser à moi. Prenons vite un dessert et montons examiner la situation. L'addition; et laissons un émouvant pourboire au garçon. »

Quelques instants plus tard, il était de nouveau dans la chambre.

« Maintenant, valise, à nous deux!... Un complet de rechange; à peine un peu trop grand pour moi, sans doute. L'étoffe en est seyante et de bon goût. Du linge; des affaires de toilette. Je ne suis pas bien sûr de lui rendre jamais tout cela. Mais ce qui prouve que je ne suis pas un voleur, c'est que les papiers que voici vont m'occuper bien davantage. Lisons d'abord ceci. »

C'était le cahier dans lequel Édouard avait serré la triste lettre de Laura. Nous en connaissons déjà les premières pages; voici ce qui suivait:

II

JOURNAL D'ÉDOUARD

1er novembre.

« Il y a quinze jours… — j'ai eu tort de ne pas noter cela aussitôt. Ce n'est pas que le temps m'ait manqué, mais j'avais le cœur encore plein de Laura — ou plus exactement je voulais ne point distraire d'elle ma pensée ; et puis je ne me plais à noter ici rien d'épisodique, de fortuit, et il ne me paraissait pas encore que ce que je vais raconter pût avoir une suite, ni comme l'on dit : tirer à conséquence ; du moins, je me refusais à l'admettre et c'était pour me le prouver, en quelque sorte, que je m'abstenais d'en parler dans mon journal ; mais je sens bien, et j'ai beau m'en défendre, que la figure d'Olivier aimante aujourd'hui mes pensées, qu'elle incline leur cours et que, sans tenir compte de lui, je ne pourrais ni tout à fait bien m'expliquer, ni tout à fait bien me comprendre.

« Je revenais au matin de chez Perrin[1], où j'allais sur-veiller le service de presse pour la réédition de mon vieux

---

1. Éditeur de la fin du XIXᵉ siècle. Il publia *Les Cahiers d'André Wal-ter*, le premier ouvrage de Gide. Ce dernier, mécontent de la qualité de l'édition, la retira de la vente et la confia à Edmond Bailly, pro-priétaire indépendant de la Librairie de l'Art.

livre. Comme le temps était beau, je flânais le long des quais en attendant l'heure du déjeuner.

« Un peu avant d'arriver devant Vanier [1], je m'arrêtai près d'un étalage de livres d'occasion. Les livres ne m'intéressaient point tant qu'un jeune lycéen, de treize ans environ, qui fouillait les rayons en plein vent sous l'œil placide d'un surveillant assis sur une chaise de paille dans la porte de la boutique. Je feignais de contempler l'étalage, mais, du coin de l'œil, moi aussi je surveillais le petit. Il était vêtu d'un pardessus usé jusqu'à la corde et dont les manches trop courtes laissaient passer celles de la veste. La grande poche de côté restait bâillante, bien qu'on sentît qu'elle était vide ; dans le coin l'étoffe avait cédé. Je pensai que ce pardessus avait déjà dû servir à plusieurs frères, et que ses frères et lui avaient l'habitude de mettre beaucoup trop de choses dans leurs poches. Je pensai aussi que sa mère était bien négligente, ou bien occupée, pour n'avoir pas réparé cela. Mais, à ce moment, le petit s'étant un peu tourné, je vis que l'autre poche était toute reprisée, grossièrement, avec un gros solide fil noir. Aussitôt, j'entendis les admonestations maternelles : "Ne mets donc pas deux livres à la fois dans ta poche ; tu vas ruiner ton pardessus. Ta poche est encore déchirée. La prochaine fois, je t'avertis que je n'y ferai pas de reprises. Regarde-moi de quoi tu as l'air !..." Toutes choses que me disait également ma pauvre mère, et dont je ne tenais pas compte non plus. Le pardessus, ouvert, laissait voir la veste, et mon regard fut attiré par une sorte de petite décoration, un bout de ruban, ou plutôt une rosette jaune qu'il portait à la boutonnière. Je note tout cela par discipline, et précisément parce que cela m'ennuie de le noter.

1. Célèbre éditeur de la fin du XIXᵉ siècle. Il publia les chefs-d'œuvre de la poésie parnassienne et fut l'éditeur privilégié de Paul Verlaine (1844-1896).

« À un certain moment, le surveillant fut appelé à l'intérieur de la boutique ; il n'y resta qu'un instant, puis revint s'asseoir sur sa chaise ; mais cet instant avait suffi pour permettre à l'enfant de glisser dans la poche de son manteau le livre qu'il tenait en main ; puis, tout aussitôt, il se remit à fouiller les rayons, comme si de rien n'était. Pourtant il était inquiet ; il releva la tête, remarqua mon regard et comprit que je l'avais vu. Du moins, il se dit que j'avais pu le voir ; il n'en était sans doute pas bien sûr ; mais, dans le doute, il perdit toute assurance, rougit et commença de se livrer à un petit manège, où il tâchait de se montrer tout à fait à son aise, mais qui marquait une gêne extrême. Je ne le quittais pas des yeux. Il sortit de la poche le livre dérobé ; l'y renfonça ; s'écarta de quelques pas ; tira de l'intérieur de son veston un pauvre petit portefeuille élimé, où il fit mine de chercher l'argent qu'il savait fort bien ne pas y être ; fit une grimace significative, une moue de théâtre, à mon adresse évidemment, qui voulait dire : "Zut ! je n'ai pas de quoi", avec cette petite nuance en surplus : "C'est curieux, je croyais avoir de quoi" tout cela un peu exagéré, un peu gros, comme un acteur qui a peur de ne pas se faire entendre. Puis enfin, je puis presque dire : sous la pression de mon regard, il se rapprocha de nouveau de l'étalage, sortit enfin le livre de sa poche et brusquement le remit à la place que d'abord il occupait. Ce fut fait si naturellement que le surveillant ne s'aperçut de rien. Puis l'enfant releva la tête de nouveau, espérant cette fois être quitte. Mais non ; mon regard était toujours là ; comme l'œil de Caïn[1] ; seulement mon œil à moi souriait. Je voulais lui parler ; j'attendais qu'il quittât la devanture pour l'aborder ; mais il ne

---

1. Référence à un célèbre vers de Victor Hugo (1802-1877) extrait de « La Conscience » dans *La Légende des siècles* (1859-1883) : « L'œil était dans la tombe et regardait Caïn. »

bougeait pas et restait en arrêt devant les livres, et je compris qu'il ne bougerait pas tant que je le fixerais ainsi. Alors, comme on fait à "quatre coins" pour inviter le gibier fictif à changer de gîte, je m'écartai de quelques pas, comme si j'en avais assez vu. Il partit de son côté ; mais il n'eut pas plus tôt gagné le large que je le rejoignis.

« "Qu'est-ce que c'était ce livre ?" lui demandai-je à brûle-pourpoint, en mettant toutefois dans le ton de ma voix et sur mon visage le plus d'aménité[1] que je pus.

« Il me regarda bien en face et je sentis tomber sa méfiance. Il n'était peut-être pas beau, mais quel joli regard il avait ! J'y voyais toute sorte de sentiments s'agiter comme des herbes au fond d'un ruisseau.

« "C'est un guide d'Algérie. Mais ça coûte trop cher. Je ne suis pas assez riche.

« — Combien ?

« — Deux francs cinquante.

« — N'empêche que si tu n'avais pas vu que je te regardais, tu filais avec le livre dans ta poche."

« Le petit eut un mouvement de révolte, et se rebiffant, sur un ton très vulgaire :

« "Non, mais, des fois… que vous me prendriez pour un voleur ?…" — avec une conviction, à me faire douter de ce que j'avais vu. Je sentis que j'allais perdre prise si j'insistais. Je sortis trois pièces de ma poche :

« "Allons ! va l'acheter. Je t'attends."

« Deux minutes plus tard, il ressortait de la boutique, feuilletant l'objet de sa convoitise. Je le lui pris des mains. C'était un vieux guide Joanne[2], de 71.

« "Qu'est-ce que tu veux faire avec ça ? dis-je en le lui rendant. C'est trop vieux. Ça ne peut plus servir."

---

1. Amabilité.
2. Ancien guide touristique très répandu au XIXe siècle.

« Il protesta que si ; que, du reste, les guides plus récents coûtaient beaucoup trop cher, et que "pour ce qu'il en ferait" les cartes de celui-ci pourraient tout aussi bien lui servir. Je ne cherche pas à transcrire ses propres paroles, car elles perdraient leur caractère, dépouillées de l'extraordinaire accent faubourien qu'il y mettait et qui m'amusait d'autant plus que ses phrases n'étaient pas sans élégance.

« Nécessaire d'abréger beaucoup cet épisode. La précision ne doit pas être obtenue par le détail du récit, mais bien, dans l'imagination du lecteur, par deux ou trois traits, exactement à la bonne place. Je crois du reste qu'il y aurait intérêt à faire raconter tout cela par l'enfant ; son point de vue est plus significatif que le mien. Le petit est à la fois gêné et flatté de l'attention que je lui porte. Mais la pesée de mon regard fausse un peu sa direction. Une personnalité trop tendre et inconsciente encore se défend et dérobe derrière une attitude. Rien n'est plus difficile à observer que les êtres en formation. Il faudrait pouvoir ne les regarder que de biais, de profil.

« Le petit déclara soudain que "ce qu'il aimait le mieux" c'était "la géographie". Je soupçonnai que derrière cet amour se dissimulait un instinct de vagabondage.

« "Tu voudrais aller là-bas ? lui demandai-je.

« — Parbleu !" fit-il en haussant un peu les épaules.

« L'idée m'effleura qu'il n'était pas heureux auprès des siens. Je lui demandai s'il vivait avec ses parents. — Oui. — Et s'il ne se plaisait pas avec eux ? — Il protesta mollement. Il paraissait quelque peu inquiet de s'être trop découvert tout à l'heure. Il ajouta :

« "Pourquoi est-ce que vous me demandez ça ?

« — Pour rien, dis-je aussitôt ; puis, touchant du bout du doigt le ruban jaune de sa boutonnière :

« — Qu'est-ce que c'est que ça ?

« — C'est un ruban ; vous le voyez bien." »

« Mes questions manifestement l'importunaient. Il se tourna brusquement vers moi, comme hostilement, et sur un ton gouailleur et insolent, dont je ne l'aurais jamais cru capable et qui proprement me décomposa :

« "Dites donc… ça vous arrive souvent de reluquer les lycéens ?" »

« Puis, tandis que je balbutiais confusément un semblant de réponse, il ouvrit la serviette d'écolier qu'il portait sous son bras, pour y glisser son emplette. Là se trouvaient des livres de classe et quelques cahiers recouverts uniformément de papier bleu. J'en pris un ; c'était celui d'un cours d'histoire. Le petit avait écrit, dessus, son nom en grosses lettres. Mon cœur bondit en y reconnaissant le nom de mon neveu :

« GEORGES MOLINIER. »

(Le cœur de Bernard bondit également en lisant ces lignes, et toute cette histoire commença de l'intéresser prodigieusement.)

« Il sera difficile, dans *Les Faux-Monnayeurs*, de faire admettre que celui qui jouera ici mon personnage ait pu, tout en restant en bonnes relations avec sa sœur, ne connaître point ses enfants. J'ai toujours eu le plus grand mal à maquiller la vérité. Même changer la couleur des cheveux me paraît une tricherie qui rend pour moi le vrai moins vraisemblable. Tout se tient et je sens, entre tous les faits que m'offre la vie, des dépendances si subtiles qu'il me semble toujours qu'on n'en saurait changer un seul sans modifier tout l'ensemble. Je ne puis pourtant pas raconter que la mère de cet enfant n'est que ma demi-sœur, née d'un premier mariage de mon père ; que je suis resté sans la voir aussi longtemps que mes parents ont vécu ; que des affaires de succession ont forcé nos rapports… Tout cela est pourtant indispensable et je ne vois pas ce que je pourrais inventer d'autre pour éluder l'indiscrétion. Je savais que ma demi-sœur avait trois fils ; je ne connaissais que l'aîné, étudiant en médecine ; encore n'avais-je fait que l'entrevoir, car, atteint de tuberculose, il avait dû interrompre ses études et se soignait quelque part dans le Midi. Les deux autres n'étaient jamais là aux heures où j'allais voir Pauline ; celui que j'avais devant moi était assurément le dernier. Je ne laissai rien paraître de mon étonnement, mais, quittant le petit Georges brusquement, après avoir appris qu'il rentrait déjeuner chez lui, je sautai dans un taxi, pour le devancer rue Notre-Dame-des-Champs. Je pensai qu'arrivant à cette heure, Pauline me retiendrait pour déjeuner, ce qui ne manqua pas d'arriver ; mon livre, dont j'emportais de chez Perrin un exemplaire, et que je pourrais lui offrir, servirait de prétexte à cette visite intempestive.

« C'était la première fois que je prenais un repas chez Pauline. J'avais tort de me méfier de mon beau-frère. Je doute qu'il soit un bien remarquable juriste, mais il sait ne parler pas plus de son métier que je ne parle du mien quand nous sommes ensemble, de sorte que nous nous entendons fort bien.

« Naturellement, quand j'arrivai ce matin-là, je ne soufflai mot de la rencontre que je venais de faire :

« "Ça me permettra, j'espère, de faire la connaissance de mes neveux, dis-je quand Pauline me pria de rester à déjeuner. Car vous savez qu'il y en a deux que je ne connais pas encore.

« — Olivier, me dit-elle, ne rentrera qu'un peu tard, car il a une répétition ; nous nous mettrons à table sans lui. Mais je viens d'entendre rentrer Georges. Je vais l'appeler." Et, courant à la porte de la pièce voisine :

« "Georges ! Viens dire bonjour à ton oncle."

« Le petit s'approcha, me tendit la main ; je l'embrassai… J'admire la force de dissimulation des enfants : il ne laissa paraître aucune surprise ; c'était à croire qu'il ne me reconnaissait pas. Simplement, il rougit beaucoup ; mais sa mère put croire que c'était par timidité. Je pensai que peut-être il était gêné de retrouver le limier de tout à l'heure, car il nous quitta presque aussitôt et retourna dans la pièce voisine ; c'était la salle à manger, qui, je le compris, sert de salle d'étude aux enfants, entre les repas. Il reparut pourtant bientôt après, lorsque son père entra dans le salon, et profita de l'instant où l'on allait passer dans la salle à manger, pour s'approcher de moi et me saisir la main sans être vu de ses parents. Je crus d'abord à une marque de camaraderie, qui m'amusa ; mais non : il m'ouvrit la main que je refermais sur la sienne, y glissa un petit billet que certainement il venait d'écrire, puis replia mes doigts par-dessus, en serrant le tout très fort. Il va sans dire que je me prêtai au jeu ; je cachai le petit billet dans une poche, d'où je ne le pus sortir qu'après le repas. Voici ce que j'y lus :

« *Si vous racontez à mes parents l'histoire du livre, je* (il avait barré : *vous détesterai*) *dirai que vous m'avez fait des propositions.*

« Et plus bas :

« *Je sors quotidie du lycée à dix h.* »

« Interrompu hier par la visite de X… Sa conversation m'a laissé dans un état de malaise.

« Beaucoup réfléchi à ce que m'a dit X… Il ne connaît rien de ma vie, mais je lui ai exposé longuement mon plan des *Faux-Monnayeurs*. Son conseil m'est toujours salutaire ; car il se place à un point de vue différent du mien. Il craint que je ne verse dans le factice et que je ne lâche le vrai sujet pour l'ombre de ce sujet dans mon cerveau. Ce qui m'inquiète, c'est de sentir la vie (ma vie) se séparer ici de mon œuvre, mon œuvre s'écarter de ma vie. Mais, ceci, je n'ai pas pu le lui dire. Jusqu'à présent, comme il sied, mes goûts, mes sentiments, mes expériences personnelles alimentaient tous mes écrits ; dans mes phrases les mieux construites, encore sentais-je battre mon cœur. Désormais, entre ce que je pense et ce que je sens, le lien est rompu. Et je doute si précisément ce n'est pas l'empêchement que j'éprouve à laisser parler aujourd'hui mon cœur qui précipite mon œuvre dans l'abstrait et l'artificiel. En réfléchissant à ceci, la signification de la fable d'Apollon et de Daphné[1] m'est brusquement apparue : heureux, ai-je pensé, qui peut saisir dans une seule étreinte le laurier et l'objet même de son amour.

« J'ai raconté ma rencontre avec Georges si longuement que j'ai dû m'arrêter au moment où Olivier entrait en scène. Je n'ai commencé ce récit que pour parler de lui, et je n'ai su parler que de Georges. Mais, au moment de parler d'Olivier, je comprends que le désir de différer ce moment était cause de ma lenteur. Dès que je le vis, ce premier jour, dès qu'il se fut assis à la table de famille, dès mon premier regard, ou plus exactement dès *son* premier regard, j'ai senti que ce regard s'emparait de moi et que je ne disposais plus de ma vie.

« Pauline insiste pour que je vienne la voir plus souvent. Elle me prie instamment de m'occuper un peu de ses enfants. Elle me laisse entendre que leur père les connaît mal. Plus je cause avec elle et plus elle me paraît charmante. Je ne comprends plus comment j'ai pu rester si longtemps sans la fréquenter. Les enfants sont élevés dans la religion catholique ; mais elle se souvient de sa première éducation protestante, et bien qu'elle ait quitté le foyer de notre père

1. Récit mythologique. Daphné, une nymphe, échappa à l'empressement amoureux d'Apollon grâce à sa mère qui la métamorphosa en laurier.

commun au moment où ma mère y est entrée, je découvre entre elle et moi maints traits de ressemblance. Elle a mis ses enfants en pension chez les parents de Laura, où j'ai moi-même si longtemps habité. La pension Azaïs, du reste, se pique de n'avoir pas de couleur confessionnelle particulière (de mon temps, on y voyait jusqu'à des Turcs), encore que le vieil Azaïs, l'ancien ami de mon père, qui l'a fondée et qui la dirige encore, ait été d'abord pasteur.

« Pauline reçoit d'assez bonnes nouvelles du sanatorium où Vincent achève de se guérir. Elle lui parle de moi, m'a-t-elle dit, dans ses lettres, et voudrait que je le connaisse mieux ; car je n'ai fait que l'entrevoir. Elle fonde sur son fils aîné de grands espoirs ; le ménage se saigne pour lui permettre bientôt de s'établir — je veux dire : d'avoir un logement indépendant pour recevoir la clientèle. En attendant, elle a trouvé le moyen de lui réserver une partie du petit appartement qu'ils occupent, en installant Olivier et Georges, au-dessous de leur appartement, dans une chambre isolée, qui se trouvait vacante. La grande question est de savoir si, pour raison de santé, Vincent va devoir renoncer à l'internat.

« À vrai dire, Vincent ne m'intéresse guère et, si je parle beaucoup de lui avec sa mère, c'est par complaisance pour elle, et pour pouvoir sitôt ensuite nous occuper plus longuement d'Olivier. Quant à Georges, il me bat froid, me répond à peine quand je lui parle et jette sur moi, quand il me croise, un regard indéfinissablement soupçonneux. Il semble qu'il m'en veuille de n'être pas allé l'attendre à la porte de son lycée — ou qu'il s'en veuille de ses avances.

« Je ne vois pas Olivier davantage. Quand je vais chez sa mère, je n'ose le retrouver dans la pièce où je sais qu'il travaille ; le rencontré-je par hasard, je suis si gauche et si confus que je ne trouve rien à lui dire, et cela me rend si malheureux que je préfère aller voir sa mère aux heures où je sais qu'il n'est pas à la maison. »

12

2 novembre.

« Longue conversation avec Douviers, qui sort avec moi de chez les parents de Laura et m'accompagne jusqu'à l'Odéon à travers le Luxembourg. Il prépare une thèse de doctorat sur Wordsworth, mais aux quelques mots qu'il m'en dit, je sens bien que les qualités les plus particulières de la poésie de Wordsworth lui échappent. Il aurait mieux fait de choisir Tennyson. Je sens je ne sais quoi d'insuffisant chez Douviers, d'abstrait et de jobard[1]. Il prend toujours les choses et les êtres pour ce qu'ils se donnent ; c'est peut-être parce que lui se donne toujours pour ce qu'il est.

« "Je sais, m'a-t-il dit, que vous êtes le meilleur ami de Laura. Je devrais sans doute être un peu jaloux de vous. Je ne puis pas. Au contraire, tout ce qu'elle m'a dit de vous m'a fait à la fois la comprendre mieux, et souhaiter de devenir votre ami. Je lui ai demandé l'autre jour si vous ne m'en vouliez pas trop de l'épouser. Elle m'a répondu qu'au contraire vous lui aviez conseillé de le faire (je crois bien

---

1. Crédule, naïf.

qu'il m'a dit cela aussi platement). — Je voudrais vous en remercier — et que vous ne trouviez pas cela ridicule, car je le fais très sincèrement", a-t-il ajouté, en s'efforçant de sourire, mais d'une voix tremblante et avec les larmes aux yeux.

«Je ne savais que lui dire, car je me sentais beaucoup moins ému que j'aurais dû l'être et complètement incapable d'une effusion réciproque. J'ai dû lui paraître un peu sec; mais il m'agaçait. J'ai néanmoins serré le plus chaleureusement que j'ai pu la main qu'il me tendait. Ces scènes où l'un offre plus de son cœur qu'on ne lui demande, sont toujours pénibles. Sans doute pensait-il forcer ma sympathie. S'il eût été plus perspicace, il se fût senti volé; mais déjà je le voyais reconnaissant de son propre geste, dont il croyait surprendre le reflet dans mon cœur. Comme je ne disais rien, et gêné peut-être par mon silence:

«"Je compte, a-t-il ajouté bientôt, sur le dépaysement de sa vie à Cambridge pour empêcher des comparaisons de sa part, qui seraient à mon désavantage."

«Qu'entendait-il par là? Je m'efforçais de ne pas comprendre. Peut-être espérait-il une protestation; mais qui n'eût fait que nous engluer davantage. Il est de ces gens dont la timidité ne peut supporter les silences et qui croient devoir les meubler par une avance exagérée; de ceux qui vous disent ensuite: "J'ai toujours été franc avec vous." Eh! parbleu, l'important n'est pas tant d'être franc que de permettre à l'autre de l'être. Il aurait dû se rendre compte que sa franchise précisément empêchait la mienne.

«Mais si je ne puis devenir son ami, du moins je crois qu'il fera un excellent mari pour Laura; car, somme toute, ce sont ici surtout ses qualités que je lui reproche. Ensuite, nous avons parlé de Cambridge, où j'ai promis d'aller les voir.

«Quel absurde besoin Laura a-t-elle eu de lui parler de moi?

« Admirable propension au dévouement, chez la femme. L'homme qu'elle aime n'est, le plus souvent, pour elle, qu'une sorte de patère[1] à quoi suspendre son amour. Avec quelle sincère facilité Laura opère la substitution ! Je comprends qu'elle épouse Douviers ; j'ai été un des premiers à le lui conseiller. Mais j'étais en droit d'espérer un peu de chagrin. Le mariage a lieu dans trois jours.

« Quelques articles sur mon livre. Les qualités qu'on me reconnaît le plus volontiers sont de celles précisément que je prends le plus en horreur... Ai-je eu raison de laisser rééditer ces vieilleries ? Elles ne répondent plus à rien de ce que j'aime à présent. Mais je ne m'en aperçois qu'à présent. Il ne me paraît pas que précisément j'ai changé ; mais bien que, seulement maintenant, je prenne conscience de moi-même ; jusqu'à présent, je ne savais pas qui j'étais. Se peut-il que j'aie toujours besoin qu'un autre être fasse office, pour moi, de révélateur ! Ce livre avait cristallisé selon Laura, et c'est pourquoi je ne veux plus m'y reconnaître.

« Cette perspicacité, faite de sympathie, nous est-elle interdite, qui nous permettrait de devancer les saisons ? Quels problèmes inquiéteront demain ceux qui viennent ? C'est pour eux que je veux écrire. Fournir un aliment à des curiosités encore indistinctes, satisfaire à des exigences qui ne sont pas encore précisées, de sorte que celui qui n'est aujourd'hui qu'un enfant, demain s'étonne à me rencontrer sur sa route.

« Combien j'aime à sentir chez Olivier tant de curiosité, d'impatiente insatisfaction du passé...

« Il me paraît parfois que la poésie est la seule chose qui

---

1. Pièce de bois ou de métal fixée à un mur et qui sert à accrocher les vêtements.

l'intéresse. Et je sens, à les relire à travers lui, combien rares sont ceux de nos poètes qui se soient laissé guider plus par le sentiment de l'art que par le cœur ou par l'esprit. Le bizarre c'est que lorsque Oscar Molinier m'a montré des vers d'Olivier, j'ai donné à celui-ci le conseil de chercher plus à se laisser guider par les mots qu'à les soumettre. Et maintenant, il me semble que c'est lui qui, par contrecoup, m'en instruit.

« Combien tout ce que j'ai écrit précédemment me paraît aujourd'hui tristement, ennuyeusement et ridiculement raisonnable !

5 novembre.

« La cérémonie a eu lieu. Dans la petite chapelle de la rue Madame où je n'étais pas retourné depuis longtemps. Famille Vedel-Azaïs au complet: grand-père, père et mère de Laura, ses deux sœurs et son jeune frère, plus nombre d'oncles, de tantes et de cousins. Famille Douviers représentée par trois tantes en grand deuil, dont le catholicisme eût fait trois nonnes, qui, d'après ce que l'on m'a dit, vivent ensemble, et avec qui vivait également Douviers depuis la mort de ses parents. Dans la tribune, les élèves de la pension. D'autres amis de la famille achevaient de remplir la salle, au fond de laquelle je suis resté; non loin de moi, j'ai vu ma sœur avec Olivier; Georges devait être dans la tribune avec des camarades de son âge. Le vieux La Pérouse à l'harmonium; son visage vieilli, plus beau, plus noble que jamais, mais son œil sans plus cette flamme admirable qui me communiquait sa ferveur, du temps de ses leçons de piano. Nos regards se sont croisés et j'ai senti, dans le sourire qu'il m'adressait, tant de tristesse que je me suis promis de le retrouver à la sortie. Des personnes ont bougé et une place auprès de Pauline s'est trouvée libre. Olivier m'a tout aussitôt fait signe, a poussé sa mère pour que je puisse

m'asseoir à côté de lui; puis m'a pris la main et l'a longuement retenue dans la sienne. C'est la première fois qu'il agit
aussi familièrement avec moi. Il a gardé les yeux fermés
pendant presque toute l'interminable allocution du pasteur,
ce qui m'a permis de le contempler longuement; il ressemble à ce pâtre endormi d'un bas-relief du musée de
Naples, dont j'ai la photographie sur mon bureau. J'aurais
cru qu'il dormait lui-même, sans le frémissement de ses
doigts; sa main palpitait comme un oiseau dans la mienne.

«Le vieux pasteur a cru devoir retracer l'histoire de
toute la famille, à commencer par celle du grand-père Azaïs,
dont il avait été camarade de classe à Strasbourg avant la
guerre, puis condisciple à la Faculté de théologie. J'ai cru
qu'il ne viendrait pas à bout d'une phrase compliquée où il
tentait d'expliquer qu'en prenant la direction d'une pension
et se dévouant à l'éducation de jeunes enfants, son ami
n'avait pour ainsi dire pas quitté le pastorat. Puis l'autre
génération a eu son tour. Il a parlé également avec édification de la famille Douviers, dont il apparaissait qu'il ne
connaissait pas grand-chose. L'excellence des sentiments
palliait les défaillances oratoires et l'on entendait se mou-
cher nombre de membres de l'assistance. J'aurais voulu
savoir ce que pensait Olivier; je songeai qu'élevé en catholique, le culte protestant devait être nouveau pour lui et
qu'il venait sans doute pour la première fois dans ce temple.
La singulière faculté de dépersonnalisation qui me permet
d'éprouver comme mienne l'émotion d'autrui, me forçait
presque d'épouser les sensations d'Olivier, celles que j'imaginais qu'il devait avoir; et, bien qu'il tînt les yeux fermés,
ou peut-être à cause de cela même, il me semblait que je
voyais à sa place et pour la première fois ces murs nus,
l'abstraite et blafarde lumière où baignait l'auditoire, le
détachement cruel de la chaire sur le mur blanc du fond, la
rectitude des lignes, la rigidité des colonnes qui soutiennent

les tribunes, l'esprit même de cette architecture anguleuse et décolorée dont m'apparaissaient pour la première fois la disgrâce rébarbative, l'intransigeance et la parcimonie. Pour n'y avoir point été sensible plus tôt, il fallait que j'y fusse habitué dès l'enfance... Je repensai soudain à mon éveil religieux et à mes premières ferveurs ; à Laura et à cette école du dimanche où nous nous retrouvions, moniteurs tous deux, pleins de zèle et discernant mal, dans cette ardeur qui consumait en nous tout l'impur, ce qui appartenait à l'autre et ce qui revenait à Dieu. Et je me pris tout aussitôt à me désoler qu'Olivier n'eût point connu ce premier dénuement sensuel qui jette l'âme si périlleusement loin au-dessus des apparences, qu'il n'eût pas de souvenirs pareils aux miens ; mais, de le sentir étranger à tout ceci, m'aidait à m'en évader moi-même. Passionnément, je serrai cette main qu'il abandonnait toujours dans la mienne, mais qu'à ce moment il retira brusquement. Il rouvrit les yeux pour me regarder, puis avec un sourire d'une espièglerie tout enfantine, que tempérait l'extraordinaire gravité de son front, il chuchota, penché vers moi — tandis que le pasteur précisément, rappelant les devoirs de tous les chrétiens, prodiguait aux nouveaux époux conseils, préceptes et pieuses objurgations :

« "Moi, je m'en fous : je suis catholique."

« Tout en lui m'attire et me demeure mystérieux.

« À la porte de la sacristie, j'ai retrouvé le vieux La Pérouse. Il m'a dit un peu tristement, mais sur un ton où n'entrait nul reproche :

« "Vous m'oubliez un peu, je crois."

« Prétexté je ne sais quelles occupations pour m'excuser d'être resté si longtemps sans le voir ; promis pour après-demain ma visite. J'ai cherché à l'entraîner chez les Azaïs, convié moi-même au thé qu'ils donnent après la cérémonie ; mais il m'a dit qu'il se sentait d'humeur trop sombre et craignait de rencontrer trop de gens avec qui il eût dû, mais n'eût pu, causer.

« Pauline a emmené Georges ; m'a laissé avec Olivier :

« "Je vous le confie", m'a-t-elle dit en riant ; ce qui a paru agacer un peu Olivier, dont le visage s'est détourné. Il m'a entraîné dans la rue :

« "Je ne savais pas que vous connaissiez si bien les Azaïs ?"

« Je l'ai beaucoup surpris en lui disant que j'avais pris pension chez eux pendant deux ans.

« "Comment avez-vous pu préférer cela à n'importe quel autre arrangement de vie indépendante ?

« — J'y trouvais quelque commodité, ai-je répondu vaguement, ne pouvant lui dire qu'en ce temps Laura occupait ma pensée et que j'aurais accepté les pires régimes pour le contentement de les supporter auprès d'elle.

« — Et vous n'étouffiez pas dans l'atmosphère de cette boîte ?"

« Puis, comme je ne répondais rien :

« "Au reste, je ne sais pas trop comment je la supporte moi-même, ni comment il se fait que j'y suis… Mais demi-pensionnaire seulement. C'est déjà trop."

« J'ai dû lui expliquer l'amitié qui liait au directeur de cette "boîte" son grand-père, dont le souvenir dicta le choix de sa mère plus tard.

« "D'ailleurs, ajouta-t-il, je manque de points de comparaison ; et sans doute tous ces chauffoirs se valent ; je crois même volontiers, d'après ce qu'on m'a dit, que la plupart des autres sont pires. N'empêche que je serai content d'en sortir. Je n'y serais pas entré du tout si je n'avais pas eu à rattraper le temps où j'ai été malade. Et depuis longtemps, je n'y retourne plus que par amitié pour Armand."

« J'appris alors que ce jeune frère de Laura était son

condisciple. Je dis à Olivier que je ne le connaissais presque pas.

« "C'est pourtant le plus intelligent et le plus intéressant de la famille.

« — C'est-à-dire celui auquel tu t'es le plus intéressé.

« — Non, non ; je vous assure qu'il est très curieux. Si vous voulez, nous irons causer un peu avec lui dans sa chambre. J'espère qu'il osera parler devant vous."

« Nous étions arrivés devant la pension.

« Les Vedel-Azaïs avaient remplacé le traditionnel repas de noces par un simple thé moins dispendieux. Le parloir et le bureau du pasteur Vedel étaient ouverts à la foule des invités. Seuls quelques rares intimes avaient accès dans l'exigu salon particulier de la pastoresse ; mais, pour éviter l'envahissement, on avait condamné la porte entre le parloir et ce salon, ce qui faisait Armand répondre à ceux qui lui demandaient par où l'on pouvait rejoindre sa mère :

« "Par la cheminée."

« Il y avait foule. On crevait de chaleur. À part quelques "membres du corps enseignant", collègues de Douviers, société presque exclusivement protestante. Odeur puritaine très spéciale. L'exhalaison est aussi forte, et peut-être plus asphyxiante encore, dans les meetings catholiques ou juifs, dès qu'entre eux ils se laissent aller ; mais on trouve plus souvent parmi les catholiques une appréciation, parmi les juifs une dépréciation de soi-même, dont les protestants ne me semblent capables que bien rarement. Si les juifs ont le nez trop long, les protestants, eux, ont le nez bouché ; c'est un fait. Et moi-même je ne m'aperçus point de la particulière qualité de cette atmosphère aussi longtemps que j'y demeurai plongé. Je ne sais quoi d'ineffablement alpestre, paradisiaque et niais.

« Dans le fond de la salle, une table dressée en buffet ; Rachel, sœur aînée de Laura, et Sarah, sa sœur cadette, secondées par quelques jeunes filles à marier, leurs amies offraient le thé…

« Laura, dès qu'elle m'a vu, m'a entraîné dans le bureau de son père, où se tenait déjà tout un synode[1]. Réfugiés dans l'embrasure d'une fenêtre, nous avons pu causer sans être entendus. Sur le bord du chambranle[2], nous avions jadis inscrit nos deux noms.

« "Venez voir. Ils y sont toujours, me dit-elle. Je crois bien que personne ne les a remarqués. Quel âge aviez-vous alors ?"

« Au-dessus des noms, nous avions inscrit une date.

« "Vingt-huit ans.

« — Et moi seize. Il y a dix ans de cela."

« Le moment n'était pas bien choisi pour remuer ces souvenirs ; je m'efforçais d'en détourner nos propos, tandis qu'elle m'y ramenait avec une inquiète insistance ; puis tout à coup, comme craignant de s'attendrir, elle me demanda si je me souvenais encore de Strouvilhou ?

« Strouvilhou était un pensionnaire libre, qui tourmentait beaucoup les parents de Laura à cette époque. Il était censé suivre des cours, mais, quand on lui demandait : lesquels ? ou quels examens il préparait, il répondait négligemment :

« "Je varie."

« On affectait, les premiers temps, de prendre pour des plaisanteries ses insolences, comme pour en émousser le tranchant, et lui-même les accompagnait d'un gros rire ; mais ce rire devint bientôt plus sarcastique, tandis que ses sorties se faisaient plus agressives, et je ne comprenais pas bien comment et pourquoi le pasteur tolérait un tel pensionnaire, si ce n'était pour des raisons financières, et parce qu'il conservait pour Strouvilhou une sorte d'affection,

---

1. Assemblée de pasteurs et d'ecclésiastiques.
2. Encadrement de la fenêtre.

mêlée de pitié, et peut-être un vague espoir qu'il arriverait à le convaincre, je veux dire : à le convertir. Et je ne comprenais pas davantage pourquoi Strouvilhou continuait d'habiter la pension, quand il aurait si bien pu aller ailleurs ; car il ne semblait pas retenu comme moi par une raison sentimentale ; mais peut-être bien par le plaisir qu'évidemment il prenait à ces tournois avec le pauvre pasteur, qui se défendait mal et lui laissait toujours le beau rôle.

« "Vous vous souvenez du jour où il a demandé à papa si, quand il prêchait, il gardait son veston sous sa robe ?

« — Parbleu ! il demandait cela si doucement que votre pauvre père n'y voyait pas malice. C'était à table ; je revois tout si bien...

« — Et papa qui lui a répondu candidement que la robe n'était pas bien épaisse, et qu'il craignait de prendre froid sans son veston.

« — Et l'air navré qu'a pris alors Strouvilhou ! Et comme il a fallu le presser pour le faire déclarer enfin que 'cela n'avait évidemment pas grande importance', mais que, lorsque votre père faisait de grands gestes, les manches du veston réapparaissaient sous la robe, et que cela était d'un fâcheux effet sur certains fidèles.

« — À la suite de quoi ce pauvre papa a prononcé tout un sermon les bras collés au corps et raté tous ses effets d'éloquence.

« — Et, le dimanche suivant, il est rentré avec un gros rhume, pour avoir dépouillé le veston. Oh ! et la discussion sur le figuier stérile de l'Évangile et les arbres qui ne portent pas de fruits... Je ne suis pas un arbre fruitier, moi. De l'ombre, c'est ça que je porte, Monsieur le pasteur : je vous couvre d'ombre.

« — Ça encore, c'était dit à table.

« — Naturellement : on ne le voyait jamais qu'aux repas.

«— Et c'était dit d'un ton si hargneux. C'est alors que grand-père l'a mis à la porte. Vous vous souvenez comme il s'est dressé tout d'un coup, lui qui d'ordinaire restait le nez sur son assiette; et, le bras étendu: 'Sortez!'

«Il paraissait énorme, effrayant; il était indigné. Je crois vraiment que Strouvilhou a eu peur.

«— Il a jeté sa serviette sur la table et a disparu. Il est parti sans nous payer; et depuis on ne l'a jamais revu.

«— Curieux de savoir ce qu'il a pu devenir.

«— Pauvre grand-père, a repris Laura un peu tristement, comme il m'a paru beau ce jour-là. Il vous aime bien, vous savez. Vous devriez monter le retrouver dans son bureau, un instant. Je suis sûre que vous lui feriez beaucoup de plaisir."

«Je transcris tout cela aussitôt, ayant éprouvé combien il est difficile par la suite de retrouver la justesse de ton d'un dialogue. Mais à partir de ce moment j'ai commencé d'écouter Laura plus distraitement. Je venais d'apercevoir, assez loin de moi il est vrai, Olivier, que j'avais perdu de vue depuis que Laura m'avait entraîné dans le bureau de son père. Il avait les yeux brillants et les traits extraordinairement animés. J'ai su plus tard que Sarah s'était amusée à lui faire boire coup sur coup six coupes de champagne. Armand était avec lui, et tous deux, à travers les groupes, poursuivaient Sarah et une jeune Anglaise de l'âge de Sarah, pensionnaire chez les Azaïs depuis plus d'un an. Sarah et son amie quittèrent enfin la pièce et, par la porte ouverte, je vis les deux garçons s'élancer à leur poursuite, dans l'escalier. J'allais sortir à mon tour, cédant aux injonctions de Laura, mais elle fit un mouvement vers moi:

«"Écoutez, Édouard, je voudrais vous dire encore…" et brusquement sa voix devint très grave: "nous allons peut-être rester longtemps sans nous revoir. Je voudrais savoir si je puis encore compter sur vous… comme sur un ami."

« Jamais je n'eus plus envie de l'embrasser qu'à ce moment-là ; mais je me contentai de baiser sa main tendrement et impétueusement, en murmurant :

« "Quoi qu'il advienne." — Et pour lui cacher les larmes que je sentais monter à mes yeux, je m'enfuis vite à la recherche d'Olivier.

« Il guettait ma sortie, assis près d'Armand sur une marche de l'escalier. Il était certainement un peu ivre. Il se leva, me tira par le bras :

« "Venez, me dit-il. On va fumer une cigarette dans la chambre de Sarah. Elle nous attend.

« — Dans un instant. Il faut d'abord que j'aille voir Azaïs. Mais je ne pourrai jamais trouver la chambre.

« — Parbleu, vous la connaissez bien ; c'est l'ancienne chambre de Laura, s'écria Armand. Comme c'était une des meilleures chambres de la maison, on y a fait coucher la pensionnaire ; mais comme elle ne paie pas assez, elle partage la chambre avec Sarah. On leur a mis deux lits pour la forme ; mais c'était assez inutile...

« — Ne l'écoutez pas, dit Olivier en riant et en le bousculant ; il est soûl.

« — Je te conseille de parler, repartit Armand. Alors vous venez, n'est-ce pas ? On vous attend."

« Je promis de les y rejoindre.

« Depuis qu'il porte les cheveux en brosse, le vieux Azaïs ne ressemble plus du tout à Whitman[1]. Il a laissé à la famille de son gendre le premier et le second étage de l'immeuble. De la fenêtre de son bureau (acajou, reps et moleskine[2]), il domine de haut la cour et surveille les allées et venues des élèves.

---

1. Walt Whitman (1819-1892), poète américain, auteur des *Feuilles d'herbe*, dont Gide fut un fervent lecteur et un traducteur.
2. Tissus d'ameublement.

« "Voyez comme on me gâte", m'a-t-il dit, en me montrant sur sa table un énorme bouquet de chrysanthèmes, que la mère d'un des élèves, vieille amie de la famille, venait de laisser. L'atmosphère de la pièce était si austère qu'il semblait que des fleurs y dussent faner aussitôt. "J'ai laissé un instant la société. Je me fais vieux et le bruit des conversations me fatigue. Mais ces fleurs vont me tenir compagnie. Elles parlent à leur façon et savent raconter la gloire du Seigneur mieux que les hommes" (ou quelque chose de cette farine).

« Le digne homme n'imagine pas combien il peut raser les élèves avec des propos de ce genre, chez lui si sincères qu'ils découragent l'ironie. Les âmes simples comme celles d'Azaïs sont assurément celles qu'il m'est le plus difficile de comprendre. Dès qu'on est un peu moins simple soi-même, on est contraint, en face d'elles, à une espèce de comédie ; peu honnête ; mais qu'y faire ? On ne peut discuter, mettre au point ; on est contraint d'acquiescer. Azaïs impose autour de lui l'hypocrisie, pour peu qu'on ne partage pas sa croyance. Je m'indignais, les premiers temps que je fréquentais la famille, de voir ses petits-enfants lui mentir. J'ai dû me mettre au pas.

« Le pasteur Prosper Vedel est trop occupé ; Mme Vedel, un peu niaise, enfoncée dans une rêverie poético-religieuse où elle perd tout sens du réel ; c'est le grand-père qui a pris en main l'éducation aussi bien que l'instruction des jeunes. Une fois par mois, du temps que j'habitais chez eux, j'assistais à une explication orageuse qui s'achevait sur de pathétiques effusions :

« "Désormais on se dira tout. Nous entrons dans une ère nouvelle de franchise et de sincérité. (Il emploie volontiers plusieurs mots pour dire la même chose — vieille habitude qui lui reste de son temps de pastorat.) On ne gardera pas d'arrière-pensées, de ces vilaines pensées de derrière la tête. On va pouvoir se regarder bien en face, et les yeux dans les yeux. N'est-ce pas. C'est convenu."

« Après quoi l'on s'enfonçait un peu plus avant, lui dans la jobarderie, et ses enfants dans le mensonge.

« Ces propos s'adressaient en particulier à un frère de Laura, d'un an plus jeune qu'elle, que tourmentait la sève et qui s'essayait à l'amour. (Il a été faire du commerce dans les colonies et je l'ai perdu de vue.) Un soir que le vieux avait redit de nouveau cette phrase, je m'en fus le retrouver dans son bureau ; je tâchai de lui faire comprendre que cette sincérité qu'il exigeait de son petit-fils, son intransigeance la rendait d'autre part impossible. Azaïs s'est alors presque fâché :

« "Il n'a qu'à ne rien faire qu'il doive être honteux d'avouer", s'est-il écrié, d'un ton qui n'admettait pas de réplique.

« C'est du reste un excellent homme ; même mieux que cela : un parangon[1] de vertu et ce qu'on appelle : un cœur d'or ; mais ses jugements sont enfantins. Sa grande estime pour moi vient de ce qu'il ne me connaît pas de maîtresse. Il ne m'a pas caché qu'il avait espéré me voir épouser Laura ; il doute que Douviers soit le mari qui lui convienne, et m'a répété plusieurs fois : "Son choix m'étonne" ; puis a ajouté : "Enfin, je crois que c'est un honnête garçon... Que vous en semble ?..." À quoi j'ai dit :

« "Certainement."

« À mesure qu'une âme s'enfonce dans la dévotion, elle perd le sens, le goût, le besoin, l'amour de la réalité. J'ai également observé cela chez Vedel, si peu que j'aie pu lui parler. L'éblouissement de leur foi les aveugle sur le monde qui les entoure, et sur eux-mêmes. Pour moi qui n'ai rien tant à cœur que d'y voir clair, je reste ahuri devant l'épaisseur de mensonge où peut se complaire un dévot.

---

1. Modèle de vertu.

« J'ai voulu faire parler Azaïs sur Olivier, mais il s'intéresse surtout au petit Georges.

« "Ne lui laissez pas voir que vous savez ce que je vais vous dire, a-t-il commencé ; du reste, c'est tout à son honneur... Figurez-vous que votre jeune neveu et quelques-uns de ses camarades ont constitué une sorte de petite association, une ligue d'émulation mutuelle ; ils n'y admettent que ceux qu'ils en jugent dignes et qui ont donné des preuves de vertu ; une espèce de Légion d'honneur enfantine. Est-ce que vous ne trouvez pas cela charmant ? Chacun d'eux porte à la boutonnière un petit ruban — assez peu apparent, il est vrai, mais que j'ai tout de même remarqué. J'ai fait venir l'enfant dans mon bureau, et quand je lui ai demandé l'explication de cet insigne, il s'est d'abord troublé. Le cher petit s'attendait à une réprimande. Puis, très rouge et avec beaucoup de confusion, il m'a raconté la formation de ce petit club. Ce sont des choses, voyez-vous, dont il faut se garder de sourire ; on risquerait de froisser des sentiments très délicats... Je lui ai demandé pourquoi lui et ses camarades ne faisaient pas cela tout ouvertement, au grand jour ? Je lui ai dit quelle admirable force de propagande, de prosélytisme ils pourraient avoir, quel beau rôle ils pourraient jouer... Mais à cet âge on aime le mystère... Pour le mettre en confiance, je lui ai dit à mon tour que, de mon temps, c'est-à-dire quand j'avais son âge, je m'étais enrôlé dans une association de ce genre, dont les membres portaient le beau nom de 'chevaliers du devoir' ; chacun de nous recevait du président de la ligue un carnet où il inscrivait ses défaillances, ses manquements, avec une absolue sincérité. Il s'est mis à sourire et j'ai bien vu que cette histoire des carnets lui donnait une idée ; je n'ai pas insisté, mais je ne serais pas étonné qu'il introduisît ce système de carnets parmi ses émules. Voyez-vous, ces enfants il faut savoir les prendre ; et c'est d'abord en leur montrant qu'on les comprend. Je lui ai promis de ne point souffler mot de cela à ses parents ; tout en l'engageant à en parler à sa mère que cela rendrait si heureuse. Mais il paraît qu'avec ses camarades, ils se sont engagés d'honneur à n'en rien dire. J'aurais été maladroit d'insister. Mais, avant de nous quitter, nous avons ensemble prié Dieu de bénir leur ligue."

« Pauvre cher vieux père Azaïs ! Je suis convaincu que le petit l'a fourré dedans et qu'il n'y a pas un mot de vrai dans tout cela. Mais comment Georges eût-il pu répondre différemment ?... Nous tâcherons de tirer cela au clair.

« Je ne reconnus pas d'abord la chambre de Laura. On avait retapissé la pièce ; l'atmosphère était toute changée. Sarah de même me paraissait méconnaissable. Pourtant je croyais bien la connaître. Elle s'est toujours montrée très confiante avec moi. De tout temps, j'ai été pour elle celui à qui on peut tout dire. Mais j'étais resté de longs mois sans retourner chez les Vedel. Sa robe découvrait ses bras et son cou. Elle paraissait grandie, enhardie. Elle était assise sur un des deux lits, à côté d'Olivier, contre lui, qui s'était étendu sans façons et qui semblait dormir. Certainement il était ivre ; et certainement je souffrais de le voir ainsi ; mais il me paraissait plus beau que jamais. Ivres, ils l'étaient plus ou moins tous les quatre. La petite Anglaise éclatait de rire, d'un rire aigu qui me faisait mal aux oreilles, aux plus absurdes propos d'Armand. Celui-ci disait n'importe quoi, excité, flatté par ce rire et rivalisant avec lui de bêtise et de vulgarité ; feignant de vouloir allumer sa cigarette à la pourpre des joues de sa sœur ou de celles d'Olivier, également ardentes, ou de s'y brûler les doigts lorsque, d'un geste effronté, il rapprochait et forçait de se rencontrer leurs deux fronts. Olivier et Sarah se prêtaient à ce jeu et cela m'était extrêmement pénible. Mais j'anticipe...

« Olivier faisait encore semblant de dormir lorsque Armand

me demanda brusquement ce que je pensais de Douviers.
Je m'étais assis dans un fauteuil bas, à la fois amusé, excité
et gêné par leur ivresse et leur sans-gêne ; au demeurant,
flatté qu'ils m'eussent demandé de venir, alors précisément
qu'il semblait si peu que ma place fût auprès d'eux.

« "Ces demoiselles ici présentes…", continua-t-il, comme
je ne trouvais rien à répondre et me contentais de sourire
complaisamment pour paraître au ton. À ce moment, l'Anglaise voulut l'empêcher de parler et le poursuivit pour lui
mettre sa main sur la bouche ; il se débattit et cria : "Ces
demoiselles s'indignent à l'idée que Laura devra coucher
avec lui."

« L'Anglaise le lâcha et avec une feinte fureur :

« "Oh ! Il ne faut pas croire ce qu'il dit. C'est un menteur.

« — J'ai tâché de leur faire comprendre, reprit Armand
plus calme que, pour vingt mille francs de dot, on ne pouvait guère espérer trouver mieux, et que, en vraie chrétienne, elle devait tenir compte surtout des qualités de
l'âme, comme dit notre père le pasteur. Oui, mes enfants.
Et puis qu'est-ce que deviendrait la repopulation, s'il fallait
condamner au célibat tous ceux qui ne sont pas des Ado-
nis [1]… ou des Oliviers, dirons-nous pour nous reporter à
une époque plus récente.

« — Quel idiot ! murmura Sarah. Ne l'écoutez pas ; il ne
sait plus ce qu'il dit.

« — Je dis la vérité."

« Jamais je n'avais entendu Armand parler de la sorte ; je
le croyais, je le crois encore de nature fine et sensible ;
sa vulgarité me paraissait tout affectée, due en partie à
l'ivresse et plus encore au besoin d'amuser l'Anglaise. Celle-
ci, jolie indéniablement, devait être bien sotte pour se plaire
à de telles incongruités ; quelle sorte d'intérêt Olivier pou-

---

1. Personnage de la mythologie grecque célèbre pour sa beauté.

vait-il trouver là?… Je me promis, sitôt de nouveau seul avec lui, de ne pas lui cacher mon dégoût.

« "Mais vous, reprit Armand en se tournant vers moi brusquement, vous qui ne tenez pas à l'argent et qui en avez assez pour vous payer des sentiments nobles, consentirez-vous à nous dire pourquoi vous n'avez pas épousé Laura? alors que vous l'aimiez, paraît-il, et que au su de tous, elle se languissait après vous."

« Olivier qui, jusqu'à ce moment, avait fait semblant de dormir, ouvrit les yeux, nos regards se croisèrent et certainement si je ne rougis point, c'est qu'aucun des autres n'était en état de m'observer.

« "Armand, tu es insupportable", dit Sarah, comme pour me mettre à l'aise, car je ne trouvais rien à répondre. Puis, sur ce lit où d'abord elle était assise, s'étendit tout de son long contre Olivier, de sorte que leurs deux têtes se touchèrent. Armand tout aussitôt bondit, s'empara d'un grand paravent replié au pied du lit contre la muraille et, comme un pitre, le déploya de manière à cacher le couple, puis, toujours bouffonnant, penché vers moi, mais à voix haute:

« "Vous ne saviez peut-être pas que ma sœur était une putain?"

« C'en était trop. Je me levai; bousculai le paravent derrière lequel Olivier et Sarah se redressèrent aussitôt. Elle avait les cheveux défaits. Olivier se leva, alla vers la toilette et se passa de l'eau sur le visage.

« "Venez par ici. Je veux vous montrer quelque chose", dit Sarah en me prenant par le bras.

« Elle ouvrit la porte de la chambre et m'entraîna sur le palier.

« "J'ai pensé que cela pourrait intéresser un romancier. C'est un carnet que j'ai trouvé par hasard; un journal intime de papa; je ne comprends pas comment il l'a laissé traîner. N'importe qui pouvait le lire. Je l'ai pris pour ne pas qu'Armand le voie. Ne lui en parlez pas. Il n'y en a pas très long. Vous pouvez le lire en dix minutes et me le rendre avant de partir.

« — Mais Sarah, dis-je en la regardant fixement, c'est affreusement indiscret."

« Elle haussa les épaules.

« "Oh ! si vous croyez cela, vous allez être bien déçu. Il n'y a qu'un moment où ça devient intéressant… et encore. Tenez : je vais vous montrer."

« Elle avait sorti de son corsage un très petit agenda, vieux de quatre ans, qu'elle feuilleta un instant, puis me rendit tout ouvert en me désignant un passage.

« "Lisez vite."

« Je vis d'abord, au-dessous d'une date et entre guillemets, cette citation de l'Évangile :

« "Celui qui est fidèle dans les petites choses le sera aussi dans les grandes", puis : "Pourquoi toujours remettre au lendemain cette décision que je veux prendre de ne plus fumer. Quand ce ne serait que pour ne pas contrister Mélanie (c'est la pastoresse). Mon Dieu, donnez-moi la force de secouer le joug de ce honteux esclavage." (Je crois que je cite exactement.) — Suivait la notation de luttes, de supplications, de prières, d'efforts, assurément bien vains, car ils se répétaient de jour en jour. On tournait encore une page et, tout à coup, il était question d'autre chose.

« "C'est assez touchant, n'est-ce pas ? fit Sarah avec une imperceptible moue d'ironie, après que j'eus achevé la lecture.

« — C'est beaucoup plus curieux que vous ne pensez, ne pus-je me retenir de lui dire, tout en me reprochant de lui parler. Figurez-vous qu'il n'y a pas dix jours, j'ai demandé à votre père s'il avait jamais essayé de ne plus fumer. Je trouvais que je me laissais aller à beaucoup trop fumer moi-même et… Bref, savez-vous ce qu'il m'a répondu ? Il m'a dit d'abord qu'il pensait qu'on exagérait beaucoup les effets pernicieux du tabac que, pour sa part, il ne les avait jamais ressentis sur lui-même ; et, comme j'insistais : 'Oui, m'a-t-il dit enfin ; j'ai bien décidé deux ou trois fois d'interrompre pour un temps. — Et vous avez réussi ? — Mais naturellement, m'a-t-il dit comme s'il allait de soi, puisque je l'avais décidé.' C'est prodigieux ! Peut-être après tout qu'il ne se souvenait pas", ajoutai-je, ne voulant pas laisser paraître devant Sarah tout ce que je soupçonnais là d'hypocrisie.

« "Ou peut-être bien, reprit Sarah, cela prouve que fumer était mis là pour autre chose."

« Était-ce vraiment Sarah qui parlait ainsi ? J'étais abasourdi. Je la regardai, osant à peine la comprendre… À ce moment, Olivier sortit de la chambre. Il s'était peigné, avait remis de l'ordre à ses vêtements et paraissait plus calme.

« "Si on s'en allait ? dit-il sans façons devant Sarah. Il est tard."

« Nous descendîmes, et dès que nous fûmes dans la rue :

« "J'ai peur que vous ne vous mépreniez, me dit-il. Vous pourriez croire que j'aime Sarah. Mais non… Oh ! je ne la déteste pas non plus… Mais je ne l'aime pas."

« J'avais pris son bras et le serrai sans rien dire.

« "Il ne faut pas non plus que vous jugiez Armand d'après ce qu'il a pu vous dire aujourd'hui, reprit-il. C'est une espèce de rôle qu'il joue… malgré lui. Au fond il est très différent de cela… Je ne peux pas vous expliquer. Il a une espèce de besoin d'abîmer tout ce à quoi il tient le plus. Il n'y a pas longtemps qu'il est comme ça. Je crois qu'il est très malheureux et que c'est pour cacher cela qu'il se moque. Il est très fier. Ses parents ne le comprennent pas du tout. Ils voulaient en faire un pasteur."

« Épigraphe pour un chapitre des *Faux-Monnayeurs* :
>   *La famille…, cette cellule sociale.*
>   Paul Bourget (*passim*).

« Titre du chapitre : LE RÉGIME CELLULAIRE.

« Certes, il n'est pas de geôle (intellectuelle) dont un vigoureux esprit ne s'échappe ; et rien de ce qui pousse à la révolte n'est définitivement dangereux — encore que la révolte puisse fausser le caractère (elle le replie, le retourne ou le cabre et conseille une ruse impie) ; et l'enfant qui ne cède pas à l'influence familiale, use à s'en délivrer la primeur de son énergie. Mais encore l'éducation qui contrarie l'enfant, en le gênant le fortifie. Les plus lamentables victimes sont celles de l'adulation. Pour détester ce qui vous flatte, quelle force de caractère ne faut-il pas ? Que de parents j'ai vus (la mère surtout), se plaire à reconnaître chez leurs enfants, encourager chez eux, leurs répugnances les plus niaises, leurs partis pris les plus injustes, leurs incompréhensions, leurs phobies… À table : "Laisse donc ça ; tu vois bien que c'est du gras. Enlève la peau. Ça n'est pas assez cuit…" Dehors, le soir : "Oh ! Une chauve-souris… Couvre-toi vite ; elle va venir dans tes cheveux", etc. Avec eux, les hannetons mordent, les sauterelles piquent, les vers de terre donnent des boutons. Équivalentes absurdités dans tous les domaines, intellectuel, moral, etc.

« Dans le train de ceinture qui me ramenait d'Auteuil avant-hier, j'entendais une jeune mère chuchoter à l'oreille d'une petite fille de dix ans, qu'elle cajolait :

« "Toi et moi ; moi et toi ; les autres, on s'en fout."

« (Oh ! je sais bien que c'étaient des gens du peuple ; mais le peuple aussi a droit à notre indignation. Le mari, dans un coin du wagon, lisait le journal, tranquille, résigné, peut-être même pas cocu.)

« Imagine-t-on poison plus perfide ?

« L'avenir appartient aux bâtards. — Quelle signification dans ce mot : *"Un enfant naturel !"* Seul le bâtard a droit au naturel.

« L'égoïsme familial... à peine un peu moins hideux que l'égoïsme individuel.

6 novembre.

« Je n'ai jamais rien pu inventer. Mais je suis devant la réalité comme le peintre avec son modèle, qui lui dit : donnez-moi tel geste, prenez telle expression qui me convient. Les modèles que la société me fournit, si je connais bien leurs ressorts, je peux les faire agir à mon gré ; ou du moins je peux proposer à leur indécision tels problèmes qu'ils résoudront à leur manière, de sorte que leur réaction m'instruira. C'est en romancier que me tourmente le besoin d'intervenir, d'opérer sur leur destinée. Si j'avais plus d'imagination, j'affabulerais des intrigues ; je les provoque, observe les acteurs, puis travaille sous leur dictée.

7 novembre.

« De tout ce que j'écrivais hier, rien n'est vrai. Il reste ceci : que la réalité m'intéresse comme une matière plastique ; et j'ai plus de regard pour ce qui pourrait être, infiniment plus que pour ce qui a été. Je me penche vertigineusement sur les possibilités de chaque être et pleure tout ce que le couvercle des mœurs atrophie. »

Bernard dut interrompre sa lecture un instant. Son regard se brouillait. Il perdait souffle, comme s'il avait oublié de respirer tout le temps qu'il lisait, tant son attention était vive. Il ouvrit la fenêtre et s'emplit les poumons, avant une nouvelle plongée.

Son amitié pour Olivier était évidemment des plus vives ; il n'avait pas de meilleur ami et n'aimait personne autant sur la terre, puisqu'il ne pouvait aimer ses parents ; même, son cœur se raccrochait provisoirement à ceci d'une façon presque excessive ; mais Olivier et lui ne comprenaient pas tout à fait de même l'amitié. Bernard, à mesure qu'il avançait dans sa lecture, s'étonnait toujours plus, admirait toujours plus, mais un peu douloureusement, de quelle diversité se montrait capable cet ami qu'il croyait connaître si bien. Olivier ne lui avait rien dit de tout ce que racontait ce journal. D'Armand et de Sarah, à peine soupçonnait-il l'existence. Comme Olivier se montrait différent avec eux, de ce qu'il se montrait avec lui !... Dans cette chambre de Sarah, sur ce lit, Bernard aurait-il reconnu son ami ? À l'immense curiosité qui précipitait sa lecture, se mêlait un trouble malaise : dégoût ou dépit. Un peu de ce dépit qu'il avait ressenti tout à l'heure à voir Olivier au bras d'Édouard : un dépit de ne pas en être. Cela peut mener loin ce dépit-là, et faire faire bien des sottises ; comme tous les dépits, d'ailleurs.

Passons. Tout ce que j'ai dit ci-dessus n'est que pour mettre un peu d'air entre les pages de ce *journal*. À présent que Bernard a bien respiré, retournons-y. Le voici qui se replonge dans sa lecture.

13

On tire peu de service des vieillards.

VAUVENARGUES[1].

JOURNAL D'ÉDOUARD

(Suite)

8 novembre.

« Le vieux couple La Pérouse a déménagé de nouveau.

« Leur nouvel appartement, que je ne connaissais pas encore, est à l'entresol, dans ce petit renfoncement que forme le faubourg Saint-Honoré avant de couper le boulevard Haussmann. J'ai sonné. La Pérouse est venu m'ouvrir. Il était en bras de chemise et portait sur la tête une sorte de bonnet blanc jaunâtre, où j'ai fini par reconnaître un vieux bas (de madame de La Pérouse sans doute) dont le pied noué ballottait comme le gland d'une toque contre sa joue. Il tenait à la main un tisonnier recourbé. Évidemment, je le surprenais dans une occupation de fumiste ; et comme il semblait un peu gêné :

1. Écrivain et moraliste français (1715-1747), auteur d'une *Introduction à la connaissance de l'esprit humain* (1746), accompagnée de *Réflexions et maximes*.

« "Voulez-vous que je revienne plus tard ? lui ai-je dit.

« — Non, non… Entrez ici." Et il m'a poussé dans une pièce étroite et oblongue dont les deux fenêtres ouvrent sur la rue, juste à hauteur de réverbère. "J'attendais une élève précisément à cette heure-ci (il était six heures) ; mais elle m'a télégraphié qu'elle ne viendrait pas. Je suis si heureux de vous voir."

« Il a posé son tisonnier sur un guéridon, et, comme pour excuser sa tenue :

« "La bonne de madame de La Pérouse a laissé éteindre le poêle ; elle ne vient que le matin ; j'ai dû le vider…

« — Voulez-vous que je vous aide à le rallumer ?

« — Non, non… C'est salissant… Mais permettez-moi d'aller passer une veste."

« Il est sorti en trottant à petits pas, puis est revenu presque aussitôt, couvert d'un mince veston d'alpaga, aux boutons arrachés, aux manches crevées, si élimé qu'on n'eût osé le donner à un pauvre. Nous nous sommes assis.

« "Vous me trouvez changé, n'est-ce pas ?"

« J'aurais voulu protester, mais ne trouvais rien à lui dire, péniblement affecté par l'expression harassée de ce visage que j'avais connu si beau. Il continua :

« "Oui, j'ai beaucoup vieilli ces derniers temps. Je commence à perdre un peu la mémoire. Quand je repasse une fugue de Bach, il me faut recourir au cahier…

« — Combien de jeunes se contenteraient de ce que vous en avez encore."

« Il reprit en hochant la tête :

« "Oh ! ce n'est pas la mémoire seulement qui faiblit. Tenez : quand je marche, il me semble à moi que je vais encore assez vite ; mais, dans la rue, à présent tous les gens me dépassent.

« — C'est, lui dis-je, qu'on marche beaucoup plus vite aujourd'hui.

«— Ah! n'est-ce pas?… C'est comme pour les leçons que je donne: les élèves trouvent que mon enseignement les retarde; elles veulent aller plus vite que moi. Elles me lâchent… Aujourd'hui, tout le monde est pressé."

«Il ajouta à voix si basse que je l'entendis à peine:

«"Je n'en ai presque plus."

«Je sentais en lui une telle détresse que je n'osais l'interroger. Il reprit:

«"Madame de La Pérouse ne veut pas comprendre cela. Elle me dit que je ne m'y prends pas comme il faut; que je ne fais rien pour les garder et encore moins pour en avoir de nouvelles.

«— Cette élève que vous attendiez…, ai-je demandé gauchement.

«— Oh! celle-là, c'en est une que je prépare pour le Conservatoire. Elle vient travailler ici tous les jours.

«— Cela veut dire qu'elle ne vous paie pas.

«— Madame de La Pérouse me le reproche assez! Elle ne comprend pas qu'il n'y a que ces leçons qui m'intéressent; oui, celles que j'ai vraiment plaisir à… donner. Je réfléchis beaucoup depuis quelque temps. Tenez… il y a quelque chose que je voulais vous demander: pourquoi est-il si rarement question des vieillards dans les livres?… Cela vient, je crois, de ce que les vieux ne sont plus capables d'en écrire et que, lorsqu'on est jeune, on ne s'occupe pas d'eux. Un vieillard ça n'intéresse plus personne… Il y aurait pourtant des choses très curieuses à dire sur eux. Tenez: il y a certains actes de ma vie passée que je commence seulement à comprendre. Oui, je commence seulement à comprendre qu'ils n'ont pas du tout la signification que je croyais jadis, en les faisant… C'est maintenant seulement que je comprends que toute ma vie j'ai été dupe. Madame de La Pérouse m'a roulé; mon fils m'a roulé; tout le monde m'a roulé; le Bon Dieu m'a roulé…"

« Le soir tombait. Je ne distinguais déjà presque plus les traits de mon vieux maître ; mais soudain a jailli la lueur du réverbère voisin, qui m'a montré sa joue luisante de larmes. Je m'inquiétais d'abord d'une bizarre tache à sa tempe, comme un creux, comme un trou ; mais, à un petit mouvement qu'il a fait, la tache s'est déplacée et j'ai compris que ce n'était que l'ombre portée par un fleuron de la balustrade. J'ai posé ma main sur son bras décharné ; il frissonnait.

« "Vous allez prendre froid, lui ai-je dit. Vraiment vous ne voulez pas que nous rallumions votre feu ?... Allons-y.

« — Non... Il faut s'aguerrir.

« — Quoi ! C'est du stoïcisme[1] ?

« — Un peu. C'est parce que j'avais la gorge délicate que je n'ai jamais voulu porter de foulard. J'ai toujours lutté contre moi-même.

« — Cela va bien tant qu'on a la victoire ; mais si le corps succombe..."

« Il a pris ma main, et d'un ton très grave, comme s'il m'avait dit un secret :

« "Alors ce serait la vraie victoire."

« Sa main avait lâché la mienne ; il continuait :

« "J'avais peur que vous partiez sans être venu me voir.

« — Partir pour où ? ai-je demandé.

« — Je ne sais pas. Vous êtes si souvent en voyage. Il y a quelque chose que je voulais vous dire... Je compte partir bientôt, moi aussi.

« — Quoi ! Vous avez l'intention de voyager !" ai-je dit maladroitement, en feignant de ne le pas comprendre, malgré la gravité mystérieuse et solennelle de sa voix. Il hochait la tête :

« "Vous comprenez très bien ce que je veux dire... Si, si ;

---

1. Doctrine philosophique et morale qui prône l'indifférence devant ce qui nous affecte et l'acceptation de la mort.

je sais qu'il sera temps bientôt. Je commence à gagner moins que je ne coûte ; et cela m'est insupportable. Il est un certain point que je me suis promis de ne pas dépasser."

« Il parlait sur un ton un peu exalté qui m'inquiéta :

« "Est-ce que vous trouvez, vous aussi, que c'est mal ? Je n'ai jamais pu comprendre pourquoi la religion nous défendait cela. J'ai beaucoup réfléchi ces derniers temps. Quand j'étais jeune, je menais une vie très austère ; je me félicitais de ma force de caractère chaque fois que je repoussais une sollicitation. Je ne comprenais pas qu'en croyant me libérer, je devenais de plus en plus esclave de mon orgueil. Chacun de ces triomphes sur moi-même, c'était un tour de clef que je donnais à la porte de mon cachot. C'est ce que je voulais dire tout à l'heure, quand je vous disais que Dieu m'a roulé. Il m'a fait prendre pour de la vertu mon orgueil. Dieu s'est moqué de moi. Il s'amuse. Je crois qu'il joue avec nous comme un chat avec une souris. Il nous envoie des tentations auxquelles il sait que nous ne pourrons pas résister ; et, quand pourtant nous résistons, il se venge de nous plus encore. Pourquoi nous en veut-il ? Et pourquoi… Mais je vous ennuie avec ces questions de vieillard."

« Il se prit la tête dans les mains, à la manière d'un enfant qui boude et resta silencieux si longtemps que j'en vins à douter si même il n'avait pas oublié ma présence. Immobile en face de lui, je craignais de troubler sa méditation. Malgré le bruit voisin de la rue, le calme de cette petite pièce me paraissait extraordinaire ; malgré la lueur du réverbère qui nous éclairait fantastiquement de bas en haut à la manière d'une rampe de théâtre, les pans d'ombre, aux deux côtés de la fenêtre, semblaient gagner les ténèbres, autour de nous, se figer, comme par un grand froid se fige une eau tranquille ; se figer jusque dans mon cœur. Je voulus enfin secouer mon angoisse, respirai bruyamment et, songeant à partir, prêt à prendre congé, demandai, par politesse et pour rompre l'enchantement :

« "Madame de La Pérouse va bien ?"

« Le vieux sembla se réveiller. Il répéta d'abord :

« "Madame de La Pérouse..." interrogativement ; on eût dit que ces syllabes avaient perdu pour lui toute signification ; puis, soudain, se penchant vers moi :

« "Madame de La Pérouse traverse une crise terrible... et qui me fait beaucoup souffrir.

« — Une crise de quoi ?... demandai-je.

« — Oh ! de rien, dit-il en haussant les épaules, comme s'il allait de soi. Elle devient complètement folle. Elle ne sait plus quoi inventer."

« Je soupçonnais depuis longtemps la profonde désunion de ce vieux ménage, mais désespérais d'obtenir plus de précisions :

« "Mon pauvre ami, fis-je en m'apitoyant. Et... depuis combien de temps ?"

« Il réfléchit un instant, comme s'il ne comprenait pas bien ma question.

« "Oh ! depuis très longtemps... depuis que je la connais." Mais se reprenant presque aussitôt : "Non ; à vrai dire c'est seulement avec l'éducation de mon fils que cela a commencé à se gâter."

« Je fis un geste d'étonnement, car je croyais le ménage La Pérouse sans enfants. Il releva son front, qu'il avait gardé dans ses mains, et, sur un ton plus calme :

« "Je ne vous ai jamais parlé de mon fils ?... Écoutez, je veux tout vous dire. Il faut aujourd'hui que vous sachiez tout. Ce que je vais vous raconter, je ne puis le dire à personne... Oui, c'est avec l'éducation de mon fils ; vous voyez qu'il y a longtemps de cela. Les premiers temps de notre ménage avaient été charmants. J'étais très pur quand j'avais épousé madame de La Pérouse. Je l'aimais avec innocence...

oui, c'est le meilleur mot, et je ne consentais à lui reconnaître aucun défaut. Mais nos idées n'étaient pas les mêmes
sur l'éducation des enfants. Chaque fois que je voulais mori-
géner mon fils, madame de La Pérouse prenait son parti
contre moi; à l'entendre, il aurait fallu tout lui passer. Ils se
concertaient contre moi. Elle lui apprenait à mentir... À
peine âgé de vingt ans, il a pris une maîtresse. C'était une
élève à moi, une jeune Russe, très bonne musicienne, à qui
je m'étais beaucoup attaché. Madame de La Pérouse était
au courant; mais, à moi, on cachait tout, comme toujours.
Et naturellement, je ne me suis pas aperçu qu'elle était
enceinte. Rien, vous dis-je; je ne me doutais de rien. Un
beau jour, on me fait savoir que mon élève est souffrante;
qu'elle restera quelque temps sans venir. Quand je parle
d'aller la voir, on me dit qu'elle a changé d'adresse, qu'elle
est en voyage... Ce n'est que beaucoup plus tard que j'ai
appris qu'elle était allée en Pologne pour ses couches. Mon
fils était parti la rejoindre... Ils ont vécu plusieurs années
ensemble; mais il est mort avant de l'avoir épousée.

«— Et... elle, l'avez-vous revue?"

«On eût dit qu'il butait du front contre un obstacle :

«"Je n'ai pas pu lui pardonner de m'avoir trompé. Madame
de La Pérouse reste en correspondance avec elle. Quand
j'ai su qu'elle était dans une grande misère, je lui ai envoyé
de l'argent... à cause du petit. Mais de cela, madame de La
Pérouse n'en sait rien. Elle-même, l'autre, n'a pas su que cet
argent venait de moi.

«— Et votre petit-fils... ?"

«Un étrange sourire passa sur son visage; il se leva.

«"Attendez un instant; je vais vous montrer sa photographie." Et de nouveau il sortit en courant à petits pas, la
tête en avant. Quand il revint, ses doigts tremblaient en
cherchant l'image dans un gros portefeuille. Il se pencha
vers moi en me la tendant, et tout bas :

« "Je l'ai prise à madame de La Pérouse sans qu'elle s'en doute. Elle croit l'avoir perdue.

« — Quel âge a-t-il ? ai-je demandé.

« — Treize ans. Il paraît plus âgé, n'est-ce pas ? Il est très délicat."

« Ses yeux s'étaient de nouveau remplis de larmes ; il tendait la main vers la photographie, comme désireux de la reprendre vite. Je me penchai vers la clarté insuffisante du réverbère ; il me parut que l'enfant lui ressemblait ; je reconnaissais le grand front bombé, les yeux rêveurs du vieux La Pérouse. Je crus lui faire plaisir en le lui disant ; il protesta :

« "Non, non, c'est à mon frère qu'il ressemble ; à un frère que j'ai perdu…"

« L'enfant était bizarrement vêtu d'une blouse russe à broderies.

« "Où vit-il ?

« — Mais comment voulez-vous que je le sache ? s'écria La Pérouse dans une sorte de désespoir. Je vous dis qu'on me cache tout."

« Il avait repris la photographie, et, après l'avoir un instant regardée, l'avait remise dans son portefeuille, qu'il glissa dans sa poche.

« "Quand sa mère vient à Paris, elle ne voit que madame de La Pérouse, qui me répond, si je l'interroge : 'Vous n'avez qu'à le lui demander.' Elle dit cela mais, au fond, elle serait désolée que je la voie. Elle a toujours été jalouse. Tout ce qui s'attachait à moi, elle a toujours voulu me l'enlever… Le petit Boris fait son éducation en Pologne, dans un collège de Varsovie, je crois. Mais il voyage souvent avec sa mère." Puis, dans un grand transport : "Dites ! auriezvous cru qu'il était possible d'aimer un enfant qu'on n'a jamais vu ?… Eh bien ! ce petit c'est aujourd'hui ce que j'ai de plus cher au monde… Et il n'en sait rien !"

« De grands sanglots entrecoupaient ses phrases. Il se souleva de sa chaise et se jeta, tomba presque, entre mes bras. J'aurais fait je ne sais quoi pour apporter un soulagement à sa détresse ; mais que pouvais-je ? Je me levai, car je sentais son corps maigre glisser contre moi et je crus qu'il allait tomber à genoux. Je le soutins, le pressai, le berçai comme un enfant. Il s'était ressaisi. Madame de La Pérouse appelait dans la pièce voisine.

« "Elle va venir… Vous ne tenez pas à la voir, n'est-ce pas ?… D'ailleurs, elle est devenue complètement sourde. Partez vite." Et comme il m'accompagnait sur le palier : "Ne restez pas trop longtemps sans venir (il y avait de la supplication dans sa voix). Adieu ; adieu."

9 novembre.

« Une sorte de tragique a jusqu'à présent, me semble-t-il, échappé presque à la littérature. Le roman s'est occupé des traverses du sort, de la fortune bonne ou mauvaise, des rapports sociaux, du conflit des passions, des caractères, mais point de l'essence même de l'être.

« Transporter le drame sur le plan moral, c'était pourtant l'effort du christianisme. Mais il n'y a pas, à proprement parler, de romans chrétiens. Il y a ceux qui se proposent des fins d'édification ; mais cela n'a rien à voir avec ce que je veux dire. Le tragique moral — qui, par exemple, fait si formidable la parole évangélique : "Si le sel perd sa saveur, avec quoi la lui rendra-t-on ?" C'est ce tragique-là qui m'importe.

10 novembre.

« Olivier va passer ses examens. Pauline voudrait qu'il se présentât ensuite à Normale. Sa carrière est toute tracée… Que n'est-il sans parents, sans appui ; j'en aurais fait mon secrétaire. Mais il ne se soucie pas de moi, ne s'aperçoit même pas de l'intérêt que je lui porte : et je le gênerais en le lui faisant remarquer. Précisément pour ne le gêner point, j'affecte devant lui une sorte d'indifférence, d'ironique détachement. Ce n'est que lorsqu'il ne me voit pas que j'ose le contempler à loisir. Je le suis parfois dans la rue sans qu'il le sache. Hier, je marchais ainsi derrière lui ; il est brusquement revenu sur ses pas et je n'ai pas eu le temps de me cacher :

« "Où donc vas-tu si vite ? lui ai-je demandé.

« — Oh ! nulle part. Je ne parais jamais si pressé que lorsque je n'ai rien à faire."

« Nous avons fait quelques pas ensemble, mais sans trouver rien à nous dire. Certainement il était ennuyé d'avoir été rencontré.

12 novembre.

« Il a ses parents, un frère aîné, des camarades… Je me redis cela le long du jour, et que je n'ai que faire ici. De tout ce qui lui manquerait, je saurais lui tenir lieu sans doute ; mais rien ne lui manque. Il n'a besoin de rien ; et si sa gentillesse m'enchante, rien en elle ne me permet de me méprendre… Ah ! phrase absurde, que j'écris malgré moi, et où se livre la duplicité de mon cœur… Je m'embarque demain pour Londres. J'ai pris soudain la résolution de partir. Il est temps.

« Partir parce que l'on a trop grande envie de rester !… Un certain amour de l'ardu, et l'horreur de la complaisance (j'entends celle envers soi) c'est peut-être, de ma première éducation puritaine, ce dont j'ai le plus de mal à me nettoyer.

« Acheté hier, chez Smith, un cahier déjà tout anglais, qui fera suite à celui-ci, sur lequel je ne veux plus rien écrire. Un cahier neuf…

« Ah ! si je pouvais ne pas m'emmener ! »

14

*Il arrive quelquefois des accidents dans la vie,
d'où il faut être un peu fou pour se bien tirer.*

LA ROCHEFOUCAULD[1].

C'est par la lettre de Laura, insérée dans le journal d'Édouard, que Bernard acheva sa lecture. Il eut un éblouissement : il ne pouvait douter que celle qui criait ici sa détresse, ne fût cette amante éplorée dont Olivier lui parlait la veille au soir, la maîtresse abandonnée de Vincent Molinier. Et il apparaissait à Bernard tout d'un coup qu'il était seul encore, grâce à la double confidence de son ami et du journal d'Édouard, à connaître la double face de l'intrigue. C'était un avantage qu'il ne conserverait pas longtemps ; il s'agissait de jouer vite, et serré. Son parti fut pris aussitôt : sans oublier du reste rien de ce qu'il avait lu d'abord, Bernard n'eut plus d'attention que pour Laura.

« Ce matin, ce que je dois faire m'apparaissait encore incertain ; à présent je n'ai plus de doute, se dit-il en s'élançant hors de la pièce. L'impératif est, comme dit l'autre,

---

1. François de La Rochefoucauld (1613-1680), écrivain et moraliste français, auteur des *Réflexions ou Sentences et Maximes morales* (1664).

catégorique[1] : sauver Laura. Mon devoir n'était peut-être pas de m'emparer de la valise, mais, l'ayant prise, il est certain que j'ai puisé dans la valise un vif sentiment du devoir. L'important, c'est de surprendre Laura avant qu'Édouard ne l'ait revue, et de me présenter à elle, et de m'offrir d'une manière qui ne puisse lui laisser croire que je puisse être un chenapan. Le reste ira tout seul. J'ai dans mon portefeuille, à présent, de quoi soulager l'infortune aussi magnifiquement que le plus généreux et le plus compatissant des Édouard. La seule chose qui m'embarrasse, c'est la manière. Car, née Vedel, et bien qu'enceinte en dépit des lois, Laura doit être délicate. Je l'imagine volontiers de ces femmes qui se rebiffent, vous crachent au front leur mépris et déchirent en petits morceaux les billets qu'on leur tend bienveillamment, mais dans une insuffisante enveloppe. Comment lui présenter ces billets ? Comment me présenter moi-même ? Voilà le hic. Dès qu'on sort du légal et des chemins battus, quel maquis ? Pour m'introduire dans une intrigue aussi corsée, je suis décidément un peu jeune. Mais, parbleu ! c'est ce qui m'aidera. Inventons un aveu candide ; une histoire à me faire plaindre et à l'intéresser à moi. Le gênant, c'est que cette histoire va devoir servir également pour Édouard ; la même, et ne me couper point. Bah ! nous trouverons bien. Comptons sur l'inspiration du moment… »

Il avait atteint rue de Beaune, l'adresse que donnait Laura. L'hôtel était des plus modestes, mais propre et de décent aspect. Sur l'indication du portier, il monta trois étages. Devant la porte du 16 il s'arrêta, voulut préparer son entrée, chercha des phrases ; rien ne vint ; alors, brusquant son courage, il frappa. Une voix douce comme celle d'une sœur, et craintive un peu lui sembla-t-il, dit :

« Entrez. »

---

1. Allusion à la notion d'impératif catégorique, pilier de la morale selon le philosophe allemand Emmanuel Kant (1724-1804).

Laura était vêtue très simplement, tout de noir ; on l'eût dite en deuil. Depuis quelques jours qu'elle était à Paris, elle attendait confusément quelque chose ou quelqu'un qui vînt la tirer de l'impasse. Elle avait fait fausse route, à n'en pas douter, elle se sentait fourvoyée. Elle avait la triste habitude de compter sur l'événement plus que sur elle-même. Elle n'était pas sans vertu, mais se sentait sans force aucune, abandonnée. À l'entrée de Bernard, elle leva une main vers son visage, comme fait celui qui retient un cri ou qui veut préserver ses yeux d'une trop vive lumière. Elle était debout, recula d'un pas, et, se trouvant tout près de la fenêtre, de son autre main saisit le rideau.

Bernard attendait qu'elle l'interrogeât ; mais elle se taisait, attendant qu'il parlât. Il la regardait ; il tâchait en vain de sourire, le cœur battant.

« Excusez-moi, Madame, dit-il enfin, de venir vous troubler ainsi. Édouard X..., que je sais que vous connaissez, est arrivé à Paris ce matin même. J'ai quelque chose d'urgent à lui communiquer ; j'ai pensé que vous pourriez me donner son adresse, et... excusez-moi de venir ainsi sans façon vous la demander. »

Bernard aurait été moins jeune, Laura sans doute aurait été effrayée. Mais c'était un enfant encore ; aux yeux si francs, au front si clair, au geste si craintif, à la voix si mal assurée, que devant lui déjà cédait la crainte à la curiosité, à l'intérêt et à cette irrésistible sympathie qu'éveille un être naïf et très beau. La voix de Bernard, cependant qu'il parlait, reprenait un peu d'assurance.

« Mais je ne la sais pas, son adresse, dit Laura. S'il est à Paris, il viendra me voir sans tarder, j'espère. Dites-moi qui vous êtes. Je lui dirai. »

« C'est le moment de tout risquer », pensa Bernard.

Quelque chose de fou passa devant ses yeux. Il regarda Laura bien en face :

« Qui je suis ?... L'ami d'Olivier Molinier... » Il hésitait, doutant encore ; mais la voyant pâlir à ce nom, il osa : « D'Olivier, frère de Vincent, votre amant, qui lâchement vous abandonne... »

Il dut s'arrêter : Laura chancelait. Ses deux mains rejetées en arrière cherchaient anxieusement un appui. Mais ce qui bouleversa par-dessus tout Bernard, ce fut le gémissement qu'elle poussa ; une sorte de plainte à peine humaine, semblable plutôt à celle d'un gibier blessé (et soudain le chasseur prend honte en se sentant bourreau), cri si bizarre, si différent de tout ce que Bernard pouvait attendre, qu'il frissonna. Il comprenait soudain qu'il s'agissait ici de vie réelle, d'une véritable douleur, et tout ce qu'il avait éprouvé jusqu'alors ne lui parut plus que parade et que jeu. Une émotion se soulevait en lui, si nouvelle qu'il ne la pouvait pas maîtriser ; elle montait à sa gorge... Eh quoi ! le voici qui sanglote ? est-ce possible ? Lui, Bernard !... Il s'élance pour la soutenir, et s'agenouille devant elle, et murmure à travers ses sanglots :

« Ah ! pardon... Pardon ; je vous ai blessée... J'ai su que vous étiez sans ressources, et... j'aurais voulu vous aider. »

Mais Laura, haletante, se sent défaillir. Elle cherche des yeux où s'asseoir. Bernard, qui tient les yeux levés vers elle, a compris son regard. Il bondit vers un petit fauteuil au pied du lit ; d'un geste brusque, il l'amène jusqu'auprès d'elle, qui s'y laisse lourdement choir.

Ici intervint un incident grotesque, et que j'hésite à raconter ; mais ce fut lui qui décida des relations de Bernard et de Laura, les tirant inopinément d'embarras. Je ne cherchai donc pas à ennoblir artificiellement cette scène :

Pour le prix de pension que payait Laura (je veux dire : pour celui que l'aubergiste réclamait d'elle), on ne pouvait s'attendre à ce que les meubles de la chambre fussent bien élégants ; mais on était en droit de les espérer solides. Or, le petit fauteuil bas, que Bernard poussait vers Laura, boitait un peu ; c'est-à-dire qu'il avait une grande propension à replier un de ses pieds, comme fait l'oiseau sous son aile, ce qui est naturel à l'oiseau mais insolite et regrettable pour un fauteuil ; aussi celui-ci cachait-il de son mieux cette infirmité sous une frange épaisse. Laura connaissait son fauteuil et savait qu'il ne le fallait manier qu'avec une précaution extrême ; mais, elle n'y pensait plus, dans son trouble, et ne s'en souvint qu'en le sentant sous elle basculer. Elle poussa soudain un petit cri, tout à fait différent du long gémissement de tout à l'heure, glissa de côté, et l'instant d'après se trouva assise sur le tapis entre les bras de Bernard qui s'empressait. Confus, mais amusé pourtant, il avait dû mettre genou à terre. Le visage de Laura se trouva donc tout près du sien ; il la regarda rougir ; elle fit effort pour se relever. Il l'aida.

« Vous ne vous êtes pas fait mal ?

— Non, merci ; grâce à vous. Ce fauteuil est ridicule, on l'a déjà réparé deux fois… Je crois qu'en remettant le pied bien droit, il tiendra.

— Je vais l'arranger, dit Bernard. — Là !… Voulez-vous l'essayer ? » Puis se reprenant : « Ou permettez… C'est plus prudent que je l'essaye d'abord. Vous voyez qu'il tient très bien, maintenant. Je puis remuer les jambes » (ce qu'il fit en riant). Puis, se levant : « Rasseyez-vous ; et, si vous me permettez de rester encore un instant, je vais prendre une chaise. Je m'assieds près de vous et vous empêcherai bien de tomber ; n'ayez pas peur… Je voudrais faire quelque chose d'autre pour vous. »

Il y avait tant de flamme dans ses propos, tant de réserve dans ses manières, et dans ses gestes tant de grâce, que Laura ne put s'empêcher de sourire :

« Vous ne m'avez pas dit votre nom.

— Bernard.

— Oui ; mais votre nom de famille ?

— Je n'ai pas de famille.

— Enfin, le nom de vos parents.

— Je n'ai pas de parents. C'est-à-dire : je suis ce que sera cet enfant que vous attendez : un bâtard. »

Le sourire quitta soudain les traits de Laura ; outrée par cette insistance à entrer dans l'intimité de sa vie et à violer son secret :

« Mais enfin, comment savez-vous ?... Qui vous a dit ?... Vous n'avez pas le droit de savoir... »

Bernard était lancé ; il parlait à présent à voix haute et hardie :

« Je sais à la fois ce que sait mon ami Olivier et ce que sait votre ami Édouard. Mais chacun d'eux ne connaît encore qu'une moitié de votre secret. Je suis probablement le seul avec vous à le connaître tout entier... Vous voyez bien qu'il faut que je devienne votre ami, ajouta-t-il plus doucement.

— Comme les hommes sont indiscrets, murmura Laura tristement. Mais... si vous n'avez pas vu Édouard, il n'a pu vous parler. Vous a-t-il donc écrit ?... Est-ce que c'est lui qui vous envoie ?... »

Bernard s'était coupé, il avait parlé trop vite, cédant au plaisir de fanfaronner un peu. Il remuait négativement la tête. Le visage de Laura s'assombrissait de plus en plus. À ce moment, on entendit frapper à la porte.

Qu'ils le veuillent ou non, une émotion commune crée un lien entre deux êtres. Bernard se sentit pris au piège ; Laura se dépitait d'être surprise en compagnie. Ils se regardèrent tous deux comme se regardent deux complices. On frappa de nouveau. Tous deux ensemble dirent :

« Entrez. »

Depuis quelques instants déjà, Édouard écoutait derrière la porte, étonné d'entendre des voix dans la chambre de Laura. Les dernières phrases de Bernard l'avaient instruit. Il ne pouvait douter de leur sens; il ne pouvait douter que celui qui parlait ainsi fût le voleur de sa valise. Son parti fut pris aussitôt. Car Édouard est un de ces êtres dont les facultés, qui dans le tran-tran[1] coutumier s'engourdissent, sursautent et se bandent aussitôt devant l'imprévu. Il ouvrit donc la porte, mais resta sur le seuil, souriant et regardant tour à tour Bernard et Laura, qui tous deux s'étaient levés.

«Permettez, chère amie, dit-il à Laura, avec un geste comme pour remettre les effusions à plus tard. J'ai tout d'abord quelques mots à dire à Monsieur, s'il veut bien venir un instant dans le couloir.»

Le sourire devint plus ironique sitôt que Bernard l'eut rejoint.

«Je pensais bien vous trouver ici.»

Bernard comprit qu'il était brûlé. Il ne lui restait plus qu'à payer d'audace; ce qu'il fit, et sentant qu'il jouait son va-tout:

«J'espérais vous y rencontrer.

— D'abord, et si vous ne l'avez pas déjà fait (car je veux croire que vous êtes venu pour cela), vous allez descendre et régler au bureau la note de madame Douviers avec l'argent que vous avez trouvé dans ma valise et que vous devez avoir sur vous. Ne remontez que dans dix minutes.»

Tout cela était dit assez gravement, mais sur un ton qui n'avait rien de comminatoire. Cependant Bernard reprenait son aplomb.

«J'étais en effet venu pour cela. Vous ne vous êtes pas trompé. Et je commence à croire que je ne m'étais pas trompé non plus.

---

1. Ou train-train : cours ordinaire des choses, de la vie.

— Qu'entendez-vous par là ?

— Que vous êtes bien celui que j'espérais. »

Édouard tâchait en vain de prendre un air sévère. Il s'amusait énormément. Il fit une sorte de léger salut moqueur :

« Je vous remercie. Reste à examiner la réciproque. Je pense, puisque vous êtes ici, que vous avez lu mes papiers ? »

Bernard qui, sans sourciller, soutenait le regard d'Édouard, sourit à son tour avec audace, amusement, impertinence, et s'inclinant :

« N'en doutez pas. Je suis ici pour vous servir. »

Puis, comme un elfe, il s'élança dans l'escalier.

Lorsque Édouard rentra dans la chambre, Laura sanglotait. Il s'approcha. Elle posa le front sur son épaule. La manifestation de l'émotion le gênait, lui était presque insupportable. Il se surprit à lui taper doucement dans le dos, comme on fait à un enfant qui tousse :

« Ma pauvre Laura, disait-il ; voyons, voyons… Soyez raisonnable.

— Oh ! laissez-moi pleurer un peu ; cela me fait du bien.

— Il s'agit tout de même de savoir ce que vous allez faire à présent.

— Mais que voulez-vous que je fasse ? Où voulez-vous que j'aille ? À qui voulez-vous que je parle ?

— Vos parents…

— Mais vous les connaissez… Ce serait les mettre au désespoir. Ils ont tout fait pour mon bonheur.

— Douviers ?…

— Jamais je n'oserai le revoir. Il est si bon. Ne croyez pas que je ne l'aime pas… Si vous saviez… Si vous saviez… Oh ! dites que vous ne me méprisez pas trop.

— Mais au contraire, ma petite Laura ; au contraire. Comment pouvez-vous croire ? » Et il recommençait à lui taper dans le dos.

« C'est vrai que près de vous je n'ai plus honte.

— Il y a combien de jours que vous êtes ici ?

— Je ne sais plus. J'ai vécu seulement pour vous attendre. Par moments, je n'en pouvais plus. À présent, il me semble que je ne pourrai pas rester ici un jour de plus. »

Et elle redoublait de sanglots en criant presque, mais d'une voix tout étranglée.

« Emmenez-moi. Emmenez-moi. »

Édouard était de plus en plus gêné.

« Écoutez, Laura… Calmez-vous. Le… l'autre… je ne sais même pas comment il s'appelle…

— Bernard, murmura Laura.

— Bernard va remonter dans un instant. Allons, relevez-vous. Il ne faut pas qu'il vous voie ainsi. Du courage. Nous allons inventer quelque chose, je vous le promets. Voyons ! séchez vos yeux. Cela n'avance à rien de pleurer. Regardez-vous dans la glace. Vous êtes toute congestionnée. Passez un peu d'eau sur votre visage. Quand je vous vois pleurer, je ne peux plus penser à rien… Tenez ! le voici ; je l'entends. »

Il alla à la porte et l'ouvrit pour faire rentrer Bernard ; et tandis que Laura, tournant le dos à la scène, s'occupait devant sa toilette à ramener le calme sur ses traits :

« Et maintenant, Monsieur, puis-je vous demander quand il me sera permis de rentrer en possession de mes affaires ? »

Ceci était dit en regardant Bernard bien en face, avec, sur les lèvres, toujours le même pli d'ironie souriante.

« Sitôt qu'il vous plaira, Monsieur ; mais il faut bien que je vous avoue que ces affaires qui vous manquent, vous font sûrement moins défaut qu'à moi. C'est ce que vous comprendriez, j'en suis sûr, si seulement vous connaissiez mon histoire. Sachez seulement que, depuis ce matin, je suis sans gîte, sans foyer, sans famille, et prêt à me jeter à l'eau si je ne vous avais pas rencontré. Je vous ai longtemps suivi ce matin, quand vous causiez avec Olivier, mon ami. Il m'avait tant parlé de vous ! J'aurais voulu vous aborder. Je cherchais un biais, un moyen… Quand vous avez jeté votre bulletin de consigne, j'ai béni le sort. Oh ! ne me prenez pas pour un voleur. Si j'ai levé votre valise, c'était surtout pour entrer en rapport. »

Bernard avait débité tout cela presque d'une haleine. Une flamme extraordinaire animait son discours et ses traits ; on aurait dit de la bonté. Il paraissait au sourire d'Édouard que celui-ci le trouvait charmant.

« Et maintenant ?… » fit-il.

Bernard comprit qu'il gagnait du terrain :

« Et maintenant, n'aviez-vous pas besoin d'un secrétaire ? Je ne puis croire que je remplirais mal ces fonctions, quand ce serait avec tant de joie. »

Cette fois Édouard se mit à rire. Laura les regardait tous deux, amusée.

« Ouais !… C'est à voir, et nous allons y réfléchir. Venez me retrouver, demain, à la même heure, ici même, si madame Douviers le permet… car avec elle également j'aurai à décider de bien des choses. Vous êtes à un hôtel, je suppose ? Oh ! je ne tiens pas à savoir où. Peu m'importe. À demain. »

Il lui tendit la main.

« Monsieur, dit Bernard, avant de vous quitter, me permettrez-vous peut-être de vous rappeler qu'il habite au faubourg Saint-Honoré, un pauvre vieux professeur de piano, du nom, je crois bien, de La Pérouse, à qui, si vous l'alliez revoir, vous feriez un bien grand plaisir.

— Parbleu, pour un début, voici qui n'est pas mal, et vous entendez vos futures fonctions comme il faut.

— Alors… Vraiment, vous consentiriez ?

— Nous en reparlerons demain. Adieu. »

Édouard, après s'être attardé quelques instants près de Laura, s'en alla chez les Molinier. Il espérait revoir Olivier, à qui il aurait voulu parler de Bernard. Il ne vit que Pauline, malgré qu'il prolongeât désespérément sa visite.

Olivier, cette même fin de jour, cédant à la pressante invitation que venait de lui transmettre son frère, se rendait chez l'auteur de *La Barre fixe* [1], chez le comte de Passavant.

---

1. On a vu ici une allusion au *Grand Écart* (1923), œuvre de Jean Cocteau (1889-1963), modèle de Passavant.

15

« Je craignais que votre frère ne vous eût pas fait la commission, dit Robert de Passavant en voyant entrer Olivier.

— Suis-je en retard ? » dit celui-ci, qui s'avançait timidement et presque sur la pointe des pieds. Il avait gardé à la main son chapeau, que Robert lui prit.

« Posez donc ça. Mettez-vous à votre aise. Tenez ; dans ce fauteuil, je crois que vous ne serez pas trop mal. Pas en retard du tout, si j'en juge par la pendule ; mais mon désir de vous voir était en avance sur elle. Fumez-vous ?

— Merci », dit Olivier en repoussant l'étui que le comte de Passavant lui tendait. Il refusait par timidité, bien que très désireux de goûter à ces fines cigarettes ambrées, russes sans doute, qu'il voyait rangées dans l'étui.

« Oui, je suis heureux que vous ayez pu venir. Je craignais que vous ne fussiez accaparé par la préparation de votre examen. Quand passez-vous ?

— Dans dix jours l'écrit. Mais je ne travaille plus beaucoup. Je crois que je suis prêt et crains surtout de me présenter fatigué.

— Vous refuseriez pourtant de vous occuper dès à présent d'autre chose ?

— Non… si ce n'était pas trop astreignant.

— Je m'en vais vous dire pourquoi je vous ai demandé

de venir. D'abord, le plaisir de vous revoir. Nous avions ébauché une conversation, l'autre soir, au foyer du théâtre, pendant l'entracte... Ce que vous m'avez dit m'avait beaucoup intéressé. Vous ne vous en souvenez pas, sans doute ?

— Si, si, dit Olivier, qui croyait n'avoir sorti que des balourdises.

— Mais aujourd'hui, j'ai quelque chose de précis à vous dire... Vous connaissez, je crois, un certain youpin [1] du nom de Dhurmer ? Est-ce que ce n'est pas un de vos camarades ?

— Je le quitte à l'instant.

— Ah ! vous vous fréquentez ?

— Oui, nous devions nous retrouver au Louvre pour parler d'une revue dont il doit être le directeur. »

Robert partit d'un rire haut et affecté.

« Ah ! ah ! ah ! le directeur... Il va fort ! Il va vite... C'est vrai qu'il vous a dit cela ?

— Voilà déjà longtemps qu'il m'en parle.

— Oui, j'y pense depuis assez longtemps. L'autre jour, je lui ai demandé incidemment s'il accepterait de lire avec moi les manuscrits ; c'est ce qu'il a tout de suite appelé : être rédacteur en chef ; je l'ai laissé dire, et, tout de suite... C'est bien de lui, trouvez pas ? quel type ! Il a besoin qu'on le remouche un peu... C'est vrai que vous ne fumez pas ?

— Tout de même, si, dit Olivier, en acceptant cette fois. Merci.

— Permettez-moi de vous dire, Olivier... vous voulez bien que je vous appelle Olivier ? Je ne peux pourtant pas vous traiter en "Monsieur" ; vous êtes beaucoup trop jeune, et je suis trop lié avec votre frère Vincent pour vous appeler Molinier. Eh bien, Olivier, permettez-moi de vous dire que j'ai infiniment plus de confiance dans votre goût qu'en

---

1. Terme péjoratif et injurieux désignant un membre de la communauté juive.

celui de Sidi Dhurmer. Accepteriez-vous d'assumer cette direction littéraire ? Sous ma surveillance un peu, naturellement ; dans les premiers temps tout au moins. Mais je préfère que mon nom ne figure pas sur la couverture. Je vous expliquerai pourquoi, plus tard… Vous prendriez peut-être un verre de porto, hein ? J'en ai d'excellent. »

Il atteignit sur une sorte de petit buffet, à portée de sa main, une bouteille et deux verres qu'il emplit.

« Eh bien, qu'en pensez-vous ?

— Il est excellent, en effet.

— Je ne vous parle pas du porto, protesta Robert en riant ; mais de ce que je vous disais tout à l'heure. »

Olivier avait feint de ne pas comprendre. Il craignait d'accepter trop vite et de laisser trop paraître sa joie. Il rougit un peu et balbutia confusément :

« Mon examen ne me…

— Vous venez de me dire qu'il ne vous occupait pas beaucoup, interrompit Robert. Et puis la revue ne paraîtra pas tout de suite. Je me demande même s'il ne vaudra pas mieux en remettre le lancement à la rentrée. Mais, de toute manière, il importait de vous pressentir. Il faudrait tenir plusieurs numéros tout préparés avant octobre et il serait nécessaire de beaucoup nous voir cet été, pour en parler. Qu'est-ce que vous comptez faire pendant ces vacances ?

— Oh ! je ne sais pas trop. Mes parents vont probablement aller en Normandie, comme tous les étés.

— Et il faudra que vous les accompagniez ?… Accepteriez-vous de vous laisser un peu décrocher ?…

— Ma mère ne consentira pas.

— Je dois dîner ce soir avec votre frère ; me permettez-vous de lui en parler ?

— Oh ! Vincent, lui ne viendra pas avec nous. » Puis, se rendant compte que cette phrase ne correspondait pas à la question, il ajouta : « Et puis cela ne servirait à rien.

— Pourtant, si l'on trouve de bonnes raisons à donner à la maman ? »

Olivier ne répondit rien. Il aimait tendrement sa mère et le ton persifleur que Robert avait pris en parlant d'elle lui avait déplu. Robert comprit qu'il était allé un peu trop vite.

« Alors, vous appréciez mon porto, dit-il par manière de diversion. En voulez-vous encore un verre ?

— Non, non, merci… Mais il est excellent.

— Oui, j'ai été très frappé de la maturité et de la sûreté de votre jugement, l'autre soir. Vous n'avez pas l'intention de faire de la critique ?

— Non.

— Des vers ?… Je sais que vous faites des vers. »

Olivier rougit de nouveau.

« Oui, votre frère vous a trahi. Et vous connaissez sans doute d'autres jeunes qui seraient tout prêts à collaborer… Il faut que cette revue devienne une plate-forme de ralliement pour la jeunesse. C'est sa raison d'être. Je voudrais que vous m'aidiez à rédiger une espèce de prospectus-manifeste qui indiquerait, sans les préciser trop, les nouvelles tendances. Nous en reparlerons. Il faut faire choix de deux ou trois épithètes ; pas des néologismes ; de vieux mots très usagés, qu'on chargera d'un sens tout neuf et qu'on imposera. Après Flaubert[1], on a eu : "Nombreux et rythmé" ; après Leconte de Lisle[2] : "Hiératique et définitif"… Tenez, qu'est-ce que vous penseriez de : "Vital". Hein ?… "Inconscient et vital"… Non ?… "Élémentaire, robuste et vital" ?

_____

1. Gustave Flaubert (1821-1880). Romancier réaliste français réputé pour la parfaite maîtrise et la musicalité de son style. Auteur entre autres de *Madame Bovary* (1857), *L'Éducation sentimentale* (1869) et *Bouvard et Pécuchet* (1881).

2. Poète français (1818-1894), principal représentant de l'école parnassienne (*Poèmes antiques*, 1852 ; *Poèmes barbares*, 1862).

— Je crois qu'on pourrait encore trouver mieux, s'en-hardit à dire Olivier, qui souriait sans sembler approuver beaucoup.

— Allons, encore un verre de porto…

— Pas tout à fait plein, je vous prie.

— Voyez-vous, la grande faiblesse de l'école symbo-liste [1], c'est de n'avoir apporté qu'une esthétique ; toutes les grandes écoles ont apporté, avec un nouveau style, une nouvelle éthique, un nouveau cahier des charges, de nou-velles tables, une nouvelle façon de voir, de comprendre l'amour, et de se comporter dans la vie. Le symboliste, lui, c'est bien simple : il ne se comportait pas du tout dans la vie ; il ne cherchait pas à la comprendre ; il la niait ; il lui tournait le dos. C'était absurde, trouvez pas ? C'étaient des gens sans appétit, et même sans gourmandise. Pas comme nous autres… hein ? »

Olivier avait achevé son second verre de porto et sa seconde cigarette. Il fermait à demi les yeux, à demi couché dans son confortable fauteuil, et, sans rien dire, marquait son assentiment par de légers mouvements de tête. À ce moment, on entendit sonner et presque aussitôt un domes-tique entra, qui présenta à Robert une carte. Robert prit la carte, y jeta les yeux et la posa près de lui sur son bureau :

« C'est bien. Priez-le d'attendre un instant. » Le domes-tique sortit. « Écoutez, mon petit Olivier, je vous aime bien et je crois que nous pourrons très bien nous entendre. Mais voici quelqu'un qu'il me faut absolument recevoir et qui tient à me voir seul. »

---

1. Mouvement littéraire et poétique français de la fin du XIXe siècle. En réaction contre le naturalisme et le Parnasse, ses représentants (Stéphane Mallarmé, Paul Verlaine…) défendaient une vision sym-bolique et spirituelle du monde fondée sur des moyens d'expression nouveaux. André Gide fut très proche des milieux symbolistes dans sa jeunesse.

Olivier s'était levé.

« Je vais vous faire sortir par le jardin, si vous permettez… Ah ! pendant que j'y pense : ça vous ferait-il plaisir d'avoir mon nouveau livre ? J'en ai précisément ici un exemplaire sur hollande[1]…

— Je n'ai pas attendu de le recevoir de vous pour le lire », dit Olivier qui n'aimait pas beaucoup le livre de Passavant et tâchait de s'en tirer sans flagornerie tout en restant aimable. Passavant surprit-il dans le ton de la phrase, une légère nuance de dédain ? Il reprit bien vite :

« Oh ! ne cherchez pas à m'en parler. Si vous me disiez que vous l'aimez, je serais forcé de mettre en doute ou votre goût ou votre sincérité. Non ; je sais mieux que personne ce qui lui manque à ce livre. Je l'ai écrit beaucoup trop vite. À vrai dire, pendant tout le temps que je l'écrivais, je songeais à mon livre suivant. Ah ! celui-là, par exemple, j'y tiens. J'y tiens beaucoup. Vous verrez ; vous verrez… Je suis désolé, mais à présent, il faut absolument que vous me laissiez… À moins que… Mais non ; mais non ; nous ne nous connaissons pas encore assez, et vos parents vous attendent sûrement pour dîner. Allons, au revoir. À bientôt… Je vais écrire votre nom sur le livre ; permettez. »

Il s'était levé ; il s'approcha de son bureau. Pendant qu'il se penchait pour écrire, Olivier fit un pas en avant et regarda du coin de l'œil la carte que le domestique venait d'apporter :

VICTOR STROUVILHOU

Ce nom ne lui dit rien.

Passavant tendit à Olivier l'exemplaire de *La Barre fixe*, et comme Olivier s'apprêtait à lire la dédicace :

1. Variété de papier de luxe utilisée pour des tirages restreints et de collection.

«Vous regarderez cela plus tard», dit Passavant en lui glissant le livre sous le bras.

Ce ne fut que dans la rue qu'Olivier prit connaissance de cette épigraphe manuscrite, extraite du livre même qu'elle ornait, et que le comte de Passavant venait d'inscrire en manière de dédicace :

> «De grâce, Orlando, quelques pas de plus. Je ne suis pas encore bien sûr d'oser parfaitement vous comprendre.»

au-dessous de laquelle, il avait ajouté :

> À OLIVIER MOLINIER
> son ami présomptif
> COMTE ROBERT DE PASSAVANT.»

Épigraphe ambiguë qui rendit Olivier songeur, mais qu'il était bien libre, après tout, d'interpréter comme il voudrait.

Olivier rentra chez lui comme Édouard venait d'en partir, las de l'attendre.

16

La culture positive[1] de Vincent le retenait de croire au surnaturel; ce qui donnait au démon de grands avantages. Le démon n'attaquait pas Vincent de front; il s'en prenait à lui d'une manière retorse et furtive. Une de ses habiletés consiste à nous bailler pour triomphantes nos défaites. Et ce qui disposait Vincent à considérer sa façon d'agir avec Laura comme une victoire de sa volonté sur ses instincts affectifs, c'est que, naturellement bon, il avait dû se forcer, se raidir, pour se montrer dur envers elle.

À bien examiner l'évolution du caractère de Vincent dans cette intrigue, j'y distingue divers stades, que je veux indiquer, pour l'édification du lecteur :

1° La période du bon motif. Probité. Consciencieux besoin de réparer une faute commise. En l'espèce : l'obligation morale de consacrer à Laura la somme que ses parents ont péniblement économisée pour subvenir aux premiers frais de sa carrière. N'est-ce pas là se sacrifier ? Ce motif n'est-il pas décent, généreux, charitable ?

---

1. Le positivisme est une doctrine philosophique défendue par Auguste Comte (1798-1857) au XIXᵉ siècle qui affirme la toute-puissance de la raison et des sciences dans le progrès humain et refuse toute préoccupation métaphysique.

2° La période de l'inquiétude. Scrupules. Douter si cette somme consacrée sera suffisante, n'est-ce pas s'apprêter à céder, lorsque le démon fera miroiter devant les yeux de Vincent la possibilité de la grossir ?

3° Constance et force d'âme. Besoin, après la perte de cette somme, de se sentir, « au-dessus de l'adversité ». C'est cette « force d'âme » qui lui permet d'avouer ses pertes de jeu à Laura ; et qui lui permet, par la même occasion, de rompre avec elle.

4° Renoncement au bon motif, considéré comme une duperie, à la lueur de la nouvelle éthique que Vincent se trouve devoir inventer, pour légitimer sa conduite ; car il reste un être moral, et le diable n'aura raison de lui, qu'en lui fournissant des raisons de s'approuver. Théorie de l'immanence [1], de la totalité dans l'instant ; de la joie gratuite, immédiate et immotivée.

5° Griserie du gagnant. Dédain de la réserve. Suprématie.

À partir de quoi, le démon a partie gagnée.

À partir de quoi, l'être qui se croit le plus libre, n'est plus qu'un instrument à son service. Le démon n'aura donc de cesse, que Vincent n'ait livré son frère à ce suppôt damné qu'est Passavant.

Vincent n'est pas mauvais, pourtant. Tout ceci, quoi qu'il en ait, le laisse insatisfait, mal à l'aise. Ajoutons encore quelques mots :

On appelle « exotisme », je crois, tout repli diapré de la Maya [2], devant quoi notre âme se sent étrangère ; qui la

---

1. Doctrine qui défend que la cause de l'univers est enfermée dans l'univers même ; théorie qui s'intéresse aux choses en elles-mêmes sans recourir à des vérités supérieures. Gide avait notamment défendu ce point de vue matérialiste dans *Les Nourritures terrestres* (1897).

2. Dans la pensée hindoue, la « Maya » est l'image brillante des choses, l'illusion qui masque la réalité des choses.

prive de points d'appui. Parfois telle vertu résisterait, que le
diable avant d'attaquer, dépayse. Sans doute, s'ils n'eussent
été sous de nouveaux cieux, loin de leurs parents, des souvenirs de leur passé, de ce qui les maintenait dans la conséquence d'eux-mêmes, ni Laura n'eût cédé à Vincent, ni
Vincent tenté de la séduire. Sans doute leur apparaissait-il
que cet acte d'amour, là-bas, n'entrait plus en ligne de
comptes... Il resterait beaucoup à dire; mais ce que dessus
suffit déjà à mieux nous expliquer Vincent.

Près de Lilian, également, il se sentait dépaysé.

« Ne ris pas de moi, Lilian, lui disait-il ce même soir. Je
sais que tu ne me comprendras pas, et pourtant j'ai besoin
de te parler comme si tu devais me comprendre, car il
m'est impossible désormais de te sortir de ma pensée. »

À demi couché aux pieds de Lilian étendue sur le divan
bas, il laissait sur les genoux de sa maîtresse amoureusement poser sa tête qu'elle caressait amoureusement.

« Ce qui me rendait soucieux ce matin... oui, peut-être
que c'est la peur. Peux-tu rester grave un instant? Peux-tu
oublier un instant, pour me comprendre, non pas ce que tu
crois, car tu ne crois à rien; mais, précisément, oublier que
tu ne crois à rien? Moi aussi, je ne croyais à rien, tu le sais;
plus à rien qu'à nous-mêmes, qu'à toi, qu'à moi, et qu'à ce
que je puis être avec toi; qu'à ce que, grâce à toi, je serai...

— Robert vient à sept heures, interrompit Lilian. Ce
n'est pas pour te presser; mais si tu n'avances pas plus vite,
il nous interrompra juste au moment où tu commenceras à
devenir intéressant. Car je suppose que tu préféreras ne
pas continuer devant lui. C'est curieux que tu croies prendre
aujourd'hui tant de précautions. Tu as l'air d'un aveugle qui
d'abord touche avec son bâton chaque endroit où il veut
mettre le pied. Tu vois pourtant que je garde mon sérieux.
Pourquoi n'as-tu pas confiance?

— J'ai, depuis que je te connais, une confiance extraordinaire, reprit Vincent. Je puis beaucoup, je le sens ; et, tu vois, tout me réussit. Mais c'est précisément là ce qui m'épouvante. Non, tais-toi… J'ai songé tout le jour à ce que tu me racontais ce matin du naufrage de la *Bourgogne*, et des mains qu'on coupait à ceux qui voulaient monter dans la barque. Il me semble que quelque chose veut monter dans ma barque — c'est pour que tu me comprennes que je me sers de ton image — quelque chose que je veux empêcher d'y monter…

— Et tu veux que je t'aide à le noyer, vieux lâche !… »

Il continua sans la regarder :

« Quelque chose que je repousse, mais dont j'entends la voix… une voix que tu n'as jamais entendue ; que j'écoutais dans mon enfance…

— Et qu'est-ce qu'elle dit, cette voix ? Tu n'oses pas le répéter. Ça ne m'étonne pas. Je parie qu'il y a du catéchisme là-dedans. Hein ?

— Mais, Lilian, comprends-moi : le seul moyen pour moi de me délivrer de ces pensées, c'est de te les dire. Si tu en ris je les garderai pour moi seul ; et elles m'empoisonneront.

— Alors, parle », dit-elle avec un air résigné. Puis, comme il se taisait et, puérilement, cachait son front dans la jupe de Lilian : « Allons ! qu'attends-tu ? »

Elle le saisit par les cheveux et le força à relever la tête :

« Mais c'est qu'il prend cela vraiment au sérieux, ma parole ! Il est tout pâle. Écoute, mon petit, si tu veux faire l'enfant, ça ne me va pas du tout. Il faut vouloir ce que l'on veut. Et puis, tu sais : je n'aime pas les tricheurs. Quand tu cherches à faire monter dans ta barque, sournoisement, ce qui n'a que faire d'y monter, tu triches. Je veux bien jouer avec toi ; mais franc jeu ; et, je t'en avertis : c'est pour te faire réussir. Je crois que tu peux devenir quelqu'un de très important, de considérable ; je sens en toi une grande intelligence et une grande force. Je veux t'aider. Il y a assez de femmes qui font rater la carrière de ceux dont elles s'éprennent ; moi, je veux que ce soit le contraire. Tu m'as déjà parlé de ton désir de lâcher la médecine pour des travaux de sciences naturelles ; tu regrettais de ne pas avoir assez d'argent pour cela… D'abord, tu viens de gagner au jeu ; cinquante mille francs, c'est déjà quelque chose. Mais promets que tu ne joueras plus. Je mettrai à ta disposition tout l'argent qu'il faudra, à condition, si on dit que tu te fais entretenir, que tu aies la force de hausser les épaules. »

Vincent s'était relevé. Il s'approcha de la fenêtre. Lilian reprit :

« D'abord, et pour en finir avec Laura, je trouve qu'on pourrait bien lui envoyer les cinq mille francs que tu lui avais promis. Maintenant que tu as de l'argent, pourquoi ne tiens-tu pas ta parole ? Est-ce par besoin de te sentir encore plus coupable envers elle ? Ça ne me plaît pas du tout. J'ai horreur des goujateries. Tu ne sais pas couper les mains proprement. Ceci fait, nous irons passer l'été là où ce sera le plus profitable pour tes travaux. Tu m'as parlé de Roscoff ; moi je préférerais Monaco, parce que je connais le prince, qui pourra nous emmener en croisière et t'occuper à son institut. »

Vincent se taisait. Il lui déplaisait de dire à Lilian, et il ne le lui raconta que plus tard, qu'avant de venir la retrouver, il était passé à l'hôtel où Laura l'avait si désespérément attendu. Soucieux de se sentir enfin quitte, il avait glissé dans une enveloppe ces quelques billets sur lesquels elle ne comptait plus. Il avait confié cette enveloppe à un garçon, puis attendu dans le vestibule l'assurance que le garçon l'aurait remis en mains propres. Peu d'instants après, le garçon était redescendu, rapportant l'enveloppe, en travers de laquelle Laura avait écrit : « *Trop tard.* »

Lilian sonna ; demanda qu'on apportât son manteau. Quand la servante fut sortie :

« Ah ! je voulais te dire, avant qu'il n'arrive : Si Robert te propose un placement pour tes cinquante mille francs, méfie-toi. Il est très riche, mais il a toujours besoin d'argent. Regarde donc : je crois que j'entends la corne de son auto. Il est en avance d'une demi-heure ; mais tant mieux… Pour ce que nous disions… »

« Je viens plus tôt, dit Robert en entrant, parce que j'ai pensé qu'il serait amusant d'aller dîner à Versailles. Ça vous va ?

— Non, dit lady Griffith ; les Réservoirs m'assomment. Allons plutôt à Rambouillet ; on a le temps. Nous y mangerons moins bien, mais nous y causerons mieux. Je veux que Vincent te raconte ses histoires de poissons. Il en connaît d'étonnantes. Je ne sais pas si ce qu'il dit est vrai, mais c'est plus amusant que les plus beaux romans du monde.

— Ce ne sera peut-être pas l'avis du romancier », dit Vincent.

Robert de Passavant tenait un journal du soir à la main :

« Savez-vous que Brugnard vient d'être pris comme chef de cabinet à la Justice ? C'est le moment de faire décorer votre père », dit-il en se tournant vers Vincent. Celui-ci haussa les épaules.

« Mon cher Vincent, reprit Passavant, permettez-moi de vous dire que vous le froisserez beaucoup en ne lui demandant pas ce petit service — qu'il sera si heureux de vous refuser.

— Si vous commenciez par le lui demander pour vous-même ? » riposta Vincent.

Robert fit une sorte de moue affectée :

« Non ; moi, je mets ma coquetterie à ne pas rougir, fût-ce de la boutonnière[1]. » Puis, se tournant vers Lilian :

---

1. Jeu de mots : allusion à la décoration de la Légion d'honneur qui est de couleur rouge et se porte à la boutonnière.

« Savez-vous qu'ils sont rares, de nos jours, ceux qui atteignent la quarantaine sans vérole et sans décorations ! »

Lilian sourit en haussant les épaules :

« Pour faire un mot, il consent à se vieillir !... Dites donc : c'est une citation de votre prochain livre ? Il sera frais... Descendez toujours ; je prends mon manteau et je vous rejoins. »

« Je croyais que vous ne vouliez plus le revoir ? demanda Vincent à Robert, dans l'escalier.

— Qui ? Brugnard ?

— Vous le trouviez si bête...

— Cher ami, — répondit Passavant en prenant son temps, arrêté sur une marche et retenant Molinier le pied levé, car il voyait venir lady Griffith et souhaitait qu'elle l'entendît, — apprenez qu'il n'est pas un de mes amis qui, à la suite d'une fréquentation un peu longue, ne m'ait donné des gages d'imbécillité. Je vous certifie que Brugnard a résisté à l'épreuve plus longtemps que beaucoup d'autres.

— Que moi, peut-être ? reprit Vincent.

— Ce qui ne m'empêche pas de rester votre meilleur ami ; vous voyez bien.

— Et c'est là ce qu'à Paris on appelle de l'esprit, dit Lilian qui les avait rejoints. Faites attention, Robert : il n'y a rien qui fane plus vite !

— Rassurez-vous, ma chère : les mots ne se fanent que quand on les imprime ! »

Ils prirent place dans l'auto, qui les emmena. Comme leur conversation continua d'être très spirituelle, il est inutile que je la rapporte ici. Ils s'attablèrent sur la terrasse d'un hôtel, devant un jardin que la nuit qui tombait emplissait d'ombre. À la faveur du soir, les propos peu à peu s'alourdirent ; poussé par Lilian et Robert, il n'y eut enfin plus que Vincent qui parlât.

17

«Je m'intéresserais davantage aux animaux, si je m'intéresserais moins aux hommes», avait dit Robert. Et Vincent répondait:

«Peut-être que vous croyez les hommes trop différents d'eux. Il n'est pas de grande découverte en zootechnie[1] qui n'ait eu son retentissement dans la connaissance de l'homme. Tout cela se touche, et se tient; et je crois que ce n'est jamais impunément qu'un romancier, qui se pique d'être psychologue, détourne les yeux du spectacle de la nature et reste ignorant de ses lois. Dans le *Journal* des Goncourt[2], que vous m'avez donné à lire, je suis tombé sur le récit d'une visite aux galeries d'histoire naturelle du Jardin des Plantes, où vos charmants auteurs déplorent le peu d'imagination de la Nature, ou du Bon Dieu. Par ce pauvre blasphème, se manifeste la sottise et l'incompréhension de leur petit esprit. Quelle diversité, tout au contraire! Il semble que la nature ait essayé tour à tour toutes les façons d'être

---

1. Étude scientifique de l'élevage des animaux, de leur reproduction et de leur adaptation aux besoins de l'homme.
2. Journal tenu par les frères Goncourt — Edmond (1822-1896) et Jules (1830-1870) — dès 1851 et qui demeure un témoignage essentiel sur la vie littéraire et mondaine de la seconde moitié du XIXe siècle.

vivante, de se mouvoir, usé de toutes les permissions de la
matière et de ses lois. Quelle leçon dans l'abandon pro-
gressif de certaines entreprises paléontologiques, irrai-
sonnables et inélégantes ! Quelle économie a permis la
subsistance de certaines formes ! La contemplation de celles-
ci m'explique le délaissement des autres. Même la bota-
nique peut nous instruire. Quand j'examine un rameau, je
remarque qu'à l'aisselle de chacune de ses feuilles, il abrite
un bourgeon, capable, l'an suivant, de végéter à son tour.
Quand j'observe que, de tant de bourgeons, deux tout
au plus se développent, condamnant à l'atrophie, par leur
croissance même, tous les autres, je ne me retiens pas de
penser qu'il en va de même pour l'homme. Les bourgeons
qui se développent naturellement sont toujours les bourgeons terminaux — c'est-à-dire : ceux qui sont les plus
éloignés du tronc familial. Seule la taille, ou l'arcure, en
refoulant la sève, la force d'animer les germes voisins du
tronc, qui fussent demeurés dormants. Et c'est ainsi qu'on
mène à fruit les espèces les plus rétives, qui, les eût-on laissées tracer à leur gré, n'eussent sans doute produit que des
feuilles. Ah ! quelle bonne école qu'un verger, qu'un jardin !
et quel bon pédagogue, souvent, on ferait d'un horticulteur ! On apprend plus de choses, souvent, pour peu que
l'on sache observer, dans une basse-cour, un chenil, un
aquarium, une garenne[1] ou une étable, que dans les livres,
et même, croyez-moi, que dans la société des hommes, où
tout est plus ou moins sophistiqué. »

Puis Vincent parla de la sélection. Il exposa la méthode
ordinaire des obtenteurs pour avoir les plus beaux semis ;
leur choix des spécimens les plus robustes, et cette fantai-
sie expérimentale d'un horticulteur audacieux qui, par horreur de la routine, l'on dirait presque : par défi, s'avisa

----

1. Bois, étendue boisée.

d'élire au contraire les individus les plus débiles — et les floraisons incomparables qu'il obtint.

Robert, qui d'abord n'écoutait que d'une oreille, comme qui n'attend que de l'ennui, ne cherchait plus à interrompre. Son attention ravissait Lilian, comme un hommage à son amant.

« Tu devrais nous parler, lui dit-elle, de ce que tu me racontais l'autre jour des poissons et de leur accommodation aux degrés de salaison de la mer... C'est bien cela, n'est-ce pas ?

— À part certaines régions, reprit Vincent, ce degré de salaison est à peu près constant ; et la faune marine ne supporte d'ordinaire que des variations de densité très faibles. Mais les régions dont je parlais ne sont pourtant pas inhabitées ; ce sont celles sujettes à d'importantes évaporations, qui réduisent la quantité de l'eau par rapport à la proportion de sel, ou celles au contraire où un apport constant d'eau douce dilue le sel et, pour ainsi dire, dessale la mer — celles voisines des embouchures des grands fleuves, ou de tels énormes courants comme celui que l'on appelle le Gulf Stream[1]. Dans ces régions, les animaux dit *sténohalins* languissent et en viennent à périr ; et, comme ils sont alors incapables de se défendre contre les animaux dits *euryhalins*, dont ils deviennent inévitablement la proie, les *euryhalins* vivent de préférence sur les confins des grands courants, où la densité des eaux change, là où viennent agoniser les *sténohalins*. Vous avez compris, n'est-ce pas, que les *sténo* sont ceux qui ne supportent que toujours le même degré de salaison. Tandis que les *eury*...

— Sont les dessalés, interrompit Robert, qui rapportait

---

1. Courant marin chaud de l'Atlantique qui adoucit les climats littoraux de l'Europe du Nord-Ouest.

à lui toute idée et ne considérait dans une théorie que ce dont il pourrait faire usage.

— La plupart d'entre eux sont féroces, ajouta Vincent gravement.

— Quand je te disais que cela valait tous les romans », s'écria Lilian enthousiasmée.

Vincent, comme transfiguré, restait insensible au succès. Il était extraordinairement grave et reprit sur un ton plus bas, comme s'il se parlait à lui-même :

« La plus étonnante découverte de ces temps derniers — du moins celle qui m'a le plus instruit — c'est celle des appareils photogéniques des animaux des bas-fonds.

— Oh ! raconte-nous cela, dit Lilian, qui laissait éteindre sa cigarette et fondre la glace que l'on venait de leur servir.

— La lumière du jour, vous le savez sans doute, ne pénètre pas très avant dans la mer. Ses profondeurs sont ténébreuses... abîmes immenses, que longtemps on a pu croire inhabités ; puis les dragages qu'on a tentés ont ramené de ces enfers quantité d'animaux étranges. Ces animaux étaient aveugles, pensait-on. Qu'est-il besoin du sens de la vue, dans le noir ? Évidemment, ils n'avaient point d'yeux ; ils ne pouvaient pas, ils ne devaient pas en avoir. Pourtant on les examine, et l'on constate, avec stupeur, que certains ont des yeux ; qu'ils en ont presque tous, sans compter, parfois même en sus, des antennes d'une sensibilité prodigieuse. On veut douter encore ; on s'émerveille : pourquoi des yeux, pour ne rien voir ? des yeux sensibles, mais sensibles à quoi ?... Et voici qu'on découvre enfin que chacun de ces animaux, que d'abord on voulait obscurs, émet et projette devant soi, à l'entour de soi, *sa* lumière. Chacun d'eux éclaire, illumine, irradie. Quand la nuit, ramenés du fond de l'abîme, on les versait sur le pont du navire, la nuit était tout éblouie. Feux mouvants, vibrants, versicolores, phares tournants, scintillements d'astres, de pierreries, dont rien, nous disent ceux qui les ont vus, ne saurait égaler la splendeur. »

Vincent se tut. Ils demeurèrent longtemps sans parler.

« Rentrons ; j'ai froid », dit soudain Lilian.

Lady Lilian s'assit à côté du chauffeur, abritée quelque peu par le paravent de cristal. Dans le fond de la voiture ouverte, les deux hommes continuèrent de causer entre eux. Durant presque tout le repas, Robert avait gardé le silence, écoutant Vincent discourir ; à présent, c'était son tour.

« Des poissons comme nous, mon vieux Vincent, agonisent dans les eaux calmes », dit-il d'abord, avec une bourrade sur l'épaule de son ami. Il se permettait, avec Vincent, quelques familiarités, mais n'eût pas supporté la réciproque ; Vincent du reste n'y était pas enclin. « Savez-vous que je vous trouve étourdissant ! Quel conférencier vous feriez ! Parole, vous devriez lâcher la médecine. Je ne vous vois vraiment pas prescrivant des laxatifs et faisant votre compagnie des malades. Une chaire de biologie comparée, ou je ne sais quoi dans ce goût, voilà ce qu'il vous faudrait...

— J'y ai déjà pensé, dit Vincent.

— Lilian devrait pouvoir vous obtenir cela, en intéressant à vos recherches son ami le prince de Monaco, qui est, je crois, de la partie... Il faudra que je lui en parle.

— Elle m'en a déjà parlé.

— Alors, pas moyen, décidément, de vous rendre service ? fit-il en affectant d'être vexé ; moi qui précisément avais à vous en demander un.

— Ce sera votre tour d'être mon obligé. Vous me croyez la mémoire bien courte.

— Quoi ! Vous pensez encore aux cinq mille francs ? Mais vous me les avez rendus, cher ! Vous ne me devez plus rien... qu'un peu d'amitié, peut-être. » Il ajoutait ceci sur un

ton presque tendre, une main posée sur le bras de Vincent.
« C'est à celle-ci que je viens faire appel.

— J'écoute », dit alors Vincent.

Mais aussitôt, Passavant se récria, prêtant à Vincent son
impatience :

« Comme vous êtes pressé ! D'ici Paris nous avons le
temps je suppose. »

Passavant était particulièrement habile à faire endosser
par autrui ses humeurs propres, et tout ce qu'il préférait
désavouer. Puis, semblant quitter son sujet, comme ces
pêcheurs de truite qui, par crainte d'effaroucher leur proie,
jettent l'appât très loin puis insensiblement le ramènent :

« À propos, je vous remercie de m'avoir envoyé votre
frère. Je craignais que vous n'eussiez oublié. »

Vincent fit un geste. Robert reprit :

« L'avez-vous revu depuis ?... Pas eu le temps, hein ?...
Alors c'est curieux que vous ne m'ayez pas encore demandé
des nouvelles de cet entretien. Au fond, cela vous est indifférent. Vous vous désintéressez complètement de votre
frère. Ce que pense Olivier, ce qu'il sent, ce qu'il est et ce
qu'il voudrait être, vous ne vous en inquiétez jamais...

— Ce sont des reproches ?

— Parbleu oui. Je ne comprends pas, je n'admets pas
votre apathie. Quand vous étiez malade, à Pau, passe
encore ; vous deviez ne penser qu'à vous ; l'égoïsme faisait
partie du traitement. Mais, à présent... Quoi ! vous avez
près de vous cette jeune nature frémissante, cette intelligence en éveil, pleine de promesses, qui n'attend qu'un
conseil, qu'un appui... »

Il oubliait, à cet instant, que lui de même il avait un frère.

Vincent pourtant n'était point sot ; l'exagération de cette
sortie l'avertissait qu'elle n'était pas très sincère, que l'indignation ne venait là que pour amener autre chose. Il se taisait, attendant venir. Mais Robert s'arrêta net ; il venait de

surprendre, à la lueur de la cigarette que fumait Vincent, un étrange pli sur la lèvre de celui-ci, où il crut voir de l'ironie ; or, il craignait la moquerie par-dessus tout au monde. Était-ce bien là pourtant ce qui le fit changer de ton ? Je me demande si, plutôt, l'intuition brusque d'une sorte de connivence, entre Vincent et lui... Il reprit donc, jouant au parfait naturel et sur l'air de « point n'est besoin de feindre avec vous » :

« Eh bien ! j'ai eu avec le jeune Olivier une conversation des plus agréables. Il me plaît tout à fait ce garçon. »

Passavant tâchait de cueillir le regard de Vincent (la nuit n'était pas très obscure) ; mais celui-ci regardait fixement devant lui.

« Et voici, mon cher Molinier, le petit service que je voulais vous demander... »

Mais, ici encore, il éprouva le besoin de mettre un temps et pour ainsi dire : de quitter un instant son rôle, à la manière d'un acteur bien assuré de tenir son public, désireux de se prouver et de lui prouver qu'il le tient. Il se pencha donc en avant vers Lilian, et à voix très haute, comme pour faire ressortir le caractère confidentiel de ce qu'il avait dit et de ce qu'il allait dire :

« Chère amie, vous êtes bien sûre que vous ne prenez pas froid ? Nous avons ici un plaid qui ne fait rien... »

Puis, sans attendre la réponse, rencogné dans le fond de l'auto, près de Vincent, à voix de nouveau basse :

« Voici : je voudrais emmener cet été votre frère. Oui, je vous le dis tout simplement ; à quoi bon des circonlocutions[1], entre nous ?... Je n'ai pas l'honneur d'être connu de vos parents, qui naturellement ne laisseront pas Olivier partir avec moi, si vous n'intervenez pas activement. Sans doute trouverez-vous le moyen de les disposer en ma

---

1. Expression indirecte et détournée de la pensée.

faveur. Vous les connaissez bien, je suppose, et devez savoir comment les prendre. Vous voudrez bien faire cela pour moi?»

Il attendit un instant, puis, comme Vincent se taisait, reprit:

«Écoutez, Vincent… Je quitte Paris bientôt… pour je ne sais encore où. J'ai absolument besoin d'emmener un secrétaire… Vous savez que je fonde une revue. J'en ai parlé à Olivier. Il me paraît avoir toutes les qualités requises… Mais je ne veux pas me placer seulement à mon point de vue égoïste: je dis que toutes ses qualités à lui me paraissent trouver ici leur emploi. Je lui ai proposé la place de rédacteur en chef… Rédacteur en chef d'une revue, à son âge!… Avouez que ça n'est pas ordinaire.

— C'est si peu ordinaire que je crains que ça n'effraie un peu mes parents, dit Vincent, tournant enfin vers lui les yeux et le regardant fixement.

— Oui; vous devez avoir raison. Il vaut peut-être mieux ne pas leur parler de cela. Simplement, vous pourriez mettre en avant l'intérêt et le profit d'un voyage que je lui ferais faire, hein? Vos parents doivent comprendre qu'à son âge, on a besoin de voir du pays. Enfin vous vous arrangerez avec eux, pas?»

Il reprit souffle, alluma une nouvelle cigarette, puis continua sans changer de ton:

«Et puisque vous voulez bien être gentil, je vais tâcher de faire quelque chose pour vous. Je crois pouvoir vous faire profiter de quelques avantages qu'on m'offre dans une affaire tout à fait exceptionnelle… qu'un ami à moi, qui est dans la haute banque, réserve pour quelques privilégiés. Mais, je vous en prie, que ceci reste entre nous; pas un mot à Lilian. De toute manière, je ne dispose que d'un nombre de parts très restreint; je ne puis offrir de souscrire à elle et à vous à la fois… Vos cinquante mille francs d'hier soir?…

— J'en ai déjà disposé», lança Vincent un peu sèchement, car il se souvenait de l'avertissement de Lilian.

« C'est bien, c'est bien… repartit aussitôt Robert, comme s'il se piquait. Je n'insiste pas. » Puis, sur l'air de « je ne saurais vous en vouloir » : « Si vous vous ravisiez peut-être, vite un mot… parce que, passé demain cinq heures, il sera trop tard. »

Vincent admirait le comte de Passavant beaucoup plus depuis qu'il ne le prenait plus au sérieux.

18

JOURNAL D'ÉDOUARD

2 heures.

«Perdu ma valise. C'est bien fait. De tout ce qu'elle contient, je ne tenais à rien qu'à mon journal. Mais j'y tenais trop. Au fond, fort amusé par l'aventure. En attendant, j'aimerais ravoir mes papiers. Qui les lira?... Peut-être, depuis que je les ai perdus, m'exagéré-je leur importance. Ce journal s'arrêtait à mon départ pour l'Angleterre. Là-bas j'ai tout noté sur un autre carnet; que je laisse, à présent que je suis de retour en France. Le nouveau, sur quoi j'écris ceci, ne quittera pas de sitôt ma poche. C'est le miroir qu'avec moi je promène[1]. Rien de ce qui m'advient ne prend pour moi d'existence réelle, tant que je ne l'y vois pas reflété. Mais depuis mon retour, il me semble que je m'agite dans un rêve. Que cette conversation avec Olivier fut pénible! Et je m'en promettais tant de joie... Puisse-t-elle l'avoir laissé aussi peu satisfait que moi-même; aussi peu satisfait de lui que de moi. Je n'ai su pas plus parler moi-même, hélas! que le faire parler. Ah! qu'il est difficile, le

---

1. Allusion à l'épigraphe que Stendhal avait placé en tête du chapitre 3 de son roman *Le Rouge et le Noir* (1830) : «Un roman : c'est un miroir qu'on promène le long d'un chemin.»

moindre mot, quand il entraîne l'assentiment complet de tout l'être! Le cœur, dès qu'il s'en mêle, engourdit et paralyse le cerveau.

7 heures.

«Ma valise est retrouvée; ou du moins celui qui me l'a prise. Qu'il soit l'ami le plus intime d'Olivier, voilà qui tisse entre nous un réseau, dont il ne tient qu'à moi de resserrer les mailles. Le danger, c'est que je prends à tout événement inattendu un amusement si vif qu'il me fait perdre de vue le but à atteindre.

«Revu Laura. Mon désir d'obliger s'exaspère dès qu'il s'y mêle quelque difficulté, dès qu'il doit s'insurger contre le convenu, le banal et le coutumier.

«Visite au vieux La Pérouse. C'est madame de La Pérouse qui est venue m'ouvrir. Il y avait plus de deux ans que je ne l'avais revue; elle m'a pourtant aussitôt reconnu. (Je ne pense pas qu'ils reçoivent beaucoup de visites.) Du reste, très peu changée elle-même; mais (est-ce parce que je suis prévenu contre elle), ses traits m'ont paru plus durs, son regard plus aigre, son sourire plus faux que jamais.

«"Je crains que monsieur de La Pérouse ne soit pas en état de vous recevoir", m'a-t-elle dit aussitôt, manifestement désireuse de m'accaparer; puis, usant de sa surdité pour répondre sans que je l'aie questionnée:

«"Mais non, mais non, vous ne me dérangez pas du tout. Entrez seulement."

«Elle m'introduisit dans la pièce où La Pérouse a coutume de donner ses leçons, qui ouvre ses deux fenêtres sur la cour. Et dès que je fus chambré[1]:

«"Je suis particulièrement heureuse de pouvoir vous parler un instant seul à seule. L'état de monsieur de La

---

1. Ici, enfermé dans sa chambre.

Pérouse, pour qui je connais votre vieille et fidèle amitié, m'inquiète beaucoup. Vous qu'il écoute, ne pourriez-vous pas lui persuader qu'il se soigne ? Pour moi, tout ce que je lui répète, c'est comme si je chantais Malborough[1]."

« Et elle entra là-dessus dans des récriminations infinies : Le vieux refuse de se soigner par seul besoin de la tourmenter. Il fait tout ce qu'il ne devrait pas faire, et ne fait rien de ce qu'il faudrait. Il sort par tous les temps, sans jamais consentir à mettre un foulard. Il refuse de manger aux repas : "Monsieur n'a pas faim", et elle ne sait quoi inventer pour stimuler son appétit ; mais, la nuit, il se relève et met sens dessus dessous la cuisine pour se fricoter on ne sait quoi.

« La vieille, à coup sûr, n'inventait rien ; je comprenais, à travers son récit, que l'interprétation de menus gestes innocents seule leur conférait une signification offensante, et quelle ombre monstrueuse la réalité projetait sur la paroi de cet étroit cerveau. Mais le vieux de son côté ne mésinterprétait-il pas tous les soins, toutes les attentions de la vieille, qui se croyait martyre, et dont il se faisait un bourreau ? Je renonce à les juger, à les comprendre ; ou plutôt, comme il advient toujours, mieux je les comprends et plus mon jugement sur eux se tempère. Il reste que voici deux êtres, attachés l'un à l'autre pour la vie, et qui se font abominablement souffrir. J'ai souvent remarqué, chez des conjoints, quelle intolérable irritation entretient chez l'un la plus petite protubérance du caractère de l'autre, parce que la "vie commune" fait frotter celle-ci toujours au même endroit. Et si le frottement est réciproque, la vie conjugale n'est plus qu'un enfer.

---

1. Allusion à la célèbre chanson populaire « Malborough s'en va-t-en guerre » ; ici, c'est une façon détournée de dire que les observations de Mme de La Pérouse sont sans effet.

« Sous sa perruque à bandeaux noirs qui durcit les traits de son visage blafard, avec ses longues mitaines noires d'où sortent des petits doigts comme des griffes, madame de La Pérouse prenait un aspect de harpie.

« "Il me reproche de l'espionner, continua-t-elle. Il a toujours eu besoin de beaucoup de sommeil ; mais la nuit, il fait semblant de se coucher, et, quand il me croit bien endormie, il se relève ; il farfouille dans de vieux papiers et parfois s'attarde jusqu'au matin à relire en pleurant d'anciennes lettres de feu son frère. Il veut que je supporte tout cela sans rien dire !"

« Puis elle se plaignit que le vieux voulût la faire entrer dans une maison de retraite ; ce qui lui serait d'autant plus pénible, ajoutait-elle, qu'il était parfaitement incapable de vivre seul et de se passer de ses soins. Ceci était dit sur un ton apitoyé qui respirait l'hypocrisie.

« Tandis qu'elle poursuivait ses doléances, la porte du salon s'est doucement ouverte derrière elle et La Pérouse, sans qu'elle l'entendît, a fait son entrée. Aux dernières phrases de son épouse, il m'a regardé en souriant ironiquement et a porté une main à son front, signifiant qu'elle était folle. Puis, avec une impatience, une brutalité même, dont je ne l'aurais pas cru capable et qui semblait justifier les accusations de la vieille (mais due aussi au diapason qu'il devait prendre pour se faire entendre d'elle) :

« "Allons, Madame ! vous devriez comprendre que vous fatiguez Monsieur avec vos discours. Ce n'est pas vous que mon ami venait voir. Laissez-nous."

« La vieille alors a protesté que le fauteuil sur lequel elle restait assise était à elle, et qu'elle ne le quitterait pas.

« "Dans ce cas, reprit La Pérouse en ricanant, si vous le permettez, c'est nous qui sortirons." Puis, tourné vers moi et sur un ton tout radouci :

« "Venez ! laissons-la."

« J'ai ébauché un salut gêné et l'ai suivi dans la pièce voisine, celle même où il m'avait reçu la dernière fois.

« "Je suis heureux que vous ayez pu l'entendre, m'a-t-il dit. Eh bien ! c'est comme cela tout le long du jour."

« Il alla fermer les fenêtres :

« "Avec le vacarme de la rue, on ne s'entend plus. Je passe mon temps à refermer ces fenêtres, que madame de La Pérouse passe son temps à rouvrir. Elle prétend qu'elle étouffe. Elle exagère toujours. Elle refuse de se rendre compte qu'il fait plus chaud dehors que dedans. J'ai là pourtant un petit thermomètre ; mais, quand je le lui montre, elle me dit que les chiffres ne prouvent rien. Elle veut avoir raison, même quand elle sait qu'elle a tort. La grande affaire pour elle, c'est de me contrarier."

« Il me parut, cependant qu'il parlait, qu'il n'était pas en parfait équilibre lui-même ; il reprit, dans une exaltation croissante :

« "Tout ce qu'elle fait de travers dans la vie, c'est à moi qu'elle en fait grief. Ses jugements sont tous faussés. Ainsi, tenez ; je m'en vais vous faire comprendre : Vous savez que les images du dehors arrivent renversées dans notre cerveau, où un appareil nerveux les redresse. Eh bien, madame de La Pérouse, elle, n'a pas d'appareil rectificateur. Chez elle, tout reste à l'envers. Vous jugez si c'est pénible."

« Il éprouvait certainement un soulagement à s'expliquer, et je me gardais de l'interrompre. Il continuait :

« "Madame de La Pérouse a toujours beaucoup trop mangé. Eh bien, elle prétend que c'est moi qui mange trop. Tout à l'heure, si elle me voit avec un morceau de chocolat (c'est ma principale nourriture), elle va murmurer : 'Toujours en train de grignoter !...' Elle me surveille. Elle m'accuse de me relever la nuit pour manger en cachette, parce qu'une fois elle m'a surpris en train de me préparer une tasse de chocolat, à la cuisine... Que voulez-vous ? De la voir à table, en face de moi, se jeter sur les plats, cela m'enlève tout appétit. Alors elle prétend que je fais le difficile par besoin de la tourmenter."

« Il prit un temps, et dans une sorte d'élan lyrique :

« "Je suis dans l'admiration des reproches qu'elle me fait !… Ainsi, lorsqu'elle souffre de sa sciatique, je la plains. Alors elle m'arrête ; elle hausse les épaules : 'Ne faites donc pas semblant d'avoir du cœur.' Et tout ce que je fais ou dis, c'est pour la faire souffrir."

« Nous nous étions assis ; mais il se relevait, puis se rasseyait aussitôt, en proie à une maladive inquiétude :

« "Imagineriez-vous que, dans chacune de ces pièces, il y a des meubles qui sont à elle et d'autres qui sont à moi ? Vous l'avez vue tout à l'heure avec son fauteuil. Elle dit à la femme de journée, lorsque celle-ci fait le ménage : 'Non ; ceci est à Monsieur ; n'y touchez pas.' Et comme, l'autre jour, par mégarde j'avais posé un cahier de musique relié sur un guéridon qui est à elle, Madame l'a flanqué à terre. Les coins se sont cassés… Oh ! cela ne pourra plus durer longtemps… Mais, écoutez…"

« Il m'a saisi le bras et, baissant la voix :

« "J'ai pris mes mesures. Elle me menace continuellement, 'si je continue', d'aller chercher refuge dans une maison de retraite. J'ai mis de côté une certaine somme qui doit suffire à payer sa pension à Sainte-Périne ; on dit que c'est ce qu'il y a de mieux. Les quelques leçons que je donne encore ne me rapportent presque plus. Dans quelque temps mes ressources seront à bout ; je me verrais forcé d'entamer cette somme ; je ne veux pas. Alors j'ai pris une résolution… Ce sera dans un peu plus de trois mois. Oui ; j'ai marqué la date. Si vous saviez quel soulagement j'éprouve à songer que chaque heure désormais m'en rapproche."

« Il s'était penché vers moi ; il se pencha plus encore :

« "J'ai également mis de côté un titre de rentes. Oh ! ce

n'est pas grand-chose; mais je ne pouvais pas faire plus. Madame de La Pérouse ne le sait pas. Il est dans mon secrétaire, sous une enveloppe à votre nom, avec les instructions nécessaires. Puis-je compter sur vous pour m'aider? Je ne connais rien aux affaires, mais un notaire à qui j'ai parlé m'a dit que la rente en pourrait être versée directement à mon petit-fils jusqu'à sa majorité et qu'alors il entrerait en possession du titre. J'ai pensé que ce ne serait pas trop demander à votre amitié de veiller à ce que cela soit exécuté. Je me méfie tellement des notaires!... Et même, si vous vouliez me tranquilliser, vous accepteriez de prendre aussitôt avec vous cette enveloppe... Oui, n'est-ce pas?... Je vais vous la chercher.''

«Il sortit en trottinant selon son habitude et reparut avec une grande enveloppe à la main.

«''Vous m'excuserez de l'avoir cachetée; c'est pour la forme. Prenez-la.''

«J'y jetai les yeux et lus, au-dessous de mon nom, en caractères calligraphiés: ''À OUVRIR APRÈS MA MORT''.

«''Mettez-la vite dans votre poche, que je la sache en sûreté. Merci... Ah! je vous attendais tellement!''

«J'ai souvent éprouvé qu'en un instant aussi solennel, toute émotion humaine peut, en moi, faire place à une transe quasi mystique, une sorte d'enthousiasme, par quoi mon être se sent magnifié; ou plus exactement: libéré de ses attaches égoïstes, comme dépossédé de lui-même et dépersonnalisé. Celui qui n'a pas éprouvé cela ne saurait certes me comprendre. Mais je sentais que La Pérouse le comprenait. Toute protestation de ma part eût été superflue, m'eût paru malséante et je me contentai de serrer fortement la main qu'il abandonna dans la mienne. Ses yeux brillaient d'un étrange éclat. Dans l'autre main, celle qui d'abord tenait l'enveloppe, il gardait un autre papier:

«''J'ai inscrit ici son adresse. Car je sais où il est, maintenant. 'Saas-Fée.' Connaissez-vous cela ? C'est en Suisse. J'ai cherché sur la carte, mais je n'ai pu trouver.

« — Oui, dis-je. C'est un petit village près du Cervin.

« — Est-ce que c'est très loin ?

« — Pas si loin que je n'y puisse aller, peut-être.

« — Quoi ! vous feriez cela ?... Oh ! que vous êtes bon, dit-il. Pour moi, je suis trop vieux. Et puis je ne peux pas, à cause de la mère... Pourtant il me semble que je..." Il hésita, cherchant le mot ; reprit : "que je m'en irais plus facilement, si seulement j'avais pu le voir.

« — Mon pauvre ami... Tout ce qu'il est humainement possible de faire pour vous l'amener, je le ferai... Vous verrez le petit Boris, je vous le promets.

« — Merci... Merci..."

« Il me serrait convulsivement dans ses bras.

« "Mais promettez-moi de ne plus penser à...

« — Oh ! cela c'est autre chose", dit-il en m'interrompant brusquement. Puis tout aussitôt et comme pour m'empêcher d'insister, en détournant mon attention :

« "Figurez-vous que, l'autre jour, la mère d'une de mes anciennes élèves a voulu m'emmener au théâtre ! Il y a un mois environ. C'était à une matinée des Français. Depuis plus de vingt ans, je n'avais plus remis les pieds dans une salle de spectacles. On jouait *Hernani* [1], de Victor Hugo. Vous connaissez ? Il paraît que c'était très bien joué. Tout le monde s'extasiait. Pour moi, j'ai souffert d'une manière indicible. Si la politesse ne m'avait retenu, jamais je n'aurais pu rester... Nous étions dans une loge. Mes amis cherchaient à me calmer. J'aurais interpellé le public. Oh ! comment peut-on ? Comment peut-on ?"

---

1. Célèbre pièce de Victor Hugo dont la première représentation en 1831 donna lieu à une célèbre bataille littéraire et est considérée comme l'acte de naissance du romantisme.

« Ne comprenant pas bien d'abord à quoi il en avait, je demandai :

« "Vous trouviez les acteurs détestables ?

« — Évidemment. Mais comment ose-t-on présenter de pareilles turpitudes sur la scène ?... Et le public applaudissait ! Et il y avait des enfants dans la salle ; des enfants que les parents avaient amenés là, connaissant la pièce... C'est monstrueux. Et cela, sur un théâtre que l'État subventionne !"

« L'indignation de cet excellent homme m'amusait. À présent, je riais presque. Je protestai qu'il ne se pouvait d'art dramatique sans peinture des passions. À son tour, il protesta que la peinture des passions était fatalement d'un fâcheux exemple. La discussion continua ainsi quelque temps ; et comme je comparais alors cet événement pathétique à tel déchaînement des instruments de cuivre dans un orchestre :

« "Par exemple, cette entrée de trombones, que vous admirez dans telle symphonie de Beethoven...

« — Mais je ne l'admire pas du tout, moi, cette entrée de trombones, s'est-il écrié avec une véhémence extraordinaire. Pourquoi voulez-vous me faire admirer ce qui me trouble ?"

« Il tremblait de tout son corps. L'accent d'indignation, d'hostilité presque, de sa voix, me surprit et parut l'étonner lui-même car il reprit sur un ton plus calme :

« "Avez-vous remarqué, que tout l'effort de la musique moderne est de rendre supportables, agréables même, certains accords que nous tenions d'abord pour discordants ?

« — Précisément, ripostai-je ; tout doit enfin se rendre et se réduire à l'harmonie.

« — À l'harmonie ! répéta-t-il en haussant les épaules. Je ne vois là qu'une accoutumance au mal, au péché. La sensibilité s'émousse ; la pureté se ternit ; les réactions se font moins vives ; on tolère, on accepte...

« — À vous entendre, on n'oserait même plus sevrer les enfants."

« Mais il continuait sans m'entendre :

« "Si l'on pouvait recouvrer l'intransigeance de la jeunesse, ce dont on s'indignerait le plus c'est de ce qu'on est devenu."

« Il était trop tard pour nous lancer dans une discussion théologique ; je tentai de le ramener sur son terrain :

« "Vous ne prétendez pourtant pas restreindre la musique à la seule expression de la sérénité ? Dans ce cas, un seul accord suffirait : un accord parfait continu."

« Il me prit les deux mains, et comme en extase, le regard perdu dans une adoration, répéta plusieurs fois :

« "Un accord parfait continu ; oui, c'est cela : un accord parfait continu… Mais tout notre univers est en proie à la discordance", a-t-il ajouté tristement.

« Je pris congé de lui. Il m'accompagna jusqu'à la porte et, m'embrassant, murmura encore :

« "Ah ! comme il faut attendre pour la résolution de l'accord !" »

Deuxième partie

Saas-Fée

I

DE BERNARD À OLIVIER

Lundi.

« Cher Vieux,

« Que je te dise d'abord que j'ai séché le bachot[1]. Tu
l'auras compris sans doute en ne m'y voyant pas. Je me pré-
senterai en octobre. Une occasion unique s'est offerte à
moi de partir en voyage. J'ai sauté dessus ; et je ne m'en
repens pas. Il fallait se décider tout de suite ; je n'ai pas pris
le temps de réfléchir, pas même de te dire adieu. À ce propos, je suis chargé de t'exprimer tous les regrets de mon
compagnon de voyage d'être parti sans te revoir. Car sais-tu
qui m'emmenait ? Tu le devines déjà... c'est Édouard, c'est
ton fameux oncle, que j'ai rencontré le soir même de son
arrivée à Paris, dans des circonstances assez extraordinaires
et sensationnelles, que je te raconterai plus tard. Mais tout
est extraordinaire dans cette aventure et, quand j'y repense,
la tête me tourne. Encore aujourd'hui j'hésite à croire que
c'est vrai, que c'est bien moi qui t'écris ceci, qui suis ici en
Suisse avec Édouard et... Allons, il faut bien tout te dire,
mais surtout déchire ma lettre et garde tout cela pour toi.

---

1. Baccalauréat.

« Imagine-toi que cette pauvre femme abandonnée par ton frère Vincent, celle que tu entendais sangloter, une nuit, près de ta porte (et à qui tu as été bien idiot de ne pas ouvrir, permets-moi de te le dire), se trouve être une grande amie d'Édouard, la propre fille de Vedel, la sœur de ton ami Armand. Je ne devrais pas te raconter tout cela, car il y va de l'honneur d'une femme, mais je crèverais si je ne le racontais à personne… Encore une fois : garde cela pour toi. Tu sais déjà qu'elle venait de se marier ; tu sais peut-être que, peu de temps après son mariage, elle est tombée malade et qu'elle est allée se soigner dans le Midi. C'est là qu'elle a fait la connaissance de Vincent, à Pau. Tu sais peut-être encore cela. Mais ce que tu ne sais pas, c'est que cette rencontre a eu des suites. Oui, mon vieux ! Ton sacré maladroit de frère lui a fait un enfant. Elle est revenue enceinte à Paris, où elle n'a plus osé reparaître devant ses parents ; encore moins osait-elle rentrer au foyer conjugal. Cependant ton frère la plaquait dans les conditions que tu sais. Je t'épargne les commentaires, mais puis-je te dire que Laura Douviers n'a pas eu un mot de reproches et de ressentiment contre lui. Au contraire, elle invente tout ce qu'elle peut pour excuser sa conduite. Bref, c'est une femme très bien, une tout à fait belle nature. Et quelqu'un qui est décidément très bien aussi, c'est Édouard. Comme elle ne savait plus que faire, ni où aller, il lui a proposé de l'emmener en Suisse ; et du même coup il m'a proposé de les accompagner, parce que ça le gênait de voyager en tête à tête avec elle, vu qu'il n'a pour elle que des sentiments d'amitié. Nous voici donc partis tous les trois. Ça s'est décidé en cinq sec ; juste le temps de faire ses valises et de me nipper (car tu sais que j'avais quitté la maison sans rien). Ce qu'Édouard a été gentil en la circonstance, tu ne peux t'en faire une idée ; et de plus, il me répétait tout le temps que c'était moi qui lui rendais service. Oui, mon vieux, tu ne m'avais pas menti : ton oncle est un type épatant.

« Le voyage a été assez pénible parce que Laura était très fatiguée et que son état (elle commence son troisième mois de grossesse) exigeait beaucoup de ménagements ; et que l'endroit où nous avions résolu d'aller (pour des raisons qu'il serait trop long de te dire) est d'accès assez difficile. Laura du reste compliquait souvent les choses en refusant de prendre des précautions ; il fallait l'y forcer ; elle répétait tout le temps qu'un accident était ce qui pourrait lui arriver de plus heureux. Tu penses si nous étions aux petits soins avec elle. Ah ! mon ami, quelle femme admirable ! Je ne me sens plus le même qu'avant de l'avoir connue et il y a des pensées que je n'ose plus formuler, des mouvements de mon cœur que je refrène, parce que j'aurais honte de ne pas être digne d'elle. Oui, vraiment, près d'elle, on est comme forcé de penser noblement. Cela n'empêche pas que la conversation entre nous trois est très libre, car Laura n'est pas bégueule du tout — et nous parlons de n'importe quoi ; mais je t'assure que, devant elle, il y a des tas de choses que je n'ai plus du tout envie de blaguer et qui me paraissent aujourd'hui très sérieuses.

« Tu vas croire que je suis amoureux d'elle. Eh bien ! mon vieux, tu ne te tromperais pas. C'est fou, n'est-ce pas ? Me vois-tu amoureux d'une femme enceinte, que naturellement je respecte, et n'oserais pas toucher du bout du doigt ? Tu vois que je ne tourne pas au noceur...

« Quand nous sommes arrivés à Saas-Fée, après des diffi-cultés sans nombre (nous avions pris une chaise à porteurs pour Laura, car les voitures ne parviennent pas jusqu'ici), l'hôtel n'a pu nous offrir que deux chambres, une grande à deux lits et une petite, qu'il a été convenu devant l'hôtelier que je prendrais — car, pour cacher son identité, Laura passe pour la femme d'Édouard ; mais chaque nuit c'est elle qui occupe la petite chambre et je vais retrouver Édouard dans la sienne. Chaque matin c'est tout un trimbalement pour donner le change aux domestiques. Heureusement, les deux chambres communiquent, ce qui simplifie.

« Voilà six jours que nous sommes ici ; je ne t'ai pas écrit plus tôt parce que j'étais d'abord trop désorienté et qu'il fallait que je me mette d'accord avec moi-même. Je commence seulement à m'y reconnaître.

« Nous avons déjà fait, Édouard et moi, quelques petites courses de montagne, très amusantes ; mais à vrai dire, ce pays ne me plaît pas beaucoup ; à Édouard non plus. Il trouve le paysage "déclamatoire". C'est tout à fait ça.

« Ce qu'il y a de meilleur ici, c'est l'air qu'on y respire ; un air vierge et qui vous purifie les poumons. Et puis nous ne voulons pas laisser Laura trop longtemps seule, car il va sans dire qu'elle ne peut pas nous accompagner. La société de l'hôtel est assez divertissante. Il y a des gens de toutes les nationalités. Nous fréquentons surtout une doctoresse polonaise, qui passe ici ses vacances avec sa fille et un petit garçon qu'on lui a confié. C'est même pour retrouver cet enfant que nous sommes venus jusqu'ici. Il a une sorte de maladie nerveuse que la doctoresse soigne selon une méthode toute nouvelle. Mais ce qui fait le plus de bien au petit, très sympathique ma foi, c'est d'être amoureux fou de la fille de la doctoresse, de quelques années plus âgée que lui et qui est bien la plus jolie créature que j'aie vue de ma vie. Du matin au soir ils ne se quittent pas. Ils sont si gentils tous les deux ensemble que personne ne songe à les blaguer.

« Je n'ai pas beaucoup travaillé, et pas ouvert un livre depuis mon départ ; mais beaucoup réfléchi. La conversation d'Édouard est d'un intérêt prodigieux. Il ne me parle pas beaucoup directement, bien qu'il affecte de me traiter en secrétaire ; mais je l'écoute causer avec les autres ; avec

Laura surtout, à qui il aime raconter ses projets. Tu ne peux pas te rendre compte de quel profit cela est pour moi. Certains jours je me dis que je devrais prendre des notes ; mais je crois que je retiens tout. Certains jours je te souhaite éperdument ; je me dis que c'est toi qui devrais être ici ; mais je ne puis regretter ce qui m'arrive, ni souhaiter y rien changer. Du moins dis-toi bien que je n'oublie pas que c'est grâce à toi que je connais Édouard, et que je te dois mon bonheur. Quand tu me reverras, je crois que tu me trouveras changé ; mais je ne demeure pas moins et plus profondément que jamais ton ami.

Mercredi.

« P.-S. — Nous rentrons à l'instant d'une course énorme. Ascension de l'Hallalin — guides encordés avec nous, glaciers, précipices, avalanches, etc. Couchés dans un refuge au milieu des neiges, empilés avec d'autres touristes ; inutile de te dire que nous n'avons pas fermé l'œil de la nuit. Le lendemain, départ avant l'aube… Eh bien ! mon vieux, je ne dirai plus de mal de la Suisse : quand on est là-haut, qu'on a perdu de vue toute culture, toute végétation, tout ce qui rappelle l'avarice et la sottise des hommes, on a envie de chanter, de rire, de pleurer, de voler, de piquer une tête en plein ciel ou de se jeter à genoux. Je t'embrasse.

« BERNARD. »

Bernard était beaucoup trop spontané, trop naturel, trop pur, il connaissait trop mal Olivier, pour se douter du flot de sentiments hideux que cette lettre allait soulever chez celui-ci ; une sorte de raz de marée où se mêlait du dépit, du désespoir et de la rage. Il se sentait à la fois supplanté dans le cœur de Bernard et dans celui d'Édouard. L'amitié de ses deux amis évinçait la sienne. Une phrase surtout de

la lettre de Bernard le torturait, que Bernard n'aurait jamais
écrite s'il avait pressenti tout ce qu'Olivier pourrait y voir :
« Dans la même chambre », se répétait-il — et l'abominable
serpent de la jalousie se déroulait et se tordait en son
cœur. « Ils couchent dans la même chambre !... » Que
n'imaginait-il pas aussitôt ? Son cerveau s'emplissait de
visions impures qu'il n'essayait même pas de chasser. Il
n'était jaloux particulièrement ni d'Édouard, ni de Bernard ;
mais des deux. Il les imaginait tour à tour l'un et l'autre ou
simultanément, et les enviait à la fois. Il avait reçu la lettre à
midi. « Ah ! c'est ainsi... », se redisait-il tout le restant du
jour. Cette nuit, les démons de l'enfer l'habitèrent. Le lendemain matin il se précipita chez Robert. Le comte de Passavant l'attendait.

2

JOURNAL D'ÉDOUARD

« Je n'ai pas eu de mal à trouver le petit Boris. Le lendemain de notre arrivée, il s'est amené sur la terrasse de l'hôtel et a commencé de regarder les montagnes à travers une
longue-vue montée sur pivot, mise à la disposition des
voyageurs. Je l'ai reconnu tout de suite. Une fillette un peu
plus grande que Boris l'a bientôt rejoint. J'étais installé tout
auprès, dans le salon dont la porte-fenêtre restait ouverte,
et ne perdais pas un mot de leur conversation. J'avais
grande envie de lui parler, mais j'ai cru plus prudent d'entrer d'abord en relation avec la mère de la petite fille, une
doctoresse polonaise à qui Boris a été confié, et qui le surveille de très près. La petite Bronja est exquise ; elle doit
avoir quinze ans. Elle porte en nattes d'épais cheveux
blonds qui descendent jusqu'à sa taille ; son regard et le son
de sa voix semblent plutôt angéliques qu'humains. Je transcris les propos de ces deux enfants :

« "Boris, maman préfère que nous ne touchions pas à la
lorgnette. Tu ne veux pas venir te promener ?

« — Oui, je veux bien. Non, je ne veux pas."

« Les deux phrases contradictoires étaient dites d'une
seule haleine. Bronja ne retint que la seconde et reprit :

« "Pourquoi ?

« — Il fait trop chaud, il fait trop froid. (Il avait laissé la lorgnette.)

« — Voyons. Boris, sois gentil. Tu sais que cela ferait plaisir à maman que nous sortions ensemble. Où as-tu mis ton chapeau ?

« — Vibroskomenopatof. Blaf blaf.

« — Qu'est-ce que ça veut dire ?

« — Rien.

« — Alors pourquoi le dis-tu ?

« — Pour que tu ne comprennes pas.

« — Si ça ne veut rien dire, ça m'est égal de ne pas comprendre.

« — Mais si ça voulait dire quelque chose, tu ne comprendrais tout de même pas.

« — Quand on parle, c'est pour se faire comprendre.

« — Veux-tu, nous allons jouer à faire des mots pour nous deux seulement les comprendre.

« — Tâche d'abord de bien parler français.

« — Ma maman, elle, parle le français, l'anglais, le romain, le russe, le turc, le polonais, l'italoscope, l'espagnol, le perruquoi et le xixitou."

« Tout ceci dit très vite, dans une sorte de fureur lyrique.

« Bronja se mit à rire.

« "Boris, pourquoi est-ce que tu racontes tout le temps des choses qui ne sont pas vraies ?

« — Pourquoi est-ce que tu ne crois jamais ce que je te raconte ?

« — Je crois ce que tu me dis, quand c'est vrai.

« — Comment sais-tu quand c'est vrai ? Moi je t'ai bien crue l'autre jour, quand tu m'as parlé des anges. Dis, Bronja : tu crois que si je priais très fort, moi aussi je les verrais ?

« — Tu les verras peut-être, si tu perds l'habitude de

mentir et si Dieu veut bien te les montrer ; mais Dieu ne te les montrera pas si tu le pries seulement pour les voir. Il y a beaucoup de choses très belles que nous verrions si nous étions moins méchants.

« — Bronja, toi, tu n'es pas méchante, c'est pour ça que tu peux voir les anges. Moi je serai toujours un méchant.

« — Pourquoi est-ce que tu ne cherches pas à ne plus l'être ? Veux-tu que nous allions tous les deux jusqu'à (ici l'indication d'un lieu que je ne connaissais pas) et là tous les deux nous prierons Dieu et la Sainte Vierge de t'aider à ne plus être méchant.

« — Oui. Non ; écoute : on va prendre un bâton ; tu tiendras un bout et moi l'autre. Je vais fermer les yeux et je te promets de ne les rouvrir que quand nous serons arrivés là-bas."

« Ils s'éloignèrent un peu ; et, tandis qu'ils descendaient les marches de la terrasse, j'entendis encore Boris :

« "Oui, non, pas ce bout-là. Attends que je l'essuie.

« — Pourquoi ?

« — J'y ai touché." »

« Madame Sophroniska s'est approchée de moi, comme j'achevais seul mon déjeuner du matin et que précisément je cherchais le moyen de l'aborder. Je fus surpris de voir qu'elle tenait mon dernier livre à la main ; elle m'a demandé, en souriant de la manière la plus affable, si c'était bien à l'auteur qu'elle avait le plaisir de parler ; puis aussitôt s'est lancée dans une longue appréciation de mon livre. Son jugement, louanges et critiques, m'a paru plus intelligent que ceux que j'ai coutume d'entendre, encore que son point de vue ne soit rien moins que littéraire. Elle m'a dit s'intéresser presque exclusivement aux questions de psychologie et à ce qui peut éclairer d'un jour nouveau l'âme humaine. Mais combien rares, a-t-elle ajouté, les poètes, dramaturges

ou romanciers qui savent ne point se contenter d'une psychologie toute faite (la seule, lui ai-je dit, qui puisse contenter les lecteurs).

« Le petit Boris lui a été confié pour les vacances par sa
mère. Je me suis gardé de laisser paraître les raisons que
j'avais de m'intéresser à lui. "Il est très délicat, m'a dit
madame Sophroniska. La société de sa mère ne lui vaut
rien." Elle parlait de venir à Saas-Fée avec nous ; mais je n'ai
accepté de m'occuper de l'enfant que si elle l'abandonnait
complètement à mes soins ; sinon je n'aurais pu répondre
de ma cure. "Songez, Monsieur, a-t-elle continué, qu'elle
entretient ce petit dans un état d'exaltation continuelle, qui
favorise chez lui l'éclosion des pires troubles nerveux.
Depuis la mort du père, cette femme doit gagner sa vie. Elle
n'était que pianiste et je dois dire : une exécutante incom-
parable ; mais son jeu trop subtil ne pouvait plaire au gros
public. Elle s'est décidée à chanter dans les concerts, dans
les casinos, à monter sur les planches. Elle emmenait Boris
dans sa loge ; je crois que l'atmosphère factice du théâtre a
beaucoup contribué à déséquilibrer cet enfant. Sa mère
l'aime beaucoup ; mais à vrai dire, il serait souhaitable qu'il
ne vécût plus avec elle.

« — Qu'a-t-il au juste ?" ai-je demandé.

« Elle se mit à rire :

« "C'est le nom de sa maladie que vous voulez savoir ?
Ah ! vous serez bien avancé quand je vous aurai dit un beau
nom savant.

« — Dites-moi simplement ce dont il souffre.

« — Il souffre d'une quantité de petits troubles, de tics,
de manies, qui font dire : c'est un enfant nerveux, et que
l'on soigne d'ordinaire par le repos au grand air et par l'hy-
giène. Il est certain qu'un organisme robuste ne laisserait
pas à ces troubles la licence de se produire. Mais si la débi-
lité les favorise, elle ne les cause pas précisément. Je crois

qu'on peut toujours trouver leur origine dans un premier ébranlement de l'être dû à quelque événement qu'il importe de découvrir. Le malade, dès qu'il devient conscient de cette cause, est à moitié guéri. Mais cette cause le plus souvent échappe à son souvenir ; on dirait qu'elle se dissimule dans l'ombre de la maladie ; c'est derrière cet abri que je la cherche, pour la ramener en plein jour, je veux dire dans le champ de la vision. Je crois qu'un regard clair nettoie la conscience comme un rayon de lumière purifie une eau infectée."

« Je racontai à Sophroniska la conversation que j'avais surprise la veille et d'après laquelle il me paraissait que Boris était loin d'être guéri.

« "C'est aussi que je suis loin de connaître du passé de Boris tout ce que j'aurais besoin de connaître. Il n'y a pas longtemps que j'ai commencé mon traitement.

« — En quoi consiste-t-il ?

« — Oh ! simplement à le laisser parler. Chaque jour je passe près de lui une ou deux heures. Je le questionne, mais très peu. L'important est de gagner sa confiance. Déjà je sais beaucoup de choses. J'en pressens beaucoup d'autres. Mais le petit se défend encore, il a honte ; si j'insistais trop vite et trop fort, si je voulais brusquer sa confidence, j'irais à l'encontre de ce que je souhaite obtenir : un complet abandon. Il se rebifferait. Tant que je ne serai pas parvenue à triompher de sa réserve, de sa pudeur…"

« L'inquisition dont elle me parlait me parut à ce point attentatoire que j'eus peine à retenir un mouvement de protestation ; mais ma curiosité l'emportait.

« "Serait-ce à dire que vous attendez de ce petit quelques révélations impudiques ?"

« Ce fut à elle de protester.

« "Impudiques ? Il n'y a pas là plus d'impudeur qu'à se laisser ausculter. J'ai besoin de tout savoir et particulièrement ce que l'on a plus grand souci de cacher. Il faut que j'amène Boris jusqu'à l'aveu complet ; avant cela je ne pourrai pas le guérir.

« — Vous soupçonnez donc qu'il a des aveux à vous faire ? Êtes-vous bien certaine, excusez-moi, de ne pas lui suggérer ce que vous voudriez qu'il avoue ?

« — Cette préoccupation ne doit pas me quitter et c'est elle qui m'enseigne tant de lenteur. J'ai vu des juges d'instruction maladroits souffler sans le vouloir à un enfant un témoignage inventé de toutes pièces et l'enfant, sous la pression d'un interrogatoire, mentir avec une parfaite bonne foi, donner créance à des méfaits imaginaires. Mon rôle est de laisser venir et surtout de ne rien suggérer. Il y faut une patience extraordinaire.

« — Je pense que la méthode, ici vaut ce que vaut l'opérateur.

« — Je n'osais le dire. Je vous assure qu'après quelque temps de pratique on arrive à une extraordinaire habileté, une sorte de divination, d'intuition si vous préférez. Du reste on peut parfois se lancer sur de fausses pistes ; l'important c'est de ne pas s'y obstiner. Tenez : savez-vous comment débutent tous nos entretiens ? Boris commence par me raconter ce qu'il a rêvé pendant la nuit.

« — Qui vous dit qu'il n'invente pas ?

« — Et quand il inventerait ?... Toute invention d'une imagination maladive est révélatrice. »

« Elle se tut quelques instants, puis :

« "*Invention, imagination maladive*... Non ! ce n'est pas cela. Les mots nous trahissent. Boris, devant moi, rêve à voix haute. Il accepte tous les matins de demeurer, une heure durant, dans cet état de demi-sommeil où les images qui se proposent à nous échappent au contrôle de notre raison. Elles se groupent et s'associent, non plus selon la logique ordinaire, mais selon des affinités imprévues ; surtout, elles répondent à une mystérieuse exigence intérieure, celle même qu'il m'importe de découvrir ; et ces divagations d'un enfant m'instruisent bien plus que ne saurait faire la plus intelligente analyse du plus conscient des sujets. Bien des choses échappent à la raison, et celui qui, pour comprendre la vie, y applique seulement la raison, est semblable à quelqu'un qui prétendrait saisir une flamme avec des pincettes. Il n'a plus devant lui qu'un morceau de bois charbonneux, qui cesse aussitôt de flamber."

« Elle s'arrêta de nouveau et commença à feuilleter mon livre.

« "Comme vous entrez donc peu avant dans l'âme humaine", s'écria-t-elle ; puis elle ajouta brusquement en riant : "Oh ! je ne parle pas de vous spécialement ; quand je dis : vous, j'entends : les romanciers. La plupart de vos personnages semblent bâtis sur pilotis ; ils n'ont ni fondation, ni sous-sol. Je crois vraiment qu'on trouve plus de vérité chez les poètes ; tout ce qui n'est créé que par la seule intelligence est faux. Mais je parle ici de ce qui ne me regarde pas... Savez-vous ce qui me désoriente dans Boris ? C'est que je le crois d'une très grande pureté.

« — Pourquoi dites-vous que cela vous désoriente ?

« — Parce qu'alors je ne sais plus où chercher la source du mal. Neuf fois sur dix on trouve à l'origine d'un dérangement semblable un gros secret honteux.

« — On le trouve en chacun de nous, peut-être, dis-je, mais il ne nous rend pas tous malades, Dieu merci."

« À ce moment, madame Sophroniska se leva ; elle venait de voir à la fenêtre passer Bronja.

« "Tenez, dit-elle en me la montrant ; le voilà, le vrai médecin de Boris. Elle me cherche ; il faut que je vous quitte ; mais je vous reverrai, n'est-ce pas ?"

« Je comprends de reste ce que Sophroniska reproche au roman de ne point lui offrir ; mais ici certaines raisons d'art, certaines raisons supérieures, lui échappent qui me font penser que ce n'est pas d'un bon naturaliste qu'on peut faire un bon romancier.

« J'ai présenté Laura à madame Sophroniska. Elles semblent s'entendre et j'en suis heureux. J'ai moins scrupule à m'isoler lorsque je sais qu'elles bavardent ensemble. Je regrette que Bernard ne trouve ici aucun compagnon de son âge ; mais du moins son examen à préparer l'occupe de son côté plusieurs heures par jour. J'ai pu me remettre à mon roman. »

3

Malgré la première apparence, et encore que chacun, comme l'on dit, «y mît du sien», cela n'allait qu'à moitié bien entre l'oncle Édouard et Bernard. Laura non plus ne se sentait pas satisfaite. Et comment eût-elle pu l'être ? Les circonstances l'avaient forcée d'assumer un rôle pour lequel elle n'était point née ; son honnêteté l'y gênait. Comme ces créatures aimantes et dociles qui font les épouses les plus dévouées elle avait besoin, pour prendre appui, des convenances, et se sentait sans force depuis qu'elle était désencadrée. Sa situation vis-à-vis d'Édouard lui paraissait de jour en jour plus fausse. Ce dont elle souffrait surtout et qui, pour peu que s'y attardât sa pensée, lui devenait insupportable, c'était de vivre aux dépens de ce protecteur, ou mieux : de ne lui donner rien en échange ; ou plus exactement encore : c'était qu'Édouard ne lui demandât rien en échange, alors qu'elle se sentait prête à tout lui accorder. «Les bienfaits, dit Tacite[1] à travers Montaigne[2], ne sont agréables que tant que l'on peut s'acquitter» ; et sans doute cela n'est vrai que pour les âmes nobles, mais Laura certes

---

1. Historien latin (55-120 apr. J.-C.), auteur des *Annales*.
2. Michel de Montaigne (1533-1592), écrivain humaniste français, auteur des *Essais* (1580-1595).

était de celles-ci. Alors qu'elle eût voulu donner, c'était elle qui recevait sans cesse, et ceci l'irritait contre Édouard. De plus, lorsqu'elle se remémorait le passé, il lui paraissait qu'Édouard l'avait trompée en éveillant en elle un amour qu'elle sentait encore vivace, puis en se dérobant à cet amour et en le laissant sans emploi. N'était-ce pas là le secret motif de ses erreurs, de son mariage avec Douviers, auquel elle s'était résignée, auquel Édouard l'avait conduite ; puis de son laisser-aller, sitôt ensuite, aux sollicitations du printemps ? Car, elle devait bien se l'avouer, dans les bras de Vincent, c'était Édouard encore qu'elle cherchait. Et, ne s'expliquant pas cette froideur de son amant, elle s'en faisait responsable, se disait qu'elle l'eût pu vaincre, si plus belle ou si plus hardie ; et, ne parvenant pas à le haïr, elle s'accusait elle-même, se dépréciait, se déniait toute valeur, et supprimait sa raison d'être, et ne se reconnaissait plus de vertu.

Ajoutons encore que cette vie de campement, imposée par la disposition des chambres, et qui pouvait paraître si plaisante à ses compagnons, froissait en elle mainte pudeur. Et elle n'entrevoyait aucune issue à cette situation, pourtant difficilement prolongeable.

Laura ne puisait un peu de réconfort et de joie qu'en s'inventant vis-à-vis de Bernard de nouveaux devoirs de marraine ou de sœur aînée. Elle était sensible à ce culte que lui vouait cet adolescent plein de grâce ; l'adoration dont elle était l'objet la retenait sur la pente de ce mépris de soi-même, de ce dégoût, qui peut mener à des résolutions extrêmes les êtres les plus irrésolus. Bernard chaque matin, quand une excursion en montagne ne l'entraînait pas avant l'aube (car il aimait se lever tôt), passait deux pleines heures auprès d'elle à lire de l'anglais. L'examen auquel il devait se présenter en octobre était un prétexte commode.

On ne pouvait vraiment pas dire que ses fonctions de

secrétaire lui prissent beaucoup de temps. Elles étaient mal définies. Bernard, lorsqu'il les avait assumées, s'imaginait déjà assis devant une table de travail, écrivant sous la dictée d'Édouard, mettant au net des manuscrits. Édouard ne dictait rien ; les manuscrits, si tant est qu'il y en eût, restaient enfermés dans la malle ; à toute heure du jour, Bernard avait sa liberté ; mais comme il ne tenait qu'à Édouard d'utiliser davantage un zèle qui ne demandait qu'à s'employer, Bernard ne se faisait point trop souci de sa vacance et de ne gagner point cette vie assez large que grâce à la munificence d'Édouard il menait. Il était bien résolu à ne se laisser point embarrasser par les scrupules. Il croyait, je n'ose dire à la providence, mais bien du moins à son étoile, et qu'un certain bonheur lui était dû tout comme l'air aux poumons qui le respirent ; Édouard en était le dispensateur au même titre que l'orateur sacré, selon Bossuet, celui de la sagesse divine. Au surplus, le régime présent, Bernard le tenait pour provisoire, pensant bien se pouvoir acquitter un jour, et dès qu'il aurait monnayé les richesses dont il soupesait en son cœur l'abondance. Ce qui le dépitait plutôt, c'est qu'Édouard ne fît point appel à certains dons qu'il sentait en lui et qu'il ne retrouvait pas dans Édouard. « Il ne sait pas m'utiliser », pensait Bernard, qui ravalait son amour-propre et, sagement, ajoutait aussitôt : « Tant pis. »

Mais alors, entre Édouard et Bernard, d'où pouvait provenir la gêne ? Bernard me parait être de cette sorte d'esprits qui trouvent dans l'opposition leur assurance. Il ne supportait pas qu'Édouard prît ascendant sur lui, et, devant que de céder à l'influence, il regimbait. Édouard, qui ne songeait aucunement à le plier, tour à tour s'irritait et se désolait à le sentir rétif, prêt à se défendre sans cesse, ou du moins à se protéger. Il en venait donc à douter s'il n'avait pas fait un pas de clerc en emmenant avec lui ces deux êtres qu'il n'avait réunis, semblait-il, que pour les liguer contre lui.

Incapable de pénétrer les sentiments secrets de Laura, il prenait pour de la froideur son retrait et ses réticences. Il eût été bien gêné d'y voir clair et c'est ce que Laura comprenait ; de sorte que son amour dédaigné n'employait plus sa force qu'à se cacher et à se taire.

L'heure du thé les rassemblait à l'ordinaire tous trois dans la grande chambre ; il arrivait souvent que, sur leur invite, madame Sophroniska se joignait à eux ; principalement les jours où Boris et Bronja étaient partis en promenade. Elle les laissait très libres malgré leur jeune âge ; elle avait parfaite confiance en Bronja, la connaissait pour très prudente, et particulièrement avec Boris, qui se montrait particulièrement docile avec elle. Le pays était sûr ; car il n'était pas question pour eux, certes, de s'aventurer en montagne, ni même d'escalader les rochers proches de l'hôtel. Certain jour que les deux enfants avaient obtenu la permission d'aller jusqu'au pied du glacier, à condition de ne s'écarter point de la route, madame Sophroniska, conviée au thé et encouragée par Bernard et par Laura, s'enhardit jusqu'à oser prier Édouard de leur parler de son futur roman, si toutefois cela ne lui était pas désagréable.

« Nullement ; mais je ne puis vous le raconter. »

Pourtant il sembla presque se fâcher, lorsque Laura lui demanda (question évidemment maladroite) « à quoi ce livre ressemblerait ».

« À rien », s'était-il écrié ; puis aussitôt, et comme s'il n'avait attendu que cette provocation : « Pourquoi refaire ce que d'autres que moi ont déjà fait, ou ce que j'ai déjà fait moi-même, ou ce que d'autres que moi pourraient faire ? »

Édouard n'eut pas plutôt proféré ces paroles qu'il en sentit l'inconvenance et l'outrance et l'absurdité ; du moins, ces paroles lui parurent-elles inconvenantes et absurdes ; ou du moins craignait-il qu'elles n'apparussent telles au jugement de Bernard.

Édouard était très chatouilleux. Dès qu'on lui parlait de son travail, et surtout dès qu'on l'en faisait parler, on eût dit qu'il perdait la tête.

Il tenait en parfait mépris la coutumière fatuité des auteurs; il mouchait de son mieux la sienne propre; mais il cherchait volontiers dans la considération d'autrui un renfort à sa modestie; cette considération venait-elle à manquer, la modestie tout aussitôt faisait faillite. L'estime de Bernard lui importait extrêmement. Était-ce pour la conquérir qu'Édouard, aussitôt devant lui, laissait son Pégase[1] piaffer? Le meilleur moyen pour la perdre. Édouard le sentait bien; il se le disait et se le répétait; mais, en dépit de toute résolution, sitôt devant Bernard, il agissait tout autrement qu'il eût voulu, et parlait d'une manière qu'il jugeait tout aussitôt absurde (et qui l'était en vérité). À quoi l'on aurait pu penser qu'il l'aimait?... Mais non; je ne crois pas. Pour obtenir de nous de la grimace, aussi bien que beaucoup d'amour, un peu de vanité suffit.

«Est-ce parce que, de tous les genres littéraires, discourait Édouard, le roman reste le plus libre, le plus *lawless*[2]..., est-ce peut-être pour cela, par peur de cette liberté même (car les artistes qui soupirent le plus après la liberté, sont les plus affolés souvent, dès qu'ils l'obtiennent) que le roman, toujours, s'est si craintivement cramponné à la réalité? Et je ne parle pas seulement du roman français. Tout aussi bien que le roman anglais, le roman russe, si échappé qu'il soit de la contrainte, s'asservit à la ressemblance. Le seul progrès qu'il envisage, c'est de se rapprocher encore plus du naturel. Il n'a jamais connu, le roman, cette "formidable érosion des contours", dont parle Nietzsche[3], et ce

---

1. Cheval ailé de la mythologie grecque, symbole de l'inspiration poétique.
2. En anglais, sans règle.
3. Friedrich Nietzsche (1844-1900), philosophe allemand. La pen-

volontaire écartement de la vie, qui permirent le style, aux
œuvres des dramaturges grecs par exemple, ou aux tragé-
dies du XVIIᵉ siècle français. Connaissez-vous rien de plus
parfait et de plus profondément humain que ces œuvres ?
Mais précisément, cela n'est humain que profondément ;
cela ne se pique pas de le paraître, ou du moins de paraître
réel. Cela demeure une œuvre d'art. »

Édouard s'était levé, et, par grande crainte de paraître
faire un cours, tout en parlant il versait le thé, puis allait et
venait, puis pressait un citron dans sa tasse, mais tout de
même continuait :

« Parce que Balzac était un génie, et parce que tout génie
semble apporter à son art une solution définitive et exclusive, l'on a décrété que le propre du roman était de faire
"concurrence à l'état civil"[1]. Balzac avait édifié son œuvre ;
mais il n'avait jamais prétendu codifier le roman ; son article
sur Stendhal le montre bien[2]. Concurrence à l'état civil !
Comme s'il n'y avait pas déjà suffisamment de magots[3] et
de paltoquets[4] sur la terre ! Qu'ai-je affaire à l'état-civil !
L'état c'est moi[5], l'artiste ; civile ou pas, mon œuvre prétend ne concurrencer rien. »

Édouard qui se chauffait, un peu facticement peut-être, se
rassit. Il affectait de ne regarder point Bernard ; mais c'était
pour lui qu'il parlait. Seul avec lui, il n'aurait rien su dire ; il
était reconnaissant à ces deux femmes de le pousser.

---

sée de Nietzsche se construit en réaction contre la tradition idéaliste
de la philosophie. Ses œuvres ont fortement influencé la littérature
française de la fin du XIXᵉ et du début du XXᵉ siècle.

1. Citation de la célèbre phrase d'Honoré de Balzac (1799-1850)
qui se trouve dans l'avant-propos de *La Comédie humaine*.

2. Allusion à un article de Balzac sur le roman de Stendhal *La
Chartreuse de Parme* (1839).

3. Homme très laid.

4. Individu grossier, insolent, prétentieux.

5. Allusion aux paroles attribuées à Louis XIV : « L'État, c'est moi ! »

« Parfois il me paraît que je n'admire en littérature rien tant que, par exemple, dans Racine, la discussion entre Mithridate et ses fils[1] ; où l'on sait parfaitement bien que jamais un père et des fils n'ont pu parler de la sorte et où néanmoins (et je devrais dire : d'autant plus) tous les pères et tous les fils peuvent se reconnaître. En localisant et en spécifiant, l'on restreint. Il n'y a de vérité psychologique que particulière, il est vrai ; mais il n'y a d'art que général. Tout le problème est là, précisément ; exprimer le général par le particulier ; faire exprimer par le particulier le général. Vous permettez que j'allume ma pipe ?

— Faites donc, faites donc, dit Sophroniska.

— Eh bien ! je voudrais un roman qui serait à la fois aussi vrai, et aussi éloigné de la réalité, aussi particulier et aussi général à la fois, aussi humain et aussi fictif qu'*Athalie*, que *Tartuffe* ou que *Cinna*[2].

— Et… le sujet de ce roman ?

— Il n'en a pas, repartit Édouard brusquement ; et c'est là ce qu'il a de plus étonnant peut-être. Mon roman n'a pas de sujet. Oui, je sais bien ; ça a l'air stupide ce que je dis là. Mettons si vous préférez qu'il n'y aura pas *un* sujet… "Une tranche de vie", disait l'école naturaliste[3]. Le grand défaut de cette école, c'est de couper sa tranche toujours dans le même sens ; dans le sens du temps, en longueur. Pourquoi pas en largeur ? ou en profondeur ? Pour moi, je voudrais ne pas couper du tout. Comprenez-moi : je voudrais tout y faire entrer, dans ce roman. Pas de coup de ciseaux pour

1. Référence à la scène 1 de l'acte IV de *Mithridate* (1673) de Jean Racine.

2. Titres de trois pièces célèbres de Jean Racine (*Athalie*, 1691), Molière (*Tartuffe*, 1669) et Pierre Corneille (*Cinna*, 1642).

3. École littéraire de la fin du XIXe siècle dont le chef de file était Émile Zola (1840-1902) et qui prônait la description méthodique et objective de la réalité.

arrêter, ici plutôt que là, sa substance. Depuis plus d'un an que j'y travaille, il ne m'arrive rien que je n'y verse, et que je n'y veuille faire entrer : ce que je vois, ce que je sais, tout ce que m'apprend la vie des autres et la mienne…

— Et tout cela stylisé ? dit Sophroniska, feignant l'attention la plus vive, mais sans doute avec un peu d'ironie. Laura ne put réprimer un sourire. Édouard haussa légèrement les épaules et reprit :

— Et ce n'est même pas cela que je veux faire. Ce que je veux, c'est présenter d'une part la réalité, présenter d'autre part cet effort pour la styliser, dont je vous parlais tout à l'heure.

— Mon pauvre ami, vous ferez mourir d'ennui vos lecteurs, dit Laura ; ne pouvant plus cacher son sourire, elle avait pris le parti de rire vraiment.

— Pas du tout. Pour obtenir cet effet, suivez-moi, j'invente un personnage de romancier, que je pose en figure centrale ; et le sujet du livre, si vous voulez, c'est précisément la lutte entre ce que lui offre la réalité et ce que, lui, prétend en faire.

— Si, si ; j'entrevois », dit poliment Sophroniska, que le rire de Laura était bien près de gagner. « Ce pourrait être assez curieux. Mais, vous savez, dans les romans, c'est toujours dangereux de présenter des intellectuels. Ils assomment le public ; on ne parvient à leur faire dire que des âneries, et, à tout ce qui les touche, ils communiquent un air abstrait.

— Et puis je vois très bien ce qui va arriver, s'écria Laura : dans ce romancier, vous ne pourrez faire autrement que de vous peindre. »

Elle avait pris, depuis quelque temps, en parlant à Édouard, un ton persifleur qui l'étonnait elle-même, et qui désarçonnait Édouard d'autant plus qu'il en surprenait un reflet dans les regards malicieux de Bernard. Édouard protesta :

« Mais non ; j'aurai soin de le faire très désagréable. »

Laura était lancée :

« C'est cela : tout le monde vous y reconnaîtra, dit-elle en éclatant d'un rire si franc qu'il entraîna celui des trois autres.

— Et le plan de ce livre est fait ? demanda Sophroniska, en tâchant de reprendre son sérieux.

— Naturellement pas.

— Comment ! naturellement pas ?

— Vous devriez comprendre qu'un plan, pour un livre de ce genre, est essentiellement inadmissible. Tout y serait faussé si j'y décidais rien par avance. J'attends que la réalité me le dicte.

— Mais je croyais que vous vouliez vous écarter de la réalité.

— Mon romancier voudra s'en écarter ; mais moi je l'y ramènerai sans cesse. À vrai dire, ce sera là le sujet : la lutte entre les faits proposes par la réalité, et la réalité idéale. »

L'illogisme de son propos était flagrant, sautait aux yeux d'une manière pénible. Il apparaissait clairement que, sous son crâne, Édouard abritait deux exigences inconciliables, et qu'il s'usait à les vouloir accorder.

« Et c'est très avancé ? demanda poliment Sophroniska.

— Cela dépend de ce que vous entendez par là. À vrai dire, du livre même, je n'ai pas encore écrit une ligne. Mais j'y ai déjà beaucoup travaillé. J'y pense chaque jour et sans cesse. J'y travaille d'une façon très curieuse, que je m'en vais vous dire : sur un carnet, je note au jour le jour l'état de ce roman dans mon esprit ; oui, c'est une sorte de journal que je tiens, comme on ferait celui d'un enfant... C'est-à-dire qu'au lieu de me contenter de résoudre, à mesure qu'elle se propose, chaque difficulté (et toute œuvre d'art n'est que la somme ou le produit des solutions d'une quantité de menues difficultés successives), chacune de ces diffi-

cultés, je l'expose, je l'étudie. Si vous voulez, ce carnet
contient la critique de mon roman ; ou mieux : du roman en
général. Songez à l'intérêt qu'aurait pour nous un semblable
carnet tenu par Dickens, ou Balzac ; si nous avions le journal de *L'Éducation sentimentale* [1], ou des *Frères Karamazov* [2] !
l'histoire de l'œuvre, de sa gestation ! Mais ce serait passionnant... plus intéressant que l'œuvre elle-même... »

Édouard espérait confusément qu'on lui demanderait de
lire ces notes. Mais aucun des trois autres ne manifesta la
moindre curiosité. Au lieu de cela :

« Mon pauvre ami, dit Laura avec un accent de tristesse ;
ce roman, je vois bien que jamais vous ne l'écrirez.

— Eh bien ! je vais vous dire une chose, s'écria dans un
élan impétueux Édouard : ça m'est égal. Oui, si je ne parviens pas à l'écrire, ce livre, c'est que l'histoire du livre
m'aura plus intéressé que le livre lui-même ; qu'elle aura
pris sa place ; et ce sera tant mieux.

— Ne craignez-vous pas, en quittant la réalité, de vous
égarer dans des régions mortellement abstraites et de faire
un roman, non d'êtres vivants, mais d'idées ? demanda
Sophroniska craintivement.

— Et quand cela serait ! cria Édouard avec un redouble-
ment de vigueur. À cause des maladroits qui s'y sont fourvoyés, devons-nous condamner le roman d'idées ? En guise
de romans d'idées, on ne nous a servi jusqu'à présent que
d'exécrables romans à thèses. Mais il ne s'agit pas de cela,
vous pensez bien. Les idées..., les idées, je vous l'avoue,
m'intéressent plus que les hommes ; m'intéressent par-
dessus tout. Elles vivent ; elles combattent ; elles agonisent
comme les hommes. Naturellement on peut dire que nous

---

1. Roman de Gustave Flaubert publié en 1869.
2. Roman de Fedor Dostoïevski (1821-1881) publié en 1879-1880.

ne les connaissons que par les hommes, de même que nous n'avons connaissance du vent que par les roseaux qu'il incline ; mais tout de même le vent importe plus que les roseaux.

— Le vent existe indépendamment des roseaux », hasarda Bernard.

Son intervention fit rebondir Édouard, qui l'attendait depuis longtemps.

« Oui, je sais : les idées n'existent que par les hommes ; mais, c'est bien là le pathétique : elles vivent aux dépens d'eux. »

Bernard avait écouté tout cela avec une attention soutenue ; il avait plein de scepticisme et peu s'en fallait qu'Édouard ne lui parût un songe-creux ; dans les derniers instants pourtant, l'éloquence de celui-ci l'avait ému ; sous le souffle de cette éloquence, il avait senti s'incliner sa pensée ; mais, se disait Bernard, comme un roseau après que le vent a passé, celle-ci bientôt se redresse. Il se remémorait ce qu'on leur enseignait en classe : les passions mènent l'homme, non les idées. Cependant Édouard continuait :

« Ce que je voudrais faire, comprenez-moi, c'est quelque chose qui serait comme l'*Art de la fugue* [1]. Et je ne vois pas pourquoi ce qui fut possible en musique serait impossible en littérature… »

À quoi Sophroniska ripostait que la musique est un art mathématique, et qu'au surplus, à n'en considérer exceptionnellement plus que le chiffre, à en bannir le pathos et l'humanité, Bach avait réussi le chef-d'œuvre abstrait de l'ennui, une sorte de temple astronomique, où ne pouvaient pénétrer que de rares initiés. Édouard protestait aussitôt,

---

1. Recueil de pièces musicales pour clavecin composées par Jean-Sébastien Bach (1685-1750).

qu'il trouvait ce temple admirable, qu'il y voyait l'aboutissement et le sommet de toute la carrière de Bach.

«Après quoi, ajouta Laura, on a été guéri de la fugue pour longtemps. L'émotion humaine, ne trouvant plus à s'y loger, a cherché d'autres domiciles.»

La discussion se perdait en arguties. Bernard, qui jusqu'à ce moment avait gardé le silence, mais qui commençait à s'impatienter sur sa chaise, à la fin n'y tint plus; avec une déférence extrême, exagérée même, comme chaque fois qu'il adressait la parole à Édouard, mais avec cette sorte d'enjouement qui semblait faire de cette déférence un jeu:

«Pardonnez-moi, Monsieur, dit-il, de connaître le titre de votre livre, puisque c'est par une indiscrétion, mais sur laquelle vous avez bien voulu, je crois, passer l'éponge. Ce titre pourtant semblait annoncer une histoire…?

— Oh! dites-nous ce titre, dit Laura.

— Ma chère amie, si vous voulez… Mais je vous avertis qu'il est possible que j'en change. Je crains qu'il ne soit un peu trompeur… Tenez, dites-le-leur, Bernard.

— Vous permettez?… *Les Faux-Monnayeurs*, dit Bernard. Mais maintenant, à votre tour, dites-nous: ces faux-monnayeurs… qui sont-ils?

— Eh bien! je n'en sais rien», dit Édouard.

Bernard et Laura se regardèrent, puis regardèrent Sophroniska; en entendit un long soupir; je crois qu'il fut poussé par Laura.

À vrai dire, c'est à certains de ses confrères qu'Édouard pensait d'abord, en pensant aux faux-monnayeurs; et singulièrement au vicomte de Passavant. Mais l'attribution s'était bientôt considérablement élargie; suivant que le vent de l'esprit soufflait ou de Rome ou d'ailleurs, ses héros tour à tour devenaient prêtres ou francs-maçons. Son cerveau, s'il l'abandonnait à sa pente, chavirait vite dans l'abstrait, où il se vautrait tout à l'aise. Les idées de change, de dévalorisation, d'inflation, peu à peu envahissaient son livre, comme les théories du vêtement le *Sartor resartus* de Carlyle[1] — où elles usurpaient la place des personnages. Édouard ne pouvant parler de cela, se taisait de la manière la plus gauche, et son silence, qui semblait un aveu de disette, commençait à gêner beaucoup les trois autres.

« Vous est-il arrivé déjà de tenir entre les mains une pièce fausse ? demanda-t-il enfin.

— Oui, dit Bernard ; mais le "non" des deux femmes couvrit sa voix.

— Eh bien ! imaginez une pièce d'or de dix francs qui soit fausse. Elle ne vaut en réalité que deux sous. Elle vaudra dix francs tant qu'on ne reconnaîtra pas qu'elle est fausse. Si donc je pars de cette idée que...

— Mais pourquoi partir d'une idée ? interrompit Bernard impatienté. Si vous partiez d'un fait bien exposé, l'idée viendrait l'habiter d'elle-même. Si j'écrivais *Les Faux-Monnayeurs*, je commencerais par présenter la pièce fausse, cette petite pièce dont vous parliez à l'instant... et que voici. »

Ce disant, il saisit dans son gousset une petite pièce de dix francs, qu'il jeta sur la table.

« Écoutez comme elle sonne bien. Presque le même son que les autres. On jurerait qu'elle est en or. J'y ai été pris ce matin, comme l'épicier qui me la passait y fut pris, m'a-t-il dit, lui-même. Elle n'a pas tout à fait le poids, je crois ; mais elle a l'éclat et presque le son d'une vraie pièce ; son revêtement est en or, de sorte qu'elle vaut pourtant un peu plus de deux sous ; mais elle est en cristal. À l'usage, elle va devenir transparente. Non, ne la frottez pas ; vous me l'abîmeriez. Déjà l'on voit presque au travers. »

---

1. Thomas Carlyle (1795-1881), historien et écrivain britannique célèbre pour son essai autobiographique *Sartor resartus* (« le tailleur retaillé ») datant de 1833-1834.

Édouard l'avait saisie et la considérait avec la plus attentive curiosité.

« Mais de qui l'épicier la tient-il ?

— Il ne sait plus. Il croit qu'il l'a depuis plusieurs jours dans son tiroir. Il s'amusait à me la passer, pour voir si j'y serais pris. J'allais l'accepter, ma parole ! mais, comme il est honnête, il m'a détrompé ; puis me l'a laissée pour cinq francs. Il voulait la garder pour la montrer à ce qu'il appelle "les amateurs". J'ai pensé qu'il ne saurait y en avoir de meilleur que l'auteur des *Faux-Monnayeurs* ; et c'est pour vous la montrer que je l'ai prise. Mais maintenant que vous l'avez examinée, rendez-la-moi ! Je vois, hélas ! que la réalité ne vous intéresse pas.

— Si, dit Édouard ; mais elle me gêne.

— C'est dommage », reprit Bernard.

JOURNAL D'ÉDOUARD

Ce même soir.

« Sophroniska, Bernard et Laura m'ont questionné sur mon roman. Pourquoi me suis-je laissé aller à parler ? Je n'ai dit que des âneries. Interrompu heureusement par le retour des deux enfants ; rouges, essoufflés, comme s'ils avaient beaucoup couru. Sitôt entrée, Bronja s'est précipitée sur sa mère ; j'ai cru qu'elle allait sangloter.

« "Maman, s'écria-t-elle, gronde un peu Boris. Il voulait se coucher tout nu dans la neige."

« Sophroniska a regardé Boris qui se tenait sur le pas de la porte, le front bas et avec un regard fixe qui semblait presque haineux ; elle a semblé ne pas s'apercevoir de l'expression insolite de cet enfant, mais avec un calme admirable :

« "Écoute, Boris, a-t-elle dit, il ne faut pas faire cela le soir. Si tu veux, nous irons là-bas demain matin ; et, d'abord, tu essaieras d'y aller nu-pieds…"

« Elle caressait doucement le front de sa fille ; mais celle-ci, brusquement, est tombée à terre et s'est roulée dans des convulsions. Nous étions assez inquiets. Sophroniska l'a prise et l'a étendue sur le sofa. Boris, sans bouger, regardait avec de grands yeux hébétés cette scène.

« Je crois les méthodes d'éducation de Sophroniska excellentes en théorie, mais peut-être s'abuse-t-elle sur la résistance de ces enfants.

« "Vous agissez comme si le bien devait toujours triompher du mal, lui ai-je dit un peu plus tard, quand je me suis trouvé seul avec elle. (Après le repas, j'étais allé demander des nouvelles de Bronja qui n'avait pu descendre dîner.)

« — En effet, m'a-t-elle dit. Je crois fermement que le bien doit triompher. J'ai confiance.

« — Pourtant, par excès de confiance, vous pouvez vous tromper…

« — Chaque fois que je me suis trompée, c'est que ma confiance n'a pas été assez forte. Aujourd'hui, en laissant sortir ces enfants, je m'étais laissée aller à leur montrer un peu d'inquiétude ; ils l'ont sentie. Tout le reste est venu de là."

« Elle m'a pris la main :

« "Vous n'avez pas l'air de croire à la vertu des convictions… je veux dire : à leur force agissante.

« — En effet, ai-je dit en riant, je ne suis pas mystique.

« — Eh bien ! moi, s'est-elle écriée, dans un élan admirable, je crois de toute mon âme que, sans mysticisme, il ne se fait ici-bas rien de grand, rien de beau."

« Découvert sur le registre des voyageurs le nom de Victor Strouvilhou. D'après les renseignements du patron de l'hôtel, il a dû quitter Saas-Fée l'avant-veille de notre arrivée, après être resté ici près d'un mois. J'aurais été curieux de le revoir. Sophroniska l'a sans doute fréquenté. Il faudra que je l'interroge. »

4

«Je voulais vous demander, Laura, dit Bernard : pensez-vous qu'il y ait rien, sur cette terre, qui ne puisse être mis en doute ?... C'est au point que je doute si l'on ne pourrait prendre le doute même comme point d'appui ; car enfin lui, du moins je pense, ne nous fera jamais défaut. Je puis douter de la réalité de tout, mais pas de la réalité de mon doute[1]. Je voudrais... Excusez-moi si je m'exprime d'une manière pédante ; je ne suis pas pédant de ma nature, mais je sors de philosophie, et vous ne sauriez croire le pli que la dissertation fréquente imprime bientôt à l'esprit ; je m'en corrigerai, je vous jure.

— Pourquoi cette parenthèse ? Vous voudriez... ?

— Je voudrais écrire l'histoire de quelqu'un qui d'abord écoute chacun, et qui va, consultant chacun, à la manière de Panurge[2], avant de décider quoi que ce soit ; après avoir éprouvé que les opinions des uns et des autres, sur chaque point, se contredisent, il prendrait le parti de n'écouter plus rien que lui, et du coup deviendrait très fort.

---

1. Allusion à la méthode du doute exposée dans *Le Discours de la méthode* (1637) de René Descartes.
2. Personnage paillard, poltron, mais d'esprit fertile et amusant des romans de François Rabelais (1494-1553). Il apparaît notamment dans le roman satirique *Pantagruel* (1532).

— C'est un projet de vieillard, dit Laura.

— Je suis plus mûr que vous ne croyez. Depuis quelques jours, je tiens un carnet, comme Édouard ; sur la page de droite j'écris une opinion, dès que, sur la page de gauche, en regard, je peux inscrire l'opinion contraire. Tenez, par exemple, l'autre soir, Sophroniska nous a dit qu'elle faisait dormir Boris et Bronja avec la fenêtre grande ouverte. Tout ce qu'elle nous a dit à l'appui de ce régime nous paraissait, n'est-il pas vrai, parfaitement raisonnable et probant. Mais voici qu'hier, au fumoir de l'hôtel, j'ai entendu ce professeur allemand qui vient d'arriver, soutenir une théorie opposée, qui m'a paru, je l'avoue, plus raisonnable encore et mieux fondée. L'important, disait-il, c'est, durant le sommeil, de restreindre le plus possible les dépenses et ce trafic d'échanges qu'est la vie ; ce qu'il appelait la carburation ; c'est alors seulement que le sommeil devient vraiment réparateur. Il donnait en exemple les oiseaux qui se mettent la tête sous l'aile, tous les animaux qui se blottissent pour dormir, de manière à ne respirer plus qu'à peine ; ainsi les races les plus proches de la nature, disait-il, les paysans les moins cultivés se calfeutrent dans des alcôves ; les Arabes, forcés de coucher en plein air, du moins ramènent sur leur visage le capuchon de leur burnous. Mais, revenant à Sophroniska et aux deux enfants qu'elle éduque, j'en viens à penser qu'elle n'a tout de même pas tort, et que ce qui est bon pour d'autres serait préjudiciable à ces petits, car, si j'ai bien compris, ils ont en eux des germes de tuberculose. Bref, je me dis... Mais je vous ennuie.

— Ne vous inquiétez donc pas de cela. Vous vous disiez ?...

— Je ne sais plus.

— Allons ! le voilà qui boude. N'ayez point honte de vos pensées.

— Je me disais que rien n'est bon pour tous, mais seulement par rapport à certains; que rien n'est vrai pour tous, mais seulement par rapport à qui le croit tel; qu'il n'est méthode ni théorie qui soit applicable indifféremment à chacun; que si, pour agir, il nous faut choisir, du moins nous avons libre choix; que si nous n'avons pas libre choix, la chose est plus simple encore; mais que ceci me devient vrai (non d'une manière absolue sans doute, mais par rapport à moi) qui me permet le meilleur emploi de mes forces, la mise en œuvre de mes vertus. Car tout à la fois je ne puis retenir mon doute, et j'ai l'indécision en horreur. Le "mol et doux oreiller" de Montaigne[1], n'est pas fait pour ma tête, car je n'ai pas sommeil encore et ne veux pas me reposer. La route est longue, qui mène de ce que je croyais être à ce que peut-être je suis. J'ai peur parfois de m'être levé trop matin.

— Vous avez peur?

— Non, je n'ai peur de rien. Mais savez-vous que j'ai déjà beaucoup changé; ou du moins mon paysage intérieur n'est déjà plus du tout le même que le jour où j'ai quitté la maison; depuis, je vous ai rencontrée. Tout aussitôt, j'ai cessé de chercher par-dessus tout ma liberté. Peut-être n'avez-vous pas bien compris que je suis à votre service.

— Que faut-il entendre par là?

— Oh! vous le savez bien. Pourquoi voulez-vous me le faire dire? Attendez-vous de moi des aveux?... Non, non, je vous en prie, ne voilez pas votre sourire, ou je prends froid.

— Voyons, mon petit Bernard, vous n'allez pourtant pas prétendre que vous commencez à m'aimer.

— Oh! je ne commence pas, dit Bernard. C'est vous qui

---

1. Allusion fautive à la phrase de Montaigne : «Ô que c'est un doux et mol chevet, et sain, que l'ignorance et l'incuriosité, à reposer une teste bien faicte!» (*Essais*, III, 13).

commencez à le sentir, peut-être ; mais vous ne pouvez pas m'empêcher.

— Ce m'était si charmant de n'avoir pas à me méfier de vous. Si maintenant je ne dois plus vous approcher qu'avec précaution, comme une matière inflammable... Mais songez à la créature difforme et gonflée que bientôt je vais être. Mon seul aspect saura bien vous guérir.

— Oui, si je n'aimais de vous que l'aspect. Et puis d'abord, je ne suis pas malade ; ou si c'est être malade que de vous aimer, je préfère ne pas guérir. »

Il disait tout cela gravement, tristement presque ; il la regardait plus tendrement que n'avaient jamais fait Édouard ni Douviers, mais si respectueusement qu'elle n'en pouvait point prendre ombrage. Elle tenait sur ses genoux un livre anglais dont ils avaient interrompu la lecture, et qu'elle feuilletait distraitement ; on eût dit qu'elle n'écoutait point, de sorte que Bernard continuait sans trop de gêne :

« J'imaginais l'amour comme quelque chose de volcanique ; du moins celui que j'étais né pour éprouver. Oui, vraiment je croyais ne pouvoir aimer que d'une manière sauvage, dévastatrice, à la Byron[1]. Comme je me connaissais mal ! C'est vous, Laura, qui m'avez fait me connaître ; si différent de celui que je croyais que j'étais ! Je jouais un affreux personnage, m'efforçais de lui ressembler. Quand je songe à la lettre que j'écrivais à mon faux père avant de quitter la maison, j'ai grand-honte, je vous assure. Je me prenais pour un révolté, un outlaw[2], qui foule aux pieds tout ce qui fait obstacle à son désir ; et voici que, près de vous, je n'ai même plus de désirs. J'aspirais à la liberté comme à un bien

---

1. Lord Byron (1788-1824) : célèbre poète romantique anglais. Auteur notamment du *Pèlerinage de Childe Harold* (1812), de *Manfred* (1817) et de *Don Juan* (1824).
2. Hors-la-loi.

suprême, et je n'ai pas plus tôt été libre que je me suis soumis à vos... Ah! si vous saviez ce que c'est enrageant
d'avoir dans la tête des tas de phrases de grands auteurs,
qui viennent irrésistiblement sur vos lèvres quand on veut
exprimer un sentiment sincère. Ce sentiment est si nouveau pour moi qu'il n'a pas encore su inventer son langage.
Mettons que ce ne soit pas de l'amour, puisque ce mot-là
vous déplaît; que ce soit de la dévotion. On dirait qu'à
cette liberté, qui me paraissait jusqu'alors infinie, vos lois
ont tracé des limites. On dirait que tout ce qui s'agitait en
moi de turbulent, d'informe, danse une ronde harmonieuse
autour de vous. Si quelqu'une de mes pensées vient à
s'écarter de vous, je la quitte... Laura, je ne vous demande
pas de m'aimer; je ne suis rien encore qu'un écolier; je ne
vaux pas votre attention; mais tout ce que je veux faire à
présent, c'est pour mériter un peu votre... (ah! le mot est
hideux...) votre estime.»

Il s'était mis à genoux devant elle, et bien qu'elle eût un
peu reculé sa chaise d'abord, Bernard touchait du front sa
robe, les bras rejetés en arrière comme en signe d'adoration; mais quand il sentit sur son front la main de Laura se
poser, il saisit cette main sur laquelle il pressa ses lèvres.

«Quel enfant vous êtes, Bernard! Moi non plus je ne suis
pas libre, dit-elle en retirant sa main. Tenez, lisez ceci.»

Elle sortit de son corsage un papier froissé qu'elle tendit
à Bernard.

Bernard vit d'abord la signature. Ainsi qu'il le craignait,
c'était celle de Félix Douviers. Un instant il garda la lettre
dans sa main sans la lire; il levait les yeux vers Laura. Elle
pleurait. Bernard sentit alors en son cœur encore une
attache se rompre, un de ces liens secrets qui relient chacun de nous à soi-même, à son égoïste passé. Puis il lut:

« Ma Laura bien-aimée,

« Au nom de ce petit enfant qui va naître, et que je fais serment d'aimer autant que si j'étais son père, je te conjure de revenir. Ne crois pas qu'aucun reproche puisse accueillir ici ton retour. Ne t'accuse pas trop, car c'est de cela surtout que je souffre. Ne tarde pas. Je t'attends de toute mon âme qui t'adore et se prosterne devant toi. »

Bernard était assis à terre, devant Laura, mais c'est sans la regarder qu'il lui demanda :

« Quand avez-vous reçu cette lettre ?

— Ce matin.

— Je croyais qu'il ignorait tout. Vous lui avez écrit ?

— Oui ; je lui ai tout avoué.

— Édouard le sait-il ?

— Il n'en sait rien. »

Bernard resta silencieux quelque temps, la tête basse ; puis, retourné vers elle de nouveau :

« Et… que comptez-vous faire à présent ?

— Me le demandez-vous vraiment ?… Retourner près de lui. C'est à côté de lui qu'est ma place. C'est avec lui que je dois vivre. Vous le savez.

— Oui », dit Bernard.

Il y eut un très long silence. Bernard reprit :

« Est-ce que vous croyez qu'on peut aimer l'enfant d'un autre autant que le sien propre, vraiment ?

— Je ne sais pas si je le crois ; mais je l'espère.

— Pour moi, je le crois. Et je ne crois pas, au contraire, à ce qu'on appelle si bêtement "la voix du sang". Oui, je crois que cette fameuse voix n'est qu'un mythe. J'ai lu que, chez certaines peuplades des îles de l'Océanie, c'est la coutume d'adopter les enfants d'autrui, et que ces enfants adoptés sont souvent préférés aux autres. Le livre disait, je m'en souviens fort bien, "plus choyés". Savez-vous ce que je pense à présent ?... Je pense que celui qui m'a tenu lieu de père n'a jamais rien dit ni rien fait qui laissât soupçonner que je n'étais pas son vrai fils ; qu'en lui écrivant, comme j'ai fait, que j'avais toujours senti la différence, j'ai menti ; qu'au contraire il me témoignait une sorte de prédilection, à laquelle j'étais sensible ; de sorte que mon ingratitude envers lui est d'autant plus abominable ; que j'ai mal agi envers lui. Laura, mon amie, je voudrais vous demander... Est-ce que vous trouvez que je devrais implorer son pardon, retourner près de lui ?

— Non, dit Laura.

— Pourquoi ? Si vous, vous retournez près de Douviers...

— Vous me le disiez tout à l'heure, ce qui est vrai pour l'un ne l'est pas pour un autre. Je me sens faible ; vous êtes fort. Monsieur Profitendieu peut vous aimer ; mais, si j'en crois ce que vous m'avez dit de lui, vous n'êtes pas faits pour vous entendre... Ou du moins, attendez encore. Ne revenez pas à lui défait. Voulez-vous toute ma pensée ? C'est pour moi, non pour lui, que vous vous proposez cela ; pour obtenir ce que vous appeliez : mon estime. Vous ne l'aurez, Bernard, que si je ne vous sens pas la chercher. Je ne peux vous aimer que naturel. Laissez-moi le repentir ; il n'est pas fait pour vous, Bernard.

— J'en viens presque à aimer mon nom, quand je l'entends sur votre bouche. Savez-vous ce dont j'avais le plus horreur, là-bas ? C'est du luxe. Tant de confort, tant de facilités... Je me sentais devenir anarchiste. À présent, au contraire, je crois que je tourne au conservateur. J'ai compris brusquement cela, l'autre jour, à cette indignation qui m'a pris en entendant le touriste de la frontière parler du plaisir qu'il avait à frauder la douane. "Voler l'État, c'est ne voler personne", disait-il. Par protestation, j'ai compris tout à coup ce que c'était que l'État. Et je me suis mis à l'aimer, simplement parce qu'on lui faisait du tort. Je n'avais jamais réfléchi à cela. "L'État, ce n'est qu'une convention", disait-il encore. Quelle belle chose ce serait, une convention qui reposerait sur la bonne foi de chacun... si seulement il n'y avait que des gens probes. Tenez, on me demanderait aujourd'hui quelle vertu me paraît la plus belle, je répondrais sans hésiter: la probité. Oh! Laura! Je voudrais, tout le long de ma vie, au moindre choc, rendre un son pur, probe, authentique. Presque tous les gens que j'ai connus sonnent faux. Valoir exactement ce qu'on paraît; ne pas chercher à paraître plus qu'on ne vaut... On veut donner le change, et l'on s'occupe tant de paraître, qu'on finit par ne plus savoir qui l'on est... Excusez-moi de vous parler ainsi. Je vous fais part de mes réflexions de la nuit.

— Vous pensiez à la petite pièce que vous nous montriez hier. Lorsque je partirai... »

Elle ne put achever sa phrase; les larmes montaient à ses yeux, et, dans l'effort qu'elle fit pour les retenir, Bernard vit ses lèvres trembler.

« Alors, vous partirez, Laura..., reprit-il tristement. J'ai peur, lorsque je ne vous sentirai plus près de moi, de ne plus rien valoir, ou que si peu... Mais, dites, je voudrais vous demander: ... est-ce que vous partiez, auriez-vous écrit ces aveux, si Édouard... je ne sais comment dire... (et tandis que Laura rougissait) si Édouard valait davantage? Oh! ne protestez pas. Je sais si bien ce que vous pensez de lui.

— Vous dites cela parce que hier vous avez surpris mon sourire, tandis qu'il parlait; vous vous êtes aussitôt persuadé que nous le jugions pareillement. Mais non; détrompez-vous. À vrai dire, je ne sais pas ce que je pense de lui. Il n'est jamais longtemps le même. Il ne s'attache à rien; mais rien n'est plus attachant que sa fuite. Vous le connaissez depuis trop peu de temps pour le juger. Son être se défait et se refait sans cesse. On croit le saisir... c'est Protée [1]. Il prend la forme de ce qu'il aime. Et lui-même, pour le comprendre, il faut l'aimer.

— Vous l'aimez. Oh! Laura, ce n'est pas de Douviers que je me sens jaloux, ni de Vincent; c'est d'Édouard.

— Pourquoi jaloux? J'aime Douviers; j'aime Édouard; mais différemment. Si je dois vous aimer, ce sera d'un autre amour encore.

— Laura, Laura, vous n'aimez pas Douviers. Vous avez pour lui de l'affection, de la pitié, de l'estime: mais cela n'est pas de l'amour. Je crois que le secret de votre tristesse (car vous êtes triste, Laura) c'est que la vie vous a divisée; l'amour n'a voulu de vous qu'incomplète; vous répartissez sur plusieurs ce que vous auriez voulu donner à un seul. Pour moi, je me sens indivisible; je ne puis me donner qu'en entier.

— Vous êtes trop jeune pour parler ainsi. Vous ne pouvez savoir déjà, si, vous aussi, la vie ne vous "divisera" pas, comme vous dites. Je ne puis accepter de vous que cette… dévotion, que vous m'offrez. Le reste aura ses exigences, qui devront bien se satisfaire ailleurs.

— Serait-il vrai? Vous allez me dégoûter par avance et de moi-même et de la vie.

— Vous ne connaissez rien de la vie. Vous pouvez tout attendre d'elle. Savez-vous quelle a été ma faute? De ne plus en attendre rien. C'est quand j'ai cru, hélas! que je n'avais plus rien à attendre, que je me suis abandonnée. J'ai vécu ce printemps, à Pau, comme si je ne devais plus en voir d'autres; comme si plus rien n'importait. Bernard, je puis vous le dire, à présent que j'en suis punie: ne désespérez jamais de la vie. »

Que sert de parler ainsi à un jeune être plein de flamme ?

---

1. Dieu marin de la mythologie grecque doté du pouvoir de métamorphose.

Aussi bien ce que disait Laura ne s'adressait point à Bernard. À l'appel de sa sympathie, elle pensait devant lui, malgré elle, à voix haute. Elle était inhabile à feindre, inhabile à se maîtriser. Comme elle avait cédé d'abord à cet élan qui l'emportait dès qu'elle pensait à Édouard, et où se trahissait son amour, elle s'était laissée aller à certain besoin de sermonner qu'elle tenait assurément de son père. Mais Bernard avait horreur des recommandations, des conseils, dussent-ils venir de Laura ; son sourire avertit Laura, qui reprit sur un ton plus calme :

« Pensez-vous demeurer le secrétaire d'Édouard, à votre retour à Paris ?

— Oui, s'il consent à m'employer ; mais il ne me donne rien à faire. Savez-vous ce qui m'amuserait ? C'est d'écrire avec lui ce livre, que, seul, il n'écrira jamais ; vous le lui avez bien dit hier. Je trouve absurde cette méthode de travail qu'il nous exposait. Un bon roman s'écrit plus naïvement que cela. Et d'abord, il faut croire à ce que l'on raconte, ne pensez-vous pas ? et raconter tout simplement. J'ai d'abord cru que je pourrais l'aider. S'il avait eu besoin d'un détective, j'aurais peut-être satisfait aux exigences de l'emploi, il aurait travaillé sur les faits qu'aurait découverts ma police… Mais avec un idéologue, rien à faire. Près de lui, je me sens une âme de reporter. S'il s'entête dans son erreur, je travaillerai de mon côté. Il me faudra gagner ma vie. J'offrirai mes services à quelque journal. Entre-temps, je ferai des vers.

— Car près des reporters, assurément, vous vous sentirez une âme de poète.

— Oh ! ne vous moquez pas de moi. Je sais que je suis ridicule ; ne me le faites pas trop sentir.

— Restez avec Édouard ; vous l'aiderez, et laissez-vous aider par lui. Il est bon. »

On entendit la cloche du déjeuner. Bernard se leva. Laura lui prit la main :

« Dites encore : cette petite pièce que vous nous montriez hier… en souvenir de vous, lorsque je partirai (elle se raidit et cette fois put achever sa phrase) voudriez-vous me la donner ?

— Tenez ; la voici ; prenez-la », dit Bernard.

5

JOURNAL D'ÉDOUARD

> *C'est ce qui arrive de presque toutes les maladies de l'esprit humain qu'on se flatte d'avoir guéries. On les répercute seulement, comme on dit en méde-cine, et on leur en substitue d'autres.*
>
> SAINTE-BEUVE
> (*Lundis*, I, p. 19).

« Je commence à entrevoir ce que j'appellerais le "sujet profond" de mon livre. C'est, ce sera sans doute la rivalité du monde réel et de la représentation que nous nous en faisons. La manière dont le monde des apparences s'impose à nous et dont nous tentons d'imposer au monde extérieur notre interprétation particulière, fait le drame de notre vie. La résistance des faits nous invite à transporter notre construction idéale dans le rêve, l'espérance, la vie future, en laquelle notre croyance s'alimente de tous nos déboires dans celle-ci. Les réalistes partent des faits, accommodent aux faits leurs idées. Bernard est un réaliste. Je crains de ne pouvoir m'entendre avec lui.

« Comment ai-je pu acquiescer lorsque Sophroniska m'a dit que je n'avais rien d'un mystique ? Je suis tout prêt à reconnaître avec elle que, sans mysticisme, l'homme ne peut réussir rien de grand. Mais n'est-ce pas précisément mon mysticisme qu'incrimine Laura lorsque je lui parle de mon livre?... Abandonnons-leur ce débat.

« Sophroniska m'a reparlé de Boris, qu'elle est parvenue, croit-elle, à confesser entièrement. Le pauvre enfant n'a plus en lui le moindre taillis, la moindre touffe où s'abriter des regards de la doctoresse. Il est tout débusqué. Sophroniska étale au grand jour, démontés, les rouages les plus intimes de son organisme mental, comme un horloger les pièces de la pendule qu'il nettoie. Si, après cela, le petit ne sonne pas à l'heure, c'est à y perdre son latin. Voici ce que Sophroniska m'a raconté :

« Boris, vers l'âge de neuf ans, a été mis au collège, à Varsovie. Il s'est lié avec un camarade de classe, un certain Baptistin Kraft, d'un ou deux ans plus âgé que lui, qui l'a initié à des pratiques clandestines, que ces enfants naïvement émerveillés, croyaient être "de la magie". C'est le nom qu'ils donnaient à leur vice, pour avoir entendu dire, ou lu, que la magie permet d'entrer mystérieusement en possession de ce que l'on désire, qu'elle illimite la puissance, etc. Ils croyaient de bonne foi avoir découvert un secret qui consolât de l'absence réelle par la présence illusoire, et s'hallucinaient à plaisir et s'extasiaient sur un vide que leur imagination surmenée bondait de merveilles, à grand renfort de volupté. Il va sans dire que Sophroniska ne s'est pas servie de ces termes ; j'aurais voulu qu'elle me rapportât exactement ceux de Boris, mais elle prétend qu'elle n'est parvenue à démêler ce que dessus, dont elle m'a pourtant certifié l'exactitude, qu'à travers un fouillis de feintes, de réticences et d'imprécisions.

« "J'ai trouvé là l'explication que je cherchais depuis longtemps, a-t-elle ajouté, d'un bout de parchemin que Boris gardait toujours sur lui, enfermé dans un sachet qui pendait sur sa poitrine à côté des médailles de sainteté que sa mère le force à porter — et sur lequel étaient cinq mots, en caractères majuscules, enfantins et soignés, cinq mots dont je lui demandais en vain la signification : GAZ. TÉLÉPHONE. CENT MILLE ROUBLES.

« 'Mais ça ne veut rien dire. C'est de la magie', me répondait-il toujours quand je le pressais. C'est tout ce que je pouvais obtenir. Je sais à présent que ces mots énigmatiques sont de l'écriture du jeune Baptistin, grand maître et professeur de magie, et qu'ils étaient pour ces enfants, ces cinq mots, comme une formule incantatoire, le 'Sésame ouvre-toi' du paradis honteux où la volupté les plongeait. Boris appelait ce parchemin : son *talisman*. J'avais eu déjà beaucoup de mal à le décider à me le montrer, et plus encore à s'en défaire (c'était au début de notre séjour ici) ; car je voulais qu'il s'en défît, comme je sais à présent qu'il s'était déjà précédemment libéré de ses mauvaises habitudes. J'avais l'espoir qu'avec ce *talisman* allaient disparaître les tics et les manies dont il souffre. Mais il s'y raccrochait, et la maladie s'y raccrochait comme à un dernier refuge.

« — Vous dites pourtant qu'il s'était délivré de ses habitudes…

« — La maladie nerveuse n'a commencé qu'ensuite. Elle est née sans aucun doute de la contrainte que Boris a dû exercer sur lui-même pour se libérer. J'ai su par lui que sa mère l'avait surpris un jour en train de 'faire de la magie' comme il dit. Pourquoi ne m'a-t-elle jamais parlé de cela ?… Par pudeur ?…

« — Et sans doute parce qu'elle le savait corrigé.

« — C'est absurde… et cela est cause que j'ai tâtonné si longtemps. Je vous ai dit que je croyais Boris parfaitement pur.

« — Vous m'avez même dit que c'était cela qui vous gênait.

« — Vous voyez si j'avais raison !… La mère aurait dû m'avertir. Boris serait déjà guéri, si j'avais pu aussitôt y voir clair.

« — Vous disiez que ces malaises n'ont commencé qu'ensuite…

« — Je dis qu'ils sont nés par protestation. Sa mère l'a grondé, supplié, sermonné, j'imagine. La mort du père est survenue. Boris s'est persuadé que ses pratiques secrètes, qu'on lui peignait comme si coupables, avaient reçu leur châtiment ; il s'est tenu pour responsable de la mort de son père ; il s'est cru criminel, damné. Il a pris peur ; et c'est alors que, comme un animal traqué, son organisme débile a inventé cette quantité de petits subterfuges où se purge sa peine intime et qui sont comme autant d'aveux.

« — Si je vous comprends bien, vous estimez qu'il eût été moins préjudiciable pour Boris de continuer à se livrer tranquillement à la pratique de sa 'magie' ?

« — Je crois qu'il n'était pas nécessaire, pour l'en guérir, de l'effrayer. Le changement de vie, qu'entraînait la mort de son père, eût suffi sans doute à l'en distraire, et le départ de Varsovie à le soustraire à l'influence de son ami. On n'obtient rien de bon par l'épouvante. Quand j'ai su ce qui en était, lui reparlant de tout cela et revenant sur le passé, je lui ai fait honte d'avoir pu préférer la possession de biens imaginaires à celle des biens véritables, qui sont, lui ai-je dit, la récompense d'un effort. Loin de chercher à noircir son vice, je le lui ai représenté simplement comme une des formes de la paresse ; et je crois en effet que c'en est une ; la plus subtile, la plus perfide…"

« Je me souvins, à ces mots, de quelques lignes de La Rochefoucauld, que je voulus lui montrer, et, bien que j'eusse pu les lui citer de mémoire, j'allai chercher le petit livre des *Maximes*, sans lequel je ne voyage jamais. Je lui lus :

« "De toutes les passions, celle qui est la plus inconnue à

nous-mêmes, c'est la paresse; elle est la plus ardente et la plus maligne de toutes, quoique sa violence soit insensible et que les dommages qu'elle cause soient très cachés… Le repos de la paresse est un charme secret de l'âme qui suspend soudainement les plus ardentes poursuites et les plus opiniâtres résolutions. Pour donner enfin la véritable idée de cette passion, il faut dire que la paresse est comme une béatitude de l'âme, qui la console de toutes ses pertes et qui lui tient lieu de tous les biens."

« "Prétendez-vous, me dit alors Sophroniska, que La Rochefoucauld, en écrivant ceci, ait voulu insinuer ce que nous disions?

« — Il se peut; mais je ne le crois pas. Nos auteurs classiques sont riches de toutes les interprétations qu'ils permettent. Leur précision est d'autant plus admirable qu'elle ne se prétend pas exclusive."

« Je lui ai demandé de me montrer ce fameux talisman de Boris. Elle m'a dit qu'elle ne l'avait plus, qu'elle l'avait donné à quelqu'un qui s'intéressait à Boris et qui lui avait demandé de le lui laisser en souvenir. — "Un certain M. Strouvilhou, que j'ai rencontré ici quelque temps avant votre arrivée."

« J'ai dit à Sophroniska que j'avais vu ce nom sur le registre de l'hôtel; que j'avais connu dans le temps un Strouvilhou, et que j'aurais été curieux de savoir si c'était le même. À la description qu'elle m'a faite de lui on ne pouvait pas s'y tromper; mais elle n'a rien su me dire à son sujet qui satisfît ma curiosité. J'ai su seulement qu'il était très aimable, très empressé, qu'il lui paraissait fort intelligent mais un peu paresseux lui-même, "si j'ose encore employer ce mot", a-t-elle ajouté en riant. Je lui ai raconté à mon tour ce que je savais de Strouvilhou, et cela m'a amené à lui parler de la pension où nous nous étions rencontrés, des parents de Laura (qui de son côté lui avait fait ses confidences), du vieux La Pérouse enfin, des liens de parenté qui

l'attachaient au petit Boris, et de la promesse que je lui
avais faite en le quittant de lui amener cet enfant. Comme
Sophroniska m'avait dit précédemment qu'elle ne croyait
pas souhaitable que Boris continuât à vivre avec sa mère :
"Que ne le mettez-vous en pension chez les Azaïs ?" ai-je
demandé. En lui suggérant cela, je songeais surtout à l'immense joie du grand-père à savoir Boris tout près de
lui, chez des amis, où il pourrait le voir à son gré ; mais je
ne puis croire que, de son côté, le petit n'y soit bien.
Sophroniska m'a dit qu'elle allait y réfléchir ; au demeurant,
extrêmement intéressée par tout ce que je venais de lui
apprendre.

« Sophroniska va répétant que le petit Boris est guéri ;
cette cure doit corroborer sa méthode ; mais je crains
qu'elle n'anticipe un peu. Naturellement je ne veux pas la
contredire ; et je reconnais que les tics, les gestes-repentirs,
les réticences du langage, ont à peu près disparu ; mais il me
semble que la maladie s'est simplement réfugiée dans une
région plus profonde de l'être, comme pour échapper au
regard inquisiteur du médecin ; et que c'est à présent l'âme
même qui est atteinte. De même qu'à l'onanisme[1] avaient
succédé les mouvements nerveux, ceux-ci cèdent à présent
à je ne sais quelle transe invisible. Sophroniska s'inquiète, il
est vrai, de voir Boris, à la suite de Bronja, précipité dans
une sorte de mysticisme puéril ; elle est trop intelligente
pour ne comprendre point que cette nouvelle "béatitude
de l'âme" que recherche à présent Boris, n'est pas très dif-
férente après tout, de celle qu'il provoquait d'abord par
artifice, et que, pour être moins dispendieuse, moins rui-
neuse pour l'organisme, elle ne le détourne pas moins de
l'effort et de la réalisation. Mais, lorsque je lui en parle, elle

_____

1. Masturbation.

me répond que des âmes comme celles de Boris et de Bronja ne peuvent se passer d'un aliment chimérique et que, s'il leur était enlevé, elles succomberaient, Bronja dans le désespoir, et Boris dans un matérialisme vulgaire ; elle estime, en outre, qu'elle n'a pas le droit d'abîmer la confiance de ces petits, et, bien que tenant leur croyance pour mensongère, elle veut y voir une sublimation des instincts bas, une postulation supérieure, une incitation, une préservation, que sais-je ?... Sans croire elle-même aux dogmes de l'Église, elle croit à l'efficacité de la foi. Elle parle avec émotion de la piété de ces deux enfants, qui lisent ensemble l'Apocalypse, et s'exaltent, et conversent avec les anges et revêtent leur âme de suaires blancs. Comme toutes les femmes, elle est pleine de contradictions. Mais elle avait raison : je ne suis décidément pas un mystique... non plus qu'un paresseux. Je compte beaucoup sur l'atmosphère de la pension Azaïs et de Paris pour faire de Boris un travailleur ; pour le guérir enfin de la recherche des "biens imaginaires". C'est là, pour lui, qu'est le salut. Sophroniska se fait, je crois, à l'idée de me le confier ; mais sans doute l'accompagnera-t-elle à Paris, désireuse de veiller elle-même à son installation chez les Azaïs, et, par là, de rassurer la mère, dont elle se fait fort de remporter l'assentiment. »

6

D'OLIVIER À BERNARD

*Il y a de certains défauts qui, bien mis en œuvre,
brillent plus que la vertu même.*

La Rochefoucauld.

« Cher vieux,

« Que je te dise d'abord que j'ai bien passé mon bachot.
Mais ceci n'a pas d'importance. Une occasion unique s'offrait à moi de partir en voyage. Je balançais encore ; mais
après lecture de ta lettre, j'ai sauté dessus. Une légère
résistance de ma mère, d'abord ; mais dont a vite triomphé
Vincent, qui s'est montré d'une gentillesse que je n'espérais
pas de lui. Je ne puis croire que, dans la circonstance à
laquelle ta lettre fait allusion, il ait agi comme un mufle.
Nous avons, à notre âge, une fâcheuse tendance à juger les
gens trop sévèrement et à condamner sans appel. Bien des
actes nous apparaissent répréhensibles, odieux même, simplement parce que nous n'en pénétrons pas suffisamment
les motifs. Vincent n'a pas... Mais ceci m'entraînerait trop
loin et j'ai trop de choses à te dire.

« Sache que c'est le rédacteur en chef de la nouvelle

revue *Avant-Garde*, qui t'écrit. Après quelques délibérations, j'ai accepté d'assumer ces fonctions, dont le comte Robert de Passavant m'a jugé digne. C'est lui qui commandite la revue, mais il ne tient pas trop à ce qu'on le sache et, sur la couverture, c'est mon nom seul qui figurera. Nous commencerons à paraître en octobre ; tâche de m'envoyer quelque chose pour le premier numéro ; je serais désolé que ton nom ne brillât pas à côté du mien, dans le premier sommaire. Passavant voudrait que, dans le premier numéro, paraisse quelque chose de très libre et d'épicé, parce qu'il estime que le plus mortel reproche que puisse encourir une jeune revue, c'est d'être pudibonde ; je suis assez de son avis. Nous en causons beaucoup. Il m'a demandé d'écrire cela et m'a fourni le sujet assez risqué d'une courte nouvelle ; ça m'ennuie un peu à cause de ma mère, que cela risque de peiner ; mais tant pis. Comme dit Passavant : plus on est jeune, moins le scandale est compromettant.

« C'est de Vizzavone que je t'écris. Vizzavone est un petit patelin à mi-flanc d'une des plus hautes montagnes de la Corse, enfoui dans une épaisse forêt. L'hôtel où nous habitons est assez loin du village et sert aux touristes comme point de départ pour des excursions. Il n'y a que quelques jours que nous y sommes. Nous avons commencé par nous installer dans une auberge, non loin de l'admirable baie de Porto, absolument déserte, où nous descendions nous baigner le matin et où l'on peut vivre à loisir tout le long du jour. C'était merveilleux ; mais il faisait trop chaud et nous avons dû gagner la montagne.

« Passavant est un compagnon charmant ; il n'est pas du tout entiché de son titre ; il veut que je l'appelle Robert ; et il a inventé de m'appeler : Olive. Dis, si ce n'est pas charmant ? Il fait tout pour me faire oublier son âge et je t'assure qu'il y parvient. Ma mère était un peu effrayée de me voir partir avec lui, car elle le connaissait à peine. J'hésitais, par crainte de la chagriner. Avant ta lettre, j'avais même presque renoncé. Vincent l'a persuadée et ta lettre m'a brusquement donné du courage. Nous avons passé les derniers jours, avant le départ, à courir les magasins. Passavant est si généreux qu'il voulait toujours tout m'offrir et que je devais sans cesse l'arrêter. Mais il trouvait mes pauvres nippes affreuses : chemises, cravates, chaussettes, rien de ce que j'avais ne lui plaisait ; il répétait que, si je devais vivre quelque temps avec lui, il souffrirait trop de ne pas me voir vêtu comme il faut — c'est-à-dire : comme il lui plaît. Naturellement, on faisait envoyer chez lui toutes les emplettes, par crainte d'inquiéter maman. Il est lui-même d'une élégance raffinée ; mais surtout il a très bon goût, et beaucoup de choses qui me paraissaient supportables me sont devenues odieuses aujourd'hui. Tu n'imagines pas comme il pouvait être amusant chez les fournisseurs. Il est tellement spirituel ! Je voudrais t'en donner une idée : nous nous trouvions chez Brentano, où il avait donné à réparer son stylo. Il y avait derrière lui un énorme Anglais qui voulait passer avant son tour, et qui, comme Robert le repoussait un peu brusquement, a commencé à baragouiner je ne sais quoi à son adresse ; Robert s'est retourné et, très calme :

« "Ce n'est pas la peine. Je ne comprends pas l'anglais."

« L'autre, furieux, a reparti, en pur français :

« "Vous devriez le savoir, Monsieur."

« Alors Robert, en souriant très poliment :

« "Vous voyez bien que ce n'est pas la peine."

« L'Anglais bouillonnait, mais n'a plus su que dire. C'était roulant.

« Un autre jour, nous étions à l'Olympia. Pendant l'entracte, nous nous promenions dans le hall où circulait grande abondance de putains. Deux d'entre elles, d'aspect plutôt minable, l'ont accosté :

« "Tu paies un bock, chéri ?"

« Nous nous sommes assis avec elles, à une table.

« "Garçon ! Un bock pour ces dames.

« — Et pour ces Messieurs ?

« — Nous ?… Oh ! nous prendrons du champagne", a-t-il dit tout négligemment. Et il a commandé une bouteille de Moët, que nous avons sifflée à nous deux. Si tu avais vu la tête des pauvres filles !… Je crois qu'il a horreur des putains. Il m'a confié qu'il n'était jamais entré dans un bordel et m'a laissé entendre qu'il serait très fâché contre moi si j'y allais. Tu vois que c'est quelqu'un de très propre, malgré ses airs et ses propos cyniques — comme lorsqu'il dit qu'en voyage, il appelle "journée morne" celle où il n'a pas rencontré *before lunch* [1] au moins cinq personnes avec qui désirer coucher. Je dois te dire entre parenthèses que je n'ai pas recommencé… — tu m'entends.

« Il a une façon de moraliser qui est tout à fait amusante et particulière. Il m'a dit l'autre jour :

« "Vois-tu, mon petit, l'important, dans la vie, c'est de ne pas se laisser entraîner. Une chose en amène une autre et puis on ne sait plus où l'on va. Ainsi, j'ai connu un jeune homme très bien qui devait épouser la fille de ma cuisinière. Une nuit, il est entré par hasard chez un petit bijoutier. Il l'a tué. Et après, il a volé. Et après, il a dissimulé. Tu vois où ça mène. La dernière fois que je l'ai revu, il était devenu menteur. Fais attention."

« Et il est tout le temps comme ça. C'est te dire que je ne m'embête pas. Nous étions partis avec l'intention de travailler beaucoup, mais jusqu'à présent nous n'avons guère fait que nous baigner, nous laisser sécher au soleil et bavarder. Il a surtout des opinions et des idées extrêmement originales. Je le pousse tant que je peux à écrire certaines théories tout à fait neuves qu'il m'a exposées sur les ani-

---

1. Avant déjeuner.

maux marins des bas-fonds et ce qu'il appelle les "lumières personnelles", qui leur permettent de se passer de la lumière du soleil, qu'il assimile à celle de la grâce et à la "révélation". Exposé en quelques mots comme je fais, ça ne peut rien dire, mais je t'assure que, lorsqu'il en parle, c'est intéressant comme un roman. On ne sait pas, d'ordinaire, qu'il est très calé en histoire naturelle ; mais il met une sorte de coquetterie à cacher ses connaissances. C'est ce qu'il appelle ses bijoux secrets. Il dit qu'il n'y a que les rastas [1] qui se plaisent à étaler aux yeux de tous leur parure, et surtout quand celle-ci est en toc.

« Il sait admirablement se servir des idées, des images, des gens, des choses ; c'est-à-dire qu'il met tout à profit. Il dit que le grand art de la vie, ce n'est pas tant de jouir que d'apprendre à tirer parti.

« J'ai écrit quelques vers, mais je n'en suis pas assez content pour te les envoyer.

« Au revoir, mon vieux. En octobre. Tu me trouveras changé, moi aussi. Je prends chaque jour un peu plus d'assurance. Je suis heureux de te savoir en Suisse, mais tu vois que je n'ai rien à t'envier.

« OLIVIER. »

Bernard tendit cette lettre à Édouard qui la lut sans laisser rien paraître des sentiments qu'elle agitait en lui. Tout ce qu'Olivier racontait si complaisamment de Robert l'indignait et achevait de le lui faire prendre en haine. Surtout il s'affectait de n'être même pas nommé dans cette lettre et qu'Olivier semblât l'oublier. Il fit de vains efforts pour

---

1. Abréviation du terme péjoratif « rastaquouère », étranger aux allures voyantes affichant une richesse suspecte.

déchiffrer, sous une épaisse rature, les trois lignes, écrites en post-scriptum, et que voici :

« Dis à l'oncle É... que je pense à lui constamment ; que je ne puis pas lui pardonner de m'avoir plaqué et que j'en garde au cœur une blessure mortelle. »

Ces lignes étaient les seules sincères de cette lettre de parade, toute dictée par le dépit. Olivier les avait barrées.

Édouard avait rendu à Bernard l'affreuse lettre, sans souffler mot ; sans souffler mot, Bernard l'avait reprise. J'ai dit qu'ils ne se parlaient pas beaucoup ; une sorte de contrainte étrange, inexplicable, pesait sur eux aussitôt qu'ils se trouvaient seuls. (Je n'aime pas ce mot « inexplicable », et ne l'écris ici que par insuffisance provisoire.) Mais ce soir, retirés dans leur chambre, et tandis qu'ils s'apprêtaient pour la nuit, Bernard, dans un grand effort, et la gorge un peu contractée, demanda :

« Laura vous a montré la lettre qu'elle a reçue de Douviers ?

— Je ne pouvais douter que Douviers ne prît la chose comme il faut, dit Édouard en se mettant au lit. C'est quelqu'un de très bien. Un peu faible peut-être ; mais tout de même très bien. Il va adorer cet enfant, j'en suis sûr. Et le petit sera sûrement plus robuste qu'il n'aurait su le faire lui-même. Car il ne m'a pas l'air bien costaud. »

Bernard aimait Laura beaucoup trop pour n'être pas choqué par la désinvolture d'Édouard ; il n'en laissa néanmoins rien paraître.

« Allons ! reprit Édouard en éteignant sa bougie, je suis heureux de voir se terminer pour le mieux cette histoire, qui paraissait sans autre issue que le désespoir. Ça arrive à n'importe qui de faire un faux départ. L'important, c'est de ne pas s'entêter...

— Évidemment, dit Bernard pour éluder la discussion.

— Il faut bien que je vous avoue, Bernard, que je crains d'en avoir fait un avec vous…

— Un faux départ ?

— Ma foi, oui. Malgré toute l'affection que j'ai pour vous, je me persuade depuis quelques jours que nous ne sommes pas faits pour nous entendre et que… (il hésita quelques instants, chercha ses mots), de m'accompagner plus longtemps vous fourvoie. »

Bernard pensait de même, aussi longtemps qu'Édouard n'avait pas parlé ; mais Édouard ne pouvait certes rien dire de plus propre à ressaisir Bernard. L'instinct de contradiction l'emportant, celui-ci protesta.

« Vous ne me connaissez pas bien, et je ne me connais pas bien moi-même. Vous ne m'avez pas mis à l'épreuve. Si vous n'avez aucun grief contre moi, puis-je vous demander d'attendre encore ? J'admets que nous ne nous ressemblons guère ; mais je pensais, précisément, qu'il valait mieux, pour chacun de nous deux, que nous ne nous ressemblions pas trop. Je crois que, si je puis vous aider, c'est surtout par mes différences et par ce que je vous apporterais de neuf. Si je m'abuse, il sera toujours temps de m'en avertir. Je ne suis pas type à me plaindre, ni à récriminer jamais. Mais, écoutez, voici ce que je vous propose ; c'est peut-être idiot… Le petit Boris, si j'ai bien compris, doit entrer à la pension Vedel-Azaïs. Sophroniska ne vous exprimait-elle pas ses craintes qu'il ne s'y sentît un peu perdu ? Si je m'y présentais moi-même, avec la recommandation de Laura, ne puis-je espérer d'y trouver un emploi, de surveillant, de pion, que sais-je ? J'ai besoin de gagner ma vie. Pour ce que je ferais là-bas, je ne demanderais pas grand-chose ; le vivre et le couvert me suffiraient… Sophroniska me témoigne de la confiance, et Boris s'entend bien avec moi. Je le protége-rais, l'aiderais, me ferais son précepteur, son ami. Je resterais à votre disposition cependant, travaillerais pour vous entre-temps, et répondrais au moindre signe. Dites, que pensez-vous de cela ? »

Et comme pour donner à « cela » plus de poids, il ajouta : « J'y pense depuis deux jours. »

Ce qui n'était pas vrai. S'il ne venait pas d'inventer ce beau projet à l'instant même, il en eût déjà parlé à Laura. Mais ce qui était vrai, et qu'il ne disait pas, c'est que depuis son indiscrète lecture du journal d'Édouard et depuis la rencontre de Laura, il songeait souvent à la pension Vedel ; il souhaitait de connaître Armand, cet ami d'Olivier, dont Olivier ne lui parlait jamais ; il souhaitait plus encore de connaître Sarah, la sœur cadette ; mais sa curiosité demeurait secrète ; par égard pour Laura, il ne se l'avouait pas à lui-même.

Édouard ne disait rien ; pourtant le projet que lui soumettait Bernard lui plaisait, s'il l'assurait d'un domicile. Il se souciait peu d'avoir à l'héberger. Bernard souffla sa bougie, puis reprit :

« N'allez pas croire que je n'ai rien compris à ce que vous racontiez de votre livre et du conflit que vous imaginez entre la réalité brute et la...

— Je ne l'imagine pas, interrompit Édouard ; il existe.

— Mais précisément, ne serait-il pas bon que je rabatte vers vous quelques faits, pour vous permettre de lutter contre ? J'observerais pour vous. »

Édouard doutait si l'autre ne se moquait pas un peu. Le vrai, c'est qu'il se sentait humilié par Bernard. Celui-ci s'exprimait trop bien...

« Nous y réfléchirons », dit Édouard.

Un long temps passa. Bernard essayait en vain de dormir. La lettre d'Olivier le tourmentait. À la fin, n'y tenant plus, et comme il entendait Édouard s'agiter dans son lit, il murmura :

«Si vous ne dormez pas, je voudrais vous demander encore… Qu'est-ce que vous pensez du comte de Passavant?

— Parbleu, vous le supposez bien», dit Édouard. Puis, au bout d'un instant: «Et vous?

— Moi, dit Bernard sauvagement… je le tuerais.»

7

Le voyageur, parvenu au haut de la colline, s'assied et regarde avant de reprendre sa marche, à présent déclinante ; il cherche à distinguer où le conduit enfin ce chemin sinueux qu'il a pris, qui lui semble se perdre dans l'ombre et, car le soir tombe, dans la nuit. Ainsi l'auteur imprévoyant s'arrête un instant, reprend souffle, et se demande avec inquiétude où va le mener son récit.

Je crains qu'en confiant le petit Boris aux Azaïs, Édouard ne commette une imprudence. Comment l'en empêcher ? Chaque être agit selon sa loi, et celle d'Édouard le porte à expérimenter sans cesse. Il a bon cœur, assurément, mais souvent je préférerais, pour le repos d'autrui, le voir agir par intérêt ; car la générosité qui l'entraîne n'est souvent que la compagne d'une curiosité qui pourrait devenir cruelle. Il connaît la pension Azaïs ; il sait l'air empesté qu'on y respire, sous l'étouffant couvert de la morale et de la religion. Il connaît Boris, sa tendresse, sa fragilité. Il devrait prévoir à quels froissements il l'expose. Mais il ne consent plus à considérer que la protection, le renfort et l'appui que la précaire pureté de l'enfant peut trouver dans l'austérité du vieil Azaïs. À quels sophismes prête-t-il l'oreille ? Le diable assurément les lui souffle, car il ne les écouterait pas, venus d'autrui.

Édouard m'a plus d'une fois irrité (lorsqu'il parle de Douviers, par exemple), indigné même ; j'espère ne l'avoir pas trop laissé voir ; mais je puis bien le dire à présent. Sa façon de se comporter avec Laura, si généreuse parfois, m'a paru parfois révoltante.

Ce qui ne me plaît pas chez Édouard, ce sont les raisons qu'il se donne. Pourquoi cherche-t-il à se persuader, à présent, qu'il conspire au bien de Boris ? Mentir aux autres, passe encore ; mais à soi-même ! Le torrent qui noie un enfant prétend-il lui porter à boire ?... Je ne nie pas qu'il y ait, de par le monde, des actions nobles, généreuses, et même désintéressées ; je dis seulement que derrière le plus beau motif, souvent se cache un diable habile et qui sait tirer gain de ce qu'on croyait lui ravir.

Profitons de ce temps d'été qui disperse nos personnages, pour les examiner à loisir. Aussi bien sommes-nous à ce point médian de notre histoire, où son allure se ralentit et semble prendre un élan neuf pour bientôt précipiter son cours. Bernard est assurément beaucoup trop jeune encore pour prendre la direction d'une intrigue. Il se fait fort de préserver Boris ; il pourra l'observer tout au plus. Nous avons déjà vu Bernard changer ; des passions peuvent le modifier plus encore. Je retrouve sur un carnet quelques phrases où je notais ce que je pensais de lui précédemment :

« J'aurais dû me méfier d'un geste aussi excessif que celui de Bernard au début de son histoire. Il me paraît, à en juger par ses dispositions subséquentes [1], qu'il y a comme épuisé toutes ses réserves d'anarchie, qui sans doute se fussent trouvées entretenues s'il avait continué de végéter, ainsi qu'il sied, dans l'oppression de sa famille. À partir de quoi il a vécu en réaction et comme en protestation de ce geste. L'habitude qu'il a prise de la révolte et de l'opposition, le

---

1. Qui suit la chose dont on parle, qui vient juste après.

pousse à se révolter contre sa révolte même. Il n'est sans doute pas un de mes héros qui m'ait davantage déçu, car il n'en était peut-être pas un qui m'eût fait espérer davantage. Peut-être s'est-il laissé aller à lui-même trop tôt. »

Mais ceci ne me paraît déjà plus très juste. Je crois qu'il faut lui faire encore crédit. Beaucoup de générosité l'anime. Je sens en lui de la virilité, de la force ; il est capable d'indignation. Il s'écoute un peu trop parler ; mais c'est aussi qu'il parle bien. Je me défie des sentiments qui trouvent leur expression trop vite. C'est un très bon élève, mais les sentiments neufs ne se coulent pas volontiers dans les formes apprises. Un peu d'invention le forcerait à bégayer. Il a trop lu déjà, trop retenu, et beaucoup plus appris par les livres que par la vie.

Je ne puis point me consoler de la passade qui lui a fait prendre la place d'Olivier près d'Édouard. Les événements se sont mal arrangés. C'est Olivier qu'aimait Édouard. Avec quel soin celui-ci ne l'eût-il pas mûri ? Avec quel amoureux respect ne l'eût-il pas guidé, soutenu, porté jusqu'à lui-même ? Passavant va l'abîmer, c'est sûr. Rien n'est plus pernicieux pour lui que cet enveloppement sans scrupules. J'espérais d'Olivier qu'il aurait mieux su s'en défendre ; mais il est de nature tendre et sensible à la flatterie. Tout lui porte à la tête. De plus j'ai cru comprendre, à certains accents de sa lettre à Bernard, qu'il était un peu vaniteux. Sensualité, dépit, vanité, quelle prise sur lui cela donne ! Quand Édouard le retrouvera, il sera trop tard, j'en ai peur. Mais il est jeune encore et l'on est en droit d'espérer.

Passavant... autant n'en point parler, n'est-ce pas ? Rien n'est à la fois plus néfaste et plus applaudi que les hommes de son espèce, sinon pourtant les femmes semblables à lady Griffith. Dans les premiers temps, je l'avoue, celle-ci m'imposait assez. Mais j'ai vite fait de reconnaître mon erreur. De tels personnages sont taillés dans une étoffe sans épaisseur. L'Amérique en exporte beaucoup ; mais n'est point seule à en produire. Fortune, intelligence, beauté, il semble qu'ils aient tout, fors[1] une âme. Vincent, certes, devra s'en convaincre bientôt. Ils ne sentent peser sur eux aucun passé, aucune astreinte ; ils sont sans loi, sans maîtres, sans scrupules ; libres et spontanés, ils font le désespoir du romancier, qui n'obtient d'eux que des réactions sans valeur. J'espère ne pas revoir lady Griffith d'ici longtemps. Je regrette qu'elle nous ait enlevé Vincent, qui, lui, m'intéressait davantage, mais qui se banalise à la fréquenter ; roulé par elle, il perd ses angles. C'est dommage : il en avait d'assez beaux.

S'il m'arrive jamais d'inventer encore une histoire, je ne la laisserai plus habiter que par des caractères trempés, que la vie, loin d'émousser, aiguise. Laura, Douviers, La Pérouse, Azaïs… que faire avec tous ces gens-là ? Je ne les cherchais point ; c'est en suivant Bernard et Olivier que je les ai trouvés sur ma route. Tant pis pour moi ; désormais, je me dois à eux.

---

1. Excepté.

Troisième partie

Paris

Lorsque nous posséderons encore quelques bonnes monographies régionales nouvelles — alors, mais seulement alors, en groupant leurs données, en les comparant, en les confrontant minutieusement, on pourra reprendre la question d'ensemble, lui faire faire un pas nouveau et décisif. Procéder autrement ce serait partir, muni de deux au trois idées simples et grosses, pour une sorte de rapide excursion. Ce serait passer, dans la plupart des cas, à côté du particulier, de l'individuel, de l'irrégulier — c'est-à-dire, somme toute, du plus intéressant.

LUCIEN FEBVRE [1]
La Terre et l'Évolution humaine.

1. Historien français (1878-1956), fondateur avec Marc Bloch (1886-1944) des *Annales d'histoire économique et sociale* (1929).

I

> *Son*[1] *retour à Paris ne lui causa point de plaisir.*
>
> FLAUBERT,
> *L'Éducation sentimentale.*

JOURNAL D'ÉDOUARD

22 septembre

« Chaleur ; ennui. Rentré à Paris huit jours trop tôt.

« Ma précipitation toujours me fera devancer l'appel. Curiosité plutôt que zèle ; désir d'anticipation. Je n'ai jamais su composer avec ma soif.

« Mené Boris chez son grand-père. Sophroniska, qui l'avait été prévenir la veille, m'a appris que madame de La Pérouse était entrée à la maison de retraite. Ouf !

« J'avais quitté le petit sur le palier, après avoir sonné, estimant qu'il serait plus discret de ne pas assister au premier tête-à-tête ; je craignais les remerciements du vieux. Questionné le petit, ensuite, mais n'ai rien pu obtenir. Sophroniska, que j'ai revue, m'a dit que l'enfant ne lui a pas

---

1. Il s'agit de Frédéric Moreau, le héros de *L'Éducation sentimentale*. La phrase est extraite du chapitre 6 de la deuxième partie du roman.

parlé davantage. Quand, une heure plus tard, elle a été le rechercher comme il était convenu, une servante lui a ouvert ; Sophroniska a trouvé le vieux assis devant une paire de dames ; l'enfant, dans un coin, à l'autre bout de la pièce, boudait.

« "C'est curieux, a dit La Pérouse tout déconfit ; il avait l'air de s'amuser ; mais il en a eu assez tout à coup. Je crains qu'il ne manque un peu de patience…"

« C'était une erreur de les laisser seuls trop longtemps.

27 septembre.

« Ce matin, rencontré Molinier, sous l'Odéon. Pauline et Georges ne rentrent qu'après-demain. Seul à Paris depuis hier, si Molinier s'ennuyait autant que moi, rien d'étonnant à ce qu'il ait paru ravi de me voir. Nous avons été nous asseoir au Luxembourg, en attendant l'heure du déjeuner, que nous avons convenu de prendre ensemble.

« Molinier affecte avec moi un ton plaisantin, parfois même égrillard, qu'il pense sans doute de nature à plaire à un artiste. Certain souci de se montrer encore vert.

« "Au fond, je suis passionné, m'a-t-il déclaré." J'ai compris qu'il voulait dire : un libidineux. J'ai souri, comme on ferait en entendant une femme déclarer qu'elle a de très belles jambes ; un sourire qui signifie : "Croyez bien que je n'en ai jamais douté." Jusqu'à ce jour, je n'avais vu de lui que le magistrat ; l'homme enfin écartait la toge.

« J'ai attendu que nous fussions attablés chez Foyot[1] pour lui parler d'Olivier ; lui ai dit que j'avais eu récemment de ses nouvelles par un de ses camarades et que j'avais appris qu'il voyageait en Corse avec le comte de Passavant.

---

1. Célèbre restaurant créé par le chef des cuisines du roi Louis-Philippe et qui ferma ses portes en 1938. Il se situait 31, rue de Tournon à Paris. En avril 1894, il avait été le lieu d'un attentat anarchiste.

« "Oui, c'est un ami de Vincent, qui lui a proposé de l'emmener. Comme Olivier venait de passer son bachot assez brillamment, sa mère n'a pas cru devoir lui refuser ce plaisir... C'est un littérateur, ce comte de Passavant. Vous devez le connaître."

« Je ne lui ai point caché que je n'aimais beaucoup ni ses livres ni sa personne.

« "Entre confrères, on se juge quelquefois un peu sévèrement, a-t-il riposté. J'ai tâché de lire son dernier roman, dont certains critiques font grand cas. Je n'y ai pas vu grand-chose ; mais, vous savez, je ne suis pas de la partie..." Puis, comme j'exprimais mes craintes sur l'influence que Passavant pourrait avoir sur Olivier :

« "À vrai dire, a-t-il ajouté pâteusement, moi, personnellement, je n'approuvais pas ce voyage. Mais il faut bien se rendre compte qu'à partir d'un certain âge, les enfants nous échappent. C'est dans la règle, et il n'y a rien à faire à cela. Pauline voudrait rester penchée sur eux. Elle est comme toutes les mères. Je lui dis parfois : 'Mais tu les embêtes, tes fils. Laisse-les donc tranquilles. C'est toi qui leur donnes des idées, avec toutes tes questions...' Moi, je tiens que cela ne sert à rien de les surveiller trop longtemps. L'important, c'est qu'une première éducation leur inculque quelques bons principes. L'important, c'est surtout qu'ils aient de qui tenir. L'hérédité, voyez-vous, mon cher, ça triomphe de tout. Il y a certains mauvais sujets que rien n'amende ; ceux que nous appelons : les prédestinés. Il est nécessaire, ceux-là, de les tenir très serrés. Mais quand en a affaire à de bonnes natures, on peut lâcher la bride un peu.

« — Vous me disiez pourtant, poursuivis-je, que cet enlèvement d'Olivier n'avait pas votre assentiment.

« — Oh ! mon assentiment... mon assentiment, a-t-il dit, le nez dans son assiette, on s'en passe parfois, de mon assentiment. Il faut se rendre compte que dans les ménages, et je parle des plus unis, ce n'est pas toujours le mari qui décide. Vous n'êtes pas marié, cela ne vous intéresse pas...

« — Pardonnez-moi, fis-je en riant ; je suis romancier.

« — Alors vous avez pu remarquer sans doute que ce n'est pas toujours par faiblesse de caractère qu'un homme se laisse mener par sa femme.

« — Il est en effet, concédai-je en manière de flatterie, des hommes fermes, et même autoritaires, qu'on découvre, en ménage, d'une docilité d'agneau.

« — Et savez-vous à quoi cela tient ? reprit-il... Neuf fois sur dix, le mari qui cède à sa femme, c'est qu'il a quelque chose à se faire pardonner. Une femme vertueuse, mon cher, prend avantage de tout. Que l'homme courbe un instant le dos, elle lui saute sur les épaules. Ah ! mon ami, les pauvres maris sont parfois bien à plaindre. Quand nous sommes jeunes, nous souhaitons de chastes épouses, sans savoir tout ce que nous coûtera leur vertu."

« Les coudes sur la table et le menton dans les mains, je contemplais Molinier. Le pauvre homme ne se doutait pas combien la position courbée dont il se plaignait paraissait naturelle à son échine ; il s'épongeait le front fréquemment, mangeait beaucoup, non tant comme un gourmet que comme un goinfre, et semblait apprécier particulièrement le vieux bourgogne que nous avions commandé. Heureux de se sentir écouté, compris, et, pensait-il sans doute, approuvé, il débordait d'aveux.

« "En tant que magistrat, continuait-il, j'en ai connu qui ne se prêtaient à leur mari qu'à contrecœur, qu'à contresens... et qui pourtant s'indignent lorsque le malheureux rebuté va chercher ailleurs sa provende."

« Le magistrat avait commencé sa phrase au passé ; le mari l'achevait au présent, dans un indéniable rétablissement personnel. Il ajouta sentencieusement, entre deux bouchées :

« "Les appétits d'autrui paraissent facilement excessifs,

dès qu'on ne les partage pas." But un grand coup de vin, puis : "Et ceci vous explique, cher ami, comment un mari perd la direction de son ménage."

« J'entendais de reste et découvrais, sous l'incohérence apparente de ses propos, son désir de faire retomber sur la vertu de sa femme la responsabilité de ses faillites. Des êtres aussi disloqués que ce pantin, me disais-je, n'ont pas trop de tout leur égoïsme pour tenir reliés entre eux les éléments disjoints de leur figure. Un peu d'oubli d'eux-mêmes, et ils s'en iraient en morceaux. Il se taisait. Je sentis le besoin de verser quelques réflexions, comme on verse de l'huile à une machine qui vient de fournir une étape, et, pour l'inviter à repartir, je hasardai :

« "Heureusement, Pauline est intelligente."

« Il fit un : "Oui…", prolongé jusqu'au dubitatif, puis :

« "Mais il y a pourtant des choses qu'elle ne comprend pas. Si intelligente que soit une femme, vous savez… Du reste, je reconnais qu'en la circonstance, je n'ai pas été très adroit. J'avais commencé à lui parler d'une petite aventure, alors que je croyais, que j'étais convaincu moi-même, que l'histoire n'irait pas plus loin. L'histoire a été plus loin… et les soupçons de Pauline également. J'avais eu tort de lui mettre, comme on dit, la puce à l'oreille. Il m'a fallu dissimuler, mentir… Voilà ce que c'est que d'avoir eu d'abord la langue trop longue. Que voulez-vous ? Je suis d'un naturel confiant… Mais Pauline est d'une jalousie redoutable et vous n'imaginez pas combien j'ai dû ruser.

« — Il y a longtemps de cela ? demandai-je.

« — Oh ! ça dure depuis cinq ans environ ; et j'estime que je l'avais complètement rassurée. Mais tout va être à recommencer. Figurez-vous qu'avant-hier, en rentrant chez moi… Si on demandait un second pommard, hein ?

« — Pas pour moi, je vous en prie.

« — Ils en ont peut-être des demi-bouteilles. Ensuite je

rentrerai dormir un peu. La chaleur m'éprouve… Je vous disais donc qu'avant-hier, en rentrant chez moi, j'ouvre mon secrétaire pour y ranger des papiers. J'amène le tiroir où j'avais caché les lettres de… la personne en question. Jugez de ma stupeur, mon cher : le tiroir était vide. Oh ! parbleu, je ne vois que trop ce qui se sera passé : Il y a une quinzaine de jours, Pauline s'est amenée à Paris avec Georges pour le mariage de la fille d'un de mes collègues, auquel il ne m'était pas possible d'assister ; vous savez que j'étais en Hollande… et puis, ces cérémonies-là, c'est plutôt l'affaire des femmes. Désœuvrée, dans cet appartement vide, sous prétexte de mettre de l'ordre, vous savez comment sont les femmes, toujours un peu curieuses… elle aura commencé à fureter… oh ! sans songer à mal. Je ne l'accuse pas. Mais Pauline a toujours eu un sacré besoin de ranger… Alors, qu'est-ce que vous voulez que je lui dise, à présent qu'elle tient en main les preuves ? Si encore la petite ne m'appelait pas par mon nom ! Un ménage si uni ! Quand je songe à ce que je vais prendre…"

« Le pauvre homme pataugeait dans sa confidence. Il se tamponna le front, s'éventa. J'avais beaucoup moins bu que lui. Le cœur ne fournit pas de la compassion sur commande ; je n'éprouvais pour lui que du dégoût. Je l'acceptais père de famille (encore qu'il me fût pénible de me dire qu'il était père d'Olivier), bourgeois, rangé, honnête, retraité ; amoureux, je ne l'imaginais que ridicule. J'étais surtout gêné par la maladresse et la trivialité de ses propos, de sa mimique ; les sentiments qu'il m'exprimait, ni son visage ni sa voix ne me paraissaient faits pour les rendre ; on eût dit une contrebasse s'essayant à des effets d'alto ; son instrument n'obtenait que des couacs.

« "Vous me disiez que Georges était avec elle…

« — Oui ; elle n'avait pas voulu le laisser seul. Mais naturellement, à Paris, il n'était pas toujours sur son dos… Si je vous disais, mon cher, que depuis vingt-six ans de ménage, je n'ai jamais eu avec elle la moindre scène, pas la plus petite altercation... Quand je songe à celle qui se prépare... car Pauline rentre dans deux jours... Ah! tenez, parlons d'autre chose. Eh bien! qu'est-ce que vous dites de Vincent? Le prince de Monaco, une croisière... Peste!... Comment, vous ne saviez pas?... Oui, le voilà parti pour surveiller des sondages et des pêches près des Açores. Ah! celui-là, je n'ai pas à m'inquiéter de lui, je vous assure! Il fera bien son chemin tout seul.

« — Sa santé?

« — Complètement rétablie. Intelligent comme il l'est, je le crois en route pour la gloire. Le comte de Passavant ne m'a pas caché qu'il le tenait pour un des hommes les plus remarquables qu'il eût rencontrés. Il disait même: le plus remarquable... mais il faut faire la part de l'exagération..."

« Le repas s'achevait; il alluma un cigare.

« "Puis-je vous demander, reprit-il, quel est cet ami d'Olivier qui vous a donné de ses nouvelles? Je vous dirai que j'attache une particulièrement grande importance aux fréquentations de mes enfants. J'estime qu'on ne saurait trop y prendre garde. Les miens ont heureusement une tendance naturelle à ne se lier qu'avec ce qu'il y a de mieux. Voyez, Vincent avec son prince; Olivier avec le comte de Passavant... Georges, lui, a retrouvé à Houlgate un petit camarade de classe, un jeune Adamanti, qui va du reste rentrer à la pension Vedel-Azaïs avec lui; un garçon de tout repos; son père est sénateur de la Corse. Mais regardez comme il faut se méfier: Olivier avait un ami qui semblait de très bonne famille: un certain Bernard Profitendieu. Il faut vous dire que Profitendieu père est mon collègue; un homme des plus remarquables et que j'estime tout particulièrement. Mais... (que ceci reste entre nous)... voici que j'apprends

qu'il n'est pas le père de l'enfant qui porte son nom !
Qu'est-ce que vous dites de ça ?

« — C'est précisément ce jeune Bernard Profitendieu
qui m'a parlé d'Olivier", dis-je.

« Molinier tira de grosses bouffées de son cigare et, relevant très haut les sourcils, ce qui couvrit son front de rides :

« "Je préfère qu'Olivier ne fréquente pas trop ce garçon.
J'ai sur lui des renseignements déplorables ; qui du reste ne
m'ont pas beaucoup étonné. Disons-nous bien qu'il n'y a
lieu d'attendre rien de bon d'un enfant né dans ces tristes
conditions. Ce n'est pas qu'un enfant naturel ne puisse
avoir de grandes qualités, des vertus même ; mais le fruit du
désordre et de l'insoumission porte nécessairement en lui
des germes d'anarchie... Oui, mon cher ; ce qui devait arriver est arrivé. Le jeune Bernard a brusquement quitté le
foyer familial, où il n'aurait jamais dû entrer. Il est allé 'vivre
sa vie', comme disait Émile Augier[1] ; vivre on ne sait comment, et on ne sait où. Le pauvre Profitendieu, qui m'a mis
lui-même au courant de cette frasque, s'en montrait d'abord
extrêmement affecté. Je lui ai fait comprendre qu'il ne
devait pas prendre la chose tellement à cœur. Somme
toute, le départ de ce garçon fait rentrer les choses dans
l'ordre."

« Je protestai que je connaissais Bernard assez pour me
porter garant de sa gentillesse et de son honnêteté (me
gardant, il va sans dire, de parler de l'histoire de la valise) ;
mais Molinier, rebondissant aussitôt :

« "Allons ! je vois qu'il faut que je vous en raconte
davantage."

« Puis se penchant en avant, et à demi-voix :

---

1. Auteur dramatique français (1820-1889). Il écrivit principalement des comédies de mœurs (*Un beau mariage*, 1859) et des comédies sociales en prose (*Le Gendre de Monsieur Poirier*, 1854).

« "Mon collègue Profitendieu s'est vu chargé d'instruire une affaire extrêmement scabreuse et gênante, tant en elle-même que par le retentissement et les suites qu'elle peut avoir. C'est une histoire invraisemblable et à laquelle on voudrait bien pouvoir ne pas ajouter foi… Il s'agit, mon cher, d'une véritable entreprise de prostitution, d'un… non, je ne voudrais pas employer de vilains mots ; mettons d'une maison de thé, qui présente ceci de particulièrement scandaleux que les habitués de ses salons sont pour la plupart, et presque exclusivement, des lycéens encore très jeunes. Je vous dis que c'est à ne pas le croire. Ces enfants ne se rendent certainement pas compte de la gravité de leurs actes, car c'est à peine s'ils cherchent à se cacher. Cela se passe à la sortie des classes. On goûte, on cause, on s'amuse avec ces dames ; et les jeux vont se poursuivre dans des chambres attenantes aux salons. Naturellement, n'entre pas là qui veut. Il faut être présenté, initié. Qui fait les frais de ces orgies ? Qui paie le loyer de l'appartement ? c'est ce qu'il ne paraissait pas malaisé de découvrir ; mais on ne pouvait pousser les investigations qu'avec une extrême prudence, par crainte d'en apprendre trop, de se laisser entraîner, d'être forcé de poursuivre et de compromettre enfin des familles respectables dont on soupçonnait les enfants d'être parmi les principaux clients. J'ai donc fait ce que j'ai pu pour modérer le zèle de Profitendieu qui se lançait comme un taureau dans cette affaire, sans se douter que de son premier coup de corne… (ah ! pardonnez-moi ; je ne l'ai pas dit exprès ; ah ! ah ! ah ! c'est drôle ; ça m'a échappé)… Il risquait d'embrocher son fils. Par bonheur, les vacances ont licencié tout le monde ; les collégiens se sont disséminés, et j'espère que toute cette affaire va s'en aller en eau de boudin, être étouffée après quelques avertissements et sanctions sans esclandre.

« — Vous êtes bien certain que Bernard Profitendieu avait trempé là-dedans ?

« — Pas absolument, mais…

« — Qu'est-ce qui vous porte à le croire ?

« — D'abord, le fait que c'est un enfant naturel. Vous pensez bien qu'un garçon de son âge ne fiche pas le camp de chez lui sans avoir toute honte bue… Et puis je crois bien que Profitendieu a été pris de quelques soupçons, car son zèle s'est brusquement ralenti ; que dis-je, il a paru faire machine arrière, et la dernière fois que je lui ai demandé où cette affaire en était, il s'est montré gêné : 'Je crois que, finalement, cela ne va rien donner', m'a-t-il dit, et il a vite détourné la conversation. Pauvre Profitendieu ! Eh bien ! vous savez, il ne mérite pas ce qui lui arrive. C'est un honnête homme, et, ce qui est peut-être plus rare : un brave garçon. Ah ! par exemple, sa fille vient de faire un bien beau mariage. Je n'ai pas pu y assister parce que j'étais en Hollande, mais Pauline et Georges étaient revenus pour cela. Je vous l'ai dit, déjà ? Il est temps que j'aille dormir… Quoi, vraiment ! vous voulez tout payer ? Laissez donc ! Entre garçons, en camarades, on partage… Pas moyen ? Allons, adieu. N'oubliez pas que Pauline rentre dans deux jours. Venez nous voir. Et puis ne m'appelez donc plus Molinier ; dites donc : Oscar, simplement !… Je voulais vous demander cela depuis longtemps."

« Ce soir un billet de Rachel, la sœur de Laura :

« *J'ai de graves choses à vous dire. Pouvez-vous, sans trop vous déranger, passer à la pension demain après-midi ? Vous me rendriez grand service.*

« Si c'était pour me parler de Laura, elle n'aurait pas tant attendu. C'est la première fois qu'elle m'écrit. »

2

JOURNAL D'ÉDOUARD
(Suite)

28 septembre.

« J'ai trouvé Rachel sur le seuil de la grande salle d'études, au rez-de-chaussée de la pension. Deux domestiques net-toyaient le plancher. Elle-même, en tablier de servante, un torchon à la main.

« "Je savais que je pouvais compter sur vous", m'a-t-elle dit en me tendant la main, avec une expression de tristesse tendre, résignée, et malgré tout souriante, plus touchante que la beauté. "Si vous n'êtes pas trop pressé, le mieux serait que vous montiez d'abord faire une petite visite à grand-père, puis à maman. S'ils apprenaient que vous êtes venu sans les voir, cela leur ferait de la peine. Mais réservez un peu de temps ; il faut absolument que je vous parle. Vous me rejoindrez ici ; vous voyez, je surveille le travail."

« Par une sorte de pudeur, elle ne dit jamais : je travaille. Rachel s'est effacée toute sa vie, et rien n'est plus discret, plus modeste que sa vertu. L'abnégation lui est si naturelle qu'aucun des siens ne lui sait gré de son perpétuel sacrifice. C'est la plus belle âme de femme que je connaisse.

« Monté au second, chez Azaïs. Le vieux ne quitte plus

guère son fauteuil. Il m'a fait asseoir près de lui et presque
aussitôt m'a parlé de La Pérouse.

« "Je m'inquiète de le savoir seul et voudrais le persuader
de venir habiter la pension. Vous savez que nous sommes
de vieux amis. J'ai été le voir dernièrement. Je crains que le
départ de sa chère femme pour Sainte-Périne ne l'ait beaucoup affecté. Sa servante m'a dit qu'il ne se nourrissait
presque plus. J'estime que d'ordinaire nous mangeons trop ;
mais en toute chose, il faut observer une mesure et il peut
y avoir excès dans les deux sens. Il trouve inutile qu'on
fasse de la cuisine pour lui tout seul ; mais en prenant ses
repas avec nous, de voir manger les autres l'entraînerait. Il
serait ici près de son charmant petit-fils, qu'il n'aurait sinon
guère l'occasion de voir ; car de la rue Vavin au faubourg
Saint-Honoré, c'est tout un voyage. Au surplus, je n'aimerais pas trop laisser l'enfant sortir seul dans Paris. Je connais
Anatole de La Pérouse depuis longtemps. Il a toujours été
original. Ce n'est pas un reproche ; mais il est de naturel un
peu fier et n'accepterait peut-être pas l'hospitalité que je lui
offre, sans payer un peu de sa personne. J'ai donc pensé que
je pourrais lui proposer de surveiller les classes d'études, ce
qui ne le fatiguerait guère, et aurait au surplus le bon effet
de le distraire, de le sortir un peu de lui-même. Il est bon
mathématicien et pourrait au besoin donner des répétitions
de géométrie ou d'algèbre. À présent qu'il n'a plus d'élèves,
ses meubles et son piano ne lui servent plus à rien ; il
devrait donner congé ; et comme de venir ici lui économi-
serait un loyer, j'ai pensé qu'au surplus, nous pourrions
convenir d'un petit prix de pension, pour le mettre plus à
son aise, et qu'il ne se sente pas trop mon obligé. Vous
devriez tâcher de le convaincre, et cela sans trop tarder,
car avec son mauvais régime, je crains qu'il ne s'affaiblisse
vite. Au surplus, la rentrée a lieu dans deux jours ; il serait

utile de savoir à quoi s'en tenir et si l'on peut compter sur lui… comme lui peut compter sur nous."

« Je promis d'aller parler à La Pérouse dès le lendemain. Aussitôt, comme soulagé :

« "Eh ! quel brave garçon, dites-moi, que votre jeune protégé, Bernard. Il s'est aimablement offert pour rendre ici de petits services ; il parlait de surveiller la petite étude ; mais je crains qu'il ne soit lui-même un peu jeune et ne sache pas se faire respecter. J'ai causé longuement avec lui et l'ai trouvé bien sympathique. C'est avec les caractères de cette trempe qu'on forge les meilleurs chrétiens. Il est assurément regrettable que la direction de cette âme ait été faussée par son éducation première. Il m'a avoué qu'il n'avait pas la foi ; mais il m'a dit cela sur un ton qui m'a donné bon espoir. Je lui ai répondu que j'espérais trouver en lui toutes les qualités qu'il fallait pour former un brave petit soldat du Christ, et qu'il devait se préoccuper de songer à faire valoir les talents que Dieu lui avait confiés. Nous avons relu ensemble la parabole, et je crois que la bonne semence n'est pas tombée sur un mauvais terrain. Il s'est montré remué par mes paroles et m'a promis d'y réfléchir."

« Bernard m'avait déjà parlé de cet entretien avec le vieux ; je savais ce qu'il en pensait, de sorte que la conversation me devenait assez pénible. Déjà je m'étais levé pour partir, mais lui, gardant la main que je lui tendais dans les siennes :

« "Eh ! dites-moi ; j'ai revu notre Laura ! Je savais que cette chère enfant avait passé tout un mois avec vous dans la belle montagne ; elle semble s'y être fait beaucoup de bien. Je suis heureux de la savoir de nouveau près de son mari, qui devait commencer à souffrir de sa longue absence. Il est regrettable que son travail ne lui ait pas permis de vous rejoindre là-bas."

« Je tirais pour partir, de plus en plus gêné, car j'ignorais ce que Laura avait pu lui dire, mais d'un geste brusque et autoritaire, il m'attira contre lui, et, se penchant en avant vers mon oreille :

« "Laura m'a confié qu'elle avait des espérances ; mais chut !... Elle préfère qu'on ne le sache pas encore. Je vous dis cela à vous, parce que je sais que vous êtes au courant, et que nous sommes discrets l'un et l'autre. La pauvre enfant était toute confuse en me parlant, et rougissante ; elle est si réservée. Comme elle s'était mise à genoux devant moi, nous avons ensemble remercié Dieu d'avoir bien voulu bénir cette union." »

« Il me semble que Laura aurait mieux fait de différer cette confidence, à laquelle son état ne la forçait pas encore. M'eût-elle consulté, je lui aurais conseillé d'attendre d'avoir revu Douviers avant de rien dire. Azaïs n'y voit que du feu ; mais tous les siens ne seront pas aussi jobards.

« Le vieux a exécuté encore quelques variations sur divers thèmes pastoraux, puis m'a dit que sa fille serait heureuse de me revoir, et je suis redescendu à l'étage des Vedel.

« Je relis ce que dessus. En parlant ainsi d'Azaïs, c'est moi que je rends odieux. Je l'entends bien ainsi ; et j'ajoute ces quelques lignes à l'usage de Bernard, pour le cas où sa charmante indiscrétion le pousserait à fourrer de nouveau son nez dans ce cahier. Pour peu qu'il continue à fréquenter le vieux, il comprendra ce que je veux dire. J'aime beaucoup le vieux et, "au surplus" comme il dit, je le respecte ; mais dès que je suis près de lui, je ne peux plus me sentir ; cela me rend sa société assez pénible.

« J'aime beaucoup sa fille, la pastoresse. Madame Vedel ressemble à l'Elvire de Lamartine[1] ; une Elvire vieillie. Sa

---

1. Personnage de femme aimée évoquée dans le principal recueil de poèmes d'Alphonse de Lamartine (1790-1869), *Méditations poétiques* (1820).

conversation n'est pas sans charme. Il lui arrive assez souvent de ne pas achever ses phrases, ce qui donne à sa pensée une sorte de flou poétique. Elle fait de l'infini avec
l'imprécis et l'inachevé. Elle attend de la vie future tout ce
qui lui manque ici-bas ; ceci lui permet d'élargir indéfiniment
ses espoirs. Elle prend élan sur le rétrécissement de son
sol. De ne voir que très peu Vedel lui permet de s'imaginer
qu'elle l'aime. Le digne homme est incessamment en par-
tance, requis par mille soins, mille soucis, sermons, congrès,
visites de pauvres et de malades. Il ne vous serre la main
qu'en passant, mais d'autant plus cordialement.

« "Trop pressé pour causer aujourd'hui.

« — Bah ! l'on se retrouvera dans le ciel", lui dis-je ; mais
il n'a pas le temps de m'entendre.

« "Plus un instant à lui, soupire madame Vedel. Si vous
saviez tout ce qu'il se laisse mettre sur les bras depuis
que… Comme on sait qu'il ne se refuse jamais, tout le
monde lui… Quand il rentre le soir, il est si fatigué parfois
que je n'ose presque pas lui parler de peur de le… Il se
donne tellement aux autres qu'il ne lui reste plus rien pour
les siens."

« Et tandis qu'elle me parlait, je me souvenais de certains
retours de Vedel, du temps que j'habitais la pension. Je le
voyais se prendre la tête dans les mains et bramer après un
peu de répit. Mais, alors déjà, je pensais que, ce répit, il le
redoutait peut-être plus encore qu'il ne le souhaitait, et que
rien ne pourrait lui être donné de plus pénible qu'un peu de
temps pour réfléchir.

« "Vous prendrez bien une tasse de thé ? me demanda
madame Vedel, tandis qu'une petite bonne apportait un plateau chargé.

« — Madame, il n'y a plus de sucre.

« — Je vous ai déjà dit que c'est à mademoiselle Rachel

que vous devez en demander. Allez vite… Est-ce que vous
avez prévenu ces Messieurs ?

« — Monsieur Bernard et monsieur Boris sont sortis.

« — Eh bien ! et monsieur Armand ?… Dépêchez-vous.”

« Puis, sans attendre que la bonne soit sortie :

« “Cette pauvre fille arrive de Strasbourg. Elle n'a
aucune… On est obligé de tout lui dire… Eh bien ! qu'est-
ce que vous attendez ?”

« La servante se retourna comme un serpent à qui l'on
aurait marché sur la queue :

« “Il y a en bas le répétiteur, qui voulait monter. Il dit qu'il
ne s'en ira pas avant d'être payé.”

« Les traits de madame Vedel exprimèrent un ennui
tragique.

« “Combien de fois devrai-je encore répéter que ce n'est
pas moi qui m'occupe des affaires de règlements. Dites-lui
qu'il s'adresse à Mademoiselle. Allez !… Pas une heure tranquille ! Je ne sais vraiment pas à quoi pense Rachel.

« — Nous ne l'attendons pas pour le thé ?

« — Elle n'en prend jamais… Ah ! cette rentrée nous
donne bien du souci. Les maîtres répétiteurs qui se proposent demandent des prix exorbitants ; ou, quand leurs prix
sont acceptables, c'est eux-mêmes qui ne le sont pas. Papa
a eu à se plaindre du dernier ; il s'est montré beaucoup trop
faible avec lui ; à présent c'est lui qui menace. Vous avez
entendu ce que disait la petite. Tous ces gens ne songent
qu'à l'argent… comme s'il n'y avait rien de plus important
au monde. En attendant, nous ne savons pas comment le
remplacer. Prosper croit toujours qu'il n'y a qu'à prier Dieu
pour que tout s'arrange…”

« La bonne rentrait avec le sucre.

« “Vous avez prévenu monsieur Armand ?

« — Oui, Madame ; il va venir tout de suite.

« — Et Sarah ? demandai-je.

« — Elle ne rentre que dans deux jours. Elle est chez des amis, en Angleterre ; chez les parents de cette jeune fille que vous avez vue chez nous. Ils ont été très aimables, et je suis heureuse que Sarah puisse un peu se… C'est comme Laura. Je lui ai trouvé bien meilleure mine. Ce séjour en Suisse, après le Midi, lui a fait beaucoup de bien, et vous êtes très aimable de l'avoir décidée. Il n'y a que ce pauvre Armand qui n'a pas quitté Paris de toutes les vacances.

« — Et Rachel ?

« — Oui ; c'est vrai ; elle aussi. Elle a été sollicitée de divers côtés, mais elle a préféré rester à Paris. Et puis grand-père avait besoin d'elle. D'ailleurs, dans cette vie, on ne fait pas toujours ce qu'on veut. C'est ce que de temps en temps, je suis forcée de redire aux enfants. Il faut aussi songer aux autres. Est-ce que vous croyez que, moi aussi, cela ne m'aurait pas amusée d'aller me promener à Saas-Fée ? Et Prosper, lui, quand il voyage est-ce que vous croyez que c'est pour son plaisir ? Armand, tu sais bien que je n'aime pas que tu viennes ici sans faux col, ajouta-t-elle en voyant entrer son fils.

« — Ma chère mère, vous m'avez religieusement enseigné à n'attacher point d'importance à ma mise, dit-il en me tendant la main ; et très opportunément, car la blanchisseuse ne revient que mardi, et les cols qui me restent sont déchirés. "

« Je me souvenais de ce qu'Olivier m'avait dit de son camarade, et il me parut en effet qu'une expression de souci profond se cachait derrière sa méchante ironie. Le visage d'Armand s'était affiné ; son nez se pinçait, se busquait sur ses lèvres amincies et décolorées. Il continuait :

« "Avez-vous avisé Monsieur votre noble visiteur que nous avons adjoint à notre troupe ordinaire et engagé, pour l'ouverture de notre saison d'hiver, quelques vedettes sensationnelles : le fils d'un sénateur bien-pensant, et le jeune

vicomte de Passavant, frère d'un auteur illustre ? Sans compter deux recrues que vous connaissez déjà, mais qui n'en
sont pour cela que plus honorables : le prince Boris, et le
marquis de Profitendieu ; plus quelques autres dont les
titres et les vertus restent à découvrir.

« — Vous voyez qu'il ne change pas", dit la pauvre mère,
qui souriait à ces plaisanteries.

« J'avais si grand-peur qu'il ne commençât à parler de
Laura, que j'écourtai ma visite et descendis au plus vite
retrouver Rachel.

« Elle avait relevé les manches de son corsage pour aider
au rangement de la salle d'étude ; mais les rabaissa précipitamment en me voyant approcher.

« "Il m'est extrêmement pénible d'avoir recours à vous,
commença-t-elle en m'entraînant dans une petite salle voisine qui sert aux leçons particulières. J'aurais voulu m'adresser à Douviers, qui m'en avait priée ; mais depuis que j'ai
revu Laura, j'ai compris que je ne pouvais plus le faire…"

« Elle était très pâle, et, comme elle disait ces derniers
mots, son menton et ses lèvres furent agités d'un tremblement convulsif qui l'empêcha quelques instants de parler.
Dans la crainte de la gêner, je détournais d'elle mon regard.
Elle s'appuya contre la porte qu'elle avait refermée. Je voulus lui prendre la main, mais elle l'arracha d'entre les
miennes. Elle reprit enfin, la voix comme contractée par un
immense effort :

« "Pouvez-vous me prêter dix mille francs ? La rentrée
s'annonce assez bonne et j'espère pouvoir vous les rendre
bientôt.

« — Quand vous les faut-il ?"

« Elle ne répondit pas.

« "Je me trouve avoir un peu plus de mille francs sur moi,
repris-je. Dès demain matin, je compléterai la somme…
Dès ce soir, s'il est nécessaire.

«— Non; demain suffira. Mais si vous pouvez sans vous priver me laisser mille francs tout de suite…"

«Je les sortis de mon portefeuille et les lui tendis.

«"Voulez-vous quatorze cents francs?"

«Elle baissa la tête et fit un "oui" si faible que je l'entendis à peine, puis gagna en chancelant un banc d'écolier sur lequel elle se laissa tomber et, les deux coudes appuyés sur le pupitre devant elle, resta quelques instants le visage dans les mains. Je pensai qu'elle pleurerait mais, quand je posai ma main sur son épaule, elle releva le front et je vis que ses yeux étaient restés secs.

«"Rachel, lui dis-je, ne soyez pas confuse d'avoir à me demander cela. Je suis heureux de pouvoir vous obliger."

«Elle me regarda gravement :

«"Ce qui m'est pénible, c'est de devoir vous prier de n'en parler ni à grand-père, ni à maman. Depuis qu'ils m'ont confié les comptes de la pension, je leur laisse croire que… enfin ils ne savent pas. Ne leur dites rien, je vous en supplie. Grand-père est vieux, et maman se donne tant de mal.

«— Rachel, ce n'est pas elle qui se donne tout ce mal… C'est vous.

«— Elle s'est donné beaucoup de mal. À présent elle est fatiguée. C'est mon tour. Je n'ai rien d'autre à faire."

«Elle disait tout simplement ces mots tout simples. Je ne sentais dans sa résignation nulle amertume, mais au contraire une sorte de sérénité.

«"Mais n'allez pas croire que cela aille très mal, reprit-elle. Simplement c'est un moment difficile, parce que certains créanciers se montrent impatients.

«— J'ai entendu tout à l'heure la bonne parler d'un maître répétiteur qui réclamait son dû.

«— Oui; il est venu faire à grand-père une scène très pénible, que malheureusement je n'ai pas pu empêcher. C'est un homme brutal et vulgaire. Il faut que j'aille le payer.

« — Souhaitez-vous que j'aille à votre place ?"

« Elle hésita un instant, s'efforçant en vain de sourire.

« "Merci. Mais non ; mieux vaut que ce soit moi… Mais sortez avec moi, voulez-vous. J'ai un peu peur de lui. S'il vous voit, il n'osera sans doute rien dire."

« La cour de la pension domine de quelques marches le jardin qui y fait suite et dont une balustrade la sépare, contre laquelle le répétiteur s'appuyait, les deux coudes rejetés en arrière. Il était coiffé d'un énorme feutre mou et fumait la pipe. Tandis que Rachel parlementait avec lui, Armand vint me rejoindre.

« "Rachel vous a tapé, dit-il cyniquement. Vous venez à pic pour la tirer d'une sale angoisse. C'est encore Alexandre, mon cochon de frère, qui a fait des dettes dans les colonies. Elle a voulu cacher cela à mes parents. Déjà elle avait abandonné la moitié de sa dot pour grossir un peu celle de Laura ; mais cette fois tout le reste y a passé. Elle ne vous en a rien dit, je parie. Sa modestie m'exaspère. C'est une des plus sinistres plaisanteries de ce bas monde : chaque fois que quelqu'un se sacrifie pour les autres, on peut être certain qu'il vaut mieux qu'eux… Tout ce qu'elle a fait pour Laura ! Celle-ci l'a bien récompensée, la garce I…

« — Armand, m'écriai-je indigné, vous n'avez pas le droit de juger votre sœur."

« Mais il reprit d'une voix saccadée et sifflante :

« "C'est au contraire parce que je ne suis pas meilleur qu'elle, que je la juge. Je m'y connais. Rachel, elle, ne nous juge pas. Elle ne juge jamais personne… Oui, la garce, la garce… Ce que je pense d'elle, je ne le lui ai pas envoyé dire, je vous jure… Et vous qui avez couvert, qui avez protégé tout cela ! Vous qui saviez… Grand-père, lui, n'y voit que du feu. Maman s'efforce de ne rien comprendre. Quant à papa, il s'en remet au Seigneur ; c'est plus commode. À chaque difficulté, il tombe en prière et laisse Rachel se débrouiller. Tout ce qu'il demande, c'est de ne pas y voir clair. Il court ; il se démène ; il n'est presque jamais à la maison. Je comprends qu'il étouffe ici ; moi, j'y crève. Il cherche à s'étourdir, parbleu ! Pendant ce temps, maman fait des vers. Oh ! je ne la blague pas ; j'en fais bien, moi. Mais, du moins, je sais que je ne suis qu'un salaud ; et je n'ai jamais cherché à poser pour autre chose. Dites si ce n'est pas dégoûtant : grand-père qui 'fait le charitable' avec La Pérouse, parce qu'il a besoin d'un répétiteur…" Et tout à coup : "Qu'est-ce que ce cochon, là-bas ose dire à ma sœur ? S'il ne la salue pas en partant, je lui fous mon poing sur la gueule…"

« Il s'élança vers le bohème, et je crus qu'il allait cogner. Mais l'autre, à son approche, se fendit d'un grand coup de chapeau déclamatoire et ironique, puis s'enfonça sous la voûte. À ce moment, la porte cochère s'ouvrit pour laisser entrer le pasteur. Il était en redingote, tuyau de poêle et gants noirs, comme qui reviendrait de baptême ou d'enterrement. L'ex-répétiteur et lui échangèrent un salut cérémonieux.

« Rachel et Armand se rapprochaient. Quand Vedel les eut rejoints près de moi :

« "Tout est arrangé", dit Rachel à son père.

« Celui-ci la baisa sur le front :

« "Tu vois bien ce que je te disais, mon enfant : Dieu n'abandonne jamais celui qui se confie en lui."

« Puis, me tendant la main :

« "Vous partez déjà ?… À un de ces jours, n'est-ce pas ?" »

3

JOURNAL D'ÉDOUARD
(Suite)

29 septembre.

«Visite à La Pérouse. La bonne hésitait à me laisser entrer. "Monsieur ne veut voir personne." J'ai tant insisté qu'elle m'a introduit dans le salon. Les volets étaient clos; dans la pénombre, je distinguais à peine mon vieux maître, enfoncé dans un grand fauteuil droit. Il ne s'est pas levé. Sans me regarder il m'a tendu de côté sa main molle, qui est retombée après que je l'eus pressée. Je me suis assis à côté de lui, de sorte que je ne le voyais que de profil. Ses traits restaient durs et figés. Par instants ses lèvres s'agitaient, mais il ne disait rien. J'en venais à douter s'il me reconnaissait. La pendule a sonné quatre heures; alors, comme mû par un rouage d'horlogerie, il a tourné la tête lentement et d'une voix solennelle, forte mais atone et comme d'outre-tombe:

«"Pourquoi vous a-t-on fait entrer? J'avais recommandé à la bonne de dire, à qui me demanderait, que Monsieur de La Pérouse est mort."

«Je m'affectai péniblement, non tant de ces paroles absurdes que de leur ton; un ton déclamatoire, indiciblement affecté, auquel mon vieux maître, si naturel avec moi d'ordinaire et si confiant, ne m'avait pas habitué.

« "Cette fille n'a pas voulu mentir, ai-je enfin répondu. Ne la grondez pas de m'avoir ouvert. Je suis heureux de vous revoir."

« Il répéta stupidement : "Monsieur de La Pérouse est mort." Puis replongea dans le mutisme. J'eus un mouvement d'humeur et me levai, prêt à partir, remettant à un autre jour le soin de chercher la raison de cette triste comédie. Mais à ce moment la bonne rentra ; elle apportait une tasse de chocolat fumant :

« "Que Monsieur fasse un petit effort. Il n'a encore rien pris d'aujourd'hui."

« La Pérouse eut un sursaut d'impatience, comme un acteur à qui quelque comparse maladroit couperait un effet :

« "Plus tard. Quand ce Monsieur sera parti."

« Mais la bonne n'eut pas plus tôt refermé la porte :

« "Mon ami, soyez bon ; apportez-moi un verre d'eau je vous prie. Un simple verre d'eau. Je meurs de soif."

« Je trouvai dans la salle à manger une carafe et un verre. Il emplit le verre, le vida d'un trait et s'essuya les lèvres à la manche de son vieux veston d'alpaga.

« "Vous avez de la fièvre ?" lui demandai-je.

« Ma phrase le rappela aussitôt au sentiment de son personnage :

« "Monsieur de La Pérouse n'a pas de fièvre. Il n'a plus rien. Depuis mercredi soir, monsieur de La Pérouse a cessé de vivre."

« J'hésitais si le mieux n'était pas d'entrer dans son jeu :

« "N'est-ce pas précisément mercredi que le petit Boris est venu vous voir ?"

« Il tourna la tête vers moi ; un sourire, comme l'ombre de celui d'autrefois, au nom de Boris, éclaira ses traits, et, consentant enfin à quitter son rôle :

« "Mon ami, je puis bien vous le dire, à vous : ce mer- credi, c'était le dernier jour qui me restait." Puis il reprit, à voix plus basse : "Le dernier jour précisément que je m'étais accordé avant... d'en finir."

« Il m'était extrêmement douloureux de voir La Pérouse revenir à ce sinistre propos. Je comprenais que je n'avais jamais pris bien au sérieux ce qu'il m'en avait dit précédem- ment, car j'avais laissé ma mémoire s'en dessaisir ; et je me le reprochais à présent. À présent je me souvenais de tout, mais m'étonnai, car il m'avait parlé d'abord d'une échéance plus lointaine, et, comme je le lui faisais observer, il m'avoua d'un ton de voix redevenu naturel et même avec un peu d'ironie, qu'il m'avait trompé sur la date, qu'il l'avait un peu reculée dans la crainte que je ne tente de le retenir ou que je ne précipite pour cela mon retour, mais qu'il s'était agenouillé plusieurs soirs de suite, suppliant Dieu qu'il lui accordât de voir Boris avant de mourir.

« "Et même j'avais convenu avec Lui, ajouta-t-il, qu'au besoin je remettrais de quelques jours mon départ... à cause de cette assurance que vous m'aviez donnée de me le ramener, vous vous souvenez ?"

« J'avais pris sa main ; elle était glacée et je la réchauffai dans les miennes. Il continua d'une voix monotone :

« "Alors, quand j'ai vu que vous n'attendiez pas la fin des vacances pour revenir et que je pourrais revoir le petit sans pour cela différer mon départ, j'ai cru que... il m'a semblé que Dieu tenait compte de ma prière. J'ai cru qu'il m'ap- prouvait. Oui, j'ai cru cela. Je n'ai pas compris tout de suite qu'il se moquait de moi, comme toujours."

« Il enleva sa main d'entre les miennes, et sur un ton plus animé :

« "C'est donc mercredi soir que je m'étais promis d'en finir ; et c'est dans la journée de mercredi que vous m'avez amené Boris. Je n'ai pas éprouvé, je dois le dire, en le voyant, toute la joie que je m'étais promise. J'ai réfléchi à cela, ensuite. Évidemment, je n'étais pas en droit d'espérer que ce petit pût être heureux de me voir. Sa mère ne lui parlait jamais de moi."

« Il s'arrêta ; ses lèvres tremblèrent et je crus qu'il allait pleurer.

« "Boris ne demande qu'à vous aimer, mais laissez-lui le temps de vous connaître, hasardai-je.

« — Après que le petit m'eut quitté, reprit La Pérouse, sans m'entendre, quand le soir, je me suis retrouvé seul (car vous savez que madame de La Pérouse n'est plus ici), je me suis dit : 'Allons ! voici le moment.' Il faut que vous sachiez que mon frère, celui que j'ai perdu, m'a légué une paire de pistolets que je garde toujours près de moi, dans un étui, au chevet de mon lit. J'ai donc été chercher cet étui. Je me suis assis dans un fauteuil ; là, comme je suis en ce moment. J'ai chargé l'un des pistolets…"

« Il se tourna vers moi et, brusquement, brutalement, répéta, comme si je doutais de sa parole : "Oui, je l'ai chargé. Vous pouvez voir : Il l'est encore. Que s'est-il passé ? Je ne parviens pas à comprendre. J'ai porté le pistolet à mon front. Je l'ai gardé longtemps contre ma tempe. Et je n'ai pas tiré. Je n'ai pas pu… Au dernier moment, c'est honteux à dire… Je n'ai pas eu le courage de tirer."

« Il s'était animé en parlant. Son regard était devenu plus vif et le sang colorait faiblement ses joues. Il me regardait en hochant la tête.

« "Comment expliquez-vous cela ? Une chose que j'avais résolue ; à laquelle, depuis des mois, je n'arrêtais pas de penser… Peut-être même est-ce pour cela. Peut-être que, par avance, j'avais épuisé en pensée tout mon courage…

« — Comme, avant le retour de Boris, vous aviez épuisé la joie du revoir", lui dis-je ; mais il continuait :

« "Je suis resté longtemps, avec le pistolet contre ma

tempe. J'avais le doigt sur la gâchette. Je pressais un peu ; mais pas assez fort. Je me disais : 'Dans un instant, je vais presser plus fort, et le coup partira.' Je sentais le froid du métal, et me disais : 'Dans un instant, je ne sentirai plus rien. Mais d'abord je vais entendre un bruit terrible…' Songez donc ! si près de l'oreille !… C'est cela surtout qui m'a retenu : la peur du bruit… C'est absurde ; car, du moment que l'on meurt… Oui ; mais la mort, je l'espère comme un sommeil ; et une détonation, cela n'endort pas : cela réveille… Oui ; c'est certainement cela dont j'avais peur. J'avais peur, au lieu de m'endormir, de me réveiller brusquement."

« Il sembla se ressaisir, ou plutôt se rassembler, et durant quelques instants, de nouveau ses lèvres remuèrent à vide.

« "Tout cela, reprit-il, je ne me le suis dit qu'ensuite. La vérité, si je ne me suis pas tué, c'est que je n'étais pas libre. Je dis à présent : j'ai eu peur ; mais non : ce n'était pas cela. Quelque chose de complètement étranger à ma volonté, de plus fort que ma volonté, me retenait… Comme si Dieu ne voulait pas me laisser partir. Imaginez une marionnette qui voudrait quitter la scène avant la fin de la pièce… Halte là ! On a encore besoin de vous pour le finale. Ah ! vous croyiez que vous pouviez partir quand vous vouliez !… J'ai compris que ce que nous appelons notre volonté, ce sont les fils qui font marcher la marionnette, et que Dieu tire. Vous ne saisissez pas ? Je vais vous expliquer. Tenez : je me dis à présent : 'Je vais lever mon bras droit' ; et je le lève. (Effectivement il le leva.) Mais c'est que la ficelle était déjà tirée pour me faire penser et dire : 'Je veux lever mon bras droit'… Et la preuve que je ne suis pas libre, c'est que si j'avais dû lever l'autre bras, je vous aurais dit : 'Je m'en vais lever mon bras gauche'… Non ; je vois que vous ne me comprenez pas. Vous n'êtes pas libre de me comprendre… Oh ! je me rends bien compte à présent, que Dieu s'amuse. Ce qu'il nous fait faire, il s'amuse à nous laisser croire que nous voulions le faire. C'est son vilain jeu… Vous croyez que je deviens fou ? À propos : figurez-vous que madame de La Pérouse… Vous savez qu'elle est entrée dans une maison de retraite… Eh bien ! figurez-vous qu'elle se persuade que c'est un asile d'aliénés, et que je l'y ai fait interner pour me débarrasser d'elle, avec l'intention de la faire passer pour folle. Accordez-moi que c'est curieux : n'importe quel passant qu'on croise dans la rue, vous comprendrait mieux que celle à qui l'on a donné sa vie… Dans les premiers temps, j'allais la voir chaque jour. Mais, sitôt qu'elle m'apercevait : 'Ah ! vous voilà. Vous venez encore m'espionner…' J'ai dû renoncer à ces visites qui ne faisaient que l'irriter. Comment voulez-vous qu'on s'attache à la vie, lorsqu'on ne peut plus faire de bien à personne ?"

« Des sanglots étranglèrent sa voix. Il baissa la tête et je crus qu'il allait retomber dans son accablement. Mais, avec un brusque élan :

« "Savez-vous ce qu'elle a fait, avant de partir ? Elle a forcé mon tiroir et brûlé toutes les lettres de feu mon frère. Elle a toujours été jalouse de mon frère ; surtout depuis qu'il est mort. Elle me faisait des scènes quand elle me surprenait, la nuit, en train de relire ses lettres. Elle s'écriait : 'Ah ! vous attendiez que je sois couchée. Vous vous cachez de moi.' Et encore : 'Vous feriez beaucoup mieux d'aller dormir. Vous vous fatiguez les yeux.' On l'aurait dite pleine d'attentions ; mais je la connais : c'était de la jalousie. Elle n'a pas voulu me laisser seul avec lui.

« — C'est qu'elle vous aimait. Il n'y a pas de jalousie sans amour.

« — Eh bien ! accordez-moi que c'est une triste chose, lorsque l'amour, au lieu de faire la félicité de la vie, en devient la calamité… C'est sans doute ainsi que Dieu nous aime."

« Il s'était beaucoup animé tout en parlant, et tout à coup :

« "J'ai faim, dit-il. Quand je veux manger, cette servante m'apporte toujours du chocolat. Madame de La Pérouse a dû lui dire que je ne prenais rien d'autre. Vous seriez bien aimable d'aller à la cuisine… la seconde porte à droite, dans le couloir… et de voir s'il n'y a pas des œufs. Je crois qu'elle m'a dit qu'il y en avait.

« — Vous voudriez qu'elle vous prépare un œuf sur le plat ?

« — Je crois que j'en mangerais bien deux. Seriez-vous assez bon ? Moi, je ne parviens pas à me faire entendre.

« — Cher ami, lui dis-je en revenant, vos œufs seront prêts dans un instant. Si vous me le permettez, je resterai pour vous les voir prendre ; oui, cela me fera plaisir. Il m'a été très pénible de vous entendre dire, tout à l'heure, que vous ne pouviez plus faire de bien à personne. Vous semblez oublier votre petit-fils. Votre ami, monsieur Azaïs, vous propose de venir vivre près de lui, à la pension. Il m'a chargé de vous le dire. Il pense qu'à présent que madame de La Pérouse n'est plus ici, rien ne vous retient."

« Je m'attendais à quelque résistance, mais c'est à peine s'il s'informa des conditions de la nouvelle existence qui s'offrait à lui.

« "Si je ne me suis pas tué, je n'en suis pas moins mort. Ici ou là, peu m'importe, disait-il. Vous pouvez m'emmener."

« Je convins que je viendrais le prendre le surlendemain ; que, d'ici là, je mettrais à sa disposition deux malles, pour qu'il y puisse ranger les vêtements dont il aurait besoin et ce qu'il tiendrait à cœur d'emporter.

« "Du reste, ajoutai-je, comme vous conserverez la disposition de cet appartement jusqu'à expiration du bail, il sera toujours temps d'y venir chercher ce qui vous manque."

« La servante apporta les œufs, qu'il dévora. Je commandai pour lui un dîner, tout soulagé de voir enfin le naturel reprendre le pas.

« "Je vous donne beaucoup de mal, répétait-il ; vous êtes bon."

« J'aurais voulu qu'il me confiât ses pistolets dont, lui dis-je, il n'avait plus que faire ; mais il ne consentit pas à me les laisser.

« "Vous n'avez plus de crainte à avoir. Ce que je n'ai pas fait ce jour-là, je sais que je ne pourrai jamais le faire. Mais ils sont le seul souvenir qui me reste à présent de mon frère, et j'ai besoin qu'ils me rappellent également que je ne suis qu'un jouet entre les mains de Dieu." »

4

Il faisait très chaud, ce jour-là. Par les fenêtres ouvertes de la pension Vedel, on voyait les cimes des arbres du jardin sur lequel flottait encore une immense quantité d'été disponible.

Ce jour de rentrée était pour le vieil Azaïs l'occasion d'un discours. Il se tenait au pied de la chaire, debout, face aux élèves, comme il sied. Dans la chaire, le vieux La Pérouse siégeait. Il s'était levé à l'entrée des élèves ; mais un geste amical d'Azaïs l'avait invité à se rasseoir. Son regard inquiet s'était d'abord posé sur Boris, et ce regard gênait Boris d'autant plus qu'Azaïs, dans son discours, présentant aux enfants leur nouveau maître, avait cru devoir faire une allusion à la parenté de celui-ci avec l'un d'eux. La Pérouse cependant s'affectait de ne rencontrer point le regard de Boris ; indifférence, froideur, pensait-il.

« Oh ! pensait Boris, qu'il me laisse tranquille ! qu'il ne me fasse pas "remarquer" ! » Ses camarades le terrifiaient. Au sortir du lycée, il avait dû se joindre à eux, et, durant le trajet du lycée à la « boîte », avait entendu leurs propos ; il aurait voulu se mettre au pas, par grand besoin de sympathie, mais sa nature trop délicate y répugnait ; les mots s'arrêtaient sur ses lèvres ; il s'en voulait de sa gêne, s'efforçait de ne la laisser point paraître, s'efforçait même de rire afin de prévenir les moqueries ; mais il avait beau faire ; parmi les autres, il avait l'air d'une fille, le sentait et s'en désolait.

Des groupements, presque aussitôt, s'étaient formés. Un certain Léon Ghéridanisol faisait centre et déjà s'imposait. Un peu plus âgé que les autres, et du reste plus avancé dans ses études, brun de peau, aux cheveux noirs, aux yeux noirs, il n'était ni très grand ni particulièrement fort, mais il avait ce qu'on appelle « du culot ». Un sacré culot vraiment. Même le petit Georges Molinier convenait que Ghéridanisol lui en avait « bouché un coin » ; « et, tu sais, pour m'en boucher un, il faut quelque chose ! ». Ne l'avait-il pas vu, de ses yeux vu, ce matin, s'approcher d'une jeune femme ; celle-ci tenait un enfant dans ses bras :

« C'est à vous, cet enfant, Madame ? (ceci dit avec un grand salut). Il est rien laid, vot' gosse. Mais rassurez-vous : il ne vivra pas. »

Georges s'en esclaffait encore.

« Non ! sans blague ? » disait Philippe Adamanti, son ami, à qui Georges rapportait l'histoire.

Ce propos insolent faisait leur joie ; on n'imaginait rien de plus spirituel. Bateau fort usagé déjà, Léon le tenait de son cousin Strouvilhou, mais Georges n'avait pas à le savoir.

À la pension, Molinier et Adamanti obtinrent de s'asseoir sur le même banc que Ghéridanisol : le cinquième, pour ne pas être trop en vue du pion. Molinier avait Adamanti à sa gauche ; à sa droite, Ghéridanisol, dit Ghéri ; à l'extrémité du banc s'assit Boris. Derrière celui-ci se trouvait Passavant.

Gontran de Passavant a mené triste vie depuis la mort de son père ; et celle qu'il menait auparavant n'était déjà pas bien gaie. Il a compris depuis longtemps qu'il n'avait à attendre de son frère nulle sympathie, nul appui. Il a été passer les vacances en Bretagne, emmené par sa vieille bonne, la fidèle Séraphine, dans la famille de celle-ci. Toutes ses qualités se sont repliées ; il travaille. Un secret désir l'éperonne, de prouver à son frère qu'il vaut mieux que lui. C'est de lui-même et par libre choix qu'il est entré en pension ; par désir aussi de ne pas loger chez son frère, dans cet hôtel de la rue de Babylone qui ne lui rappelle que de tristes souvenirs. Séraphine, qui ne veut pas l'abandonner, a pris un logement à Paris ; la petite rente que lui servent les deux enfants de feu le comte, par clause expresse du testament, le lui permet. Gontran y a sa chambre, qu'il occupe les jours de sortie ; il l'a ornée selon son goût. Il prend deux repas par semaine avec Séraphine ; celle-ci le soigne et veille à ce qu'il ne manque de rien. Auprès d'elle, Gontran bavarde volontiers, encore qu'il ne puisse parler avec elle de presque rien de ce qui lui tient à cœur. À la pension, il ne se laisse pas entamer par les autres ; il écoute plaisanter ses camarades d'une oreille distraite et se refuse souvent à leurs jeux. C'est aussi qu'il préfère la lecture aux jeux qui ne sont pas de plein air. Il aime le sport ; tous les sports ; mais de préférence les solitaires ; c'est aussi qu'il est fier et qu'il ne fraie pas avec tous. Les dimanches, suivant la saison, il patine, nage, canote, ou part pour d'immenses courses dans la campagne. Il a des répugnances, et qu'il ne cherche pas à vaincre ; non plus qu'il ne cherche à élargir son esprit, mais bien plutôt à l'affermir. Il n'est peut-être pas si simple qu'il se croit, qu'il cherche à se faire ; nous l'avons vu au chevet du lit de mort de son père ; mais il n'aime pas les mystères et, dès qu'il n'est plus pareil à lui, se déplaît. S'il arrive à se maintenir à la tête de sa classe, c'est par application, non par facilité. Boris trouverait protection près de lui, s'il savait seulement la chercher ; mais c'est son voisin Georges qui l'attire. Quant à Georges, il n'a d'attention que pour Ghéri, qui n'a d'attention pour personne.

Georges avait d'importantes nouvelles à communiquer à Philippe Adamanti, mais qu'il jugeait plus prudent de ne pas lui écrire.

Arrivé devant la porte du lycée, ce matin de rentrée, un quart d'heure avant l'ouverture des classes, il l'avait vainement attendu. C'est en faisant les cent pas devant la porte qu'il avait entendu Léon Ghéridanisol apostropher si spirituellement une jeune femme; à la suite de quoi les deux galopins étaient entrés en conversation, pour découvrir, à la grande joie de Georges, qu'ils allaient être camarades de pension.

À la sortie du lycée, Georges et Phiphi avaient enfin pu se rejoindre. S'acheminant vers la pension Azaïs avec les autres pensionnaires, mais un peu à l'écart de ceux-ci, de manière à pouvoir parler librement :

« Tu ferais aussi bien de cacher ça, avait commencé Georges, en pointant du doigt la rosette jaune que Phiphi continuait d'arborer à sa boutonnière.

— Pourquoi ? avait demandé Philippe, qui s'apercevait que Georges ne portait plus la sienne.

— Tu risques de te faire choper. Mon petit, je voulais te dire ça avant la classe; tu n'avais qu'à arriver plus tôt. Je t'ai attendu devant la porte pour t'avertir.

— Mais je ne savais pas, avait dit Phiphi.

— "Je ne savais pas. Je ne savais pas", avait repris Georges en l'imitant. Tu devais penser que j'avais peut-être des choses à te dire, du moment que je n'avais pas pu te revoir à Houlgate. »

Le perpétuel souci de ces deux enfants est de prendre barre l'un sur l'autre. Phiphi doit à la situation et à la fortune de son père certains avantages; mais Georges l'emporte de beaucoup par son audace et son cynisme. Phiphi doit se forcer un peu pour ne pas rester en arrière. Ce n'est pas un méchant garçon; mais il est mou.

« Eh bien! sors-les, tes choses », avait-il dit.

Léon Ghéridanisol, qui s'était rapproché d'eux, les écoutait. Il ne déplaisait pas à Georges d'être entendu par lui; si l'autre l'avait épaté tantôt, Georges gardait en réserve de quoi l'épater à son tour; il avait donc dit à Phiphi, sur un ton tout simple:

« La petite Praline s'est fait coffrer.

— Praline!» s'était écrié Phiphi, que le sang-froid de Georges épouvantait. Et comme Léon faisait mine de s'intéresser, Phiphi demandait à Georges:

« On peut lui dire?

— Parbleu!» faisait Georges en haussant les épaules. Alors Phiphi à Ghéri, en montrant Georges:

« C'est sa poule. Puis, à Georges:

— Comment le sais-tu?

— C'est Germaine, que j'ai rencontrée, qui me l'a dit.»

Et il racontait à Phiphi comment, à son passage à Paris, il y a douze jours, ayant voulu revoir certain appartement que le procureur Molinier désignait précédemment comme «le théâtre de ces orgies», il avait trouvé porte close; qu'errant dans le quartier, il avait, peu de temps après, rencontré Germaine, la poule à Phiphi, qui l'avait renseigné: une descente de police avait été opérée au commencement des vacances. Ce que ces femmes et ces enfants ignoraient, c'est que Profitendieu avait eu grand soin d'attendre, pour cette opération, une date où les délinquants mineurs seraient dispersés, désireux de ne les englober point dans la rafle et d'épargner ce scandale à leurs parents.

« Eh bien! mon vieux…, répétait Phiphi sans commentaires. Eh bien! mon vieux!…», estimant que Georges et lui l'avaient échappé belle.

« Ça te fait froid dans la colonne, hein?» disait Georges en ricanant. Qu'il ait été terrifié lui-même, c'est ce qu'il jugeait parfaitement inutile d'avouer, surtout devant Ghéridanisol.

On pourrait croire, à ce dialogue, ces enfants encore plus dépravés qu'ils ne sont. C'est surtout pour se donner

des airs qu'ils parlent ainsi, j'en suis sûr. Il entre de la for-
fanterie dans leur cas. N'importe : Ghéridanisol les écoute ;
les écoute et les fait parler. Ces propos divertiront beaucoup
son cousin Strouvilhou, quand il les lui rapportera ce soir.

Ce même soir, Bernard retrouvait Édouard.

« Ça s'est bien passé, la rentrée ?

— Pas mal. » Et, comme ensuite il se taisait :

« Monsieur Bernard, si vous n'êtes pas d'humeur à parler
de vous-même, ne comptez pas sur moi pour vous presser.
J'ai horreur des interrogatoires. Mais permettez-moi de
vous rappeler que vous m'avez offert vos services et que je
suis en droit d'espérer de vous quelques récits...

— Que voulez-vous savoir ? reprit Bernard d'assez mauvaise grâce. Que le père Azaïs a prononcé un discours
solennel, où il proposait aux enfants de "s'élancer d'un
commun élan, et avec une juvénile ardeur..." ? J'ai retenu
ces mots, car ils sont revenus trois fois. Armand prétend
que le vieux les place dans chacun de ses laïus. Nous étions
assis lui et moi, sur le dernier banc, tout au fond de la
classe, contemplant la rentrée des gosses, comme Noé
celle des animaux dans l'arche. Il y en avait de tous les
genres ; des ruminants, des pachydermes, des mollusques et
d'autres invertébrés. Quand, après le laïus, ils se sont mis à
parler entre eux, nous avons remarqué, Armand et moi,
que quatre de leurs phrases sur dix commençaient par : "Je
parie que tu ne..."

— Et les six autres ?

— Par : "Moi, je..."

— Voici qui n'est pas mal observé, je le crains. Quoi
d'autre encore ?

— Certains me paraissent avoir une personnalité fabri-
quée.

— Qu'entendez-vous par là ? demanda Édouard.

— Je songe particulièrement à l'un d'eux, assis à côté du petit Passavant qui, lui, me paraît simplement un enfant sage. Son voisin, que j'ai longuement observé, semble avoir pris pour règle de vie le *Ne quid nimis* [1] des Anciens. Ne pensez-vous pas qu'à son âge, c'est là une devise absurde ? Ses vêtements sont étriqués, sa cravate est stricte ; il n'est pas jusqu'à ces lacets de souliers, qui s'achèvent juste avec le nœud. Si peu que j'aie causé avec lui, il a trouvé le temps de me dire qu'il voyait partout un gaspillage de force, et de répéter, comme un refrain : "Pas d'effort inutile."

— La peste soit des économies, dit Édouard. Cela fait, en art, les prolixes.

— Pourquoi ?

— Parce qu'ils ont peur de rien perdre. Quoi d'autre encore ? Vous ne me dites rien d'Armand.

— Un curieux numéro, celui-là. À vrai dire, il ne me plaît guère. Je n'aime pas les contrefaits. Il n'est pas bête, assurément ; mais son esprit n'est appliqué qu'à détruire ; du reste, c'est contre lui-même qu'il se montre le plus acharné ; tout ce qu'il a de bon en lui, de généreux, de noble ou de tendre, il en prend honte. Il devrait faire du sport ; s'aérer. Il s'aigrit à rester enfermé tout le jour. Il semble rechercher ma présence ; je ne le fuis pas, mais ne puis me faire à son esprit.

— Ne pensez-vous pas que ses sarcasmes et son ironie abritent une excessive sensibilité, et peut-être une grande souffrance ? Olivier le croit.

— Il se peut ; je me le suis dit. Je ne le connais pas bien encore. Le reste de mes réflexions n'est pas mûr. J'ai besoin d'y réfléchir ; je vous en ferai part ; mais plus tard. Ce soir, excusez-moi si je vous quitte. J'ai mon examen dans deux jours ; et puis, autant vous l'avouer… je me sens triste. »

---

1. « Rien de trop », locution latine empruntée aux Grecs et dont le sens est à peu près « l'excès en tout est un défaut ».

5

*Il ne faut prendre, si je ne me trompe, que la
fleur de chaque objet...*

FÉNELON.

Olivier, de retour à Paris depuis la veille, s'était levé tout reposé. L'air était chaud, le ciel pur. Quand il sortit, rasé de frais, douché, élégamment vêtu, conscient de sa force, de sa jeunesse, de sa beauté, Passavant sommeillait encore.

Olivier se hâte vers la Sorbonne. C'est ce matin que Bernard doit passer l'écrit. Comment Olivier le sait-il ? Mais peut-être ne le sait-il pas. Il va se renseigner. Il se hâte. Il n'a pas revu son ami depuis cette nuit que Bernard est venu chercher refuge dans sa chambre. Quels changements, depuis ! Qui dira s'il n'est pas encore plus pressé de se montrer à lui que de le revoir ? Fâcheux que Bernard soit si peu sensible à l'élégance ! Mais c'est un goût qui parfois vient avec l'aisance. Olivier en a fait l'épreuve, grâce au comte de Passavant.

C'est l'écrit que Bernard passe ce matin. Il ne sortira qu'à midi. Olivier l'attend dans la cour. Il reconnaît quelques camarades, serre des mains, puis s'écarte. Il est un peu gêné par sa mise. Il le devient plus encore lorsque Bernard, enfin délivré, s'avance dans la cour et s'écrie, en lui tendant la main :

« Qu'il est beau ! »

Olivier, qui croyait ne plus jamais rougir, rougit. Comment ne pas voir, dans ces mots, malgré leur ton très cordial, de l'ironie ? Bernard, lui, porte le même costume encore, qu'il avait le soir de sa fuite. Il ne s'attendait pas à trouver Olivier. Tout en le questionnant, il l'entraîne. La joie qu'il a de le revoir est subite. S'il a d'abord un peu souri devant le raffinement de sa mise, c'est sans malice aucune ; il a bon cœur ; il est sans fiel.

« Tu déjeunes avec moi, hein ? Oui, je dois rappliquer à une heure et demie pour le latin. Ce matin, c'était le français.

— Content ?

— Moi, oui. Mais je ne sais pas si ce que j'ai pondu sera du goût des examinateurs. Il s'agissait de donner son avis sur quatre vers de La Fontaine :

> Papillon du Parnasse, et semblable aux abeilles
> À qui le bon Platon compare nos merveilles,
> Je suis chose légère et vole à tout sujet,
> Je vais de fleur en fleur et d'objet en objet.

« Dis un peu, qu'est-ce que tu aurais fait avec ça ? »

Olivier ne peut résister au désir de briller :

« J'aurais dit qu'en se peignant lui-même, La Fontaine avait fait le portrait de l'artiste, de celui qui consent à ne prendre du monde que l'extérieur, que la surface, que la fleur. Puis j'aurais posé en regard un portrait du savant, du chercheur, de celui qui creuse, et montré enfin que, pendant que le savant cherche, l'artiste trouve ; que celui qui creuse s'enfonce, et que qui s'enfonce s'aveugle ; que la vérité, c'est l'apparence, que le mystère c'est la forme, et que ce que l'homme a de plus profond, c'est sa peau. »

Cette dernière phrase, Olivier la tenait de Passavant, qui lui-même l'avait cueillie sur les lèvres de Paul-Ambroise [1], un jour que celui-ci discourait dans un salon. Tout ce qui n'était pas imprimé, était pour Passavant de bonne prise; ce qu'il appelait «les idées dans l'air», c'est-à-dire: celles d'autrui.

Un je ne sais quoi dans le ton d'Olivier, avertit Bernard que cette phrase n'était pas de lui. La voix d'Olivier s'y trouvait gênée. Bernard fut sur le point de demander: «C'est de qui?» mais, outre qu'il ne voulait pas désobliger son ami, il redoutait d'avoir à entendre le nom de Passavant, que l'autre jusqu'à présent n'avait eu garde de prononcer. Bernard se contenta de regarder son ami avec une curieuse insistance; et Olivier, pour la seconde fois, rougit.

La surprise qu'avait Bernard d'entendre le sentimental Olivier exprimer des idées parfaitement différentes de celles qu'il lui connaissait, fit place presque aussitôt à une indignation violente; quelque chose de subit et de surprenant, d'irrésistible comme un cyclone. Et ce n'était pas précisément contre ces idées qu'il s'indignait, encore qu'elles lui parussent absurdes. Et même elles n'étaient peut-être pas, après tout, si absurdes que cela. Sur son cahier des opinions contradictoires, il les pourrait coucher en regard des siennes propres. Eussent-elles été authentiquement les idées d'Olivier, il ne se serait indigné ni contre lui, ni contre elles; mais il sentait quelqu'un de caché derrière; c'est contre Passavant qu'il s'indignait.

«Avec de pareilles idées, on empoisonne la France», s'écria-t-il d'une voix sourde, mais véhémente. Il le prenait de très haut, désireux de survoler Passavant. Et ce qu'il dit

1. Allusion à Ambroise-Paul Valéry (1871-1945), poète et essayiste français, ami d'André Gide.

le surprit lui-même, comme si sa phrase avait précédé sa pensée ; et pourtant c'était cette pensée même qu'il avait développée ce matin dans son devoir ; mais, par une sorte de pudeur, il lui répugnait, dans son langage, et particulièrement en causant avec Olivier, de faire montre de ce qu'il appelait « les grands sentiments ». Aussitôt exprimés, ceux-ci lui paraissaient moins sincères. Olivier n'avait donc jamais entendu son ami parler des intérêts de « la France » ; ce fut son tour d'être surpris. Il ouvrait de grands yeux et ne songeait même plus à sourire. Il ne reconnaissait plus son Bernard. Il répéta stupidement :

« La France ?... » Puis, dégageant sa responsabilité, car Bernard décidément ne plaisantait pas : « Mais, mon vieux, ce n'est pas moi qui pense ainsi ; c'est La Fontaine. »

Bernard devint presque agressif :

« Parbleu ! s'écria-t-il, je sais parbleu bien que ce n'est pas toi qui penses ainsi. Mais, mon vieux, ce n'est pas non plus La Fontaine. S'il n'avait eu pour lui que cette légèreté, dont du reste, à la fin de sa vie, il se repent et s'excuse, il n'aurait jamais été l'artiste que nous admirons. C'est précisément ce que j'ai dit dans ma dissertation de ce matin et fait valoir à grand renfort de citations, car tu sais que j'ai une mémoire assez bonne. Mais, quittant bientôt La Fontaine, et retenant l'autorisation que certains esprits superficiels pourraient penser trouver dans ses vers, je me suis payé une tirade contre l'esprit d'insouciance, de blague, d'ironie ; ce qu'on appelle enfin "l'esprit français", qui nous vaut parfois à l'étranger une réputation si déplorable. J'ai dit qu'il fallait y voir, non pas même le sourire, mais la grimace de la France ; que le véritable esprit de la France, était un esprit d'examen, de logique, d'amour et de pénétration patiente ; et que, si cet esprit-là n'avait pas animé La Fontaine, il aurait peut-être bien écrit ses contes, mais jamais ses fables, ni cette admirable épître (j'ai montré que je la connaissais) dont sont extraits les quelques vers qu'on nous donnait à commenter. Oui, mon vieux, une charge à fond, qui va peut-être me faire recaler. Mais je m'en fous ; j'avais besoin de dire ça. »

Olivier ne tenait pas particulièrement à ce qu'il venait d'exprimer tout à l'heure. Il avait cédé au besoin de briller, et de citer, comme négligemment, une phrase qu'il estimait de nature à épater son ami. Si maintenant celui-ci le prenait sur ce ton, il ne lui restait plus qu'à battre en retraite. Sa grande faiblesse venait de ceci qu'il avait beaucoup plus besoin de l'affection de Bernard, que celui-ci n'avait besoin de la sienne. La déclaration de Bernard l'humiliait, le mortifiait. Il s'en voulait d'avoir parlé trop vite. À présent, il était trop tard pour se reprendre, emboîter le pas, comme il eût fait certainement s'il avait laissé Bernard parler le premier. Mais comment eût-il pu prévoir que Bernard, qu'il avait laissé si frondeur, allait se poser en défenseur de sentiments et d'idées que Passavant lui apprenait à ne considérer point sans sourire ? Sourire, il n'en avait vraiment plus envie ; il avait honte. Et ne pouvant ni se rétracter, ni s'élever contre Bernard dont l'authentique émotion lui imposait, il ne cherchait plus qu'à se protéger, qu'à se soustraire :

« Enfin, si c'est cela que tu as mis dans ta compote[1], ça n'est pas contre moi que tu le disais… J'aime mieux ça. »

Il s'exprimait comme quelqu'un de vexé, et pas du tout sur le ton qu'il eût voulu.

« Mais c'est à toi que je le dis maintenant », reprit Bernard.

Cette phrase cingla Olivier droit au cœur. Bernard ne l'avait sans doute pas dite dans une intention hostile mais

---

1. Composition française.

comment la prendre autrement? Olivier se tut. Un gouffre, entre Bernard et lui se creusait. Il chercha quelles questions, d'un bord à l'autre de ce gouffre, il allait pouvoir jeter, qui rétabliraient le contact. Il cherchait sans espoir. « Ne comprend-il donc pas ma détresse? » se disait-il; et sa détresse s'aggravait. Il n'eut peut-être pas à refouler de larmes, mais il se disait qu'il y avait de quoi pleurer. C'est sa faute aussi: ce revoir lui paraîtrait moins triste, s'il s'en était promis moins de joie. Lorsque, deux mois auparavant, il s'était empressé à la rencontre d'Édouard, il en avait été de même. Il en serait toujours ainsi, se disait-il. Il eût voulu plaquer Bernard, s'en aller n'importe où, oublier Passavant, Édouard... Une rencontre inopinée, soudain, rompit le triste cours de sa pensée.

À quelques pas devant eux, sur le boulevard Saint-Michel, qu'ils remontaient, Olivier venait d'apercevoir Georges, son jeune frère. Il saisit Bernard par le bras, et tournant les talons aussitôt, l'entraîna précipitamment.

« Crois-tu qu'il nous ait vus? ... Ma famille ne sait pas que je suis de retour. »

Le petit Georges n'était point seul. Léon Ghéridanisol et Philippe Adamanti l'accompagnaient. La conversation de ces trois enfants était très animée; mais l'intérêt que Georges y prenait ne l'empêchait pas d'« avoir l'œil » comme il disait. Pour les écouter, quittons un instant Olivier et Bernard; aussi bien, entrés dans un restaurant, nos deux amis sont-ils, pour un temps, plus occupés à manger qu'à parler, au grand soulagement d'Olivier.

« Eh bien, alors, vas-y, toi, dit Phiphi à Georges.

— Oh! il a la frousse! il a la frousse! » riposte celui-ci, en mettant dans sa voix tout ce qu'il peut d'ironique mépris, propre à éperonner Philippe. Et Ghéridanisol, supérieur:

« Mes agneaux, si vous ne voulez pas, autant le dire tout

de suite. Je ne suis pas embarrassé pour trouver d'autres types qui auront plus de culot que vous. Allons, rends-moi ça. »

Il se tourne vers Georges, qui tient une petite pièce dans sa main fermée.

« Chiche, que j'y vais ! s'écrie Georges, dans un brusque élan. Venez avec moi. (Ils sont devant un bureau de tabac.)

— Non, dit Léon ; on t'attend au coin de la rue. Viens, Phiphi. »

Georges ressort un instant après de la boutique ; il tient à la main un paquet de cigarettes dites « de luxe » ; en offre à ses amis.

« Eh bien ? demande anxieusement Phiphi.

— Eh bien, quoi ? » riposte Georges, d'un air d'indifférence affectée, comme si ce qu'il venait de faire était devenu soudain si naturel qu'il ne valût pas la peine d'en parler. Mais Philippe insiste :

« Tu l'as passée ?

— Parbleu !

— On ne t'a rien dit ? »

Georges hausse les épaules :

« Qu'est-ce que tu voulais qu'on me dise ?

— Et on t'a rendu la monnaie ? »

Cette fois Georges ne daigne même plus répondre. Mais comme l'autre, encore un peu sceptique et craintif, insiste : « Fais voir », Georges sort l'argent de sa poche. Philippe compte : les sept francs y sont. Il a envie de demander : « Tu es sûr au moins qu'ils sont bons, ceux-là » mais se retient.

Georges avait payé un franc la fausse pièce. Il avait été convenu qu'on partagerait la monnaie. Il tend trois francs à Ghéridanisol. Quant à Phiphi, il n'aura pas un sou ; tout au plus une cigarette ; ça lui servira de leçon.

Encouragé par cette première réussite, Phiphi, maintenant, voudrait bien. Il demande à Léon de lui vendre une seconde pièce. Mais Léon trouve Phiphi flanchard et, pour le remonter à bloc, il affecte un certain mépris pour sa préalable couardise et feint de le bouder. « Il n'avait qu'à se décider plus vite ; on jouerait sans lui. » Du reste Léon juge imprudent de risquer une nouvelle expérience trop voisine de la première. Et puis, à présent, il est trop tard. Son cousin Strouvilhou l'attend pour déjeuner.

Ghéridanisol n'est pas si gourde qu'il ne sache écouler lui-même ses pièces ; mais, suivant les instructions de son grand cousin, il cherche à s'assurer des complices. Il rendra compte de sa mission bien remplie.

« Les gosses de bonne famille, tu comprends, c'est ceux-là qu'il nous faut, parce qu'ensuite, si l'affaire s'évente, les parents travaillent à l'étouffer. » (C'est le cousin Strouvilhou, son correspondant intérimaire, qui lui parle ainsi, tandis qu'ils déjeunent.) « Seulement, avec ce système de vendre les pièces une à une, ça les écoule trop lentement. J'ai cinquante-deux boîtes de vingt pièces chacune à placer. Il faut les vendre vingt francs chacune ; mais pas à n'importe qui, tu comprends. Le mieux, ce serait de former une association, dont on ne pourra pas faire partie sans avoir apporté des gages. Il faut que les gosses se compromettent et qu'ils livrent de quoi tenir les parents. Avant de lâcher les pièces, tu tâcheras de leur faire comprendre ça ; oh ! sans les effrayer. Il ne faut jamais effrayer les enfants. Tu m'as dit que le père Molinier était magistrat ? C'est bon. Et le père Adamanti ?

— Sénateur.

— C'est encore mieux. Tu es déjà assez mûr pour comprendre qu'il n'y a pas de famille sans quelque secret ; que les intéressés tremblent de laisser connaître. Il faut mettre les gosses en chasse ; ça les occupera. D'ordinaire on s'embête tant, dans sa famille ! Et puis, ça peut leur apprendre à observer, à chercher. C'est bien simple : qui n'apportera rien, n'aura rien. Quand ils comprendront qu'on les a, certains parents paieront cher pour le silence. Parbleu, nous n'avons pas l'intention de les faire chanter ; on est des honnêtes gens. On prétend simplement les tenir. Leur silence contre le nôtre. Qu'ils se taisent, et qu'ils fassent taire ; alors nous nous tairons, nous aussi. Buvons à leur santé. »

Strouvilhou remplit deux verres. Ils trinquèrent.

« Il est bon, reprit-il, il est même indispensable de créer des rapports de réciprocité entre les citoyens ; c'est ainsi que se forment les sociétés solides. On se tient, quoi ! Nous tenons les petits, qui tiennent leurs parents, qui nous tiennent. C'est parfait. Tu piges ? »

Léon pigeait à merveille. Il ricanait.

« Le petit Georges…, commença-t-il.

— Eh bien, quoi ? le petit Georges…

— Molinier ; je crois qu'il est mûr. Il a chipé des lettres à son père, d'une demoiselle de l'Olympia.

— Tu les as vues ?

— Il me les a montrées. Je l'écoutais, qui causait avec Adamanti. Je crois qu'ils étaient contents que je les entende ; en tout cas, ils ne se cachaient pas de moi ; j'avais pris pour cela mes mesures et leur avais déjà servi un plat de ta façon, pour les mettre en confiance. Georges disait à Phiphi (affaire de l'épater) : "Mon père, lui, il a une maîtresse." À quoi Phiphi, pour ne pas rester en retard, ripostait : "Mon père, à moi, il en a deux." C'était idiot, et il n'y avait pas de quoi se frapper ; mais je me suis rapproché et j'ai dit à Georges : "Qu'est-ce que tu en sais ?" — "J'ai vu des lettres", m'a-t-il dit. J'ai fait semblant de douter ; j'ai dit : "Quelle blague…" Enfin, je l'ai poussé à bout ; il a fini par me dire que ces lettres, il les avait sur lui ; il les a sorties d'un gros portefeuille, et me les a montrées.

— Tu les as lues ?

— Pas eu le temps. J'ai seulement vu qu'elles étaient de

la même écriture; l'une d'elles adressée à: "Mon gros minon chéri".

— Et signées?

— "Ta souris blanche". J'ai demandé à Georges: "Comment les as-tu prises?" Alors, en rigolant, il a tiré de la poche de son pantalon un énorme trousseau de clefs, et m'a dit: "Il y en a pour tous les tiroirs."

— Et que disait monsieur Phiphi?

— Rien. Je crois qu'il était jaloux.

— Georges te donnerait ces lettres?

— S'il faut, je saurai l'y pousser. Je ne voudrais pas les lui prendre. Il les donnera si Phiphi marche aussi. Tous les deux se poussent l'un l'autre.

— C'est ce qu'on appelle de l'émulation. Et tu n'en vois pas d'autres à la pension?

— Je chercherai.

— Je voulais te dire encore... Il doit y avoir, parmi les pensionnaires, un petit Boris. Laisse-le tranquille, celui-là.» Il prit un temps, puis ajouta plus bas: «pour le moment.»

Olivier et Bernard sont attablés à présent dans un restaurant du boulevard. La détresse d'Olivier, devant le chaud sourire de son ami, fond comme le givre au soleil. Bernard évite de prononcer le nom de Passavant: Olivier le sent; un secret instinct l'avertit; mais il a ce nom sur les lèvres; il faut qu'il parle, advienne que pourra.

«Oui, nous sommes rentrés plus tôt que je n'ai dit à ma famille. Ce soir *Les Argonautes* donnent un banquet. Passavant tient à y assister. Il veut que notre nouvelle revue vive en bons termes avec son aînée et qu'elle ne se pose pas en rivale... Tu devrais venir; et sais-tu... tu devrais y amener Édouard... Peut-être pas au banquet même, parce qu'il faut y être invité, mais sitôt après. On se tiendra dans une salle du premier, à la Taverne du Panthéon. Les principaux rédacteurs des *Argonautes* y seront, et plusieurs de ceux qui doivent collaborer à *l'Avant-Garde*. Notre premier numéro est presque prêt; mais, dis... pourquoi ne m'as-tu rien envoyé?

— Parce que je n'avais rien de prêt», répond Bernard un peu sèchement.

La voix d'Olivier devient presque implorante:

«J'ai inscrit ton nom à côté du mien, au sommaire... On attendrait un peu, s'il fallait... N'importe quoi; mais quelque chose... Tu nous avais presque promis...»

Il en coûte à Bernard de peiner Olivier; mais il se raidit:

«Écoute, mon vieux, il vaut mieux que je te le dise tout de suite: j'ai peur de ne pas bien m'entendre avec Passavant.

— Mais puisque c'est moi qui dirige! Il me laisse absolument libre.

— Et puis, c'est justement de t'envoyer n'importe quoi, qui me déplaît. Je ne veux pas écrire "n'importe quoi".

— Je disais "n'importe quoi", parce que je savais précisément que n'importe quoi de toi, ce serait toujours bien... que précisément ce ne serait jamais "n'importe quoi".»

Il ne sait que dire. Il bafouille. S'il n'y sent plus son ami près de lui, cette revue cesse de l'intéresser. C'était si beau, ce rêve de débuter ensemble.

«Et puis, mon vieux, si je commence à très bien savoir ce que je ne veux pas faire, je ne sais pas encore bien ce que je ferai. Je ne sais même pas si j'écrirai.»

Cette déclaration consterne Olivier. Mais Bernard reprend:

«Rien de ce que j'écrirais facilement ne me tente. C'est parce que je fais bien mes phrases que j'ai horreur des phrases bien faites. Ce n'est pas que j'aime la difficulté pour elle-même; mais je trouve que vraiment, les littérateurs d'aujourd'hui ne se foulent guère. Pour écrire un roman, je ne connais pas encore assez la vie des autres; et moi-même je n'ai pas encore vécu. Les vers m'ennuient, l'alexandrin est usé jusqu'à la corde; le vers libre est informe. Le seul poète qui me satisfasse aujourd'hui, c'est Rimbaud.

— C'est justement ce que je dis dans le manifeste.

— Alors, ce n'est pas la peine que je le répète. Non, mon vieux; non; je ne sais pas si j'écrirai. Il me semble parfois qu'écrire empêche de vivre, et qu'on peut s'exprimer mieux par des actes que par des mots.

— Les œuvres d'art sont des actes qui durent, hasarda craintivement Olivier; mais Bernard ne l'écoutait pas.

— C'est là ce que j'admire le plus dans Rimbaud : c'est d'avoir préféré la vie.

— Il a gâché la sienne.

— Qu'en sais-tu?

— Oh! ça, mon vieux...

— On ne peut pas juger de la vie des autres par l'extérieur. Mais enfin, mettons qu'il ait raté; il a eu la guigne, la misère et la maladie... Telle qu'elle est, sa vie, je l'envie; oui, je l'envie plus même avec sa fin sordide, que celle de...»

Bernard n'acheva pas sa phrase; sur le point de nommer un contemporain illustre, il hésitait entre trop de noms. Il haussa les épaules et reprit :

«Je sens en moi, confusément, des aspirations extraordinaires, des sortes de lames de fond, des mouvements, des agitations incompréhensibles, et que je ne veux pas chercher à comprendre, que je ne veux même pas observer, par crainte de les empêcher de se produire. Il n'y a pas bien longtemps encore, je m'analysais sans cesse. J'avais cette habitude de me parler constamment à moi-même. À présent, quand bien je le voudrais, je ne peux plus. Cette manie a pris fin brusquement, sans même que je m'en sois rendu compte. Je pense que ce monologue, ce "dialogue intérieur", comme disait notre professeur, comportait une sorte de dédoublement dont j'ai cessé d'être capable, du jour où j'ai commencé d'aimer quelqu'un d'autre que moi, plus que moi.

— Tu veux parler de Laura, dit Olivier. Tu l'aimes toujours autant?

— Non, dit Bernard; mais toujours plus. Je crois que c'est le propre de l'amour, de ne pouvoir demeurer le même; d'être forcé de croître, sous peine de diminuer; et que c'est là ce qui le distingue de l'amitié.

— Elle aussi, pourtant, peut s'affaiblir, dit Olivier tristement.

— Je crois que l'amitié n'a pas de si grandes marges.

— Dis... tu ne vas pas te fâcher, si je te demande quelque chose?

— Tu verras bien.

— C'est que je voudrais ne pas te fâcher.

— Si tu gardes tes questions par-devers toi, je me fâcherai bien davantage.

— Je voudrais savoir si tu éprouves pour Laura... du désir?»

Bernard devint brusquement très grave.

«C'est bien parce que c'est toi..., commença-t-il. Eh bien! mon vieux, il se passe en moi ceci de bizarre, c'est que, depuis que je la connais, je n'ai plus de désirs du tout. Moi qui, dans le temps, tu t'en souviens, m'enflammais à la fois pour vingt femmes que je rencontrais dans la rue (et c'est même ce qui me retenait d'en choisir aucune), à présent je crois que je ne puis plus être sensible, jamais plus, à une autre forme de beauté que la sienne; que je ne pourrai jamais aimer d'autre front que le sien, que ses lèvres, que son regard. Mais c'est de la vénération que j'ai pour elle, et, près d'elle, toute pensée charnelle me semble impie. Je crois que je me méprenais sur moi-même et que ma nature est très chaste. Grâce à Laura, mes instincts se sont sublimés. Je sens en moi de grandes forces inemployées, je voudrais les mettre en service. J'envie le chartreux[1] qui plie son orgueil sous la règle; celui à qui l'on dit: "Je compte sur toi." J'envie le soldat… Ou plutôt, non, je n'envie personne; mais ma turbulence intérieure m'oppresse et j'aspire à la discipliner. C'est comme de la vapeur en moi, elle peut s'échapper en sifflant (ça c'est la poésie), actionner des pistons, des roues; ou même faire éclater la machine. Sais-tu l'acte par lequel il me semble parfois que je m'exprimerais le mieux? C'est… Oh! je sais bien que je ne me tuerai pas; mais je comprends admirablement Dmitri Karamazov[2], lorsqu'il demande à son frère s'il comprend qu'on puisse se tuer par enthousiasme, par simple excès de vie… par éclatement.»

Un extraordinaire rayonnement émanait de tout son être. Comme il s'exprimait bien! Olivier le contemplait dans une sorte d'extase.

«Moi aussi, murmura-t-il craintivement, je comprends qu'on se tue; mais ce serait après avoir goûté une joie si forte que toute la vie qui la suive en pâlisse; une joie telle qu'on puisse penser: Cela suffit, je suis content, jamais plus je ne…»

Mais Bernard ne l'écoutait pas. Il se tut. À quoi bon parler dans le vide? Tout son ciel de nouveau s'assombrit. Bernard tira sa montre:

«Il est temps que j'y aille. Alors, tu dis, ce soir… à quelle heure?

— Oh! je pense que dix heures c'est assez tôt. Tu viendras?

— Oui; je tâcherai d'entraîner Édouard. Mais, tu sais: il n'aime pas beaucoup Passavant; et les réunions de littéra-

---

1. Religieux de l'ordre catholique des chartreux fondé par saint Bruno.
2. Référence au roman de Dostoïevski, *Les Frères Karamazov*. Dmitri, Mitia dans le roman, personnage sensuel et violent, est un des trois frères Karamazov soupçonnés d'avoir tué leur père.

ture l'assomment. Ce serait seulement pour te revoir. Dis :
je ne peux pas te retrouver, après mon latin ? »

Olivier ne répondit pas aussitôt. Il songeait avec désespoir qu'il avait promis à Passavant d'aller le retrouver chez
le futur imprimeur d'*Avant-Garde*, à quatre heures. Que
n'aurait-il donné pour être libre !

« Je voudrais bien ; mais je suis pris. »

Rien ne parut au-dehors, de sa détresse ; et Bernard
répondit :

« Tant pis. »

Sur quoi les deux amis se quittèrent.

Olivier n'avait rien dit à Bernard de tout ce qu'il s'était
promis de lui dire. Il craignait de lui avoir déplu. Il se déplaisait à lui-même. Si fringant encore ce matin, il marchait à
présent la tête basse. L'amitié de Passavant, dont d'abord il
était fier, le gênait ; car il sentait peser sur elle la réprobation de Bernard. Ce soir, à ce banquet, s'il y retrouvait son
ami, sous les regards de tous, il ne pourrait pas lui parler.
Ce ne pouvait être amusant, ce banquet, que s'ils s'étaient
préalablement ressaisis l'un l'autre. Et, dictée par la vanité,
quelle fâcheuse idée il avait eue, d'y attirer également
l'oncle Édouard ! Auprès de Passavant, entouré d'aînés, de
confrères, de futurs collaborateurs d'*Avant-Garde*, il lui faudrait parader ; Édouard allait le méjuger davantage ; le méjuger sans doute à jamais... Si du moins il pouvait le revoir
avant ce banquet ! le revoir aussitôt ; il se jetterait à son
cou ; il pleurerait peut-être ; il se raconterait à lui... D'ici
quatre heures, il a le temps. Vite, une auto.

Il donne l'adresse au chauffeur. Il arrive devant la porte,
le cœur battant : il sonne... Édouard est sorti.

Pauvre Olivier ! Au lieu de se cacher de ses parents, que
ne retournait-il chez eux simplement ? Il eût trouvé son
oncle Édouard près de sa mère.

6

JOURNAL D'ÉDOUARD

« Les romanciers nous abusent lorsqu'ils développent l'individu sans tenir compte des compressions d'alentour. La forêt façonne l'arbre. À chacun, si peu de place est laissée ! Que de bourgeons atrophiés ! Chacun lance où il peut sa ramure. La branche mystique, le plus souvent, c'est à de l'étouffement qu'on la doit. On ne peut échapper qu'en hauteur. Je ne comprends pas comment Pauline fait pour ne pas pousser de branche mystique, ni quelles compressions de plus elle attend. Elle m'a parlé plus intimement qu'elle n'avait fait jusqu'alors. Je ne soupçonnais pas, je l'avoue, tout ce que, sous les apparences du bonheur, elle cache de déboires et de résignation. Mais je reconnais qu'il lui faudrait une âme bien vulgaire pour n'avoir pas été déçue par Molinier. Dans ma conversation avec lui, avant-hier, j'avais pu mesurer ses limites. Comment Pauline a-t-elle bien pu l'épouser ?... Hélas ! la plus lamentable carence, celle du caractère, est cachée, et ne se révèle qu'à l'usage.

« Pauline apporte tous ses soins à pallier les insuffisances et les défaillances d'Oscar, à les cacher aux yeux de tous ; et surtout aux yeux des enfants. Elle s'ingénie à permettre à ceux-ci d'estimer leur père ; et, vraiment, elle a fort à faire ; mais elle s'y prend de telle sorte que moi-même j'étais blousé. Elle parle de son mari sans mépris, mais avec une sorte d'indulgence qui en dit long. Elle déplore qu'il n'ait pas plus d'autorité sur les enfants ; et, comme j'exprimais mes regrets de voir Olivier avec Passavant, j'ai compris que, s'il n'eût tenu qu'à elle, le voyage en Corse n'aurait pas eu lieu.

« "Je n'approuvais pas ce départ, m'a-t-elle dit, et ce monsieur Passavant, à dire vrai, ne me plaît guère. Mais, que voulez-vous ? Ce que je vois que je ne puis pas empêcher, je préfère l'accorder de bonne grâce. Oscar, lui, cède toujours ; il me cède, à moi aussi. Mais lorsque je crois devoir m'opposer à quelque projet des enfants, leur résister, leur tenir tête, je ne trouve près de lui nul appui. Vincent lui-même s'en est mêlé. Dès lors, quelle résistance pouvais-je opposer à Olivier, sans risquer de m'aliéner sa confiance ? C'est à elle surtout que je tiens."

« Elle reprisait de vieilles chaussettes ; de celles, me disais-je, dont Olivier ne se contentait plus. Elle s'arrêta pour enfiler une aiguille, puis reprit sur un ton plus bas, comme plus confiant et plus triste :

« "Sa confiance… Si du moins j'étais sûre encore de l'avoir ! Mais non ; je l'ai perdue…"

« La protestation que, sans conviction, je risquai la fit sourire. Elle laissa tomber son ouvrage et reprit :

« "Tenez : je sais qu'il est à Paris. Georges l'a rencontré ce matin ; il l'a dit incidemment, et j'ai feint de ne pas l'entendre, car il ne me plaît pas de le voir dénoncer son frère. Mais enfin je le sais. Olivier se cache de moi. Quand je le reverrai il se croira forcé de me mentir, et je ferai semblant de le croire, comme je fais semblant de croire son père chaque fois qu'il se cache de moi.

« — C'est par crainte de vous peiner.

« — Il me peine ainsi bien davantage. Je ne suis pas into-

lérante. Il y a nombre de petits manquements que je tolère,
sur lesquels je ferme les yeux.

« — De qui parlez-vous maintenant ?

« — Oh ! du père aussi bien que des fils.

« — En feignant de ne pas les voir, vous leur mentez
aussi.

« — Mais comment voulez-vous que je fasse ? C'est beaucoup, de ne pas me plaindre ; je ne puis pourtant pas
approuver ! Non, voyez-vous, je me dis que, tôt ou tard, on
perd prise, et que le plus tendre amour n'y peut rien. Que
dis-je. Il gêne ; il importune. J'en arrive à cacher même cet
amour.

« — À présent vous parlez de vos fils.

« — Pourquoi dites-vous cela ? Prétendez-vous que je ne
sache plus aimer Oscar ? Parfois je me le dis ; mais je me dis
aussi que c'est par crainte de trop souffrir que je ne l'aime
pas davantage. Et… oui, vous devez avoir raison : s'il s'agit
d'Olivier, je préfère souffrir.

« — Et Vincent ?

« — Il y a quelques années, tout ce que je vous dis d'Olivier, je l'eusse dit de lui.

« — Ma pauvre amie… Bientôt, vous le direz de Georges.

« — Mais lentement on se résigne. On ne demandait
pourtant pas beaucoup de la vie. On apprend à en demander moins encore… toujours moins." Puis elle ajouta doucement : "Et de soi, toujours plus.

« — Avec ces idées-là, en est déjà presque chrétienne
repris-je, en souriant à mon tour.

« — C'est ce que je me dis parfois. Mais il ne suffit pas
de les avoir pour être chrétien.

« — Non plus qu'il ne suffit d'être chrétien pour les
avoir.

« — J'ai souvent pensé, laissez-moi vous le dire, qu'à
défaut de leur père, vous pourriez parler aux enfants.

« — Vincent est loin.

« — Il est trop tard pour lui. C'est à Olivier que je songe. C'est avec vous que j'aurais souhaité qu'il partît."

« À ces mots, qui me laissaient imaginer brusquement ce qui aurait pu être si je n'avais pas inconsidérément accueilli l'aventure, une affreuse émotion m'étreignit, et d'abord je ne pus trouver rien à dire ; puis, comme les larmes me montaient aux yeux, désireux de donner à mon trouble une apparence de motif :

« "Pour lui aussi, je crains bien qu'il ne soit trop tard", soupirai-je.

« Pauline alors saisit ma main :

« "Que vous êtes bon", s'écria-t-elle.

« Gêné de la voir ainsi se méprendre, et ne pouvant la détromper, je voulus du moins détourner l'entretien d'un sujet qui me mettait trop mal à l'aise.

« "Et Georges ? demandai-je.

« — Il me donne plus de soucis que ne m'en ont donné les deux autres, reprit-elle. Je ne puis dire avec lui que je perde prise, car il n'a jamais été confiant ni soumis."

« Elle hésita quelques instants. Certainement, ce qui suit lui coûtait à dire.

« "Il s'est passé cet été un fait grave, reprit-elle enfin ; un fait qu'il m'est assez pénible de vous raconter, et au sujet duquel j'ai, du reste, gardé quelques doutes... Un billet de cent francs a disparu de l'armoire où j'avais l'habitude de serrer mon argent. La crainte de soupçonner à tort m'a retenue d'accuser personne ; la bonne qui nous servait à l'hôtel est une très jeune fille qui me paraissait honnête. J'ai dit devant Georges que j'avais perdu cet argent ; autant vous avouer que mes soupçons se portaient sur lui. Il ne s'est pas troublé, n'a pas rougi... J'ai pris honte de mes soupçons ; j'ai voulu me persuader que je m'étais trompée ; j'ai refait mes comptes. Hélas ! il n'y avait pas moyen d'en douter : cent francs manquaient. J'ai hésité à l'interroger et finalement je ne l'ai point fait. La crainte de le voir ajouter à un vol un mensonge, m'a retenue. Ai-je eu tort ?... Oui, je me reproche à présent de ne pas avoir été plus pressante ; peut-être aussi ai-je eu peur de devoir être trop sévère ou de ne pas savoir l'être assez. Une fois de plus, j'ai fait celle qui ignore, mais le cœur bien tourmenté je vous assure. J'avais laissé le temps passer et me disais qu'il serait déjà trop tard et que la punition suivrait de trop loin la faute. Et comment le punir ? Je n'ai rien fait ; je me le reproche... mais qu'eussé-je pu faire ?

« "J'avais pensé à l'envoyer en Angleterre ; je voulais même vous demander conseil à ce sujet, mais je ne savais pas où vous étiez... Du moins ne lui ai-je pas caché ma peine et mon inquiétude, et je crois qu'il y aura été sensible, car il a bon cœur, vous le savez. Je compte plus sur les reproches qu'il aura pu se faire à lui-même, si tant est que vraiment ce soit lui, qu'à ceux que j'aurais pu lui faire. Il ne recommencera pas, j'en suis sûre. Il était là-bas avec un camarade très riche qui l'entraînait, sans doute, à dépenser. Sans doute aurai-je laissé l'armoire ouverte... Et, encore une fois, je ne suis pas bien sûre que ce soit lui. Beaucoup de gens de passage circulaient dans l'hôtel..."

« J'admirais avec quelle ingéniosité elle mettait en avant ce qui pouvait disculper son enfant.

« "J'aurais souhaité qu'il eût remis l'argent où il l'avait pris, dis-je.

« — Je me le suis bien dit. Et comme il ne le faisait pas, j'ai voulu voir là une preuve de son innocence. Je me suis dit aussi qu'il n'osait pas.

« — En avez-vous parlé à son père ?"

« Elle hésita quelques instants :

« "Non, dit-elle enfin. Je préfère qu'il n'en sache rien."

« Sans doute, crut-elle entendre du bruit dans la pièce

voisine; elle alla s'assurer qu'il n'y avait personne, puis, se
rasseyant près de moi:

« "Oscar m'a dit que vous aviez déjeuné ensemble l'autre
jour. Il m'a fait de vous un tel éloge, que j'ai pensé que
vous aviez dû surtout l'écouter. (Elle souriait tristement en
disant ces mots.) S'il vous a fait des confidences, je veux les
respecter... encore que j'en sache sur sa vie privée bien
plus long qu'il ne croit... Mais, depuis mon retour, je ne
comprends pas ce qu'il a. Il se montre si doux, j'allais dire:
si humble... J'en suis presque gênée. On dirait qu'il a peur
de moi. Il a bien tort. Depuis longtemps je suis au courant
des relations qu'il entretient... je sais même avec qui. Il
croit que je les ignore et prend d'énormes précautions
pour me les cacher; mais ces précautions sont si appa-
rentes que plus il se cache, plus il se livre. Chaque fois que,
sur le point de sortir, il affecte un air affairé, contrarié, soucieux, je sais qu'il court à son plaisir. J'ai envie de lui dire:
'Mais, mon ami, je ne te retiens pas; as-tu peur que je sois
jalouse?' J'en rirais, si j'y avais le cœur. Ma seule crainte,
c'est que les enfants ne s'aperçoivent de quelque chose; il
est si distrait, si maladroit! Parfois, sans qu'il s'en doute, je
me vois forcée de l'aider, comme si je me prêtais à son jeu.
Je finis par m'en amuser presque, je vous assure; j'invente
pour lui des excuses; je remets dans la poche de son par-
dessus des lettres qu'il laisse traîner.

« — Précisément, lui dis-je; il craint que vous n'ayez surpris des lettres.

« — Il vous l'a dit?

« — Et c'est là ce qui le rend si craintif.

« — Pensez-vous que je cherche à les lire?"

« Une sorte de fierté blessée la fit se redresser. Je dus
ajouter:

« "Il ne s'agit pas de celles qu'il a pu égarer par inadver-
tance; mais de lettres qu'il avait mises dans un tiroir et qu'il

dit n'avoir plus retrouvées. Il croit que vous les avez prises."

« À ces mots, je vis Pauline pâlir, et l'affreux soupçon qui l'effleura s'empara soudain de mon esprit. Je regrettai d'avoir parlé, mais il était trop tard. Elle détourna de moi son regard et murmura :

« "Plût au ciel que ce fût moi !"

« Elle paraissait accablée.

« "Que faire ? répétait-elle ; que faire ?" Puis levant de nouveau les yeux vers moi : "Est-ce que vous, vous ne pourriez pas lui parler ?"

« Bien qu'elle évitât comme moi de prononcer le nom de Georges, il était évident que c'était à lui qu'elle pensait.

« "J'essaierai. J'y réfléchirai", lui dis-je en me levant. Et tandis qu'elle m'accompagnait dans l'antichambre :

« "N'en dites rien à Oscar, je vous en prie. Qu'il continue à me soupçonner ; à croire ce qu'il croit… Cela vaut mieux. Revenez me voir." »

7

Olivier, cependant, désolé de n'avoir pas rencontré l'oncle Édouard, et ne pouvant supporter sa solitude, pensa retourner vers Armand son cœur en quête d'amitié. Il s'achemina vers la pension Vedel.

Armand le reçut dans sa chambre. Un escalier de service y menait. C'était une petite pièce étroite, dont la fenêtre ouvrait sur une cour intérieure où donnaient également les cabinets et les cuisines de l'immeuble voisin. Un réflecteur en zinc gondolé cueillait le jour d'en haut et le rabattait tout blafard. La pièce était mal aérée ; il y régnait une pénible odeur.

« Mais on s'y fait, disait Armand, Tu comprends que mes parents réservent les meilleures chambres pour les pensionnaires payants. C'est naturel. J'ai cédé celle que j'occupais l'an passé à un vicomte : le frère de ton illustre ami Passavant. Elle est princière ; mais sous la surveillance de celle de Rachel. Il y a un tas de chambres, ici ; mais toutes ne sont pas indépendantes. Ainsi la pauvre Sarah, qui est rentrée d'Angleterre ce matin, pour gagner sa nouvelle turne [1], elle est forcée de passer par la chambre des parents (ce qui ne fait pas son affaire), ou par la mienne, qui n'était d'abord, à vrai dire, qu'un cabinet de toilette ou qu'un

_____

1. Familier ; chambre ou maison sale et sans confort.

débarras. Ici, j'ai du moins l'avantage de pouvoir entrer et sortir quand je veux, sans être espionné par personne. J'ai préféré ça aux mansardes, où l'on loge les domestiques. À vrai dire, j'aime assez être mal installé ; mon père appellerait cela : le goût de la macération, et t'expliquerait que ce qui est préjudiciable au corps prépare le salut de l'âme. Du reste, il n'est jamais entré ici. Tu comprends qu'il a d'autres soucis que de s'inquiéter des habitacles de son fils. Il est très épatant, mon papa. Il sait par cœur un tas de phrases consolatrices pour les principaux événements de la vie. C'est beau à entendre. Dommage qu'il n'ait jamais le temps de causer… Tu regardes ma galerie de tableaux ; le matin on en jouit mieux. Ça, c'est une estampe en couleurs, d'un élève de Paolo Uccello ; à l'usage des vétérinaires. Dans un admirable effort de synthèse, l'artiste a concentré sur un seul cheval tous les maux à l'aide desquels la Providence épure l'âme équine ; tu remarqueras la spiritualité du regard… Ça, c'est un tableau symbolique des âges de la vie, depuis le berceau jusqu'à la tombe. Comme dessin, ça n'est pas très fort ; ça vaut surtout par l'intention. Et, plus loin, tu admireras la photographie d'une courtisane du Titien, que j'ai mise au-dessus de mon lit pour me donner des idées lubriques. Cette porte, c'est celle de la chambre de Sarah. »

L'aspect quasi sordide du lieu impressionnait douloureusement Olivier ; le lit n'était pas fait et, sur ma table de toilette, la cuvette n'était pas vidée.

« Oui, je fais ma chambre moi-même, dit Armand, en réponse à son regard inquiet. Ici, tu vois ma table de travail. Tu n'as pas idée de ce que l'atmosphère de cette chambre m'inspire :

L'atmosphère d'un cher réduit [1]…

---

1. Vers extrait d'un poème de Baudelaire intitulé « L'amour du mensonge » dans *Les Fleurs du mal* (1857).

«C'est même à elle que je dois l'idée de mon dernier poème: *Le Vase nocturne.*»

Olivier était venu trouver Armand avec l'intention de lui parler de sa revue et d'obtenir sa collaboration; il n'osait plus. Mais Armand y venait de lui-même.

«*Le Vase nocturne*; hein! quel beau titre!... Avec cet épigraphe de Baudelaire:

Es-tu vase funèbre attendant quelques pleurs[1]?

«J'y reprends l'antique comparaison (toujours jeune) du potier créateur, qui façonne chaque être humain comme un vase appelé à contenir on ne sait quoi. Et je me compare moi-même, dans un élan lyrique, au vase susdit; idée qui, comme je te le disais, m'est venue naturellement en respirant l'odeur de cette chambre. Je suis particulièrement content du début de la pièce:

Quiconque à quarante ans n'a pas d'hémorroïdes...

«J'avais d'abord mis, pour rassurer le lecteur: "Quiconque à cinquante ans..." mais ça me faisait rater l'allitération. Quant à "hémorroïdes", c'est assurément le plus beau mot de la langue française... même indépendamment de sa signification», ajouta-t-il avec un ricanement.

Olivier se taisait, le cœur serré. Armand reprit:

«Inutile de te dire que le vase de nuit est particulièrement flatté lorsqu'il reçoit la visite d'un pot tout empli comme toi d'aromates.

— Et tu n'as rien écrit d'autre que ça? finit par demander Olivier, désespérément.

1. *Ibid.*

— J'allais proposer mon *Vase nocturne* à ta glorieuse revue, mais, au ton dont tu viens de dire : "Ça", je vois bien qu'il n'a pas grand-chance de te plaire. Dans ces cas-là, le poète a toujours la ressource d'arguer : "Je n'écris pas pour plaire", et de se persuader qu'il a pondu un chef-d'œuvre. Mais je n'ai pas à te cacher que je trouve mon poème exécrable. Du reste, je n'en ai écrit que le premier vers. Et quand je dis "écrit", c'est encore une façon de parler, car je viens de le fabriquer en ton honneur, à l'instant même... Non, mais, vraiment, tu songeais à publier quelque chose de moi ? Tu souhaitais ma collaboration ? Tu ne me jugeais donc pas incapable d'écrire quoi que ce soit de propre ? Aurais-tu discerné sur mon front pâle les stigmates révélateurs du génie ? Je sais qu'on n'y voit pas très bien ici pour se regarder dans la glace ; mais quand je m'y contemple, tel Narcisse, je n'y vois qu'une tête de raté. Après tout, c'est peut-être un effet de faux jour... Non, mon cher Olivier, non, je n'ai rien écrit cet été, et si tu comptais sur moi pour ta revue, tu peux te brosser. Mais assez parlé de moi... Alors, en Corse, tout s'est bien passé ? Tu as bien joui de ton voyage ? bien profité ? Tu t'es bien reposé de tes labeurs ? Tu t'es bien... »

Olivier n'y tint plus :

« Tais-toi donc, mon vieux ; cesse de blaguer. Si tu crois que je trouve ça drôle...

— Eh bien, et moi ! s'écria Armand. Ah ! non, mon cher ; tout de même pas ! Je ne suis tout de même pas si bête. J'ai encore assez d'intelligence pour comprendre que tout ce que je te dis est idiot.

— Tu ne peux donc pas parler sérieusement ?

— Nous allons parler sérieusement, puisque c'est le genre sérieux qui t'agrée. Rachel, ma sœur aînée, devient aveugle. Sa vue a beaucoup baissé ces derniers temps. Depuis deux ans elle ne peut plus lire sans lunettes. J'ai cru d'abord qu'elle n'avait qu'à changer de verres. Ça ne suffisait pas. Sur ma prière, elle a été consulter un spécialiste. Il paraît que c'est la sensibilité rétinienne qui faiblit. Tu comprends qu'il y a là deux choses très différentes : d'une part une défectueuse accommodation du cristallin, à quoi les verres remédient. Mais, même après qu'ils ont écarté ou rapproché l'image visuelle, celle-ci peut impressionner insuffisamment la rétine et cette image n'être plus transmise que confusément au cerveau. Suis-je clair ? Tu ne connais presque pas Rachel : par conséquent, ne va pas croire que je cherche à t'apitoyer sur son sort. Alors, pourquoi est-ce que je te raconte tout cela ?... Parce que, réfléchissant à son cas, je me suis avisé que les idées, tout comme les images, peuvent se présenter au cerveau plus ou moins nettes. Un esprit obtus ne reçoit que des aperceptions confuses ; mais, à cause de cela même, il ne se rend pas nettement compte qu'il est obtus. Il ne commencerait à souffrir de sa bêtise que s'il prenait conscience de cette bêtise ; et pour qu'il en prenne conscience, il faudrait qu'il devienne intelligent. Or, imagine un instant ce monstre : un imbécile assez intelligent pour comprendre nettement qu'il est bête.

— Parbleu ! ce ne serait plus un imbécile.

— Si, mon cher, crois-moi. Je le sais de reste, puisque cet imbécile, c'est moi. »

Olivier haussa les épaules. Armand reprit :

« Un véritable imbécile n'a pas conscience d'une idée par-delà la sienne. Moi, j'ai conscience du "par-delà". Mais je suis tout de même un imbécile, puisque, ce "par-delà", je sais que je ne pourrai jamais y atteindre...

— Mais, mon pauvre vieux, dit Olivier dans un élan de sympathie, nous sommes tous ainsi faits que nous pourrions être meilleurs, et je crois que la plus grande intelligence est précisément celle qui souffre le plus de ses limites. »

Armand repoussa la main qu'Olivier posait affectueusement sur son bras.

« D'autres ont le sentiment de ce qu'ils ont, dit-il ; je n'ai le sentiment que de mes manques. Manque d'argent, manque de forces, manque d'esprit, manque d'amour. Toujours du déficit ; je resterai toujours en deçà. »

Il s'approcha de la table de toilette, trempa une brosse à cheveux dans l'eau sale de la cuvette et plaqua hideusement ses cheveux sur son front.

« Je t'ai dit que je n'ai rien écrit ; pourtant ces derniers jours j'avais l'idée d'un traité, que j'aurais appelé : le traité de l'insuffisance. Mais naturellement, je suis insuffisant pour l'écrire. J'y aurais dit... Mais je t'embête.

— Va donc ; tu m'embêtes quand tu plaisantes ; à présent, tu m'intéresses beaucoup.

— J'y aurais cherché, à travers toute la nature, le point limite, en deçà duquel rien n'est. Un exemple va te faire comprendre. Les journaux ont rapporté l'histoire d'un ouvrier, qui vient de se faire électrocuter. Il maniait insoucieusement des fils de transmission ; le voltage n'était pas très fort ; mais son corps était, paraît-il, en sueur. On attribue sa mort à cette couche humide qui permit au courant d'envelopper son corps. Le corps eût-il été plus sec, l'accident n'aurait pas eu lieu. Mais ajoutons la sueur goutte après goutte... Une goutte encore : ça y est.

— Je ne vois pas, dit Olivier...

— C'est que l'exemple est mal choisi. Je choisis toujours mal mes exemples. Un autre : Six naufragés sont recueillis dans une barque. Depuis dix jours la tempête les égare. Trois sont morts ; on en a sauvé deux. Un sixième était défaillant. On espérait encore le ramener à la vie. Son organisme avait atteint le point limite.

— Oui, je comprends, dit Olivier ; une heure plus tôt, on aurait pu le sauver.

— Une heure, comme tu y vas ! Je suppute l'instant extrême : On peut encore... On peut encore. On ne peut plus ! C'est une arête étroite, sur laquelle mon esprit se promène. Cette ligne de démarcation entre l'être et le non-être, je m'applique à la tracer partout. La limite de résistance... tiens, par exemple, à ce que mon père appellerait : la tentation. L'on tient encore ; la corde est tendue jusqu'à se rompre, sur laquelle le démon tire... Un tout petit peu plus, la corde claque : on est damné. Comprends-tu maintenant ? Un tout petit peu moins : le non-être. Dieu n'aurait pas créé le monde. Rien n'eût été... "La face du monde eût changé", dit Pascal. Mais il ne me suffit pas de penser : "Si le nez de Cléopâtre eût été plus court[1]." J'insiste. Je demande : plus court... de combien ? Car enfin, il aurait pu raccourcir un tout petit peu, n'est-ce pas ?... Gradation ; gradation ; puis, saut brusque... *Natura non fecit saltus*[2], la bonne blague ! Pour moi, je suis comme l'Arabe à travers le désert, qui va mourir de soif. J'atteins ce point précis, comprends-tu, où une goutte d'eau pourrait encore le sauver... ou une larme... »

Sa voix s'étranglait, avait pris un accent pathétique qui surprenait et troublait Olivier. Il reprit plus doucement, tendrement presque :

« Tu te souviens : "J'ai versé telle larme pour toi...[3]"

---

1. Allusion à la phrase du philosophe français Blaise Pascal (1623-1662), auteur des *Pensées*, « Le nez de Cléopâtre, s'il eût été plus court toute la face de la terre aurait changé. »

2. « La nature ne fait pas de sauts », locution latine empruntée à Leibniz (1646-1716) (*Nouveaux Essais*, IV, 16) et qui signifie que la nature ne crée ni espèces ni genres absolument séparés ; il y a toujours entre eux un intermédiaire qui les relie l'un à l'autre. La citation de Gide est légèrement fautive car la phrase exacte est « *Natura non facit saltus* ».

3. Il s'agit probablement d'une déformation d'une prière adressée à Jésus extraite des *Pensées* de Pascal : « Je pensais à toi dans mon ago-

Certes Olivier se souvenait de la phrase de Pascal; même il était gêné que son ami ne la citât pas exactement. Il ne put se retenir de rectifier: «J'ai versé telle goutte de sang...»

L'exaltation d'Armand retomba tout aussitôt. Il haussa les épaules:

«Qu'y pouvons-nous? Il en est qui seront reçus haut la main... Comprends-tu ce que c'est maintenant de se sentir toujours "sur la limite"? Il me manquera toujours un point.»

Il s'était remis à rire. Olivier pensa que c'était par peur de pleurer. Il aurait voulu parler à son tour, dire à Armand combien le remuaient ses paroles, et tout ce qu'il sentait d'angoisse sous cette exaspérante ironie. Mais l'heure du rendez-vous avec Passavant le pressait. Il tira sa montre:

«Je vais devoir te quitter, dit-il. Serais-tu libre ce soir?

— Pourquoi?

— Pour venir me retrouver à la Taverne du panthéon. *Les Argonautes* donnent un banquet. Tu t'y amènerais à la fin. Il y aura là des tas de types plus ou moins célèbres et un peu soûls. Bernard Profitendieu m'a promis d'y venir. Ça pourra être drôle.

— Je ne suis pas rasé, dit Armand sur un ton maussade. Et puis qu'est-ce que tu veux que j'aille faire au milieu des célébrités? Mais sais-tu quoi? Demande donc à Sarah, qui est rentrée d'Angleterre ce matin même. Ça l'amuserait beaucoup, j'en suis sûr. Veux-tu que je l'invite de ta part? Bernard l'emmènerait.

— Mon vieux, ça va», dit Olivier.

---

nie, j'ai versé telles gouttes de sang pour toi» (pensée 553, «Le mystère de Jésus»).

8

Il avait donc été convenu que Bernard et Édouard, après avoir dîné ensemble, passeraient prendre Sarah un peu avant dix heures. Avertie par Armand elle avait accepté joyeusement la proposition. Vers neuf heures et demie, elle s'était retirée dans sa chambre, où l'avait accompagnée sa mère. On traversait, pour s'y rendre, la chambre des parents; mais une autre porte, censément condamnée, menait de la chambre de Sarah à celle d'Armand, qui d'autre part ouvrait, nous l'avons dit, sur un escalier de service.

Sarah, devant sa mère, avait fait mine de se coucher et demandé qu'on la laissât dormir; mais, sitôt seule, elle s'était approchée de sa toilette pour raviver l'éclat de ses lèvres et de ses joues. La table de toilette masquait la porte condamnée, table qui n'était pas si lourde que Sarah ne pût la déplacer sans bruit. Elle ouvrit la porte secrète.

Sarah craignait de rencontrer son frère, dont elle redoutait les moqueries. Armand favorisait, il est vrai, ses entreprises les plus hardies; on eût dit qu'il y prenait plaisir, mais seulement par une sorte d'indulgence provisoire, car c'était pour les juger ensuite et d'autant plus sévèrement; de sorte que Sarah n'aurait pas su dire si ses complaisances mêmes ne faisaient pas enfin le jeu du censeur.

La chambre d'Armand était vide. Sarah s'assit sur une

petite chaise basse, et, dans l'attente, médita. Par une sorte de protestation préventive, elle cultivait en elle un facile mépris pour toutes les vertus domestiques. La contrainte familiale avait tendu son énergie, exaspéré ses instincts de révolte. Durant son séjour en Angleterre, elle avait su chauffer à blanc son courage. De même que Miss Aberdeen, la jeune pensionnaire anglaise, elle était résolue à conquérir sa liberté, à s'accorder toute licence, à tout oser. Elle se sentait prête à affronter tous les mépris et tous les blâmes, capable de tous les défis. Dans ses avances auprès d'Olivier, elle avait triomphé déjà de sa modestie naturelle et de bien des pudeurs innées. L'exemple de ses deux sœurs l'avait instruite ; elle considérait la pieuse résignation de Rachel comme une duperie ; ne consentait à voir dans le mariage de Laura qu'un lugubre marché, aboutissant à l'esclavage. L'instruction qu'elle avait reçue, celle qu'elle s'était donnée, qu'elle avait prise, la disposait fort mal, estimait-elle, à ce qu'elle appelait : la dévotion conjugale. Elle ne voyait point en quoi celui qu'elle pourrait épouser lui serait supérieur. N'avait-elle point passé des examens, tout comme un homme ? N'avait-elle point, et sur n'importe quel sujet, ses opinions à elle, ses idées ? Sur l'égalité des sexes, en particulier ; et même, il lui semblait que dans la conduite de la vie et, partant, des affaires, de la politique même au besoin, la femme fait souvent preuve de plus de bon sens que bien des hommes…

Des pas dans l'escalier. Elle prêta l'oreille, puis ouvrit doucement la porte.

Bernard et Sarah ne se connaissaient pas encore. Le couloir était sans lumière. Dans l'ombre, ils ne se distinguaient qu'à peine.

« Mademoiselle Sarah Vedel ? » murmura Bernard.

Elle prit son bras sans façon.

« Édouard nous attend au coin de la rue dans une auto. Il

a préféré ne pas descendre, par crainte de rencontrer vos parents. Pour moi, cela n'aurait pas eu d'importance : vous savez que je loge ici. »

Bernard avait eu soin de laisser la porte cochère entrouverte, pour ne pas attirer l'attention du portier. Quelques instants plus tard, l'auto les déposait tous trois devant la Taverne du Panthéon. Tandis qu'Édouard payait le chauffeur, ils entendirent sonner dix heures.

Le banquet était achevé. On avait desservi ; mais la table restait encombrée de tasses de café, de bouteilles et de verres. Chacun fumait ; l'atmosphère devenait irrespirable. Madame des Brousses, la femme du directeur des *Argonautes*, réclama de l'air. Sa voix stridente perçait au travers des conversations particulières. On ouvrit la fenêtre. Mais Justinien, qui voulait placer un discours, la fit presque aussitôt refermer « pour l'acoustique ». S'étant levé, il frappait sur son verre avec une cuillère, sans parvenir à attirer l'attention. Le directeur des *Argonautes*, qu'on appelait le Président des Brousses, intervint, finit par obtenir un peu de silence, et la voix de Justinien s'épandit en copieuses nappes d'ennui. La banalité de sa pensée se cachait sous un flot d'images. Il s'exprimait avec une emphase qui tenait lieu d'esprit, et trouvait le moyen de servir à chacun un compliment amphigourique[1]. À la première pause, et tandis qu'Édouard, Bernard et Sarah faisaient leur entrée, des applaudissements complaisants éclatèrent ; certains les prolongèrent, un peu ironiquement sans doute et comme dans l'espoir de mettre fin au discours ; mais vainement : Justinien reprit ; rien ne décourageait son éloquence. À présent, c'était le comte de Passavant qu'il couvrait des fleurs de sa rhétorique. Il parla de *La Barre fixe* comme d'une *Iliade* nouvelle. On but à la santé de Passavant. Édouard n'avait pas de

---

1. Alambiqué, embrouillé, incompréhensible.

verre, non plus que Bernard et Sarah, ce qui les dispensa de trinquer.

Le discours de Justinien s'acheva sur des vœux à l'adresse de la revue nouvelle et sur quelques compliments à son futur directeur, «le jeune et talentueux Molinier, chéri des Muses, dont le noble front pur n'attendra pas longtemps le laurier».

Olivier s'était tenu près de la porte d'entrée, de manière à pouvoir accueillir aussitôt ses amis. Les compliments outrés de Justinien manifestement le gênèrent; mais il ne put se dérober à la petite ovation qui suivit.

Les trois nouveaux arrivants avaient trop sobrement dîné pour se sentir au diapason de l'assemblée. Dans ces sortes de réunions, les retardataires s'expliquent mal ou trop bien l'excitation des autres. Ils jugent, alors qu'il ne sied pas de juger, et exercent, fût-ce involontairement, une critique sans indulgence; du moins c'était le cas d'Édouard et de Bernard. Quant à Sarah, pour qui, dans ce milieu, tout était neuf, elle ne songeait qu'à s'instruire, n'avait souci que de se mettre au pas.

Bernard ne connaissait personne. Olivier, qui l'avait pris par le bras, voulut le présenter à Passavant et à des Brousses. Il refusa. Passavant cependant força la situation, et, s'avançant, lui tendit une main qu'il ne put décemment refuser:

«J'entends parler de vous depuis si longtemps qu'il me semble déjà vous connaître.

— Et réciproquement», dit Bernard, d'un tel ton que l'aménité de Passavant se glaça. Tout aussitôt, il s'approcha d'Édouard.

Bien que souvent en voyage et vivant, même à Paris, fort à l'écart, Édouard n'était pas sans connaître plusieurs des convives, et ne se sentait nullement gêné. À la fois peu aimé, mais estimé par ses confrères, alors qu'il n'était que distant, il acceptait de passer pour fier. Il écoutait plus volontiers qu'il ne parlait.

«Votre neveu m'avait fait espérer que vous viendriez, commença Passavant d'une voix douce et presque basse. Je m'en réjouissais, car précisément...»

Le regard ironique d'Édouard coupa le reste de sa phrase. Habile à séduire et habitué à plaire, Passavant avait besoin de sentir en face de lui un miroir complaisant, pour briller. Il se ressaisit pourtant, n'étant pas de ceux qui perdent pour longtemps leur assurance et acceptent de se laisser démonter. Il redressa le front et chargea ses yeux d'insolence. Si Édouard ne se prêtait pas à son jeu de bonne grâce, il aurait de quoi le mater.

— Je voulais vous demander...» reprit-il, comme continuant sa pensée : «Avez-vous des nouvelles de votre autre neveu, mon ami Vincent ? C'est avec lui surtout que j'étais lié.

— Non», dit Édouard sèchement.

Ce «non» désarçonna de nouveau Passavant, qui ne savait trop s'il devait le prendre comme un démenti provocant, ou comme une simple réponse à sa question. Son trouble ne dura qu'un instant ; Édouard, innocemment, le remit en selle en ajoutant presque aussitôt :

«J'ai seulement appris par son père qu'il voyageait avec le prince de Monaco.

— J'avais demandé à une de mes amies de le présenter au prince, en effet. J'étais heureux d'inventer cette diversion, pour le distraire un peu de sa malheureuse aventure avec cette madame Douviers... que vous connaissez, m'a dit Olivier. Il risquait d'y gâcher sa vie.»

Passavant maniait à merveille le dédain, le mépris, la condescendance ; mais il lui suffisait d'avoir gagné cette manche et de tenir Édouard en respect. Celui-ci cherchait quoi que ce fût de cinglant. Il manquait étrangement de présence d'esprit. C'était sans doute pour cela qu'il aimait si peu le monde : il n'avait rien de ce qu'il fallait pour y briller. Ses sourcils, cependant, se fronçaient. Passavant avait du flair ; dès qu'on avait du désagréable à lui dire, il sentait venir et pirouettait. Sans même reprendre haleine, et changeant de ton brusquement :

« Mais quelle est cette délicieuse enfant qui vous accompagne ? demanda-t-il en souriant.

— C'est, dit Édouard, mademoiselle Sarah Vedel ; la sœur précisément de madame Douviers, mon amie. »

Faute de mieux, il aiguisa ce « mon amie » comme une flèche ; mais qui n'atteignit pas son but, et Passavant, la laissant retomber :

« Vous seriez bien aimable de me présenter. »

Il avait dit ces derniers mots et la phrase précédente assez haut pour que Sarah pût les entendre ; et comme elle se tournait vers eux, Édouard ne put se dérober :

« Sarah, le comte de Passavant aspire à l'honneur de faire votre connaissance », dit-il avec un sourire contraint.

Passavant avait fait apporter trois nouveaux verres, qu'il remplit de kummel[1]. Tous quatre burent à la santé d'Olivier. La bouteille était presque vide, et, comme Sarah s'étonnait des cristaux qui restaient au fond, Passavant s'efforça d'en détacher avec des pailles. Une sorte de jocrisse[2] étrange, à la face enfarinée, à l'œil de jais, aux cheveux plaqués comme une calotte de moleskine, s'approcha, et, mastiquant avec un effort apparent chaque syllabe :

« Vous n'y parviendrez pas. Passez-moi la bouteille, que je la crève. »

Il s'en saisit, la brisa d'un coup sur le rebord de la fenêtre, et présenta le fond à Sarah :

---

1. Liqueur parfumée au cumin.
2. À l'origine nom d'un personnage de théâtre, synonyme de benêt, niais ou nigaud.

« Avec ces petits polyèdres[1] tranchants, la gentille demoiselle obtiendra sans effort une perforation de sa gidouille[2].

— Quel est ce pierrot ? demanda-t-elle à Passavant, qui l'avait fait asseoir et s'était assis auprès d'elle.

— C'est Alfred Jarry[3], l'auteur d'*Ubu Roi*. *Les Argonautes* lui confèrent du génie, parce que le public vient de siffler sa pièce. C'est tout de même ce qu'on a donné de plus curieux au théâtre depuis longtemps.

— J'aime beaucoup *Ubu Roi*, dit Sarah, et je suis très contente de rencontrer Jarry. On m'avait dit qu'il était toujours ivre.

— Il devrait l'être ce soir. Je l'ai vu boire à ce dîner deux grands pleins verres d'absinthe pure. Il n'a pas l'air d'en être gêné. Voulez-vous une cigarette ? Il faut fumer soi-même pour ne pas être asphyxié par la fumée des autres. »

Il se pencha vers elle en lui offrant du feu. Elle croqua quelques cristaux :

« Mais ce n'est que du sucre candi, dit-elle, un peu déçue. J'espérais que ce serait très fort. »

Tout en causant avec Passavant, elle souriait à Bernard qui était demeuré près d'elle. Ses yeux amusés brillaient d'un éclat extraordinaire. Bernard, qui dans l'obscurité n'avait pu la voir, était frappé de sa ressemblance avec Laura. C'était le même front, les mêmes lèvres... Ses traits, il est vrai, respiraient une grâce moins angélique, et ses regards

---

1. Solide de l'espace formé de la réunion de plusieurs parties planes (ex. : pyramide, cube).

2. Néologisme inventé par Alfred Jarry et utilisé par son personnage Ubu. Il désigne le « ventre ».

3. Alfred Jarry (1873-1907), auteur dramatique et romancier français. Il inventa le personnage du père Ubu, roi grotesque dont la démesure et la liberté du langage inspirèrent les surréalistes. La première représentation de sa pièce *Ubu Roi*, le 10 décembre 1896, fit scandale. C'est une des rares personnes réelles présentes dans la fiction des *Faux-Monnayeurs*.

remuaient il ne savait quoi de trouble en son cœur. Un peu gêné, il se tourna vers Olivier.

« Présente-moi donc à ton ami Bercail. »

Il avait déjà rencontré Bercail au Luxembourg, mais n'avait jamais causé avec lui. Bercail, un peu dépaysé dans ce milieu où venait de l'introduire Olivier, et où sa timidité ne se plaisait guère, rougissait chaque fois que son ami le présentait comme un des principaux rédacteurs d'*Avant-Garde*. Le fait est que ce poème allégorique, dont il parlait à Olivier au début de notre histoire, devait paraître en tête de la nouvelle revue, sitôt après le manifeste.

« À la place que je t'avais réservée, disait Olivier à Bernard. Je suis tellement sûr que ça te plaira ! C'est de beaucoup ce qu'il y a de mieux dans le numéro. Et tellement original ! »

Olivier prenait plus de plaisir à louer ses amis qu'à s'entendre louer lui-même. À l'approche de Bernard, Lucien Bercail s'était levé ; il tenait sa tasse de café à la main, si gauchement que, dans son émotion, il en répandit la moitié sur son gilet. À ce moment, on entendit tout près de lui la voix mécanique de Jarry :

« Le petit Bercail va s'empoisonner, parce que j'ai mis du poison dans sa tasse. »

Jarry s'amusait de la timidité de Bercail et prenait plaisir à le décontenancer. Mais Bercail n'avait pas peur de Jarry. Il haussa les épaules et acheva tranquillement sa tasse.

« Qui donc est-ce ? demanda Bernard.

— Comment ! tu ne connais pas l'auteur d'*Ubu Roi* ?

— Pas possible ? c'est Jarry ! Je le prenais pour un domestique.

— Oh ! tout de même pas, dit Olivier un peu vexé, car il se faisait une fierté de ses grands hommes. Regarde-le mieux. Tu ne trouves pas qu'il est extraordinaire ?

— Il fait tout ce qu'il peut pour le paraître », dit Bernard, qui ne prisait que le naturel, mais pourtant était plein de considération pour *Ubu*.

Vêtu en traditionnel Gugusse d'hippodrome, tout, en Jarry, sentait l'apprêt[1] ; sa façon de parler surtout, qu'imitaient à l'envi plusieurs Argonautes, martelant les syllabes, inventant de bizarres mots, en estropiant bizarrement certains autres ; mais il n'y avait vraiment que Jarry lui-même pour obtenir cette voix sans timbre, sans chaleur, sans intonation, sans relief.

« Quand on le connaît, je t'assure qu'il est charmant, reprit Olivier.

— Je préfère ne pas le connaître. Il a l'air féroce.

— C'est un genre qu'il se donne. Passavant le croit, au fond, très doux. Mais il a terriblement bu ce soir ; et pas une goutte d'eau, je te prie de le croire ; ni même de vin : rien que de l'absinthe et des liqueurs fortes. Passavant craint qu'il ne commette quelque excentricité. »

En dépit de lui, le nom de Passavant revenait sur ses lèvres et d'autant plus obstinément qu'il eût voulu plus l'éviter.

Exaspéré de se voir si peu maître de lui, et comme traqué par lui-même, il changea de terrain :

« Tu devrais aller causer un peu avec Dhurmer. Je crains qu'il ne m'en veuille à mort de lui avoir soufflé la direction d'*Avant-Garde* ; mais ce n'est pas ma faute ; je n'ai pas pu faire autrement que d'accepter. Tu devrais tâcher de lui faire comprendre, de le calmer. Pass... On m'a dit qu'il était très monté contre moi. »

Il avait trébuché, mais cette fois n'était pas tombé.

« J'espère qu'il a repris sa copie. Je n'aime pas ce qu'il écrit », dit Bercail ; puis, se tournant vers Profitendieu : « Mais, vous, Monsieur, je pensais que...

— Oh ! ne m'appelez donc pas Monsieur... Je sais bien

___
1. Affectation.

que je porte un nom encombrant et ridicule… Je compte prendre un pseudonyme, si j'écris.

— Pourquoi ne nous avez-vous rien donné ?

— Parce que je n'avais rien de prêt.»

Olivier, laissant causer ses deux amis, se rapprocha d'Édouard.

«Que vous êtes gentil d'être venu ! Il me tardait tant de vous revoir. Mais j'aurais souhaité de vous revoir n'importe où ailleurs qu'ici… Cet après-midi, j'ai été sonner à votre porte. Vous l'a-t-on dit ? J'étais désolé de ne pas vous rencontrer, et si j'avais su où vous trouver…»

Il était tout heureux de s'exprimer aussi facilement se souvenant d'un temps où son trouble le rendait muet. Il devait cette aisance, hélas ! à la banalité de ses propos, et aux libations. Édouard s'en rendait compte tristement.

«J'étais chez votre mère.

— C'est ce que j'ai appris en rentrant», dit Olivier, que le voussoiement d'Édouard consternait. Il hésita s'il n'allait pas le lui dire.

«Est-ce dans ce milieu que désormais vous allez vivre ? lui demanda Édouard en le regardant fixement.

— Oh ! je ne me laisse pas entamer.

— En êtes-vous bien sûr ?»

Cela était dit sur un ton grave, si tendre, si fraternel… Olivier sentit chanceler son assurance.

«Vous trouvez que j'ai tort de fréquenter ces gens-là ?

— Non pas tous, peut-être ; mais certains d'entre eux, assurément.»

Olivier prit pour un singulier ce pluriel. Il crut qu'Édouard visait particulièrement Passavant et ce fut, dans son ciel intérieur, comme un éblouissant et douloureux éclair traversant la nuée qui depuis le matin s'épaississait affreusement dans son cœur. Il aimait Bernard, il aimait Édouard beaucoup trop pour supporter leur mésestime. Auprès d'Édouard, ce qu'il avait de meilleur en lui s'exaltait. Auprès de Passavant, c'était le pire ; il se l'avouait à présent ; et même ne l'avait-il pas toujours reconnu ? Son aveuglement, près de Passavant, n'avait-il pas été volontaire ? Sa gratitude pour tout ce que le comte avait fait pour lui, tournait à la rancœur. Il le reniait éperdument. Ce qu'il vit acheva de le lui faire prendre en haine :

Passavant, penché vers Sarah, avait passé son bras autour de sa taille et se montrait de plus en plus pressant. Averti des bruits désobligeants qui couraient sur ses rapports avec Olivier, il cherchait à donner le change. Et pour s'afficher plus encore, il s'était promis d'amener Sarah à s'asseoir sur ses genoux. Sarah, jusqu'à présent, ne s'était que peu défendue, mais ses regards cherchaient ceux de Bernard et lorsqu'ils les rencontraient, elle souriait, comme pour lui dire :

« Regardez ce que l'on peut oser avec moi. »

Cependant Passavant craignait d'aller trop vite. Il manquait de pratique.

« Si seulement je parviens à la faire boire encore un peu, je me risquerai », se disait-il, en avançant la main qui lui restait libre vers un flacon de curaçao.

Olivier qui l'observait devança son geste. Il s'empara du flacon, simplement pour l'enlever à Passavant ; mais aussitôt il lui sembla qu'il retrouverait dans la liqueur un peu de courage ; de ce courage qu'il sentait défaillir et dont il avait besoin pour pousser jusqu'à Édouard la plainte qui montait à ses lèvres :

« Il n'eût tenu qu'à vous… »

Olivier remplit son verre et le vida d'un trait. À ce moment, il entendit Jarry, qui circulait de groupe en groupe, dire à demi-voix, en passant derrière le petit Bercail :

« Et maintenant nous allons tuder[1] le petit Bercail. »

---

1. Néologisme inventé par Alfred Jarry et qui signifie « tuer ».

Celui-ci se retourna brusquement :

« Répétez donc ça à voix haute. »

Jarry s'était éloigné déjà. Il attendit d'avoir tourné la table et répéta d'une voix de fausset :

« Et maintenant, nous allons tuder le petit Bercail » ; puis, sortit de sa poche un gros pistolet avec lequel les Argonautes l'avaient vu jouer souvent ; et mit en joue.

Jarry s'était fait une réputation de tireur. Des protestations s'élevèrent. On ne savait trop si, dans l'état d'ivresse où il était, il saurait s'en tenir au simulacre. Mais le petit Bercail voulut montrer qu'il n'avait pas peur et, montant sur une chaise, les bras croisés derrière le dos, prit une pose napoléonienne. Il était un peu ridicule et quelques rires s'élevèrent, couverts aussitôt par des applaudissements.

Passavant dit à Sarah, très vite :

« Ça pourrait mal finir. Il est complètement soûl. Cachez-vous sous la table. »

Des Brousses essaya de retenir Jarry, mais celui-ci, se dégageant, monta sur une chaise à son tour (et Bernard remarqua qu'il était chaussé de petits escarpins de bal). Bien en face de Bercail, il étendit le bras pour viser.

« Éteignez donc ! Éteignez ! » cria des Brousses.

Édouard, resté près de la porte, tourna le commutateur.

Sarah s'était levée, suivant l'injonction de Passavant ; et sitôt que l'on fut dans l'obscurité, elle se pressa contre Bernard pour l'entraîner sous la table avec elle.

Le coup partit. Le pistolet n'était chargé qu'à blanc. Pourtant on entendit un cri de douleur : c'était Justinien qui venait de recevoir la bourre dans l'œil.

Et, quand on redonna de la lumière, on admira Bercail, toujours debout sur sa chaise, qui gardait la pose, immobile, à peine un peu plus pâle.

Cependant la présidente se payait une crise de nerfs. On s'empressa.

« C'est idiot de donner des émotions pareilles ! »

Comme il n'y avait pas d'eau sur la table, Jarry, descendu de son piédestal, trempa dans l'alcool un mouchoir pour lui en frictionner les tempes, en manière d'excuses.

Bernard n'était resté sous la table qu'un instant ; juste le temps de sentir les deux lèvres brûlantes de Sarah s'écraser voluptueusement sur les siennes. Olivier les avait suivis ; par amitié, par jalousie... L'ivresse exaspérait en lui ce sentiment affreux, qu'il connaissait si bien, de demeurer en marge. Quand il sortit à son tour de dessous la table, la tête lui tournait un peu. Il entendit alors Dhurmer s'écrier :

« Regardez donc Molinier ! Il est poltron comme une femme. »

C'en était trop. Olivier, sans trop savoir ce qu'il faisait, s'élança, la main levée, contre Dhurmer. Il lui semblait s'agiter dans un rêve. Dhurmer esquiva le coup. Comme dans un rêve, la main d'Olivier ne rencontra que le vide.

La confusion devint générale, et, tandis que certains s'affairaient auprès de la présidente, qui continuait à gesticuler en poussant des glapissements aigus, d'autres entouraient Dhurmer qui criait : « Il ne m'a pas touché ! Il ne m'a pas touché !... » et d'autres, Olivier, qui le visage en feu, s'apprêtait à s'élancer encore et qu'on avait grand-peine à calmer.

Touché ou non, Dhurmer devait se considérer comme giflé ; c'est ce que Justinien, tout en bouchonnant son œil, s'efforçait de lui faire comprendre. C'était une question de dignité. Mais Dhurmer se souciait fort peu des leçons de dignité de Justinien. On l'entendait répéter obstinément :

« Pas touché... Pas touché...

— Laissez-le donc tranquille, dit des Brousses. On ne peut pas forcer les gens à se battre malgré eux. »

Olivier, pourtant, déclarait à voix haute que, si Dhurmer ne se trouvait pas satisfait, il était prêt à le gifler encore ; et, résolu à mener l'autre sur le terrain, demandait à Bernard et à Bercail de bien vouloir lui servir de témoins. Aucun d'eux ne connaissait rien aux affaires dites « d'honneur » ; mais Olivier n'osait s'adresser à Édouard. Sa cravate s'était dénouée ; ses cheveux retombaient sur son front en sueur ; un tremblement convulsif agitait ses mains.

Édouard le prit par le bras :

« Viens te passer un peu d'eau sur le visage. Tu as l'air d'un fou. »

Il l'emmena vers un lavabo.

Sitôt hors de la salle, Olivier comprit combien il était ivre. Quand il avait senti la main d'Édouard se poser sur son bras, il avait cru défaillir et s'était laissé emmener sans résistance. De ce que lui avait dit Édouard, il n'avait rien compris que le tutoiement. Comme un nuage gros d'orage crève en pluie, il lui semblait que son cœur soudain fondait en larmes. Une serviette mouillée qu'Édouard appliqua sur son front acheva de le dégriser. Que s'était-il passé ? Il gardait une vague conscience d'avoir agi comme un enfant, comme une brute. Il se sentait ridicule, abject... Alors, tout frémissant de détresse et de tendresse, il se jeta vers Édouard et, pressé contre lui, sanglota :

« Emmène-moi. »

Édouard était extrêmement ému lui-même.

« Tes parents ? demanda-t-il.

— Ils ne me savent pas de retour. »

Comme ils traversaient le café pour sortir, Olivier dit à son compagnon qu'il avait un mot à écrire.

« En le mettant à la poste ce soir, il arrivera demain à la première heure. »

Assis à une table du café, il écrivit :

« Mon cher Georges.

« Oui, c'est moi qui t'écris, et pour te demander de me rendre un petit service. Je ne t'apprendrai sans doute rien en te disant que je suis de retour à Paris, car je crois bien que tu m'as aperçu ce matin près de la Sorbonne. J'étais descendu chez le comte de Passavant (il donna l'adresse) ; mes affaires sont encore chez lui. Pour des raisons qu'il serait trop long de te donner et qui ne t'intéresseraient guère, je préfère ne pas retourner chez lui. Il n'y a qu'à toi que je puisse demander de me rapporter lesdites affaires. Tu voudras bien, n'est-ce pas, me rendre ce service à charge de revanche. Il y a une malle fermée. Quant aux affaires qui sont dans la chambre, tu les mettras toi-même dans ma valise et m'apporteras le tout chez l'oncle Édouard. Je paierai l'auto. C'est demain dimanche, heureusement ; tu pourras faire ça dès que tu auras reçu ce mot. Je compte sur toi, hein ?

« Ton grand frère,

« OLIVIER.

« *P.-S.* — Je te sais débrouillard et ne doute pas que tu ne fasses tout cela très bien. Mais fais bien attention, si tu as affaire directement avec Passavant, de rester très froid avec lui. À demain matin. »

Ceux qui n'avaient pas entendu les propos injurieux de Dhurmer, ne s'expliquaient pas bien la brusque agression d'Olivier. Il paraissait avoir perdu la tête. S'il avait su garder son sang-froid, Bernard l'aurait approuvé ; il n'aimait pas Dhurmer ; mais il reconnaissait qu'Olivier avait agi comme un fou et semblait s'être donné tous les torts. Bernard souffrait de l'entendre juger sévèrement. Il s'approcha de Bercail et prit rendez-vous avec lui. Pour absurde que fût cette affaire, il leur importait à tous deux d'être corrects. Ils convinrent d'aller relancer leur client, le lendemain matin, dès neuf heures.

Ses deux amis partis, Bernard n'avait plus aucune raison

ni aucune envie de rester. Il chercha des yeux Sarah, et son cœur se gonfla d'une sorte de rage, en la voyant assise sur les genoux de Passavant. Tous deux paraissaient ivres ; mais Sarah se leva pourtant en voyant approcher Bernard.

« Partons », dit-elle en prenant son bras.

Elle voulut rentrer à pied. Le trajet n'était pas long ; ils le firent sans mot dire. À la pension, toutes les lumières étaient éteintes. Craignant d'attirer l'attention, ils gagnèrent à tâtons l'escalier de service, puis grattèrent des allumettes. Armand veillait. Quand il les entendit monter, il sortit sur le palier, une lampe à la main.

« Prends la lampe », dit-il à Bernard (ils se tutoyaient depuis la veille). « Éclaire Sarah ; il n'y a pas de bougie dans sa chambre... Et passe-moi tes allumettes, que j'allume la mienne. »

Bernard accompagna Sarah dans la seconde chambre. Ils n'y furent pas plutôt entrés qu'Armand, penché derrière eux, d'un grand souffle éteignit la lampe, puis, goguenard :

« Bonne nuit ! fit-il. Mais ne faites pas de chahut. À côté les parents dorment. »

Puis, soudain reculé, il referma sur eux la porte et tira le verrou.

9

Armand s'est étendu tout habillé. Il sait qu'il ne pourra dormir. Il attend la fin de la nuit. Il médite. Il écoute. La maison repose, la ville, la nature entière ; pas un bruit.

Dès qu'une faible clarté, que le réflecteur rabat du haut du ciel étroit dans sa chambre, lui permet d'en distinguer à nouveau la hideur, il se lève. Il va vers la porte qu'il a verrouillée la veille au soir ; doucement l'entrouvre…

Les rideaux de la chambre de Sarah ne sont pas fermés. L'aube naissante blanchit la vitre. Armand s'avance vers le lit où sa sœur et Bernard reposent. Un drap couvre à demi leurs membres enlacés. Qu'ils sont beaux ! Armand longuement les contemple. Il voudrait être leur sommeil, leur baiser. Il sourit d'abord, puis, au pied du lit, parmi les couvertures rejetées, soudain s'agenouille. Quel dieu peut-il prier ainsi, les mains jointes ? Une indicible émotion l'étreint. Ses lèvres tremblent… Il aperçoit sous l'oreiller un mouchoir tâché de sang ; il se lève, s'en empare, l'emporte et, sur la petite tache ambrée, pose ses lèvres en sanglotant.

Mais sur le pas de la porte il se retourne. Il voudrait éveiller Bernard. Celui-ci doit regagner sa chambre avant que personne dans la pension ne soit levé. Au léger bruit que fait Armand, Bernard ouvre les yeux. Armand s'enfuit, laissant la porte ouverte. Il quitte la chambre, descend l'escalier; il se cachera n'importe où; sa présence gênerait Bernard; il ne veut pas le rencontrer.

D'une fenêtre de la salle d'études, quelques instants plus tard, il le verra passer, rasant les murs comme un voleur...

Bernard n'a pas beaucoup dormi. Mais il a goûté, cette nuit, d'un oubli plus reposant que le sommeil; exaltation et anéantissement à la fois, de son être. Il glisse dans une nouvelle journée, étrange à lui-même, épars, léger, nouveau, calme et frémissant comme un dieu. Il a laissé Sarah dormant encore; s'est dégagé furtivement d'entre ses bras. Eh quoi? sans un nouveau baiser, sans un dernier regard, sans une suprême étreinte amoureuse? Est-ce par insensibilité qu'il la quitte ainsi? Je ne sais pas. Il ne sait lui-même. Il s'efforce de ne point penser, gêné de devoir incorporer cette nuit sans précédents, aux précédents de son histoire. Non; c'est un appendice, une annexe, qui ne peut trouver place dans le corps du livre — livre où le récit de sa vie, comme si de rien n'était, va continuer, n'est-ce pas, va reprendre.

Il est remonté dans la chambre qu'il partage avec le petit Boris. Celui-ci dort profondément. Quel enfant! Bernard défait son lit, froisse ses draps pour donner le change. Il se lave à grande eau. Mais la vue de Boris le ramène à Saas-Fée. Il se remémore ce que Laura lui disait alors: « Je ne puis accepter de vous que cette dévotion que vous m'offrez. Le reste aura ses exigences, qui devront bien se satisfaire ailleurs. » Cette phrase le révoltait. Il lui semble l'entendre encore. Il ne pensait plus à cela, mais ce matin, sa mémoire est extraordinairement nette et active. Son cerveau fonctionne malgré lui avec une alacrité[1] merveilleuse. Bernard repousse l'image de Laura, veut étouffer ses souvenirs; et pour s'empêcher de penser, il se saisit d'un livre de classe, s'astreint à préparer son examen. Mais on étouffe dans

---

1. Vivacité entraînante, enjouement.

cette chambre. Il descend travailler au jardin. Il voudrait sortir dans la rue, marcher, courir, gagner le large, s'aérer. Il surveille la porte cochère ; dès que le portier l'ouvre, il s'évade.

Il gagne le Luxembourg avec son livre, et s'assied sur un banc. Sa pensée soyeusement se dévide ; mais fragile ; s'il tire dessus, le fil rompt. Dès qu'il veut travailler, entre son livre et lui, d'indiscrets souvenirs se promènent ; et non les souvenirs des instants aigus de sa joie, mais de petits détails saugrenus, mesquins, où son amour-propre s'accroche, et s'écorche et se mortifie. Désormais il ne se montrera plus si novice.

Vers neuf heures, il se lève et va retrouver Lucien Bercail. Tous deux se rendent chez Édouard.

Édouard habitait à Passy, au dernier étage d'un immeuble. Sa chambre ouvrait sur un vaste atelier. Quand, au petit matin, Olivier s'était levé, Édouard ne s'était pas d'abord inquiété.

« Je vais me reposer un peu sur le divan », avait dit Olivier. Et comme Édouard craignait qu'il ne prît froid, il avait dit à Olivier d'emporter des couvertures. Un peu plus tard, Édouard s'était levé à son tour. Assurément il venait de dormir sans s'en rendre compte, car à présent il s'étonnait qu'il fît grand jour. Il voulait savoir comment Olivier s'était installé ; il voulait le revoir ; et peut-être qu'un indistinct pressentiment le guidait…

L'atelier était vide. Les couvertures restaient au pied du divan, non dépliées. Une affreuse odeur de gaz l'avertit. Donnant sur l'atelier, une petite pièce servait de salle de bains. L'odeur assurément venait de là. Il y courut ; mais d'abord ne put pousser la porte ; quelque chose faisait obstacle : c'était le corps d'Olivier effondré contre la baignoire, dévêtu, glacé, livide et affreusement souillé de vomissures.

Édouard aussitôt ferma le robinet du chauffe-bain, qui

laissait échapper le gaz. Que s'était-il passé? Accident? Congestion?... Il ne pouvait y croire. La baignoire était vide. Il prit le moribond dans ses bras, le porta dans l'atelier, l'étendit sur le tapis, devant la fenêtre grande ouverte. À genoux, tendrement incliné, il l'ausculta. Olivier respirait encore, mais faiblement. Alors Édouard, éperdument, s'ingénia à ranimer ce peu de vie près de s'éteindre; il souleva rythmiquement les bras mous, pressa les flancs, frictionna le thorax, essaya tout ce qu'il se souvenait qu'en cas d'asphyxie l'on doit faire, se désolant de ne pouvoir faire tout à la fois. Olivier gardait les yeux fermés. Édouard souleva du doigt les paupières qui retombèrent sur un regard sans vie. Pourtant le cœur battait. Il chercha vainement du cognac, des sels. Il avait fait chauffer de l'eau, lavé le haut du corps et le visage. Puis il coucha ce corps inerte sur le divan et rabattit sur lui les couvertures. Il aurait voulu appeler un médecin, mais n'osait s'éloigner. Une servante venait chaque matin faire le ménage; mais elle n'arrivait qu'à neuf heures. Dès qu'il l'entendit, il l'envoya à la recherche d'un médicastre[1] de quartier; puis aussitôt la rappela, craignant de s'exposer à une enquête.

Olivier, cependant, revenait lentement à la vie. Édouard s'était assis à son chevet, près du divan. Il contemplait ce visage clos et s'achoppait à son énigme. Pourquoi? Pourquoi? On peut agir inconsidérément le soir, dans l'ivresse; mais les résolutions du petit matin portent leur plein chargement de vertu. Il renonçait à rien comprendre, en attendant le moment où Olivier pourrait enfin lui parler. Il ne le quitterait plus d'ici-là. Il avait pris une de ses mains et concentrait son interrogation, sa pensée, sa vie entière, dans ce contact. Enfin il lui sembla sentir la main d'Olivier répondre faiblement à l'étreinte... Alors il se courba, posa

---

1. Mauvais médecin, charlatan.

ses lèvres sur ce front que plissait une immense et mystérieuse douleur.

On sonna. Édouard se leva pour aller ouvrir. C'était Bernard et Lucien Bercail. Édouard les retint dans le vestibule
et les avertit ; puis, prenant Bernard à part, lui demanda s'il
savait qu'Olivier fût sujet à des étourdissements, à des
crises ?... Bernard tout à coup se souvint de leur conversation de la veille, et en particulier de certains mots d'Olivier,
qu'il avait à peine écoutés, mais qu'il réentendait à présent
d'une manière distincte.

« C'est moi qui lui parlais de suicide, dit-il à Édouard. Je
lui demandais s'il comprenait qu'on puisse se tuer par
simple excès de vie, "par enthousiasme", comme disait
Dmitri Karamazov. J'étais tout absorbé dans ma pensée et
je n'ai fait attention alors qu'à mes propres paroles ; mais je
me rappelle à présent ce qu'il m'a répondu.

— Qu'a-t-il donc répondu ? » insista Édouard, car Bernard s'arrêtait et semblait ne pas vouloir en dire davantage.

« Qu'il comprenait qu'on se tuât, mais seulement après
avoir atteint un tel sommet de joie, que l'on ne puisse,
après, que redescendre. »

Tous deux, sans plus ajouter rien, se regardèrent. Le jour
se faisait dans leur esprit. Édouard enfin détourna les yeux ;
et Bernard s'en voulut d'avoir parlé. Ils se rapprochèrent de
Bercail.

« L'ennuyeux, dit alors celui-ci, c'est qu'on pourra croire
qu'il a voulu se tuer pour éviter d'avoir à se battre. »

Édouard ne songeait plus à ce duel.

« Faites comme si de rien n'était, dit-il. Allez trouver
Dhurmer et demandez-lui de vous mettre en rapport avec
ses témoins. C'est avec ceux-ci que vous vous expliquerez,
si tant est que cette affaire idiote ne s'arrange pas d'elle-
même. Dhurmer ne se montrait guère désireux de marcher.

— Nous ne lui raconterons rien, dit Lucien, pour lui laisser toute la honte de reculer. Car il va se dérober, j'en suis sûr.»

Bernard demanda s'il ne pouvait pas voir Olivier. Mais Édouard voulait qu'on le laissât tranquillement reposer.

Bernard et Lucien allaient sortir, quand arriva le petit Georges. Il venait de chez Passavant, mais n'avait pu se ressaisir des affaires de son frère.

«Monsieur le comte est sorti, lui avait-il été répondu. Il ne nous a pas laissé d'ordres.»

Et le domestique lui avait fermé la porte au nez.

Certaine gravité dans le ton d'Édouard et dans le maintien des deux autres inquiéta Georges. Il flaira l'insolite, s'informa. Édouard dut tout lui raconter.

«Mais n'en dis rien à tes parents.»

Georges était ravi d'entrer dans du secret.

«On sait se taire», dit-il. Et, désœuvré ce matin-là, il proposa d'accompagner Bernard et Lucien chez Dhurmer.

Après que les trois visiteurs l'eurent quitté, Édouard appela la femme de ménage. À côté de sa chambre était une chambre d'ami, qu'il lui demanda de préparer, afin d'y pouvoir installer Olivier. Puis il rentra sans bruit dans l'atelier. Olivier reposait. Édouard se rassit près de lui. Il avait pris un livre, mais le rejeta bientôt sans l'avoir ouvert et regarda dormir son ami.

10

*Rien n'est simple, de ce qui s'offre à l'âme ; et
l'âme ne s'offre jamais simple à aucun sujet [1].*

PASCAL.

« Je crois qu'il sera heureux de vous revoir, dit Édouard à Bernard le lendemain. Il m'a demandé, ce matin, si vous n'étiez pas venu hier. Il a dû entendre votre voix, alors que je le croyais sans connaissance… Il garde les yeux fermés, mais ne dort pas. Il ne dit rien. Souvent il porte la main à son front en signe de souffrance. Dès que je m'adresse à lui, son front se plisse ; mais si je m'écarte, il me rappelle et me fait rasseoir près de lui… Non, il n'est plus dans l'atelier. Je l'ai installé dans la chambre à côté de la mienne, de sorte que je puisse recevoir des visites sans le déranger. »

Ils y entrèrent.

« Je venais prendre de tes nouvelles », dit Bernard très doucement.

Les traits d'Olivier s'animèrent en entendant la voix de son ami. C'était déjà presque un sourire.

« Je t'attendais.

---

1. Citation des *Pensées* de Blaise Pascal, extraite de la pensée 112.

— Je partirai si je te fatigue.

— Reste. »

Mais en disant ce mot, Olivier posait un doigt sur ses lèvres. Il demandait qu'on ne lui parlât pas. Bernard, qui devait se présenter aux épreuves orales dans trois jours, ne circulait plus sans un de ces manuels où se concentre en élixir toute l'amertume des matières de son examen. Il s'installa au chevet de son ami et se plongea dans la lecture. Olivier, le visage tourné du côté du mur, paraissait dormir. Édouard s'était retiré dans sa chambre ; on le voyait paraître par instants à la porte de communication qui restait ouverte. De deux en deux heures, il faisait prendre à Olivier un bol de lait, mais depuis ce matin seulement. Durant toute la journée de la veille, l'estomac du malade n'avait rien pu supporter.

Un long temps passa. Bernard se leva pour partir. Olivier se retourna, lui tendit la main et, tâchant de sourire :

« Tu reviendras demain ? »

Au dernier moment, il le rappela, lui fit signe de se pencher, comme s'il craignait que sa voix ne manquât à se faire entendre, et tout bas :

« Non, mais, crois-tu que j'ai été bête ! »

Puis, comme pour devancer une protestation de Bernard, il porta de nouveau un doigt à ses lèvres :

« Non ; non… Plus tard je vous expliquerai. »

Le lendemain, Édouard reçut une lettre de Laura ; quand Bernard revint, il la lui donna à lire :

« Mon cher ami,

« Je vous écris en grand-hâte pour tâcher de prévenir un malheur absurde. Vous m'y aiderez, j'en suis sûre, si seulement cette lettre vous parvient assez tôt.

« Félix vient de partir pour Paris, dans l'intention d'aller vous voir. Il prétend obtenir de vous les éclaircissements que je me refuse à lui donner ; apprendre par vous le nom de celui qu'il voudrait provoquer en duel. J'ai fait ce que j'ai pu pour le retenir, mais sa décision reste inébranlable et tout ce que je lui en dis ne sert qu'à l'ancrer davantage. Vous seul parviendrez peut-être à le dissuader. Il a confiance en vous et vous écoutera, je l'espère. Songez qu'il n'a jamais tenu entre ses mains ni pistolet, ni fleuret. L'idée qu'il puisse risquer sa vie pour moi m'est intolérable ; mais je crains surtout, j'ose à peine l'avouer, qu'il ne se couvre de ridicule.

« Depuis mon retour, Félix est avec moi plein d'empressement, de tendresse, de gentillesse ; mais je ne puis feindre pour lui plus d'amour que je n'en ai. Il en souffre ; et je crois que c'est le désir de forcer mon estime, mon admiration, qui le pousse à cette démarche que vous jugerez inconsidérée, mais à laquelle il pense chaque jour et dont il a, depuis mon retour, l'idée fixe. Certainement il m'a pardonné ; mais il en veut mortellement à l'autre.

« Je vous supplie de l'accueillir aussi affectueusement que vous m'accueilleriez moi-même ; vous ne sauriez me donner une preuve d'amitié à laquelle je sois plus sensible. Pardonnez-moi de ne pas vous avoir écrit plus tôt pour vous redire toute la reconnaissance que je garde de votre dévouement et des soins que vous m'avez prodigués durant notre séjour en Suisse. Le souvenir de ce temps me réchauffe et m'aide à supporter la vie.

« Votre amie toujours inquiète et toujours confiante,

« LAURA. »

« Que comptez-vous faire ? demanda Bernard en rendant la lettre.

— Qu'est-ce que vous voulez que j'y fasse ? » répondit

Édouard, un peu agacé, non point tant par la question de Bernard, que parce qu'il se l'était déjà posée. « S'il vient, je l'accueillerai de mon mieux. Je le conseillerai de mon mieux s'il me consulte ; et tâcherai de le persuader qu'il n'a rien de mieux à faire que de se tenir tranquille. Des gens comme ce pauvre Douviers ont toujours tort de chercher à se mettre en avant. Vous penseriez de même si vous le connaissiez, croyez-moi. Laura, elle, était née pour les premiers rôles. Chacun de nous assume un drame à sa taille, et reçoit son contingent de tragique. Qu'y pouvons-nous ? Le drame de Laura, c'est d'avoir épousé un comparse. Il n'y a rien à faire à cela.

— Et le drame de Douviers, c'est d'avoir épousé quelqu'un qui restera supérieur à lui, quoi qu'il fasse, reprit Bernard.

— Quoi qu'il fasse… », reprit Édouard en écho, et quoi que puisse faire Laura. L'admirable, c'est que, par regrets de sa faute, par repentir, Laura voulait s'humilier devant lui ; mais lui se prosternait aussitôt plus bas qu'elle ; tout ce que l'un et l'autre en faisaient ne parvenait qu'à le rapetisser, qu'à la grandir.

— Je le plains beaucoup, dit Bernard. Mais pourquoi n'admettez-vous pas que lui aussi, dans ce prosternement, se grandisse ?

— Parce qu'il manque de lyrisme, dit Édouard irréfutablement.

— Que voulez-vous dire ?

— Qu'il ne s'oublie jamais dans ce qu'il éprouve, de sorte qu'il n'éprouve jamais rien de grand. Ne me poussez pas trop là-dessus. J'ai mes idées ; mais qui répugnent à la toise[1] et que je ne cherche pas trop à mesurer. Paul-

---

1. Règle verticale graduée et qui sert à mesurer la taille des personnes. Emploi métaphorique dans le texte.

Ambroise a coutume de dire qu'il ne consent à tenir compte de rien qui ne se puisse chiffrer ; ce en quoi j'estime qu'il joue sur le mot "tenir compte" ; car, "à ce compte-là", comme on dit, on est forcé d'omettre Dieu. C'est bien là où il tend et ce qu'il désire… Tenez : je crois que j'appelle lyrisme l'état de l'homme qui consent à se laisser vaincre par Dieu.

— N'est-ce pas là précisément ce que signifie le mot enthousiasme ?

— Et peut-être le mot : inspiration. Oui, c'est bien là ce que je veux dire. Douviers est un être incapable d'inspiration. Je consens que Paul-Ambroise ait raison lorsqu'il considère l'inspiration comme des plus préjudiciables à l'art ; et je crois volontiers qu'on n'est artiste qu'à condition de dominer l'état lyrique ; mais il importe, pour le dominer, de l'avoir éprouvé d'abord.

— Ne pensez-vous pas que cet état de visitation divine est explicable physiologiquement par…

— La belle avance ! interrompit Édouard. De telles considérations, pour être exactes, ne sont propres qu'à gêner les sots. Il n'est certes pas un mouvement mystique qui n'ait son répondant matériel. Et après ? L'esprit, pour témoigner, ne peut point se passer de la matière. De là le mystère de l'incarnation.

— Par contre, la matière se passe admirablement de l'esprit.

— Ça, nous n'en savons rien », dit Édouard en riant.

Bernard était fort amusé de l'entendre parler ainsi. D'ordinaire Édouard se livrait peu. L'exaltation qu'il laissait paraître aujourd'hui lui venait de la présence d'Olivier. Bernard le comprit.

« Il me parle comme il voudrait déjà lui parler, pensa-t-il. C'est d'Olivier qu'il devrait faire son secrétaire. Dès qu'Olivier sera guéri, je me retirerai ; ma place est ailleurs. »

Il pensait cela sans amertume, tout occupé désormais par Sarah, qu'il avait revue la nuit dernière et s'apprêtait à retrouver cette nuit.

«Nous voici bien loin de Douviers, reprit-il en riant à son tour. Lui parlerez-vous de Vincent?

— Parbleu non. À quoi bon?

— Ne pensez-vous pas que c'est empoisonnant pour Douviers de ne savoir sur qui porter ses soupçons?

— Vous avez peut-être raison. Mais cela c'est à Laura qu'il faut le dire. Je ne pourrais parler sans la trahir... Du reste, je ne sais même pas où il est.

— Vincent?... Passavant doit bien le savoir.»

Un coup de sonnette les interrompit. Madame Molinier venait prendre des nouvelles de son fils. Édouard la rejoignit dans l'atelier.

JOURNAL D'ÉDOUARD

«Visite de Pauline. J'étais embarrassé de savoir comment la prévenir; et pourtant je ne pouvais lui laisser ignorer que son fils était malade. Ai jugé inutile de lui raconter l'incompréhensible tentative de suicide; ai simplement parlé d'une violente crise de foie, qui effectivement reste le plus clair résultat de cette entreprise.

«"Je suis déjà rassurée de savoir Olivier chez vous, m'a dit Pauline. Je ne le soignerais pas mieux que vous, car je sens bien que vous l'aimez autant que moi."

«En disant ces derniers mots, elle m'a regardé avec une bizarre insistance. Ai-je imaginé l'intention qu'elle m'a paru mettre dans ce regard? Je me sentais devant Pauline ce que l'on a coutume d'appeler "mauvaise conscience" et n'ai pu que balbutier je ne sais quoi d'indistinct. Il faut dire que, sursaturé d'émotion depuis deux jours, j'avais perdu tout empire sur moi-même ; mon trouble dut être très apparent, car elle ajouta :

« "Votre rougeur est éloquente... Mon pauvre ami, n'attendez pas de moi des reproches. Je vous en ferais si vous ne l'aimiez pas... Puis-je le voir ?"

« Je la menai près d'Olivier. Bernard, en nous entendant venir, s'était retiré.

« "Comme il est beau !" murmura-t-elle en se penchant au-dessus du lit. Puis, se retournant vers moi :

« "Vous l'embrasserez de ma part. Je crains de l'éveiller."

« Pauline est décidément une femme extraordinaire. Ce n'est pas d'aujourd'hui que je le pense. Mais je ne pouvais espérer qu'elle pousserait si loin sa compréhension. Toutefois il me semblait, à travers la cordialité de ses paroles et cette sorte d'enjouement qu'elle mettait dans le ton de sa voix, distinguer un peu de contrainte (peut-être en raison de l'effort que je faisais pour cacher ma gêne) ; et je me souvenais d'une phrase de notre conversation précédente, phrase qui déjà m'avait paru des plus sages alors que je n'étais pas intéressé à la trouver telle : "Je préfère accorder de bonne grâce ce que je sais que je ne pourrais pas empêcher." Évidemment, Pauline s'efforçait vers la bonne grâce ; et, comme en réponse à ma secrète pensée, elle reprit, lorsque nous fûmes de nouveau dans l'atelier :

« "En ne me scandalisant pas tout à l'heure, je crains de vous avoir scandalisé. Il est certaines libertés de pensée dont les hommes voudraient garder le monopole. Je ne puis pourtant pas feindre avec vous plus de réprobation que je n'en éprouve. La vie m'a instruite. J'ai compris combien la pureté des garçons restait précaire, alors même qu'elle paraissait le mieux préservée. De plus, je ne crois pas que les plus chastes adolescents fassent plus tard les maris les meilleurs ; ni même, hélas, les plus fidèles, ajouta-t-elle en souriant tristement. Enfin, l'exemple de leur père m'a fait souhaiter d'autres vertus pour mes fils. Mais j'ai peur pour eux de la débauche, ou des liaisons dégradantes. Olivier se laisse facilement entraîner. Vous aurez à cœur de le retenir. Je crois que vous pourrez lui faire du bien. Il ne tient qu'à vous…"

« De telles paroles m'emplissaient de confusion.

« "Vous me faites meilleur que je ne suis."

« C'est tout ce que je pus trouver à dire, de la manière la plus banale et la plus empruntée. Elle reprit avec une délicatesse exquise :

« "C'est Olivier qui vous fera meilleur. Que n'obtient-on pas de soi, par amour ?

« — Oscar le sait-il près de moi ? demandai-je pour mettre un peu d'air entre nous.

« — Il ne le sait même pas à Paris. Je vous ai dit qu'il ne s'occupe pas beaucoup de ses fils. C'est pourquoi je comptais sur vous pour parler à Georges. L'avez-vous fait ?

« — Non ; pas encore."

« Le front de Pauline s'était assombri brusquement.

« "Je m'inquiète de plus en plus. Il a pris un air d'assurance, où je ne vois qu'insouciance, que cynisme et que présomption. Il travaille bien ; ses professeurs sont contents de lui ; mon inquiétude ne sait à quoi se prendre…"

« Et tout à coup, se départant de son calme, avec un emportement où je la reconnaissais à peine :

« "Vous rendez-vous compte de ce que devient ma vie ? J'ai restreint mon bonheur ; d'année en année, j'ai dû en rabattre ; une à une, j'ai raccourci mes espérances. J'ai cédé ; j'ai toléré ; j'ai feint de ne pas comprendre, de ne pas voir… Mais enfin, on se raccroche à quelque chose ; et quand encore ce peu vous échappe !… Le soir, il vient travailler près de moi, sous la lampe ; quand parfois il lève la tête de dessus son livre, ce n'est pas de l'affection que je rencontre dans son regard ; c'est du défi. J'ai si peu mérité cela… Il me semble parfois brusquement que tout mon amour pour lui tourne en haine; et je voudrais n'avoir jamais eu d'enfants."

« Sa voix tremblait. Je pris sa main.

« "Olivier vous récompensera; je m'y engage."

« Elle fit effort pour se ressaisir.

« "Oui, je suis folle de parler ainsi; comme si je n'avais pas trois fils. Quand je pense à l'un, je ne vois plus que celui-là… Vous allez me trouver bien peu raisonnable… Mais par moments, vraiment, la raison ne suffit plus.

« — La raison est pourtant ce que j'admire le plus en vous", dis-je platement, dans l'espoir de la calmer. Et comme elle restait silencieuse, j'ajoutai :

« "L'autre jour vous me parliez d'Oscar avec tant de sagesse…"

« Pauline brusquement se redressa. Elle me regarda et haussa les épaules.

« "C'est toujours quand une femme se montre le plus résignée qu'elle paraît le plus raisonnable", s'écria-t-elle comme hargneusement.

« Cette réflexion m'irrita en raison de sa justesse même. Pour n'en rien laisser voir, je repris aussitôt :

« "Rien de nouveau, au sujet des lettres ?

« — De nouveau ? De nouveau !… Qu'est-ce que vous voulez qu'il arrive de nouveau entre Oscar et moi ?

« — Il attendait une explication.

« — Moi aussi j'attendais une explication. Tout le long de la vie on attend des explications.

« — Enfin, repris-je un peu agacé, Oscar se sentait dans une situation fausse.

« — Mais, mon ami, vous savez bien qu'il n'y a rien de tel pour s'éterniser, que les situations fausses. C'est affaire à vous, romanciers, de chercher à les résoudre. Dans la vie, rien ne se résout; tout continue. On demeure dans l'incertitude; et on restera jusqu'à la fin sans savoir à quoi s'en tenir; en attendant, la vie continue, tout comme si de rien n'était. Et de cela aussi on prend son parti; comme de tout le reste… comme de tout. Allons, adieu."

« Je m'affectais péniblement au retentissement de certaines sonorités nouvelles que je distinguais dans sa voix; une sorte d'agressivité, qui me força de penser (peut-être pas à l'instant même, mais en me remémorant notre entretien) que Pauline prenait son parti beaucoup moins facilement qu'elle ne le disait de mes rapports avec Olivier; moins facilement que de tout le reste. Je veux croire qu'elle ne les réprouve pas précisément; qu'elle s'en félicite même à certains égards, ainsi qu'elle me le laisse entendre; mais, sans se l'avouer peut-être, elle ne laisse pas d'en ressentir de la jalousie.

« C'est la seule explication que je trouve à ce brusque sursaut de révolte, sitôt ensuite, et sur un sujet qui lui tenait somme toute bien moins à cœur. On eût dit qu'en m'accordant d'abord ce qui lui coûtait davantage elle venait d'épuiser sa réserve de mansuétude et s'en trouvait soudain dépourvue. De là, ses propos intempérés, extravagants presque, dont elle dut s'étonner elle-même en y repensant, et où sa jalousie se trahissait.

« Au fond, je me demande quel pourrait être l'état d'une femme qui ne serait pas résignée ? J'entends : d'une "honnête femme"… Comme si ce que l'on appelle "honnêteté", chez les femmes, n'impliquait pas toujours de la résignation !

« Vers le soir, Olivier a commencé d'aller sensiblement mieux. Mais la vie qui revient ramène l'inquiétude avec elle. Je m'ingénie à le rassurer.

« Son duel ? — Dhurmer avait fui à la campagne. On ne pouvait pourtant pas courir après lui.

« La revue ? — Bercail s'en occupe.

« Les affaires qu'il a laissées chez Passavant ? — C'est le

point le plus délicat. J'ai dû avouer que Georges n'avait pu
s'en ressaisir; mais me suis engagé à les aller rechercher
moi-même dès demain. Il craignait, à ce qu'il m'a semblé,
que Passavant ne les retînt comme un otage; ce que je ne
puis admettre un seul instant.

« Hier, je m'attardais dans l'atelier après avoir écrit ces
pages, lorsque j'ai entendu Olivier m'appeler. J'ai bondi jusqu'à lui.

« "C'est moi qui serais venu, si je n'étais trop faible, m'a-
t-il dit. J'ai voulu me lever; mais, quand je suis debout, la
tête me tourne et j'ai craint de tomber. Non, non, je ne me
sens pas plus mal; au contraire… Mais j'avais besoin de te
parler. Il faut que tu me promettes quelque chose… De ne
jamais chercher à savoir pourquoi j'ai voulu me tuer avant-
hier. Je crois que je ne le sais plus moi-même. Je voudrais le
dire, vrai! je ne le pourrais pas… Mais il ne faut pas que tu
penses que c'est à cause de quelque chose de mystérieux
dans ma vie, quelque chose que tu ne connaîtrais pas." Puis,
d'une voix plus basse: "Non plus, ne va pas t'imaginer que
c'est par honte…"

« Bien que nous fussions dans l'obscurité, il cachait son
front dans mon épaule.

« "Ou si j'ai honte, c'est de ce banquet de l'autre soir; de
mon ivresse, de mon emportement, de mes larmes; et de
ces mois d'été… et de t'avoir si mal attendu."

« Puis il protesta qu'en rien de tout cela il ne se contentait plus à se reconnaître; que c'était tout cela qu'il avait
voulu tuer, qu'il avait tué, qu'il avait effacé de sa vie.

« Je sentais, dans son agitation même, sa faiblesse, et le
berçais, sans rien dire, comme un enfant. Il aurait eu besoin
de repos; son silence me faisait espérer son sommeil; mais
je l'entendais enfin murmurer :

« "Près de toi, je suis trop heureux pour dormir."

« Il ne me laissa le quitter qu'au matin. »

...

II

Bernard, ce matin-là, vint de bonne heure. Olivier dormait encore, Bernard, ainsi qu'il avait fait les jours précédents, s'installa au chevet de son ami avec un livre, ce qui
permit à Édouard d'interrompre sa garde et de se rendre
chez le comte de Passavant, ainsi qu'il avait promis de le
faire. À cette heure matinale, on était sûr de le trouver.

Le soleil brillait ; un air vif nettoyait les arbres de leurs
dernières feuilles ; tout paraissait limpide, azuré. Édouard
n'était pas sorti de trois jours. Une immense joie dilatait
son cœur ; et même il lui semblait que tout son être, enveloppe ouverte et vidée, flottait sur une mer indivise, un
divin océan de bonté. L'amour et le beau temps illimitent
ainsi nos contours.

Édouard savait qu'il lui faudrait une auto pour rapporter
les affaires d'Olivier ; mais il ne se pressait pas de la prendre ;
il trouvait plaisir à marcher. L'état de bienveillance où il se
sentait vis-à-vis de la nature entière, le disposait mal à affronter Passavant. Il se disait qu'il devait l'exécrer ; il repassait
en son esprit tous ses griefs, mais il n'en sentait plus la
piqûre. Ce rival, qu'il détestait hier encore, il venait de le
supplanter, et trop complètement pour pouvoir plus longtemps le haïr. Du moins il ne le pouvait plus ce matin-là. Et,
comme d'autre part il estimait que rien ne devait paraître

de ce revirement, qui risquât de trahir son bonheur, plutôt que de se montrer désarmé, il eût voulu se dérober à l'entrevue. Au fait, pourquoi diantre y allait-il, lui, précisément lui, Édouard ? Il se présenterait rue de Babylone et réclamerait les affaires d'Olivier, à quel titre ? Mission acceptée bien inconsidérément, se disait-il en cheminant, et qui laisserait entendre qu'Olivier avait élu chez lui domicile ; précisément ce qu'il aurait voulu cacher... Trop tard pour reculer : Olivier avait sa promesse. Du moins, il importait de se montrer à Passavant très froid, très ferme. Un taxi passa, qu'il héla.

Édouard connaissait mal Passavant. Il ignorait un des traits de son caractère. Passavant, qu'on ne prenait jamais sans vert[1], ne supportait pas d'être joué. Pour n'avoir pas à reconnaître ses défaites, il affectait toujours d'avoir souhaité son sort, et, quoi qu'il lui advînt, il prétendait l'avoir voulu. Dès qu'il comprit qu'Olivier lui échappait, il n'eut souci que de dissimuler sa rage. Loin de chercher à courir après lui, et de risquer le ridicule, il se raidit, se força de hausser les épaules. Ses émotions n'étaient jamais si violentes qu'il ne pût les tenir en main. C'est ce dont certains se félicitent, sans consentir à reconnaître que souvent ils doivent cette maîtrise d'eux-mêmes moins à la force de leur caractère qu'à une certaine indigence de tempérament. Je me défends de généraliser ; mettons que ce que j'en ai dit ne s'applique qu'à Passavant. Celui-ci n'eut donc pas trop de mal à se persuader que précisément il en avait assez d'Olivier ; qu'en ces deux mois d'été, il avait épuisé tout l'attrait d'une aventure qui risquait d'encombrer sa vie ; qu'au demeu-

---

1. « Qu'on ne prenait pas au dépourvu » (expression vieillie). Du XIIIᵉ au XVᵉ siècle, il était d'usage en certaines sociétés au mois de mai de porter une branche verte sous peine de prendre un seau d'eau sur la tête.

rant il s'était surfait la beauté de cet enfant, sa grâce et les ressources de son esprit ; que même il était temps que ses yeux s'ouvrissent sur les inconvénients de confier la direction d'une revue à quelqu'un d'aussi jeune et d'aussi inexpérimenté. Tout bien considéré, Strouvilhou ferait beaucoup mieux son affaire ; en tant que directeur de revue, s'entend. Il venait de lui écrire et l'avait convoqué pour ce matin.

Ajoutons que Passavant se méprenait sur la cause de la désertion d'Olivier. Il pensait avoir excité sa jalousie en se montrant trop empressé à l'égard de Sarah ; se complaisait dans cette idée qui flattait sa fatuité naturelle ; son dépit s'en trouvait calmé.

Il attendait donc Strouvilhou ; et comme il avait donné ordre qu'on fît entrer aussitôt, Édouard bénéficia de la consigne et se trouva devant Passavant sans avoir été annoncé.

Passavant ne laissa point paraître sa surprise. Heureusement pour lui, le rôle qu'il avait à jouer convenait à son naturel et ne déroutait pas ses pensées. Dès qu'Édouard eut exposé le motif de sa visite :

« Combien je suis heureux de ce que vous me dites. Alors, vrai ? vous voulez bien vous occuper de lui ? Cela ne vous dérange pas trop ?... Olivier est un charmant garçon, mais sa présence ici commençait à me gêner terriblement. Je n'osais pas le lui laisser sentir ; il est si gentil... Et je savais qu'il préférait ne pas retourner chez ses parents... Les parents, n'est-ce pas, une fois qu'on les a quittés... Mais, j'y pense, sa mère n'est-elle pas votre demi-sœur ?... ou quelque chose dans ce genre ? Olivier a dû m'expliquer cela, dans le temps. Alors, rien de plus naturel qu'il habite chez vous. Personne ne peut y trouver à sourire (ce dont lui, du reste, ne se faisait pas faute en disant ces mots). Chez moi, vous comprenez, sa présence était plus scabreuse. C'est du reste une des raisons qui me faisaient désirer qu'il partît...

Encore que je n'aie guère l'habitude de me soucier de l'opinion publique. Non ; c'était dans son intérêt, plutôt... »

L'entretien n'avait pas mal commencé ; mais Passavant ne résistait pas au plaisir de verser sur le bonheur quelques gouttes du poison de sa perfidie. Il en gardait toujours en réserve : on ne sait pas ce qui peut arriver...

Édouard sentit que la patience lui échappait. Mais brusquement il se souvint de Vincent, dont Passavant devait avoir eu des nouvelles. Certes, il s'était bien promis de ne point parler de Vincent à Douviers, si celui-ci venait l'interroger ; mais, pour mieux se dérober à son enquête, il lui paraissait bon d'être lui-même renseigné ; cela fortifierait sa résistance. Il saisit ce prétexte de diversion.

« Vincent ne m'a pas écrit, dit Passavant ; mais j'ai reçu une lettre de lady Griffith — vous savez bien : la remplaçante — où elle me parle de lui longuement. Tenez : voici la lettre... Après tout, je ne vois pas pourquoi vous n'en prendriez pas connaissance. »

Il lui tendit la lettre. Édouard lut :

« My dear,

« Le yacht du prince repartira sans nous de Dakar. Qui sait où nous serons quand cette lettre qu'il emporte vous atteindra ? Peut-être sur les bords de la Casamance, où nous voudrions, Vincent herboriser, moi chasser. Je ne sais plus trop si je l'emmène ou s'il m'emmène ; ou si, plutôt, ce n'est pas le démon de l'aventure qui nous harcèle ainsi tous les deux. Nous avons été présentés à lui par le démon de l'ennui, avec qui nous avions fait connaissance à bord... Ah ! dear, il faut vivre sur un yacht pour apprendre à connaître l'ennui. Par temps de bourrasque, la vie y est encore supportable ; on participe à l'agitation du bateau. Mais à partir de Ténériffe, plus un souffle ; plus une ride sur la mer.

... grand miroir
De mon désespoir[1].

« Et savez-vous à quoi je me suis occupée depuis lors ? À haïr Vincent. Oui, mon cher, l'amour nous paraissant trop fade, nous avons pris le parti de nous haïr. À vrai dire, ça a commencé bien avant ; oui, dès notre embarquement ; d'abord, ce n'était que de l'irritation, une sourde animosité qui n'empêchait pas les corps à corps. Avec le beau temps, c'est devenu féroce. Ah ! je sais à présent ce que c'est que d'éprouver de la passion pour quelqu'un... »

La lettre était encore longue.

« Je n'ai pas besoin d'en lire plus, dit Édouard en la rendant à Passavant. Quand revient-il ?

— Lady Griffith ne parle pas de retour. »

Passavant était mortifié qu'Édouard ne montrât pas plus d'appétit pour cette lettre. Du moment qu'il lui permettait de la lire, il devrait prendre cette incuriosité comme un affront. Il repoussait volontiers les offres, mais supportait mal que les siennes fussent dédaignées. Cette lettre l'avait empli d'aise. Il nourrissait certaine affection pour Lilian et pour Vincent ; même il s'était prouvé qu'il pouvait être obligeant pour eux, secourable ; mais son affection faiblissait aussitôt qu'on se passait d'elle. Qu'en le quittant, ses deux amis n'eussent pas cinglé vers le bonheur, voici qui l'invitait à penser : c'est bien fait.

Quant à Édouard, sa félicité matinale était trop sincère pour qu'il pût, devant la peinture des sentiments forcenés, ne pas éprouver de la gêne. C'est sans affectation aucune qu'il avait rendu la lettre.

---

1. Extrait de « La Musique » de Charles Baudelaire, dans *Les Fleurs du mal* (1857).

Il importait à Passavant de reprendre aussitôt la main :

« Ah ! je voulais vous dire encore : vous savez que j'avais pensé à Olivier pour la direction d'une revue ? Naturellement, il n'en est plus question.

— Cela va sans dire », riposta Édouard, que Passavant, sans s'en rendre compte, débarrassait d'un gros souci. Celui-ci comprit au ton d'Édouard qu'il venait de faire son jeu, et, sans prendre le temps de se mordre les lèvres :

« Les affaires laissées par Olivier sont dans la chambre qu'il occupait. Vous avez un taxi, sans doute ? On va les y porter. À propos, comment va-t-il ?

— Très bien. »

Passavant s'était levé. Édouard fit de même. Tous deux se quittèrent sur un salut des plus froids.

La visite d'Édouard venait de terriblement embêter le comte de Passavant :

« Ouf ! » fit-il, en voyant entrer Strouvilhou.

Bien que Strouvilhou lui tînt tête, Passavant se sentait à l'aise avec lui, ou plus exactement : prenait ses aises. Certes, il avait affaire à forte partie, le savait, mais se croyait de force et se piquait de le prouver.

« Mon cher Strouvilhou, prenez place, dit-il en poussant vers lui un fauteuil. Je suis vraiment heureux de vous revoir.

— Monsieur le comte m'a fait demander. Me voici tout à votre service. »

Strouvilhou affectait volontiers avec lui une insolence de laquais ; mais Passavant était fait à ses manières.

« Droit au fait ; il est temps, comme disait l'autre, de sortir de dessous les meubles. Vous avez déjà fait bien des métiers… Je voulais vous proposer aujourd'hui un vrai poste de dictateur. Hâtons-nous d'ajouter qu'il ne s'agit que de littérature.

— Tant pis. » Puis, comme Passavant lui tendait son étui à cigarettes : « Si vous permettez, je préfère...

— Je ne permets pas du tout. Avec vos affreux cigares de contrebande, vous allez m'empester la pièce. Je n'ai jamais compris le plaisir qu'on pouvait trouver à fumer ça.

— Oh ! je ne peux pas dire que j'en raffole. Mais ça incommode les voisins.

— Toujours frondeur ?

— Il ne faudrait pourtant pas me prendre pour un imbécile. »

Et sans répondre directement à la proposition de Passavant, Strouvilhou crut séant de s'expliquer et de bien établir ses positions ; l'on verrait ensuite. Il continua :

« La philanthropie n'a jamais été mon fort.

— Je sais, je sais, dit Passavant.

— L'égoïsme non plus. Et c'est ça que vous ne savez pas bien... On voudrait nous faire croire qu'il n'est pour l'homme d'autre échappement à l'égoïsme qu'un altruisme plus hideux encore ! Quant à moi, je prétends que s'il y a quelque chose de plus méprisable que l'homme, et de plus abject, c'est beaucoup d'hommes. Aucun raisonnement ne saurait me convaincre que l'addition d'unités sordides puisse donner un total exquis. Il ne m'arrive pas de monter dans un tram ou dans un train sans souhaiter un bel accident qui réduise en bouillie toute cette ordure vivante ; oh ! moi compris, parbleu ; d'entrer dans une salle de spectacle sans désirer l'écroulement du lustre ou l'éclatement d'une bombe ; et, quand je devrais sauter avec, je l'apporterais volontiers sous ma veste si je ne me réservais pas pour mieux. Vous disiez ?...

— Non, rien ; continuez, je vous écoute. Vous n'êtes pas de ces orateurs qui attendent le fouet de la contradiction pour partir.

— C'est qu'il m'avait semblé vous entendre m'offrir un verre de votre inestimable porto. »

Passavant sourit.

« Et gardez près de vous la bouteille, dit-il en la lui tendant. Videz-la s'il vous plaît, mais parlez. »

Strouvilhou remplit son verre, se cala dans un profond fauteuil et commença :

« Je ne sais pas si j'ai ce que l'on appelle un cœur sec ; j'ai trop d'indignation, de dégoût, pour le croire, et peu m'importe. Il est vrai que j'ai depuis longtemps réprimé, dans cet organe, tout ce qui risquait de l'attendrir. Mais je ne suis pas incapable d'admiration, et d'une sorte de dévouement absurde ; car, en tant qu'homme, je me méprise et me hais à l'égal d'autrui. J'entends répéter toujours et partout que la littérature, les arts, les sciences, en dernier ressort, travaillent au bien-être de l'humanité ; et cela suffirait à me les faire vomir. Mais rien ne me retient de retourner la proposition, et dès lors je respire. Oui, ce qu'il me plaît d'imaginer, c'est tout au contraire l'humanité servile travaillant à quelque monument cruel ; un Bernard Palissy (nous a-t-on assez rasé avec celui-là !) brûlant femme et enfants, et lui-même, pour obtenir le vernis d'un beau plat. J'aime à retourner les problèmes ; que voulez-vous, j'ai l'esprit ainsi fait qu'ils y tiennent en meilleur équilibre, la tête en bas. Et si je ne puis supporter la pensée d'un Christ se sacrifiant pour le salut ingrat de tous ces gens affreux que je coudoie, je trouve quelque satisfaction, et même une sorte de sérénité, à imaginer cette tourbe pourrissant pour produire un Christ… encore que je préférerais autre chose, car tout l'enseignement de Celui-ci n'a servi qu'à enfoncer l'humanité un peu plus avant dans le gâchis. Le malheur vient de l'égoïsme des forces. Une férocité dévouée, voilà qui produirait de grandes choses. En protégeant les malheureux, les faibles, les rachitiques, les blessés, nous faisons fausse route; et c'est pourquoi je hais la religion qui nous l'enseigne. La grande paix que les philanthropes eux-mêmes prétendent puiser dans la contemplation de la nature, faune et flore, vient de ce qu'à l'état sauvage, seuls les êtres robustes prospèrent; tout le reste, déchet, sert d'engrais. Mais on ne sait pas voir cela; on ne veut pas le reconnaître.

— Si fait; si fait; je le reconnais volontiers. Continuez.

— Et dites si ce n'est pas honteux, misérable... que l'homme ait tant fait pour obtenir des races superbes de chevaux, de bétail, de volailles, de céréales, de fleurs, et que lui-même, pour lui-même, en soit encore à chercher dans la médecine un soulagement à ses misères, dans la charité un palliatif, dans la religion une consolation, et dans les ivresses l'oubli. C'est l'amélioration de la race, à laquelle il faut travailler. Mais toute sélection implique la suppression des malvenus, et c'est à quoi notre chrétienne de société ne saurait se résoudre. Elle ne sait même pas prendre sur elle de châtrer les dégénérés; et ce sont les plus prolifiques. Ce qu'il faudrait, ce ne sont pas des hôpitaux, c'est des haras.

— Parbleu, vous me plaisez ainsi, Strouvilhou.

— Je crains que vous ne vous soyez mépris sur moi jusqu'à présent, Monsieur le comte. Vous m'avez pris pour un sceptique et je suis un idéaliste, un mystique. Le scepticisme n'a jamais donné rien de bon. On sait de reste où il mène... à la tolérance! Je tiens les sceptiques pour des gens sans idéal, sans imagination; pour des sots... Et je n'ignore pas tout ce que supprimerait de délicatesses et de subtilités sentimentales, la production de cette humanité robuste; mais personne ne serait plus là pour les regretter, ces délicatesses, puisque avec elles on aurait supprimé les délicats. Ne vous y trompez pas, j'ai ce qu'on appelle: de la culture, et sais bien que mon idéal, certains Grecs l'avaient entrevu; du moins j'ai plaisir à me l'imaginer, et à me souvenir que Coré, fille de Cérès, descendit aux Enfers pleine de pitié pour les ombres ; mais que, devenue reine, épouse de Pluton, elle n'est plus nommée par Homère que "l'implacable Proserpine". Voir *Odyssée*, chant sixième. "Implacable" ; c'est ce que se doit d'être un homme qui se prétend vertueux.

— Heureux de vous voir revenir à la littérature... si tant est que nous l'ayons jamais quittée. Je vous demande donc, vertueux Strouvilhou, si vous accepteriez de devenir un implacable directeur de revue ?

— À vrai dire, mon cher comte, je dois vous avouer que, de toutes les nauséabondes émanations humaines, la littérature est une de celles qui me dégoûtent le plus. Je n'y vois que complaisances et flatteries. Et j'en viens à douter qu'elle puisse devenir autre chose, du moins tant qu'elle n'aura pas balayé le passé. Nous vivons sur des sentiments admis et que le lecteur s'imagine éprouver, parce qu'il croit tout ce qu'on imprime ; l'auteur spécule là-dessus comme sur des conventions qu'il croit les bases de son art. Ces sentiments sonnent faux comme des jetons, mais ils ont cours. Et, comme l'on sait que "la mauvaise monnaie chasse la bonne [1]", celui qui offrirait au public de vraies pièces semblerait nous payer de mots. Dans un monde où chacun triche, c'est l'homme vrai qui fait figure de charlatan. Je vous en avertis si je dirige une revue, ce sera pour y crever des outres, pour y démonétiser tous les beaux sentiments, et ces billets à ordre : les mots.

— Parbleu, j'aimerais savoir comment vous vous y prendrez.

— Laissez faire et vous verrez bien. J'ai souvent réfléchi à cela.

---

1. Loi dite de Gresham (1519-1579), célèbre financier anglais. Il élabora une théorie selon laquelle la mauvaise monnaie chasse la bonne, qui est retirée de la circulation. Cette théorie avait notamment été introduite en France par Charles Gide, l'oncle d'André Gide.

— Vous ne serez compris par personne, et personne ne vous suivra.

— Allez donc! Les jeunes gens les plus dégourdis sont prévenus de reste aujourd'hui contre l'inflation poétique. Ils savent ce qui se cache de vent derrière les rythmes savants et les sonores rengaines lyriques. Qu'on propose de démolir, et l'on trouvera toujours des bras. Voulez-vous que nous fondions une école qui n'aura d'autre but que de tout jeter bas?... Ça vous fait peur?

— Non... si l'on ne piétine pas mon jardin.

— On a de quoi s'occuper ailleurs... en attendant. L'heure est propice. J'en connais qui n'attendent qu'un signe de ralliement; des tout jeunes... Oui, cela vous plaît, je sais; mais je vous avertis qu'ils ne s'en laisseront pas conter... Je me suis souvent demandé par quel prodige la peinture était en avance, et comment il se faisait que la littérature se soit ainsi laissé distancer? Dans quel discrédit, aujourd'hui, tombe ce que l'on avait coutume de considérer, en peinture, comme "le motif"! Un beau sujet! cela fait rire. Les peintres n'osent même plus risquer un portrait, qu'à condition d'éluder toute ressemblance. Si nous menons à bien notre affaire, et vous pouvez compter sur moi pour cela, je ne demande pas deux ans pour qu'un poète de demain se croie déshonoré si l'on comprend ce qu'il veut dire. Oui, Monsieur le comte; voulez-vous parier? Seront considérés comme antipoétiques, tout sens, toute signification. Je propose d'œuvrer à la faveur de l'illogisme. Quel beau titre, pour une revue: *Les Nettoyeurs*!»

Passavant avait écouté sans broncher.

«Parmi vos acolytes, reprit-il après un silence, est-ce que vous comptez votre jeune neveu?

— Le petit Léon, c'est un pur; et qui la connaît dans les coins. Vraiment il y a plaisir à l'instruire. Avant l'été, il avait trouvé rigolo de passer par-dessus les forts en thème de sa classe et de décrocher tous les prix. Depuis la rentrée, il ne fout plus rien; je ne sais pas ce qu'il mijote; mais je lui fais confiance et ne veux surtout pas l'embêter.

— Vous me l'amèneriez?

— Monsieur le comte plaisante, je crois... Alors, cette revue?

— Nous en reparlerons. J'ai besoin de laisser mûrir en moi vos projets. En attendant, vous devriez bien me procurer un secrétaire; celui que j'avais, a cessé de me satisfaire.

— Je vous enverrai dès demain le petit Cob-Lafleur, que je dois voir tantôt, et qui fera sans doute votre affaire.

— Du genre "nettoyeur"?

— Un peu.

— *Ex uno* [1]...

— Non; ne les jugez pas tous d'après lui. Celui-là c'est un modéré. Très choisi pour vous.»

Strouvilhou se leva.

«À propos, reprit Passavant, je ne vous avais pas, je crois, donné mon livre. Je regrette de n'en avoir plus d'exemplaire de la première édition...

— Comme je n'ai pas l'intention de le revendre, cela n'a aucune importance.

— Simplement, le tirage est meilleur.

— Oh! comme je n'ai pas non plus l'intention de le lire... Au revoir. Et si le cœur vous en dit: à votre service. J'ai l'honneur de vous saluer.»

---

1. «À partir d'un seul», locution incomplète. Sous-entendu «à partir d'un seul, on peut juger les autres».

12

« Rapporté à Olivier ses affaires. Sitôt de retour de chez Passavant, travail. Exaltation calme et lucide. Joie inconnue jusqu'à ce jour. Écrit trente pages des *Faux-Monnayeurs*, sans hésitation, sans ratures. Comme un paysage nocturne à la lueur soudaine d'un éclair, tout le drame surgit de l'ombre, très différent de ce que je m'efforçais en vain d'inventer. Les livres que j'ai écrits jusqu'à présent me paraissent comparables à ces bassins des jardins publics, d'un contour précis, parfait peut-être, mais où l'eau captive est sans vie. À présent, je la veux laisser couler selon sa pente, tantôt rapide et tantôt lente, en des lacis que je me refuse à prévoir.

« X... soutient que le bon romancier doit, avant de commencer son livre, savoir comment ce livre finira. Pour moi, qui laisse aller le mien à l'aventure, je considère que la vie ne nous propose jamais rien qui, tout autant qu'un aboutissement ne puisse être considéré comme un nouveau point de départ. "Pourrait être continué..." c'est sur ces mots que je voudrais terminer mes *Faux-Monnayeurs*.

« Visite de Douviers. C'est évidemment un très brave garçon.

«Comme j'exagérais ma sympathie j'ai dû essuyer des effusions assez gênantes. Tout en lui parlant, je me redisais ces mots de La Rochefoucauld : "Je suis peu sensible à la pitié ; et voudrais ne l'y être point du tout… Je tiens qu'il faut se contenter d'en témoigner et se garder soigneusement d'en avoir." Pourtant ma sympathie était réelle, indéniable, et j'étais ému jusqu'aux larmes. À vrai dire, mes larmes m'ont paru le consoler encore mieux que mes paroles. Je crois même qu'il a renoncé à sa tristesse aussitôt qu'il m'a vu pleurer.

«J'étais fermement résolu à ne point lui livrer le nom du séducteur ; mais, à ma surprise, il ne me l'a pas demandé. Je crois que sa jalousie retombe dès qu'il ne se sent plus contemplé par Laura. En tout cas, sa démarche près de moi venait d'en fatiguer un peu l'énergie.

«Quelque illogisme dans son cas ; il s'indigne que l'autre ait abandonné Laura. J'ai fait valoir que, sans cet abandon, Laura ne lui serait pas revenue. Il se promet d'aimer l'enfant comme il aimerait le sien propre. Les joies de la paternité, qui sait si, sans le séducteur, il aurait pu jamais les connaître ? C'est ce que je me suis gardé de lui faire observer, car, au souvenir de ses insuffisances, sa jalousie s'exaspère. Mais dès lors elle ressortit à l'amour-propre et cesse de m'intéresser.

«Qu'un Othello[1] soit jaloux, cela se comprend ; l'image du plaisir pris par sa femme avec autrui l'obsède. Mais un Douviers, pour devenir jaloux doit se figurer qu'il doit l'être.

«Et sans doute entretient-il en lui cette passion par un secret besoin de corser son personnage un peu mince. Le

---

1. Personnage éponyme du drame de Shakespeare, *Othello ou le Maure de Venise* (v. 1603). Othello est devenu le prototype du mari jaloux incapable de se contenir.

bonheur lui serait naturel ; mais il a besoin de s'admirer et c'est l'obtenu, non le naturel, qu'il estime. Je me suis donc évertuée à lui peindre le simple bonheur plus méritoire que le tourment, et très difficile à atteindre. Ne l'ai laissé partir que rasséréné.

« Inconséquence des caractères. Les personnages qui, d'un bout à l'autre du roman ou du drame, agissent exactement comme on aurait pu le prévoir... On propose à notre admiration cette constance, à quoi je reconnais au contraire qu'ils sont artificiels et construits.

« Et je ne prétends pas que l'inconséquence soit l'indice certain du naturel, car l'on rencontre, et particulièrement parmi les femmes, bien des inconséquences affectées ; d'autre part, je peux admirer, chez quelques rares, ce qu'on appelle "l'esprit de suite" ; mais, le plus souvent, cette conséquence de l'être n'est obtenue que par un cramponnement vaniteux et qu'aux dépens du naturel. L'individu, plus il est de fonds généreux et plus ses possibilités foisonnent, plus il reste dispos à changer, moins volontiers il laisse son passé décider de son avenir. Le *justum et tenacem propositi virum* [1] que l'on nous propose en modèle, n'offre le plus souvent qu'un sol rocheux et réfractaire à la culture.

« J'en ai connu, d'une autre sorte encore, qui se forgent assidûment une consciente originalité, et dont le principal souci consiste, après avoir fait choix de quelques us, à ne s'en jamais départir ; qui demeurent sur le qui-vive et ne se permettent pas d'abandon. (Je songe à X..., qui refusait son verre au montrachet 1904 que je lui offrais : "Je n'aime que le bordeaux", disait-il. Dès que je l'eus fait passer pour du bordeaux, le montrachet lui parut délectable.)

---

1. « Homme juste et inébranlable dans ses propositions », citation du poète latin Horace (65-8 av. J.-C.).

« Lorsque j'étais plus jeune, je prenais des résolutions, que je m'imaginais vertueuses. Je m'inquiétais moins d'être qui j'étais, que de devenir qui je prétendais être. À présent, peu s'en faut que je ne voie dans l'irrésolution le secret de ne pas vieillir.

« Olivier m'a demandé à quoi je travaillais. Je me suis laissé entraîner à lui parler de mon livre, et même à lui lire, tant il semblait intéressé, les pages que je venais d'écrire. Je redoutais son jugement, connaissant l'intransigeance de la jeunesse et la difficulté qu'elle éprouve à admettre un autre point de vue que le sien. Mais les quelques remarques qu'il a craintivement hasardées m'ont paru des plus judicieuses, au point que j'en ai tout aussitôt profité.

« C'est par lui, c'est à travers lui que je sens et que je respire.

« Il garde de l'inquiétude au sujet de cette revue qu'il devait diriger, et particulièrement de ce conte qu'il désavoue, écrit sur la demande de Passavant. Les nouvelles dispositions prises par celui-ci entraîneront, lui ai-je dit, un remaniement du sommaire ; il pourra se ressaisir de son manuscrit.

« Reçu la visite, bien inattendue, de Monsieur le juge d'instruction Profitendieu. Il s'épongeait le front et respirait fortement, non tant essoufflé d'avoir monté mes six étages, que gêné, m'a-t-il paru. Il gardait son chapeau à la main et ne s'est assis que sur mon invite. C'est un homme de bel aspect, bien découplé et d'une indéniable prestance.

« "Vous êtes, je crois, le beau-frère du président Molinier, m'a-t-il dit. C'est au sujet de son fils Georges que je me suis permis de venir vous trouver. Vous voudrez bien, sans doute, excuser une démarche qui peut d'abord vous paraître indiscrète, mais que l'affection et l'estime que je porte à mon collègue vont suffire à vous expliquer, je l'espère."

« Il prit un temps. Je me levai et fis retomber une portière, par crainte que ma femme de ménage, qui est très indiscrète et que je savais dans la pièce voisine, pût entendre. Profitendieu m'approuva d'un sourire.

« "En tant que juge d'instruction, reprit-il, j'ai à m'occuper d'une affaire qui m'embarrasse extrêmement. Votre jeune neveu s'était déjà commis précédemment dans une aventure... — que ceci reste entre nous, n'est-ce pas — une aventure assez scandaleuse, où je veux croire, étant donné son très jeune âge, que sa bonne foi, son innocence, aient été surprises ; mais qu'il m'a fallu déjà, je l'avoue, quelque habileté pour... circonscrire, sans nuire aux intérêts de la justice. Devant une récidive... d'une tout autre nature, je m'empresse de l'ajouter... je ne puis répondre que le jeune Georges s'en tire à aussi bon compte. Je doute même s'il est dans l'intérêt de l'enfant de chercher à l'en tirer, malgré tout le désir amical que j'aurais d'épargner ce scandale à votre beau-frère. J'essaierai pourtant ; mais j'ai des agents, vous comprenez, qui font du zèle, et que je ne peux pas toujours retenir. Ou, si vous préférez, je le peux encore ; mais demain je ne le pourrai plus. Voici pourquoi j'ai pensé que vous devriez parler à votre neveu, lui dire à quoi il s'expose..."

« La visite de Profitendieu, pourquoi ne pas l'avouer, m'avait d'abord terriblement inquiété ; mais depuis que j'avais compris qu'il ne venait ni en ennemi, ni en juge, je me sentais plutôt amusé. Je le devins bien davantage lorsqu'il reprit :

« "Depuis quelque temps, des pièces de fausse monnaie circulent. J'en suis averti. Je n'ai pas encore réussi à découvrir leur provenance. Mais je sais que le jeune Georges — tout naïvement, je veux le croire — est un de ceux qui s'en servent et les mettent en circulation. Ils sont quelques-uns, de l'âge de votre neveu, qui se prêtent à ce honteux trafic. Je ne mets pas en doute qu'on n'abuse de leur innocence et que ces enfants sans discernement ne jouent le rôle de dupes entre les mains de quelques coupables aînés. Nous aurions déjà pu nous saisir des délinquants mineurs et, sans peine, leur faire avouer la provenance de ces pièces ; mais je sais trop que, passé un certain point, une affaire nous échappe, pour ainsi dire… c'est-à-dire qu'une instruction ne peut pas revenir en arrière et que nous nous trouvons forcés de savoir ce que nous préférerions parfois ignorer. En l'espèce, je prétends parvenir à découvrir les vrais coupables sans recourir aux témoignages de ces mineurs. J'ai donc donné ordre qu'on ne les inquiétât point. Mais cet ordre n'est que provisoire. Je voudrais que votre neveu ne me forçât pas à le lever. Il serait bon qu'il sût qu'on a l'œil ouvert. Vous ne feriez même pas mal de l'effrayer un peu ; il est sur une mauvaise pente…"

« Je protestai que je ferais de mon mieux pour l'avertir, mais Profitendieu semblait ne pas m'entendre. Son regard se perdit. Il répéta deux fois : "Sur ce que l'on appelle une mauvaise pente", puis se tut.

« Je ne sais combien de temps dura son silence.

« Sans qu'il formulât sa pensée, il me semblait la voir se dérouler en lui, et déjà j'entendais, avant qu'il ne les dît, ses paroles :

« "Je suis père moi-même, Monsieur…"

« Et tout ce qu'il avait dit d'abord disparut ; il n'y eut plus entre nous que Bernard. Le reste n'était que prétexte ; c'était pour me parler de lui qu'il venait.

« Si l'effusion me gêne, si l'exagération des sentiments m'importune, rien par contre n'était plus propre à me toucher que cette émotion contenue. Il la refoulait de son mieux, mais avec un si grand effort que ses lèvres et ses mains tremblèrent. Il ne put continuer. Soudain il cacha dans ses mains son visage, et le haut de son corps fut tout secoué de sanglots.

« "Vous voyez, balbutiait-il, vous voyez, Monsieur, qu'un enfant peut nous rendre bien misérables."

« Qu'était-il besoin de biaiser ? Extrêmement ému moi-même :

« "Si Bernard vous voyait, m'écriai-je, son cœur fondrait ; je m'en porte garant."

« Je ne laissais pourtant pas que d'être fort embarrassé. Bernard ne m'avait presque jamais parlé de son père. J'avais accepté qu'il eût quitté sa famille, prompt que je suis à tenir semblable désertion pour naturelle, et dispos à n'y voir que le plus grand profit pour l'enfant. Il s'y joignit, dans le cas de Bernard, l'appoint de sa bâtardise… Mais voici que se révé-laient chez son faux père, des sentiments d'autant plus forts sans doute, qu'ils échappaient à la commande et d'autant plus sincères qu'ils n'étaient en rien obligés. Et, devant cet amour, ce chagrin, force était de me demander si Bernard avait eu raison de partir. Je ne me sentais plus le cœur de l'approuver.

« "Usez de moi si vous pensez que je puisse vous être utile, lui dis-je, si vous pensez que je doive lui parler. Il a bon cœur.

« — Je sais. Je sais… Oui, vous pouvez beaucoup. Je sais qu'il était avec vous cet été. Ma police est assez bien faite… Je sais également qu'il se présente aujourd'hui même à son oral. J'ai choisi le moment où je savais qu'il devait être à la Sorbonne pour venir vous voir. Je craignais de le rencontrer."

« Depuis quelques instants, mon émotion fléchissait, car je venais de m'apercevoir que le verbe "savoir" figurait dans presque toutes ses phrases. Je devins aussitôt moins sou-cieux de ce qu'il me disait que d'observer ce pli qui pouvait être professionnel.

« Il me dit "savoir" également que Bernard avait très brillamment passé son écrit. La complaisance d'un examinateur, qui se trouve être de ses amis, l'avait mis à même de prendre connaissance de la composition française de son fils, qui, paraît-il, était des plus remarquables. Il parlait de Bernard avec une sorte d'admiration contenue qui me faisait douter si peut-être, après tout, il ne se croyait pas son vrai père.

« "Seigneur ! ajoutait-il, n'allez surtout pas lui raconter cela ! Il est de naturel si fier, si ombrageux !… S'il se doutait que, depuis son départ, je n'ai pas cessé de penser à lui, de le suivre… Mais tout de même, ce que vous pouvez lui dire, c'est que vous m'avez vu. (Il respirait péniblement entre chaque phrase.) Ce que vous seul pouvez lui dire, c'est que je ne lui en veux pas", puis d'une voix qui faiblissait : "que je n'ai jamais cessé de l'aimer… comme un fils. Oui, je sais bien que vous savez… Ce que vous pouvez lui dire aussi…" et, sans me regarder, avec difficulté, dans un état de confusion extrême : "c'est que sa mère m'a quitté… oui, définitivement, cet été ; et que, si lui, voulait revenir, je…"

« Il ne put achever.

« Un gros homme robuste, positif, établi dans la vie, solidement assis dans sa carrière, qui soudain, renonçant à tout décorum, s'ouvre, se répand devant un étranger, donne à celui-ci que j'étais un spectacle bien extraordinaire. J'ai pu constater une fois de plus à cette occasion que je suis plus aisément ému par les effusions d'un inconnu que par celles d'un familier. Chercherai à m'expliquer là-dessus un autre jour.

« Profitendieu ne me cacha pas les préventions qu'il nourrissait d'abord à mon égard, s'étant mal expliqué, s'expliquant mal encore, que Bernard ait déserté son foyer pour me rejoindre. C'était ce qui l'avait retenu d'abord de chercher à me voir. Je n'osai point lui raconter l'histoire de

ma valise et ne parlai que de l'amitié de son fils pour Olivier, à la faveur de laquelle, lui dis-je, nous nous étions vite
liés.

« "Ces jeunes gens, reprenait Profitendieu, s'élancent
dans la vie sans savoir à quoi ils s'exposent. L'ignorance des
dangers fait leur force, sans doute. Mais nous qui savons,
nous les pères, nous tremblons pour eux. Notre sollicitude
les irrite, et le mieux est de ne pas trop la leur laisser voir.
Je sais qu'elle s'exerce bien importunément et maladroitement quelquefois. Plutôt que répéter sans cesse à l'enfant
que le feu brûle, consentons à le laisser un peu se brûler.
L'expérience instruit plus sûrement que le conseil. J'ai toujours accordé le plus de liberté possible à Bernard. Jusqu'à
l'amener à croire, hélas ! que je ne me souciais pas beaucoup de lui. Je crains qu'il ne s'y soit mépris ; de là sa fuite.
Même alors, j'ai cru bon de le laisser faire ; tout en veillant
sur lui de loin, sans qu'il s'en doute. Dieu merci, je disposais
de moyens pour cela. (Évidemment Profitendieu reportait
là-dessus son orgueil, et se montrait particulièrement fier
de l'organisation de sa police ; c'est la troisième fois qu'il
m'en parlait.) J'ai cru qu'il fallait me garder de diminuer aux
yeux de cet enfant les risques de son initiative. Vous avoue-
rai-je que cet acte d'insoumission, malgré la peine qu'il m'a
causée, n'a fait que m'attacher à lui davantage ? J'ai su y voir
une preuve de courage, de valeur…"

« À présent, qu'il se sentait en confiance, l'excellent
homme ne tarissait plus. Je tâchai de ramener la conversation vers ce qui m'intéressait davantage et, coupant court,
lui demandai s'il avait vu ces fausses pièces dont il m'avait
parlé d'abord. J'étais curieux de savoir si elles étaient semblables à la piécette de cristal que Bernard nous avait
montrée. Je ne lui eus pas plus tôt parlé de celle-ci que Profitendieu changea de visage ; ses paupières se fermèrent à
demi, tandis qu'au fond de ses yeux s'allumait une flamme

bizarre ; sur ses tempes, la patte-d'oie se marqua ; ses lèvres se pincèrent ; l'attention tira vers en haut tous ses traits. De tout ce qu'il m'avait dit d'abord, il ne fut plus question. Le juge envahissait le père, et rien plus n'existait pour lui que le métier. Il me pressa de questions, prit des notes et parla d'envoyer un agent à Saas-Fée, pour relever les noms des voyageurs sur les registres des hôtels.

« "Encore que, vraisemblablement, ajouta-t-il, cette fausse pièce ait été remise à votre épicier par un aventurier de passage et dans un lieu qu'il n'aura fait que traverser." »

« À quoi je répliquai que Saas-Fée se trouvait au fond d'une impasse et qu'on ne pouvait facilement y aller et en revenir dans une même journée. Il se montra particulièrement satisfait de ce dernier renseignement et me quitta là-dessus, après m'avoir chaudement remercié, l'air absorbé, ravi, et sans plus du tout reparler ni de Georges ni de Bernard. »

13

Bernard devait éprouver ce matin-là que, pour une nature généreuse autant que la sienne, il n'y a pas de plus grande joie que de réjouir un autre être. Cette joie lui était refusée. Il venait d'être reçu à son examen avec mention, et, ne trouvant personne près de lui à qui annoncer cette heureuse nouvelle, celle-ci lui pesait. Bernard savait bien que celui qui s'en serait montré le plus satisfait, c'était son père. Même il hésita un instant s'il n'irait pas aussitôt le lui apprendre ; mais l'orgueil le retint. Édouard ? Olivier ? C'était vraiment donner trop d'importance à un diplôme. Il était bachelier. La belle avance ! C'est à présent que la difficulté commençait.

Dans la cour de la Sorbonne, il vit un de ses camarades, reçu comme lui, qui s'écartait des autres et pleurait. Ce camarade était en deuil. Bernard savait qu'il venait de perdre sa mère. Un grand élan de sympathie le poussait vers l'orphelin ; il s'approcha ; puis, par absurde pudeur, passa outre. L'autre, qui le vit approcher, puis passer, eut honte de ses larmes ; il estimait Bernard et souffrit de ce qu'il prit pour du mépris.

Bernard entra dans le jardin du Luxembourg. Il s'assit sur un banc, dans cette même partie du jardin où il était venu retrouver Olivier le soir où il cherchait asile. L'air était presque tiède et l'azur lui riait à travers les rameaux déjà dépouillés des grands arbres. On doutait si vraiment on s'acheminait vers l'hiver; des oiseaux roucoulants s'y trompaient. Mais Bernard ne regardait pas le jardin; il voyait devant lui l'océan de la vie s'étendre. On dit qu'il est des routes sur la mer; mais elles ne sont pas tracées, et Bernard ne savait quelle était la sienne.

Il méditait depuis quelques instants, lorsqu'il vit s'approcher de lui, glissant et d'un pied si léger qu'on sentait qu'il eût pu poser sur les flots, un ange. Bernard n'avait jamais vu d'anges, mais il n'hésita pas un instant, et lorsque l'ange lui dit: «Viens», il se leva docilement et le suivit. Il n'était pas plus étonné qu'il ne l'eût été dans un rêve. Il chercha plus tard à se souvenir si l'ange l'avait pris par la main; mais en réalité ils ne se touchèrent point et même gardaient entre eux un peu de distance. Ils retournèrent tous deux dans cette cour où Bernard avait laissé l'orphelin, bien résolus à lui parler; mais la cour à présent était vide.

Bernard s'achemina, l'ange l'accompagnant, vers l'église de la Sorbonne, où l'ange entra d'abord, où Bernard n'était jamais entré. D'autres anges circulaient dans ce lieu; mais Bernard n'avait pas les yeux qu'il fallait pour les voir. Une paix inconnue l'enveloppait. L'ange approcha du maître-autel et Bernard, lorsqu'il le vit s'agenouiller, s'agenouilla de même auprès de lui. Il ne croyait à aucun dieu, de sorte qu'il ne pouvait prier; mais son cœur était envahi d'un amoureux besoin de don, de sacrifice; il s'offrait. Son émotion demeurait si confuse qu'aucun mot ne l'eût exprimée; mais soudain le chant de l'orgue s'éleva.

«Tu t'offrais de même à Laura», dit l'ange; et Bernard sentit sur ses joues ruisseler des larmes. «Viens, suis-moi.»

Bernard, tandis que l'ange l'entraînait, se heurta presque à un de ses anciens camarades qui venait de passer lui aussi son oral. Bernard le tenait pour un cancre et s'étonnait qu'on l'eût reçu. Le cancre n'avait pas remarqué Bernard, qui le vit glisser dans la main du bedeau de l'argent pour payer un cierge. Bernard haussa les épaules et sortit.

Quand il se retrouva dans la rue, il s'aperçut que l'ange l'avait quitté. Il entra dans un bureau de tabac, celui précisément où Georges, huit jours plus tôt, avait risqué sa fausse pièce. Il en avait fait passer bien d'autres depuis. Bernard acheta un paquet de cigarettes et fuma. Pourquoi l'ange était-il parti ? Bernard et lui n'avaient-ils donc rien à se dire ?... Midi sonna. Bernard avait faim. Rentrerait-il à la pension ? Irait-il rejoindre Olivier, partager avec lui le déjeuner d'Édouard ?... Il s'assura d'avoir assez d'argent en poche et entra dans un restaurant. Comme il achevait de manger, une voix douce murmura :

« Le temps est venu de faire tes comptes. »

Bernard tourna la tête. L'ange était de nouveau près de lui.

« Il va falloir se décider, disait-il. Tu n'as vécu qu'à l'aventure. Laisseras-tu disposer de toi le hasard ? Tu veux servir à quelque chose. Il importe de savoir à quoi.

« Enseigne-moi ; guide-moi », dit Bernard.

L'ange mena Bernard dans une salle emplie de monde. Au fond de la salle était une estrade, et sur cette estrade une table, un homme encore jeune parlait.

« C'est une bien grande folie, disait-il, que de prétendre rien découvrir. Nous n'avons rien que nous n'ayons reçu. Chacun de nous se doit de comprendre, encore jeune, que nous dépendons d'un passé et que ce passé nous oblige. Par lui, tout notre avenir est tracé. »

Quand il eut achevé de développer ce thème, un autre orateur prit sa place et commença par l'approuver, puis s'éleva contre le présomptueux qui prétend vivre sans doctrine, ou se guider lui-même et d'après ses propres clartés.

« Une doctrine nous est léguée, disait-il. Elle a déjà traversé bien des siècles. C'est la meilleure assurément et c'est la seule; chacun de nous se doit de le prouver. C'est celle que nous ont transmise nos maîtres. C'est celle de notre pays, qui, chaque fois qu'il la renie, doit payer chèrement son erreur. L'on ne peut être bon Français sans la connaître, ni réussir rien de bon sans s'y ranger.»

À ce second orateur, un troisième succéda, qui remercia les deux autres d'avoir si bien tracé ce qu'il appela la théorie de leur programme; puis établit que ce programme ne comportait rien de moins que la régénération de la France, grâce à l'effort de chacun des membres de leur parti. Lui se disait homme d'action; il affirmait que toute théorie trouve dans la pratique sa fin et sa preuve, et que tout bon Français se devait d'être combattant.

«Mais hélas, ajoutait-il, que de forces isolées, perdues! Quelle ne serait pas la grandeur de notre pays, le rayonnement des œuvres, la mise en valeur de chacun, si ces forces étaient ordonnées, si ces œuvres célébraient la règle, si chacun s'enrégimentait!»

Et tandis qu'il continuait, des jeunes gens commencèrent à circuler dans l'assistance, distribuant des bulletins d'adhésion sur lesquels il ne restait qu'à apposer sa signature.

«Tu voulais t'offrir, dit alors l'ange. Qu'attends-tu?»

Bernard prit une de ces feuilles qu'on lui tendait, dont le texte commençait par ces mots: «Je m'engage solennellement à...» Il lut, puis regarda l'ange et vit que celui-ci souriait; puis il regarda l'assemblée, et reconnut parmi les jeunes gens le nouveau bachelier de tantôt qui, dans l'église de la Sorbonne, brûlait un cierge en reconnaissance de son succès; et soudain, un peu plus loin, il aperçut son frère aîné, qu'il n'avait pas revu depuis qu'il avait quitté la maison paternelle. Bernard ne l'aimait pas et jalousait un peu la considération que semblait lui accorder leur père. Il froissa nerveusement le bulletin.

« Tu trouves que je devrais signer ?

— Oui, certes, si tu doutes de toi, dit l'ange.

— Je ne doute plus », dit Bernard, qui jeta loin de lui le papier.

L'orateur cependant continuait. Quand Bernard recommença de l'écouter, l'autre enseignait un moyen certain de ne jamais se tromper, qui était de renoncer à jamais juger par soi-même, mais bien de s'en remettre toujours aux jugements de ses supérieurs.

« Ces supérieurs, qui sont-ils ? » demanda Bernard ; et soudain une grande indignation s'empara de lui.

« Si tu montais sur l'estrade, dit-il à l'ange, et si tu t'empoignais avec lui, tu le terrasserais sans doute… »

Mais l'ange, en souriant :

« C'est contre toi que je lutterai. Ce soir, veux-tu ?…

— Oui », dit Bernard.

Ils sortirent. Ils gagnèrent les grands boulevards. La foule qui s'y pressait paraissait uniquement composée de gens riches ; chacun paraissait sûr de soi, indifférent aux autres, mais soucieux.

« Est-ce l'image du bonheur ? » demanda Bernard, qui sentit son cœur plein de larmes.

Puis l'ange mena Bernard dans de pauvres quartiers dont Bernard ne soupçonnait pas auparavant la misère. Le soir tombait. Ils errèrent longtemps entre de hautes maisons sordides qu'habitaient la maladie, la prostitution, la honte, le crime et la faim. C'est alors seulement que Bernard prit la main de l'ange, et l'ange se détournait de lui pour pleurer.

Bernard ne dîna pas ce soir-là ; et quand il rentra à la pension, il ne chercha pas à rejoindre Sarah ainsi qu'il avait fait les autres soirs, mais monta tout droit à cette chambre qu'il occupait avec Boris.

Boris était déjà couché, mais ne dormait pas encore. Il

relisait, à la clarté d'une bougie, la lettre qu'il avait reçue de Bronja le matin même de ce jour.

« Je crains, lui disait son amie, de ne jamais plus te revoir. J'ai pris froid à mon retour en Pologne. Je tousse ; et bien que le médecin me le cache, je sens que je ne peux plus vivre longtemps. »

En entendant approcher Bernard, Boris cacha la lettre sous son oreiller et souffla précipitamment sa bougie.

Bernard s'avança dans le noir. L'ange était entré dans la chambre avec lui mais, bien que la nuit ne fût pas très obscure, Boris ne voyait que Bernard.

« Dors-tu ? » demanda Bernard à voix basse. Et comme Boris ne répondait pas, Bernard en conclut qu'il dormait.

« Alors, maintenant, à nous deux », dit Bernard à l'ange.

Et toute cette nuit, jusqu'au matin, ils luttèrent. Boris voyait confusément Bernard s'agiter. Il crut que c'était sa façon de prier et prit garde de ne point l'interrompre. Pourtant il aurait voulu lui parler, car il sentait une grande détresse. S'étant levé, il s'agenouilla au pied de son lit. Il aurait voulu prier, mais ne pouvait que sangloter :

« Ô Bronja, toi qui vois les anges, toi qui devais m'ouvrir les yeux, tu me quittes ! Sans toi, Bronja, que deviendrai-je ? Qu'est-ce que je vais devenir ? »

Bernard et l'ange étaient trop occupés pour l'entendre. Tous deux luttèrent jusqu'à l'aube. L'ange se retira sans qu'aucun des deux fût vainqueur.

Lorsque, plus tard, Bernard sortit à son tour de la chambre, il croisa Rachel dans le couloir.

« J'ai à vous parler », lui dit-elle. Sa voix était si triste que Bernard comprit aussitôt tout ce qu'elle avait à lui dire. Il ne répondit rien, courba la tête et, par grande pitié pour Rachel, soudain prit Sarah en haine et le plaisir qu'il goûtait avec elle en horreur.

14

Vers six heures, Bernard s'amena chez Édouard, avec un sac à main qui suffisait à contenir le peu de vêtements, de linge et de livres qu'il possédait. Il avait pris congé d'Azaïs et de madame Vedel, mais n'avait pas cherché à revoir Sarah.

Bernard était grave. Sa lutte avec l'ange l'avait mûri. Il ne ressemblait déjà plus à l'insouciant voleur de valise qui croyait qu'en ce monde il suffit d'oser. Il commençait à comprendre que le bonheur d'autrui fait souvent les frais de l'audace.

«Je viens chercher asile près de vous, dit-il à Édouard. De nouveau me voici sans gîte.

— Pourquoi quittez-vous les Vedel?

— De secrètes raisons... permettez-moi de ne pas vous les dire.»

Édouard avait observé Bernard et Sarah, le soir du banquet, assez pour comprendre à peu près ce silence.

«Suffit, dit-il en souriant. Le divan de mon atelier est à votre disposition pour la nuit. Mais il me faut vous dire d'abord que votre père est venu hier me parler.» Et il lui rapporta cette partie de leur conversation qu'il jugeait propre à le toucher. «Ce n'est pas chez moi que vous devriez coucher ce soir, mais chez lui. Il vous attend.»

Bernard cependant se taisait.

« Je vais y réfléchir, dit-il enfin. Permettez, en attendant, que je laisse ici mes affaires. Puis-je voir Olivier ?

— Le temps est si beau que je l'ai engagé à prendre l'air. Je voulais l'accompagner, car il est encore très faible ; mais il a préféré sortir seul. Du reste, il est parti depuis une heure et ne tardera pas à rentrer. Attendez-le… Mais, j'y pense… et votre examen ?

— Je suis reçu ; cela n'a pas d'importance. Ce qui m'importe, c'est ce que je vais faire à présent. Savez-vous ce qui me retient surtout de retourner chez mon père ? C'est que je ne veux pas de son argent. Vous me trouvez sans doute absurde de faire fi de cette chance ; mais c'est une promesse que je me suis faite à moi-même, de m'en passer. Il m'importe de me prouver que je suis un homme de parole, quelqu'un sur qui je peux compter.

— Je vois surtout là de l'orgueil.

— Appelez cela du nom qu'il vous plaira : orgueil, présomption, suffisance… Le sentiment qui m'anime, vous ne le discréditerez pas à mes yeux. Mais, à présent, voici ce que je voudrais savoir : pour se diriger dans la vie, est-il nécessaire de fixer les yeux sur un but ?

— Expliquez-vous.

— J'ai débattu cela toute la nuit. À quoi faire servir cette force que je sens en moi ? Comment tirer le meilleur parti de moi-même ? Est-ce en me dirigeant vers un but ? Mais ce but, comment le choisir ? Comment le connaître, aussi longtemps qu'il n'est pas atteint ?

— Vivre sans but, c'est laisser disposer de soi l'aventure.

— Je crains que vous ne me compreniez pas bien. Quand Colomb découvrit l'Amérique, savait-il vers quoi il voguait ? Son but était d'aller devant, tout droit. Son but, c'était lui, et qui le projetait devant lui-même…

— J'ai souvent pensé, interrompit Édouard, qu'en art, et en littérature en particulier, ceux-là seuls comptent qui se lancent vers l'inconnu. On ne découvre pas de terre nouvelle sans consentir à perdre de vue, d'abord et longtemps, tout rivage. Mais nos écrivains craignent le large ; ce ne sont que des côtoyeurs.

— Hier, en sortant de mon examen, continua Bernard sans l'entendre, je suis entré, je ne sais quel démon me poussant, dans une salle où se tenait une réunion publique. Il y était question d'honneur national, de dévouement à la patrie, d'un tas de choses qui me faisaient battre le cœur. Il s'en est fallu de bien peu que je ne signe certain papier, où je m'engageais, sur l'honneur, à consacrer mon activité au service d'une cause qui certainement m'apparaissait belle et noble.

— Je suis heureux que vous n'ayez pas signé. Mais, ce qui vous a retenu ?

Sans doute quelque secret instinct... » Bernard réfléchit quelques instants, puis ajouta en riant : « Je crois que c'est surtout la tête des adhérents ; à commencer par celle de mon frère aîné, que j'ai reconnu dans l'assemblée. Il m'a paru que tous ces jeunes gens étaient animés par les meilleurs sentiments du monde et qu'ils faisaient fort bien d'abdiquer leur initiative car elle ne les eût pas menés loin, leur jugeotte car elle était insuffisante, et leur indépendance d'esprit car elle eût été vite aux abois. Je me suis dit également qu'il était bon pour le pays qu'on pût compter parmi les citoyens un grand nombre de ces bonnes volontés ancillaires[1] ; mais que ma volonté à moi ne serait jamais de celles-là. C'est alors que je me suis demandé comment établir une règle, puisque je n'acceptais pas de vivre sans règle, et que cette règle je ne l'acceptais pas d'autrui.

— La réponse me paraît simple : c'est de trouver cette règle en soi-même ; d'avoir pour but le développement de soi.

---

1. Qui est relatif aux servantes et aux domestiques. Ici dans le sens de disposé ou prêt à servir une cause.

— Oui… c'est bien là ce que je me suis dit. Mais je n'en ai pas été plus avancé pour cela. Si encore j'étais certain de préférer en moi le meilleur, je lui donnerais le pas sur le reste. Mais je ne parviens pas même à connaître ce que j'ai de meilleur en moi… J'ai débattu toute la nuit, vous dis-je. Vers le matin, j'étais si fatigué que je songeais à devancer l'appel de ma classe ; à m'engager.

— Échapper à la question n'est pas la résoudre.

— C'est ce que je me suis dit, et que cette question, pour être ajournée, ne se poserait à moi que plus gravement après mon service. Alors je suis venu vous trouver pour écouter votre conseil.

— Je n'ai pas à vous en donner. Vous ne pouvez trouver ce conseil qu'en vous-même, ni apprendre comment vous devez vivre, qu'en vivant.

— Et si je vis mal, en attendant d'avoir décidé comment vivre ?

— Ceci même vous instruira. Il est bon de suivre sa pente, pourvu que ce soit en montant.

— Plaisantez-vous ?… Non ; je crois que je vous comprends, et j'accepte cette formule. Mais tout en me développant, comme vous dites, il va me falloir gagner ma vie. Que penseriez-vous d'une reluisante annonce dans les journaux : *"Jeune homme de grand avenir, employable à n'importe quoi."* »

Édouard se mit à rire.

« Rien de plus difficile à obtenir que *n'importe quoi*. Mieux vaudrait préciser.

— Je pensais à quelqu'un de ces nombreux petits rouages dans l'organisation d'un grand journal. Oh ! j'accepterais un poste subalterne : correcteur d'épreuves, prote[1]… que sais-je ? J'ai besoin de si peu ! »

---

1. Nom donné dans l'imprimerie à la personne chargée de la composition typographique des textes.

Il parlait avec hésitation. En vérité, c'est une place de secrétaire qu'il souhaitait; mais il craignait de le dire à Édouard, à cause de leur déconvenue réciproque. Après tout, ce n'était pas sa faute à lui, Bernard, si cette tentative de secrétariat avait si piteusement échoué.

« Je pourrai peut-être, dit Édouard, vous faire entrer au *Grand Journal*, dont je connais le directeur. »

Tandis que Bernard et Édouard conversaient ainsi, Sarah avait avec Rachel une explication des plus pénibles. Que les remontrances de Rachel aient été cause du brusque départ de Bernard, c'est ce que Sarah comprenait soudain; et elle s'indignait contre sa sœur qui, disait-elle, empêchait autour d'elle toute joie. Elle n'avait pas le droit d'imposer aux autres une vertu que son exemple suffisait à rendre odieuse.

Rachel, que ces accusations bouleversaient, car elle s'était toujours sacrifiée, protestait, très pâle et les lèvres tremblantes :

« Je ne puis pas te laisser te perdre. »

Mais Sarah sanglotait et criait :

« Je ne peux pas croire à ton ciel. Je ne veux pas être sauvée. »

Elle décida tout aussitôt de repartir pour l'Angleterre, où la recevrait son amie. Car, « après tout, elle était libre et prétendait vivre comme bon lui semblait ». Cette triste querelle laissa Rachel brisée.

15

Édouard a eu soin d'arriver à la pension avant le retour des élèves. Il n'a pas revu La Pérouse depuis la rentrée et c'est à lui qu'il veut parler d'abord. Le vieux professeur de piano s'acquitte de ses nouvelles fonctions de surveillant comme il peut, c'est-à-dire fort mal. Il s'est d'abord efforcé de se faire aimer, mais il manque d'autorité ; les enfants en profitent ; ils prennent pour de la faiblesse son indulgence et s'émancipent étrangement. La Pérouse tâchera de sévir, mais trop tard ; ses admonestations, ses menaces, ses réprimandes, achèvent d'indisposer contre lui les élèves. S'il grossit la voix, ils ricanent ; s'il tape du poing sur le pupitre sonore, ils poussent des cris de feinte terreur ; on l'imite ; ou l'appelle «le père Lapère» ; de banc en banc, des caricatures de lui circulent, qui le représentent, lui si débonnaire, féroce, armé d'un pistolet énorme (ce pistolet que Ghéridanisol, Georges et Phiphi ont su découvrir au cours d'une indiscrète perquisition dans sa chambre), faisant un grand massacre d'élèves ; ou, prosterné devant ceux-ci, les mains jointes implorant, comme il faisait les premiers jours, «un peu de silence, par pitié». On dirait, au milieu d'une meute sauvage, un pauvre vieux cerf aux abois. Édouard ignore tout cela.

JOURNAL D'ÉDOUARD

« La Pérouse m'a reçu dans une petite salle du rez-de-chaussée, que je connaissais pour la plus inconfortable de la pension. Pour tous meubles, quatre bancs attenant à quatre pupitres, face à un tableau noir, et une chaise de paille sur laquelle La Pérouse m'a forcé de m'asseoir. Il s'est replié sur un des bancs, tout de biais, après de vains efforts pour introduire sous le pupitre ses jambes trop longues.

« "Non, non. Je suis très bien, je vous assure."

« Et le ton de sa voix, l'expression de son visage, disaient :

« "Je suis affreusement mal, et j'espère que cela saute aux yeux ; mais il me plaît d'être ainsi ; et plus je serai mal, moins vous entendrez ma plainte."

« J'ai tâché de plaisanter, mais n'ai pu l'amener à sourire. Il affectait une manière cérémonieuse et comme gourmée, propre à maintenir entre nous de la distance et à me faire entendre : "C'est à vous que je dois d'être ici."

« Cependant il se disait très satisfait de tout ; au surplus éludait mes questions et s'irritait de mon insistance. Pourtant, comme je lui demandais où était sa chambre :

« "Un peu trop loin de la cuisine", a-t-il proféré soudain ; et comme je m'étonnais : "Quelquefois, la nuit, il me prend besoin de manger... quand je ne peux pas dormir."

« J'étais près de lui ; je m'approchai plus encore et posai doucement ma main sur son bras. Il reprit, sur un ton de voix plus naturel :

« "Il faut vous dire que je dors très mal. Quand il m'arrive de m'endormir je ne perds pas le sentiment de mon sommeil. Ce n'est pas vraiment dormir, n'est-ce pas ? Celui qui dort vraiment ne sent pas qu'il dort, simplement, à son réveil, à s'aperçoit qu'il a dormi."

« Puis, avec une insistance tatillonne, penché vers moi :

« "Parfois je suis tenté de croire que je me fais illusion et que, tout de même, je dors vraiment, alors que je ne crois pas dormir. Mais la preuve que je ne dors pas vraiment, c'est que, si je veux rouvrir les yeux, je les ouvre. D'ordinaire je ne le veux pas. Vous comprenez, n'est-ce pas, que je n'ai aucun intérêt à le faire. À quoi bon me prouver à moi-même que je ne dors pas ? Je garde toujours l'espoir de m'endormir en me persuadant que je dors déjà…"

« Il se pencha plus encore, et à voix plus basse :

« "Et puis, il y a quelque chose qui me dérange. Ne le dites pas… Je ne m'en suis pas plaint, parce qu'il n'y a rien à y faire ; et que, n'est-ce pas, ce qu'on ne peut pas changer, cela ne sert à rien de s'en plaindre… Figurez-vous que, contre mon lit, dans la muraille, à la hauteur de ma tête précisément, il y a quelque chose qui fait du bruit."

« Il s'était animé en parlant. Je lui proposai de me mener à sa chambre.

« "Oui ! Oui ! dit-il en se levant soudain. Vous pourrez peut-être me dire ce que c'est… Moi, je ne parviens pas à comprendre. Venez avec moi."

« Nous montâmes deux étages, puis enfilâmes un assez long couloir. Je n'étais jamais venu dans cette partie de la maison.

« La chambre de La Pérouse donnait sur la rue. Elle était petite, mais décente. Je remarquai sur sa table de nuit, à côté d'un paroissien[1], la boîte de pistolets qu'il s'était obstiné à emporter. Il m'avait saisi par le bras ; et, repoussant un peu le lit :

« "Là. Tenez… Mettez-vous contre la muraille… Entendez-vous ?"

« Je prêtai l'oreille et, longuement, tendis mon attention. Mais, malgré la meilleure volonté du monde, ne parvins à

---

1. Missel, c'est-à-dire livre de prières à l'usage des fidèles.

distinguer rien. La Pérouse se dépitait. Un camion vint à passer, ébranlant la maison et faisant claquer les vitres.

« "À cette heure du jour, dis-je, dans l'espoir de le rasséréner, le petit bruit qui vous irrite est couvert par le vacarme de la rue…

« — Couvert pour vous qui ne savez pas le distinguer des autres bruits, s'écria-t-il avec véhémence. Moi, n'est-ce pas, je l'entends quand même. Je continue malgré tout à l'entendre. J'en suis parfois si excédé, que je me promets d'en parler à Azaïs, ou au propriétaire… Oh! je n'ai pas la prétention de le faire cesser… Mais je voudrais au moins savoir ce que c'est."

« Il sembla réfléchir quelque temps, puis reprit:

« "On dirait un grignotement. J'ai tout essayé pour ne plus l'entendre. J'ai écarté mon lit de la muraille. J'ai mis du coton dans mes oreilles. J'ai suspendu ma montre (vous voyez, j'ai planté là un petit clou) précisément à l'endroit où passe le tuyau, je suppose, afin que le tic-tac de la montre domine l'autre bruit… Mais alors cela me fatigue encore plus, parce que je suis obligé de faire effort pour le reconnaître. C'est absurde, n'est-ce pas? Mais je préfère encore l'entendre franchement, puisque je sais tout de même qu'il est là… Oh! je ne devrais pas vous raconter ces choses. Vous voyez, je ne suis plus qu'un vieillard."

« Il s'assit sur le bord du lit et demeura comme hébété. La sinistre dégradation de l'âge ne s'en prend point, chez La Pérouse, tant à l'intelligence qu'au plus profond du caractère. Le ver s'installe au cœur du fruit, pensais-je, en le voyant, lui si ferme et si fier naguère, s'abandonner à un désespoir enfantin. Je tentai de l'en sortir en lui parlant de Boris.

« "Oui, sa chambre est près de la mienne, dit-il en relevant le front. Je vais vous la montrer. Suivez-moi."

« Il me précéda dans le couloir et ouvrit une porte voisine.

« "Cet autre lit que vous voyez est celui du jeune Bernard Profitendieu. (Je jugeai inutile de lui apprendre que Bernard, à partir de ce jour précisément, cesserait d'y coucher. Il continuait.) Boris est content de l'avoir comme camarade et je crois qu'il s'entend bien avec lui. Mais, vous savez, il ne me parle pas beaucoup. Il est très renfermé... Je crains que cet enfant n'ait le cœur un peu sec."

« Il disait cela si tristement que je pris sur moi de protester et de me porter garant des sentiments de son petit-fils.

« "Dans ce cas, il pourrait témoigner un peu davantage, reprit La Pérouse. Ainsi, tenez : le matin, quand il s'en va au lycée avec les autres, je me penche à ma fenêtre pour le regarder passer. Il le sait... Eh bien ! il ne se retourne pas !"

« Je voulus le persuader que sans doute Boris craignait de se donner en spectacle à ses camarades et redoutait leurs moqueries ; mais, à ce moment, des clameurs montèrent de la cour.

« La Pérouse me saisit le bras et, d'une voix altérée :

« "Écoutez ! Écoutez ! Les voici qui rentrent."

« Je le regardai. Il s'était mis à trembler de tout son corps.

« "Ces galopins vous feraient-ils peur ? demandai-je.

« — Mais non, mais non, dit-il confusément ; comment supposez-vous..." Puis, très vite : "Il faut que je descende. La récréation ne dure que quelques minutes, et vous savez que je surveille l'étude. Adieu. Adieu."

« Il s'élança dans le couloir sans même me serrer la main. Un instant après je l'entendis qui trébuchait dans l'escalier. Je demeurai quelques instants aux écoutes, ne voulant point passer devant les élèves. On les entendait crier, rire et chanter. Puis un coup de cloche et soudain le silence se rétablit.

« J'allai voir Azaïs et obtins un mot de lui qui autorisait Georges à quitter l'étude pour venir me parler. Il me rejoignit dans cette même petite salle où La Pérouse m'avait reçu d'abord.

« Sitôt en ma présence, Georges crut devoir prendre un air goguenard. C'était sa façon de dissimuler sa gêne. Mais je ne jurerais pas qu'il fût le plus gêné de nous deux. Il se tenait sur la défensive ; car sans doute s'attendait-il à être morigéné [1]. Il me sembla qu'il cherchait à rassembler au plus tôt les armes qu'il pouvait avoir contre moi, car, avant même que je n'eusse ouvert la bouche, il me demandait des nouvelles d'Olivier sur un ton si gouailleur que je l'aurais volontiers giflé. Il avait barre sur moi. "Et puis, vous savez, je n'ai pas peur de vous", semblaient dire ses regards ironiques, le pli moqueur de ses lèvres et le ton de sa voix. Je perdis aussitôt toute assurance et n'eus souci que de ne le laisser point paraître. Le discours que j'avais préparé ne me parut soudain plus de mise. Je n'avais pas le prestige qu'il faut pour jouer au censeur. Au fond, Georges m'amusait beaucoup trop.

« "Je ne viens pas te gronder, lui dis-je enfin ; je voudrais seulement t'avertir. (Et, malgré moi, mon visage entier souriait.)

« — Dites d'abord si c'est maman qui vous envoie ?

« — Oui et non. J'ai parlé de toi avec ta mère ; mais il y a quelques jours de cela. Hier j'ai eu, à ton sujet, une conversation très importante avec quelqu'un de très important, que tu ne connais pas ; qui était venu me trouver pour me parler de toi. Un juge d'instruction. C'est de sa part que je viens... Sais-tu ce que c'est qu'un juge d'instruction ?"

« Georges avait pâli brusquement, et sans doute son cœur avait un instant cessé de battre. Il haussa les épaules, il est vrai, mais sa voix tremblait un peu :

« "Alors, sortez ce qu'il vous a dit, le père Profitendieu."

« L'aplomb de ce petit me démontait. Sans doute il eût

---

1. Réprimandé, grondé.

été bien simple d'aller droit au fait ; mais précisément mon esprit répugne au plus simple et prend irrésistiblement le biais. Pour expliquer une conduite, qui sitôt ensuite me parut absurde, mais qui fut spontanée, je puis dire que mon dernier entretien avec Pauline m'avait extraordinairement travaillé. Les réflexions qui en étaient résultées, je les avais aussitôt versées dans mon roman sous forme d'un dialogue qui convenait exactement à certains de mes personnages. Il m'arrive rarement de tirer un parti direct de ce que m'apporte la vie, mais, pour une fois, l'aventure de Georges m'avait servi ; il semblait que mon livre l'attendît, tant elle y trouvait bien sa place ; à peine avais-je dû modifier certains détails. Mais cette aventure (j'entends celle de ses larcins), je ne la présentais pas directement. On ne faisait que l'entrevoir, et ses suites, à travers des conversations. J'avais noté celles-ci sur un carnet que précisément je portais dans ma poche. Au contraire, l'histoire de la fausse monnaie, telle que me l'avait rapportée Profitendieu, ne pouvait m'être, me semblait-il, d'aucun usage. Et c'est pourquoi sans doute, au lieu d'aborder aussitôt avec Georges ce point précis, objet premier de ma visite, je louvoyai.

« "Je voudrais d'abord que tu lises ces quelques lignes, dis-je. Tu comprendras pourquoi." Et je lui tendis mon carnet tout ouvert à la page qui pouvait l'intéresser.

« Je le répète : ce geste, maintenant, me paraît absurde. Mais précisément, dans mon roman, c'est par une lecture semblable que je pensais devoir avertir le plus jeune de mes héros. Il m'importait de connaître la réaction de Georges ; j'espérais qu'elle pourrait m'instruire… et même sur la qualité de ce que j'avais écrit.

« Je transcris le passage en question :

« Il y avait dans cet enfant toute une région ténébreuse, sur laquelle l'affectueuse curiosité d'Audibert se penchait. Que le

jeune Eudolfe eût volé, il ne lui suffisait pas de le savoir : il eût voulu qu'Eudolfe lui racontât comment il en était venu là et ce qu'il avait éprouvé en volant pour la première fois. L'enfant, du reste, même confiant, n'aurait sans doute pas su le lui dire. Et Audibert n'osait l'interroger, dans la crainte d'amener des protestations mensongères.

« *Certain soir qu'Audibert dînait avec Hildebrant, il parla à celui-ci du cas d'Eudolfe : sans le nommer, du reste, et arrangeant les faits de manière que l'autre ne pût le reconnaître :*

« "N'avez-vous pas remarqué, dit alors Hildebrant, que les actions les plus décisives de notre vie, je veux dire : celles qui risquent le plus de décider de tout notre avenir, sont le plus souvent des actions inconsidérées ?

« — Je le crois volontiers, répondit Audibert. C'est un train dans lequel on monte sans guère y songer, et sans s'être demandé où il mène. Et même, le plus souvent, on ne comprend que le train vous emporte qu'après qu'il est déjà trop tard pour en descendre.

« — Mais peut-être l'enfant en question ne souhaite-t-il nullement d'en descendre ?

« — Il ne tient pas encore à en descendre, sans doute. Pour le moment, il se laisse emporter. Le paysage l'amuse, et peu lui importe où il va.

« — Lui ferez-vous de la morale ?

« — Certes non ! Cela ne servirait à rien. Il a été sursaturé de morale, et jusqu'à la nausée.

« — Pourquoi volait-il ?

« — Je ne le sais pas au juste. Sûrement pas par réel besoin. Mais pour se procurer certains avantages : pour ne pas rester en arrière de camarades plus fortunés… que sais-je ? Par propension native et simple plaisir de voler.

« — C'est là le pire.

« — Parbleu ! car alors il recommencera.

« — Est-il intelligent ?

« — J'ai longtemps cru qu'il l'était moins que ses frères. Mais je doute à présent si je ne faisais pas erreur et si ma fâcheuse impression ne venait pas de ce qu'il n'a pas encore compris ce qu'il peut obtenir de lui-même. Sa curiosité s'est jusqu'à présent dévoyée : ou plutôt, elle est demeurée à l'état embryonnaire, au stade de l'indiscrétion.

« — Lui parlerez-vous ?

« — Je me propose de lui faire mettre en balance le peu de profit de ses vols et ce que, par contre, sa malhonnêteté lui fait perdre ; la confiance de ses proches, leur estime, la mienne entre autres... toutes choses qui ne se chiffrent pas et dont on ne peut apprécier la valeur que par l'énormité de l'effort, ensuite, pour les regagner. Certains y ont usé toute leur vie. Je lui dirai ce dont il est trop jeune encore pour se rendre compte ; que c'est toujours sur lui désormais que se porteront les soupçons, s'il advient près de lui quoi que ce soit de douteux, de louche. Il se verra peut-être accusé de faits graves, à tort, et ne pourra pas se défendre. Ce qu'il a déjà fait le désigne. Il est ce que l'on appelle : 'Brûlé'. Enfin, ce que je voudrais lui dire... Mais je crains ses protestations.

« — Ce que vous voudriez lui dire ?...

« — C'est que ce qu'il a fait crée un précédent, et que s'il faut quelque résolution pour un premier vol, il n'y a plus, pour les suivants, qu'à céder à l'entraînement. Tout ce qui vient ensuite n'est plus que du laisser-aller... Ce que je voudrais lui dire, c'est que, souvent, un premier geste, que l'on fait sans presque y songer, dessine irrémédiablement notre figure et commence à tracer un trait, que, par la suite, tous nos efforts ne pourront jamais effacer. Je voudrais... mais je ne saurai pas lui parler.

« — Que n'écrivez-vous nos propos de ce soir ? Vous les lui donneriez à lire.

« — C'est une idée, dit Audibert. Et pourquoi pas ? »

« Je n'avais pas quitté Georges des yeux durant tout le temps de sa lecture ; mais son visage ne laissait rien paraître de ce qu'il pouvait penser.

« "Dois-je continuer ? demanda-t-il, s'apprêtant à tourner la page.

« — Inutile ; la conversation finit là.

« — C'est dommage."

« Il me rendit le carnet, et sur un ton presque enjoué :

« "J'aurais voulu savoir ce que répond Eudolfe après qu'il a lu le carnet.

« — Précisément, j'attends de le savoir moi-même.

« — Eudolfe est un nom ridicule. Vous n'auriez pas pu le baptiser autrement ?

« — Cela n'a pas d'importance.

« — Ce qu'il peut répondre non plus. Et qu'est-ce qu'il devient ensuite ?

« — Je ne sais pas encore. Cela dépend de toi. Nous verrons.

« — Alors, si je vous comprends bien, c'est moi qui dois vous aider à continuer votre livre. Non mais, avouez que…"

« Il s'arrêta, comme s'il avait quelque mal à exprimer sa pensée.

« "Que quoi ? fis-je, pour l'encourager.

« — Avouez que vous seriez bien attrapé, reprit-il enfin, si Eudolfe…"

« Il s'arrêta de nouveau. Je crus entendre ce qu'il voulait dire et achevai pour lui :

« "S'il devenait un honnête garçon ?… Non, mon petit." Et soudain les larmes me montèrent aux yeux. Je posai ma main sur son épaule. Mais lui, se dégageant :

« "Car enfin, s'il n'avait pas volé, vous n'auriez pas écrit tout cela."

« Je compris alors seulement mon erreur. Au fond, Georges se trouvait flatté d'avoir occupé si longtemps ma pensée. Il se sentait intéressant. J'avais oublié Profitendieu ; c'est Georges qui m'en fit souvenir.

« "Et qu'est-ce qu'il vous a raconté, votre juge d'instruction ?

« — Il m'a chargé de t'avertir qu'il savait que tu faisais circuler des fausses pièces…"

« Georges de nouveau changea de couleur. Il comprit qu'il ne servirait à rien de nier, mais protesta confusément :

« "Je ne suis pas le seul.

« — … et que, si vous ne cessiez pas aussitôt ce trafic, continuai-je, toi et tes copains, il se verrait forcé de vous coffrer."

« Georges était devenu très pâle d'abord. Il avait à présent le feu aux joues. Il regardait fixement devant lui et ses sourcils froncés creusaient au bas de son front deux rides.

« "Adieu, lui dis-je en lui tendant la main. Je te conseille d'avertir également tes camarades. Quant à toi, tiens-le-toi pour dit."

« Il me serra la main silencieusement et regagna son étude sans se retourner.

« En relisant les pages des *Faux-Monnayeurs* que je montrais à Georges, je les ai trouvées assez mauvaises. Je les transcris ici telles que Georges les a lues ; mais tout ce chapitre est à récrire. Mieux vaudrait parler à l'enfant, décidément. Je dois trouver par où le toucher. Certainement, au point où il en est, Eudolfe (je changerai ce nom ; Georges a raison) est difficilement ramenable à l'honnêteté. Mais je prétends l'y ramener ; et quoi qu'en pense Georges, c'est là le plus intéressant, puisque c'est le plus difficile. (Voici que je me mets à penser comme Douviers !) Laissons aux romanciers réalistes l'histoire des laisser-aller. »

Sitôt de retour dans la salle d'études, Georges avait fait part à ses deux amis des avertissements d'Édouard. Tout ce que celui-ci lui disait au sujet de ses chaparderies avait glissé sur cet enfant sans l'émouvoir ; mais quant aux fausses pièces, qui risquaient de leur jouer de mauvais tours, il importait de s'en débarrasser au plus vite. Chacun d'eux en gardait sur lui quelques-unes qu'il se proposait d'écouler à une prochaine sortie. Ghéridanisol les rassembla et courut les jeter dans les fosses. Le soir même il avertissait Strouvilhou, qui prit aussitôt des mesures.

16

Ce même soir, tandis qu'Édouard causait avec son neveu Georges, Olivier, après que Bernard l'eut quitté, reçut la visite d'Armand.

Armand Vedel était méconnaissable ; rasé de frais, souriant et le front redressé ; dans un complet neuf trop cintré, un peu ridicule peut-être, le sentant et laissant paraître qu'il le sentait.

« Je serais venu te voir plus tôt, mais j'ai eu tellement à faire !… Sais-tu bien que me voici secrétaire de Passavant ? ou, si tu préfères : rédacteur en chef de la revue qu'il dirige. Je ne te demanderai pas d'y collaborer, parce que Passavant me paraît assez monté contre toi. D'ailleurs cette revue incline résolument vers la gauche. C'est pourquoi elle a commencé par débarquer Bercail et ses bergeries…

— Tant pis pour elle, dit Olivier.

— C'est pourquoi elle a, par contre, accueilli mon *Vase nocturne*, qui, soit dit entre parenthèses, te sera dédié, si tu le permets.

— Tant pis pour moi.

— Passavant voulait même que mon génial poème parût en tête du premier numéro, ce à quoi s'opposait ma modestie naturelle, que ses éloges ont mise à une rude épreuve.

Si j'étais sûr de ne point fatiguer tes oreilles convalescentes, je te ferais le récit de ma première entrevue avec l'illustre auteur de *La Barre fixe*, que je ne connaissais jusqu'à ce jour qu'à travers toi.

— Je n'ai rien de mieux à faire que de t'écouter.

— La fumée ne te gêne pas ?

— Je fumerai moi-même pour te rassurer.

— Il faut te dire, commença Armand en allumant une cigarette, que ta défection avait laissé notre cher comte dans l'embarras. Soit dit sans te flatter, on ne remplace pas aisément ce faisceau de dons, de vertus, de qualités, qui font de toi l'un des...

— Bref..., interrompit Olivier, que la pesante ironie de l'autre exaspérait.

— Bref, Passavant avait besoin d'un secrétaire. Il se trouvait connaître un certain Strouvilhou, que je me trouve connaître moi-même, parce qu'il est l'oncle et le correspondant d'un certain type de la pension, lequel se trouvait connaître Jean Cob-Lafleur, que tu connais.

— Que je ne connais pas, dit Olivier.

— Eh bien ! mon vieux, tu devrais le connaître. C'est un type extraordinaire, merveilleux ; une espèce de bébé fané, ridé, maquillé, qui vit d'apéritifs et qui, quand il est soûl, fait des vers charmants. Tu en liras dans notre premier numéro. Strouvilhou invente donc de l'envoyer chez Passavant pour occuper ta place. Tu peux imaginer son entrée dans l'hôtel de la rue de Babylone. Il faut te dire que Cob-Lafleur porte des vêtements couverts de taches, qu'il laisse flotter une gerbe de cheveux filasse sur ses épaules et qu'il a l'air de ne pas s'être lavé de huit jours. Passavant, qui prétend toujours dominer la situation, affirme que Cob-Lafleur lui plaisait beaucoup. Cob-Lafleur avait su se montrer doux, souriant, timide. Quand il veut, il peut ressembler au Gringoire[1] de Banville. Bref, Passavant se montrait séduit et était sur le point de l'engager. Il faut te dire que Lafleur est sans le sou... Le voici qui se lève pour prendre congé : "Avant de vous quitter, je crois bon de vous avertir, Monsieur le comte, que j'ai quelques défauts. — Qui de nous n'en a pas ? — Et quelques vices. Je fume l'opium. — Qu'à cela ne tienne, dit Passavant qui ne se trouble pas pour si peu ; j'en ai d'excellent à vous offrir. — Oui, mais quand j'ai fumé, reprend Lafleur, je perds complètement la notion de l'orthographe." Passavant croit à une plaisanterie, s'efforce de rire et lui tend la main. Lafleur continue : "Et puis je prends du haschisch. — J'en ai pris moi-même quelquefois, dit Passavant. — Oui, mais sous l'empire du haschisch, je ne peux pas me retenir de voler." Passavant commence à voir que l'autre se fiche de lui ; et Lafleur, lancé, continue impétueusement : "Et puis je bois de l'éther ; et alors je déchire tout, je casse tout" ; et il s'empare d'un vase de cristal qu'il fait mine de jeter dans la cheminée. Passavant le lui arrache des mains : "Je vous remercie de m'avertir."

— Et il l'a fichu à la porte ?

— Puis a surveillé par la fenêtre si Lafleur ne fourrait pas une bombe dans sa cave, en s'en allant.

— Mais pourquoi est-ce que ton Lafleur a fait cela ? demanda Olivier après un silence. D'après ce que tu me dis, il avait grand besoin de cette place.

— Il faut tout de même admettre, mon vieux, qu'il y a des gens qui éprouvent le besoin d'agir contre leur propre intérêt. Et puis, veux-tu que je te dise : Lafleur... le luxe de Passavant l'a dégoûté ; son élégance, ses manières aimables,

---

1. Personnage éponyme de la comédie historique de Théodore de Banville (1823-1891) créée en 1866. Gringoire est un personnage emprunté à *Notre-Dame de Paris* de Victor Hugo. Personnage de la cour des Miracles, il exalte le rôle social du poète pour séduire la fille d'un bourgeois.

sa condescendance, l'affectation de sa supériorité. Oui, ça lui a levé le cœur, et j'ajoute que je comprends ça... Au fond, il est à faire vomir, ton Passavant.

— Pourquoi dis-tu: "Ton Passavant?" Tu sais bien que je ne le vois plus. Et puis, pourquoi acceptes-tu de lui cette place, si tu le trouves si dégoûtant?

— Parce que précisément j'aime ce qui me dégoûte... à commencer par mon propre, ou mon sale, individu. Et puis, au fond, Cob-Lafleur est un timide; il n'aurait rien dit de tout cela s'il ne s'était pas senti gêné.

— Oh! ça, par exemple...

— Certainement. Il était gêné, et avait horreur de se sentir gêné par quelqu'un qu'au fond il méprise. C'est pour cacher sa gêne qu'il a crâné.

— Je trouve ça stupide.

— Mon vieux, tout le monde n'est pas aussi intelligent que toi.

— Tu m'as déjà dit ça la dernière fois.

— Quelle mémoire!»

Olivier se montrait bien décidé à tenir tête.

«Je tâche, dit-il, d'oublier tes plaisanteries. Mais, la dernière fois, tu m'as enfin parlé sérieusement. Tu m'as dit des choses que je ne peux pas oublier.»

Le regard d'Armand se troubla: il partit d'un rire forcé:

«Oh! mon vieux, la dernière fois, je t'ai parlé comme tu désirais que je te parle. Tu réclamais un morceau en mineur; alors, pour te faire plaisir, j'ai joué ma complainte avec une âme en tire-bouchon, et des tourments à la Pascal... Qu'est-ce que tu veux? Je ne suis sincère que quand je blague.

— Tu ne me feras jamais croire que tu n'étais pas sincère en me parlant comme tu as fait. C'est maintenant que tu joues.

— Ô être plein de naïveté, de quelle âme angélique tu

fais preuve! Comme si chacun de nous ne jouait pas, plus ou moins sincèrement et consciemment. La vie, mon vieux, n'est qu'une comédie. Mais la différence entre toi et moi, c'est que moi je sais que je joue; tandis que...

— Tandis que..., répéta Olivier agressivement.

— Tandis que mon père, par exemple, et pour ne pas parler de toi, coupe dedans quand il joue au pasteur. Quoi que je dise ou fasse, toujours une partie de moi reste en arrière, qui regarde l'autre se compromettre, qui l'observe, qui se fiche d'elle et la siffle, ou qui l'applaudit. Quand on est ainsi divisé, comment veux-tu qu'on soit sincère? J'en viens à ne même plus comprendre ce que peut vouloir dire ce moi. Rien à faire à cela: si je suis triste, je me trouve grotesque et ça me fait rire; quand je suis gai, je fais des plaisanteries tellement stupides que ça me donne envie de pleurer.

— À moi aussi, tu donnes envie de pleurer, mon pauvre vieux. Je ne te croyais pas si malade.»

Armand haussa les épaules, et sur un ton tout différent:

«Pour te consoler, veux-tu savoir la composition de notre premier numéro? Il y aura donc mon *Vase nocturne*; quatre chansons de Cob-Lafleur; un dialogue de Jarry; des poèmes en prose du petit Ghéridanisol, notre pensionnaire; et puis le *Fer à repasser*[1], un vaste essai de critique générale, où se préciseront les tendances de la revue. Nous nous sommes mis à plusieurs pour pondre ce chef-d'œuvre.»

Olivier, qui ne savait que dire, argua gauchement:

«Aucun chef-d'œuvre n'est le résultat d'une collaboration.»

Armand éclata de rire:

«Mais, mon cher, je disais chef-d'œuvre pour plaisanter.

---

1. Référence à une sculpture de Man Ray (1890-1976) intitulée *Le Cadeau* et représentant un fer à repasser muni de pointes.

Il n'est même pas question d'une œuvre, à proprement parler. Et d'abord, il s'agirait de savoir ce qu'on entend par "chef-d'œuvre". Précisément le *Fer à repasser* s'occupe de tirer ça au clair. Il y a des tas d'œuvres qu'on admire de confiance parce que tout le monde les admire et que personne jusqu'à présent ne s'est avisé de dire, ou n'a osé dire, qu'elles sont stupides. Par exemple, en tête du numéro, nous allons donner une reproduction de *La Joconde*, à laquelle on a collé une paire de moustaches[1]. Tu verras, mon vieux : c'est d'un effet foudroyant.

— Cela veut-il dire que tu considères *La Joconde* comme une stupidité ?

— Mais pas du tout, mon cher. (Encore que je ne la trouve pas si épatante que ça.) Tu ne me comprends pas. Ce qui est stupide, c'est l'admiration qu'on lui voue. C'est l'habitude qu'on a de ne parler de ce qu'on appelle "les chefs-d'œuvre", que chapeau bas. Le *Fer à repasser* (ce sera d'ailleurs le titre général de la revue) a pour but de rendre bouffon cette révérence, de discréditer... Un bon moyen encore, c'est de proposer à l'admiration du lecteur quelque œuvre stupide (mon *Vase nocturne,* par exemple) d'un auteur complètement dénué de bon sens.

— Passavant approuve tout ça ?

— Ça l'amuse beaucoup.

— Je vois que j'ai bien fait de me retirer.

— Se retirer... Tôt ou tard, mon vieux, et qu'on le veuille ou non, il faut toujours en arriver là. Cette sage réflexion m'amène tout naturellement à prendre congé de toi.

— Reste encore un instant, espèce de pitre... Qu'est-ce

---

1. Allusion à une œuvre du peintre français Marcel Duchamp (1887-1968), précurseur du mouvement Dada, qui illustra la couverture de la *Revue 391* publiée par Francis Picabia (1879-1953) en 1921.

qui te faisait dire que ton père jouait au pasteur ? Tu ne le crois donc pas convaincu ?

— Monsieur mon père a arrangé sa vie de telle façon qu'il n'ait plus le droit ni le moyen de ne pas l'être. Oui, c'est un convaincu professionnel. Un professeur de conviction. Il inculque la foi ; c'est là sa raison d'être ; c'est le rôle qu'il assume, et qu'il doit mener jusqu'au bout. Mais quant à savoir ce qui se passe dans ce qu'il appelle "son for intérieur" ?... Ce serait indiscret, tu comprends, d'aller le lui demander. Et je crois qu'il ne se le demande jamais lui-même. Il s'y prend de manière à n'avoir jamais le temps de se le demander. Il a bourré sa vie d'un tas d'obligations qui perdraient toute signification si sa conviction faiblissait ; de sorte que cette conviction se trouve exigée et entretenue par elles. Il s'imagine qu'il croit, parce qu'il continue à agir comme s'il croyait. Il n'est plus libre de ne pas croire. Si sa foi flanchait, mon vieux, mais ce serait la catastrophe ! Un effondrement ! Et songe que, du coup, ma famille n'aurait plus de quoi vivre. C'est un fait à considérer, mon vieux : la foi de papa, c'est notre gagne-pain. Nous vivons tous sur la foi de papa. Alors venir me demander si papa a vraiment la foi, tu m'avoueras que ça n'est pas très délicat de ta part.

— Je croyais que vous viviez surtout du revenu de la pension.

— C'est un peu vrai. Mais ça n'est pas non plus très délicat de me couper mon effet lyrique.

— Alors toi, tu ne crois plus à rien ? demanda Olivier tristement, car il aimait Armand et souffrait de sa vilenie.

— *Jubes renovare dolorem*[1]... Tu sembles oublier, mon cher, que mes parents prétendaient faire de moi un pas-

---

1. «Tu m'invites à ranimer ma douleur», citation de *L'Énéide* de Virgile (70-19 av. J.-C.). Ainsi s'adresse Énée à Didon, qui lui demande de faire le récit de la prise de Troie.

teur. On m'a chauffé pour ça, gavé de préceptes pieux en vue d'obtenir une dilatation de la foi, si j'ose dire… Il a bien fallu reconnaître que je n'avais pas la vocation. C'est dommage. J'aurais peut-être fait un prédicateur épatant. Ma vocation à moi, c'était d'écrire le *Vase nocturne*.

— Mon pauvre vieux, si tu savais combien je te plains !

— Tu as toujours eu ce que mon père appelle "un cœur d'or"… dont je ne veux pas abuser plus longtemps. »

Il prit son chapeau. Il était déjà presque parti, quand, se retournant brusquement :

« Tu ne me demandes pas des nouvelles de Sarah ?

— Parce que tu ne m'apprendrais rien que je ne sache déjà par Bernard.

— Il t'a dit qu'il avait quitté la pension ?

— Il m'a dit que ta sœur Rachel l'avait invité à partir. »

Armand avait une main sur la poignée de la porte ; de l'autre, avec sa canne, il maintenait la portière soulevée. La canne entra dans un trou de la portière et l'agrandit.

« Explique ça comme tu pourras, dit-il, et son visage prit une expression très grave. — Rachel est, je crois bien, la seule personne de ce monde que j'aime et que je respecte. Je la respecte parce qu'elle est vertueuse. Et j'agis toujours de manière à offenser sa vertu. Pour ce qui est de Bernard et de Sarah, elle ne se doutait de rien. C'est moi qui lui ai tout raconté… Et l'oculiste qui lui recommande de ne pas pleurer ! C'est bouffon.

— Dois-je te croire sincère, à présent ?

— Oui, je crois que c'est ce que j'ai de plus sincère en moi : la haine de tout ce qu'on appelle Vertu. Ne cherche pas à comprendre. Tu ne sais pas ce que peut faire de nous une première éducation puritaine. Elle vous laisse au cœur un ressentiment dont on ne peut plus jamais se guérir… si j'en juge par moi, acheva-t-il en ricanant. À propos, tu devrais bien me dire ce que j'ai là. »

Il posa son chapeau et s'approcha de la fenêtre.

«Tiens, regarde : sur le bord de la lèvre ; à l'intérieur.»
Il se pencha vers Olivier et d'un doigt souleva sa lèvre.

«Je ne vois rien.

— Mais si ; là ; dans le coin.»

Olivier distingua, près de la commissure, une tache blan-
châtre. Un peu inquiet :

«C'est une aphte», dit-il pour rassurer Armand.

Celui-ci haussa les épaules.

«Ne dis donc pas de bêtises, toi, un homme sérieux.
D'abord "aphte" est du masculin ; et puis, un aphte, c'est
mou et ça passe. Ça, c'est dur et de semaine en semaine ça
grossit. Et ça me donne une espèce de mauvais goût dans la
bouche.

— Il y a longtemps que tu as ça ?

— Il y a plus d'un mois que je m'en suis aperçu. Mais,
comme on dit dans les "chefs-d'œuvre" : *Mon mal vient de
plus loin* [1]...

— Eh bien ! mon vieux, si tu es inquiet, il te faut consulter.

— Si tu crois que j'ai attendu ton conseil !

— Qu'a dit le médecin ?

— Je n'ai pas attendu ton conseil pour me dire que je
devrais consulter. Mais je n'ai tout de même pas consulté,
parce que, si ça doit être ce que je crois, je préfère ne pas
le savoir.

— C'est idiot.

— N'est-ce pas que c'est bête ! et si humain, mon cher,
si humain...

— Ce qui est idiot, c'est de ne pas se soigner.

— Et de pouvoir se dire, quand on commence à se soi-

_____

1. Citation d'un vers de *Phèdre* (1677), tragédie de Jean Racine.
C'est par ces mots que Phèdre débute l'aveu de son amour pour son
beau-fils, Hippolyte (acte I, scène 3).

gner: "Il est trop tard!" C'est ce que Cob-Lafleur exprime
si bien, dans un des poèmes que tu liras:

> Il faut se rendre à l'évidence :
> Car, dans ce bas monde, la danse
> Précède souvent la chanson.

— On peut faire de la littérature avec tout.

— Tu l'as dit : avec tout. Mais, mon vieux, ça n'est déjà
pas si facile. Allons, adieu… Ah ! je voulais te dire encore :
j'ai reçu des nouvelles d'Alexandre… Mais oui, tu sais bien :
mon frère aîné, qui a fichu le camp en Afrique, où il a commencé par faire de mauvaises affaires et bouffer tout l'argent que lui envoyait Rachel. Il est établi maintenant sur les
bords de la Casamance. Il m'écrit que son commerce prospère et qu'il va bientôt être à même de tout rembourser.

— Un commerce de quoi ?

— Est-ce qu'on sait ? De caoutchouc, d'ivoire, de nègres
peut-être… d'un tas de bricoles. Il me demande de le
rejoindre là-bas.

— Tu partirais ?

— Et dès demain, si je n'avais pas bientôt mon service.
Alexandre est une espèce d'idiot dans mon genre. Je crois
que je m'entendrais très bien avec lui… Tiens, veux-tu,
voir ? J'ai sa lettre sur moi. »

Il sortit de sa poche une enveloppe, et de l'enveloppe
plusieurs feuillets ; en choisit un, qu'il tendit à Olivier.

« Pas la peine que tu lises tout. Commence ici. »

Olivier lut :

« Je vis depuis une quinzaine de jours en compagnie d'un
singulier individu que j'ai recueilli dans ma case. Le soleil de
ce pays a dû lui taper sur le crâne. J'ai d'abord pris pour du
délire ce qui est bel et bien de la folie. Cet étrange garçon

— un type de trente ans environ, grand et fort, assez beau et certainement "de bonne famille", comme on dit, à en juger d'après ses manières, son langage et ses mains trop fines pour avoir jamais fait de gros ouvrages — se croit possédé par le diable ; ou plutôt il se croit le diable lui-même, si j'ai bien compris ce qu'il disait. Il a dû lui arriver quelque aventure, car, en rêve ou dans l'état de demi-sommeil où il lui arrive souvent de tomber (et alors il converse avec lui-même comme si je n'étais pas là), il parle sans cesse de mains coupées. Et comme alors il s'agite beaucoup et roule des yeux terribles, j'ai pris soin d'écarter de lui toute arme. Le reste du temps c'est un brave garçon, d'une compagnie agréable — ce que j'apprécie, tu peux le croire, après des mois de solitude — et qui me seconde dans les soins de mon exploitation. Il ne parle jamais de sa vie passée, de sorte que je ne parviens pas à découvrir qui ce peut être. Il s'intéresse particulièrement aux insectes et aux plantes, et certains de ses propos laissent entrevoir qu'il est remarquablement instruit. Il semble se plaire avec moi et ne parle pas de partir ; je suis décidé à le laisser rester ici tant qu'il voudra. Je souhaitais précisément un aide ; somme toute, il est venu à point nommé.

« Un hideux nègre qui l'accompagnait, remontant avec lui la Casamance, et avec qui j'ai un peu causé, parle d'une femme qui l'accompagnait et qui, si j'ai bien compris, a dû se noyer dans le fleuve, certain jour que leur embarcation a chaviré. Je ne serais pas étonné que mon compagnon ait favorisé la noyade. Dans ce pays, quand on veut se débarrasser de quelqu'un, on a grand choix de moyens, et personne jamais n'en a cure. Si quelque jour j'en apprends plus long, je te l'écrirai — ou te le dirai de vive voix lorsque tu seras venu me rejoindre. Oui, je sais… la question de ton service… Tant pis ! j'attendrai. Car persuade-toi que, si tu veux me revoir, il faudra que tu te décides à venir. Quant à moi j'ai de moins en moins le désir de retour. Je mène ici une vie qui me plaît et me va comme un complet sur mesure. Mon commerce prospère, et le faux col de la civilisation me paraît un carcan que je ne pourrai jamais plus supporter.

« Ci-joint un nouveau mandat, dont tu feras l'usage qu'il te plaira. Le précédent était pour Rachel. Garde celui-ci pour toi… »

« Le reste n'est plus intéressant », dit Armand.

Olivier rendit la lettre sans rien dire. Il ne lui vint pas à l'esprit que l'assassin dont il était ici parlé fût son frère. Vincent n'avait plus donné de ses nouvelles depuis longtemps ; ses parents le croyaient en Amérique. À vrai dire, Olivier ne s'inquiétait pas beaucoup de lui.

17

Boris n'apprit la mort de Bronja que par une visite que fit madame Sophroniska à la pension, un mois plus tard. Depuis la triste lettre de son amie, Boris était resté sans nouvelles. Il vit madame Sophroniska entrer dans le salon de madame Vedel, où il se tenait selon sa coutume à l'heure de la récréation, et, comme elle était en grand deuil, avant même qu'elle n'eût parlé il comprit tout. Ils étaient seuls dans la pièce. Sophroniska prit Boris dans ses bras et tous deux mêlèrent leurs larmes. Elle ne pouvait que répéter : — «Mon pauvre petit... Mon pauvre petit...», comme si Boris surtout était à plaindre et comme oubliant son chagrin maternel devant l'immense chagrin de cet enfant.

Madame Vedel, qu'on avait été prévenir, arriva, et Boris, encore tout secoué de sanglots, s'écarta pour laisser causer les deux dames. Il aurait voulu qu'on ne parlât pas de Bronja. Madame Vedel, qui ne l'avait pas connue, parlait d'elle comme elle eût fait d'un enfant ordinaire. Les questions mêmes qu'elle posait paraissaient à Boris indélicates dans leur banalité. Il eût voulu que Sophroniska n'y répondît pas et souffrait de la voir étaler sa tristesse. Il repliait la sienne et la cachait comme un trésor.

Certainement c'était à lui que Bronja pensait lorsqu'elle demandait, peu de jours avant de mourir :

« Maman, je voudrais tant savoir... Dis : qu'est-ce qu'on appelle au juste une idylle ? »

Ces paroles qui perçaient le cœur, Boris eût voulu être seul à les connaître.

Madame Vedel offrit le thé. Il y en avait une tasse pour Boris, qu'il avala précipitamment tandis que la récréation finissait ; puis il prit congé de Sophroniska qui repartait le lendemain pour la Pologne où des affaires la rappelaient.

Le monde entier lui paraissait désert. Sa mère était trop loin de lui, toujours absente ; son grand-père, trop vieux ; même Bernard n'était plus là, près duquel il prenait confiance. Une âme tendre comme la sienne a besoin de quelqu'un vers qui porter en offrande sa noblesse et sa pureté. Il n'avait pas assez d'orgueil pour s'y complaire. Il avait aimé Bronja beaucoup trop pour pouvoir espérer retrouver jamais cette raison d'aimer qu'il perdait avec elle. Les anges qu'il souhaitait de voir, désormais, sans elle, comment y croire ? Même son ciel à présent se vidait.

Boris rentra dans l'étude comme on plongerait en enfer. Sans doute aurait-il pu se faire un ami de Gontran de Passavant ; c'est un brave garçon et tous deux sont précisément du même âge ; mais rien ne distrait Gontran de son travail. Philippe Adamanti non plus n'est pas méchant ; il ne demanderait pas mieux que de s'attacher à Boris ; mais il se laisse mener par Ghéridanisol jusqu'à n'oser plus éprouver un seul sentiment personnel ; il emboîte le pas, qu'aussitôt Ghéridanisol accélère ; et Ghéridanisol ne peut souffrir Boris. Sa voix musicale, sa grâce, son air de fille, tout en lui l'irrite, l'exaspère. On dirait qu'il éprouve à sa vue l'instinctive aversion qui, dans un troupeau, précipite le fort sur le faible. Peut-être a-t-il écouté l'enseignement de son cousin et sa haine est-elle un peu théorique, car elle prend à ses yeux l'aspect de la réprobation. Il trouve des raisons pour se féliciter de haïr. Il a fort bien compris combien Boris est sensible à ce mépris qu'il lui témoigne ; il s'en amuse et feint de comploter avec Georges et Phiphi, à seule fin de voir les regards de Boris se charger d'une sorte d'interrogation anxieuse.

« Oh ! ce qu'il est curieux, tout de même, dit alors Georges. Faut-il lui dire ?

— Pas la peine. Il ne comprendrait pas. »

« Il ne comprendrait pas. » « Il n'oserait pas. » « Il ne saurait pas. » Sans cesse on lui jette au front ces formules. Il souffre abominablement d'être exclu. Il ne comprend pas bien, en effet, l'humiliant sobriquet qu'on lui donne : « N'en a pas » ; ou s'indigne de le comprendre. Que ne donnerait-il pour pouvoir prouver qu'il n'est pas le pleutre qu'on croit !

« Je ne puis supporter Boris, dit Ghéridanisol à Strouvilhou. Pourquoi me demandais-tu de le laisser tranquille ? Il n'y tient pas tant que ça, à ce qu'on le laisse tranquille. Il est toujours à regarder de mon côté. L'autre jour il nous faisait rigoler parce qu'il croyait qu'"une femme à poil", ça voulait dire "une femme à barbe". Georges s'est fichu de lui. Et quand Boris a compris qu'il se trompait, j'ai cru qu'il allait se mettre à larmer. »

Puis Ghéridanisol pressa de questions son cousin ; celui-ci finit par lui remettre le *talisman* de Boris, et la manière de s'en servir.

Peu de jours après, Boris, en entrant à l'étude, trouva sur son pupitre ce papier dont il ne se souvenait plus qu'à peine. Il l'avait écarté de sa mémoire avec tout ce qui ressortissait à cette « magie » de sa première enfance, dont il avait honte aujourd'hui. Il ne le reconnut pas tout d'abord, car Ghéridanisol avait eu soin d'encadrer la formule incantatoire :

« GAZ... TÉLÉPHONE... CENT MILLE ROUBLES. »

d'une large bordure rouge et noire, laquelle était ornée de petits diablotins obscènes, assez bien dessinés ma foi. Tout cela donnait au papier un aspect fantastique, « infernal » pensait Ghéridanisol, aspect qu'il jugeait susceptible de bouleverser Boris.

Peut-être n'y avait-il là qu'un jeu ; mais le jeu réussit au-delà de toute espérance. Boris rougit beaucoup, ne dit rien, regarda de droite et de gauche, et ne vit pas Ghéridanisol qui, caché derrière la porte, l'observait. Boris ne put le soupçonner, ni comprendre comment le talisman se trouvait là ; il paraissait tombé du ciel, ou plutôt surgi de l'enfer. Boris était d'âge, sans doute, à hausser les épaules devant ces diableries d'écolier ; mais elles remuaient un passé trouble. Boris prit le *talisman* et le glissa dans sa vareuse. Tout le reste du jour, le souvenir des pratiques de sa « magie » l'obséda. Il lutta jusqu'au soir contre une sollicitation ténébreuse, puis, comme plus rien ne le soutenait dans sa lutte, sitôt retiré dans sa chambre, il sombra.

Il lui semblait qu'il se perdait, qu'il s'enfonçait très loin du ciel ; mais il prenait plaisir à se perdre et faisait, de cette perdition même, sa volupté.

Et pourtant il gardait en lui, en dépit de sa détresse, au fond de sa déréliction [1], de telles réserves de tendresse, une souffrance si vive du dédain qu'affectaient à son égard ses camarades, qu'il eût risqué n'importe quoi de dangereux, d'absurde, pour un peu de considération.

L'occasion s'en offrit bientôt.

Après qu'ils eurent dû renoncer à leur trafic de fausses pièces, Ghéridanisol, Georges et Phiphi ne restèrent pas longtemps désœuvrés. Les menus jeux saugrenus auxquels ils se livrèrent les premiers jours n'étaient que des inter-

---

1. Terme religieux qui désigne l'état de l'homme qui se sent abandonné, isolé, privé de tout secours divin. Par extension, délaissement.

mèdes. L'imagination de Ghéridanisol fournit bientôt quelque chose de plus corsé.

La *Confrérie des Hommes forts* n'eut pour raison d'être d'abord que le plaisir de n'y point admettre Boris. Mais il apparut à Ghéridanisol bientôt qu'il serait au contraire bien plus pervers de l'y admettre ; ce serait le moyen de l'amener à prendre tels engagements par lesquels on pourrait l'entraîner ensuite jusqu'à quelque acte monstrueux. Dès lors cette idée l'habita ; et comme il advient souvent dans une entreprise, Ghéridanisol songea beaucoup moins à la chose même qu'aux moyens de la faire réussir ; ceci n'a l'air de rien, mais peut expliquer bien des crimes. Au demeurant Ghéridanisol était féroce ; mais il sentait le besoin, aux yeux de Phiphi tout au moins, de cacher cette férocité. Phiphi n'avait rien de cruel ; il resta convaincu jusqu'au dernier moment qu'il ne s'agissait là que d'un jeu.

À toute confrérie il faut une devise. Ghéridanisol, qui avait son idée, proposa : « L'homme fort ne tient pas à la vie. » La devise fut adoptée, et attribuée à Cicéron[1]. Comme signe distinctif, Georges proposa un tatouage au bras droit ; mais Phiphi qui craignait la douleur affirma qu'on ne trouvait de bon tatoueur que dans les ports. De plus Ghéridanisol objecta que le tatouage laissait une trace indélébile qui, par la suite, pourrait les gêner. Après tout, le signe distinctif n'était pas des plus nécessaires ; les affiliés se contenteraient de prononcer un engagement solennel.

Quand il s'était agi du trafic de fausse monnaie, il avait été question de gages et c'est à ce propos que Georges avait exhibé les lettres de son père. Mais on avait cessé d'y

---

1. Homme politique et orateur romain (106-43 av. J.-C.), demeuré célèbre pour sa maîtrise de la rhétorique et de la prose latine. Il connut un destin politique remarquable. Il introduisit la philosophie grecque, en particulier le stoïcisme, dans la littérature latine.

penser. Ces enfants, fort heureusement, n'ont pas beaucoup de constance. Somme toute, ils n'arrêtèrent presque
rien, non plus au sujet des « conditions d'admission » que
des « qualités requises ». À quoi bon, puisqu'il restait acquis
que tous trois « en étaient », et que Boris « n'en était pas ».
Par contre, ils décrétèrent que « celui qui canerait[1] serait
considéré comme un traître, à tout jamais rejeté de la
confrérie ». Ghéridanisol, qui s'était mis en tête d'y faire
entrer Boris, insista beaucoup sur ce point.

Il fallait reconnaître que, sans Boris, le jeu restait morne
et la vertu de la confrérie sans emploi. Pour circonvenir
l'enfant, Georges était mieux qualifié que Ghéridanisol ;
celui-ci risquait d'éveiller sa méfiance ; quant à Phiphi, il
n'était pas assez retors et préférait ne point se commettre.

Et c'est peut-être là, dans cette abominable histoire, ce
qui me paraît le plus monstrueux : cette comédie d'amitié
que Georges consentit à jouer. Il affecta de s'éprendre pour
Boris d'une affection subite ; jusqu'alors on eût dit qu'il ne
l'avait pas regardé. Et j'en viens à douter s'il ne fut pas pris
lui-même à son jeu, si les sentiments qu'il feignit n'étaient
pas près de devenir sincères, si même ils ne l'étaient pas
devenus dès l'instant que Boris y avait répondu. Il se penchait vers lui avec l'apparence de la tendresse ; instruit par
Ghéridanisol, il lui parlait... Et dès les premiers mots, Boris,
qui bramait après un peu d'estime et d'amour, fut conquis.

Alors Ghéridanisol élabora son plan, qu'il découvrit à
Phiphi et à Georges. Il s'agissait d'inventer une « épreuve »
à laquelle serait tenu de se soumettre celui des affiliés qui
serait désigné par le sort ; et, pour bien rassurer Phiphi, il fit
entendre qu'on s'arrangerait de manière que le sort ne pût
désigner que Boris. L'épreuve aurait pour but de s'assurer
de son courage.

---

1. Terme d'argot qui signifie « flancher ».

Ce que serait au juste cette épreuve, Ghéridanisol ne le laissait pas encore entrevoir. Il se doutait que Phiphi opposerait quelque résistance.

« Ah ! ça, non ; je ne marche pas, déclara-t-il en effet, lorsque un peu plus tard Ghéridanisol commença d'insinuer que le pistolet du Père Lapère pourrait bien trouver ici son emploi.

— Mais que t'es bête ! Puisque c'est de la blague, ripostait Georges déjà conquis.

— Et puis, tu sais, ajoutait Ghéri, si ça t'amuse de faire l'idiot, tu n'as qu'à le dire. On n'a pas besoin de toi. »

Ghéridanisol savait qu'un tel argument prenait toujours sur Phiphi ; et comme il avait préparé la feuille d'engagement sur laquelle chacun des membres de la confrérie devait inscrire son nom :

« Seulement il faut le dire tout de suite ; parce que, après que tu auras signé, ce sera trop tard.

— Allons ! Ne te fâche pas, dit Phiphi. Passe-moi la feuille. » Et il signa.

« Moi, mon petit, je voudrais bien, disait Georges, le bras tendrement passé autour du cou de Boris ; c'est Ghéridanisol qui ne veut pas de toi.

— Pourquoi ?

— Parce qu'il n'a pas confiance. Il dit que tu flancheras.

— Qu'est-ce qu'il en sait ?

— Que tu te défileras dès la première épreuve.

— On verra bien.

— C'est vrai que tu oserais tirer au sort ?

— Parbleu !

— Mais tu sais à quoi ça engage ? »

Boris ne savait pas, mais il voulait savoir. Alors l'autre lui expliqua. « L'homme fort ne tenait pas à la vie. » C'était à voir.

Boris sentit un grand chavirement dans sa tête ; mais il se raidit et, cachant son trouble :

« C'est vrai que vous avez signé ?

— Tiens, regarde. Et Georges lui tendit la feuille sur laquelle Boris put lire les trois noms.

— Est-ce que…, commença-t-il craintivement.

— Est-ce que quoi ?… » interrompit Georges, si brutalement que Boris n'osa continuer. Ce qu'il aurait voulu demander, Georges le comprenait bien : c'était si les autres s'étaient engagés tous de même, et si l'on pouvait être sûr qu'eux non plus ne flancheraient pas.

« Non, rien », dit-il ; mais dès cet instant, il commença de douter des autres ; il commença de se douter que les autres se réservaient et n'y allaient pas de franc jeu. « Tant pis, pensa-t-il aussitôt ; qu'importe s'ils flanchent ; je leur montrerai que j'ai plus de cœur qu'eux. » Puis, regardant Georges droit dans les yeux :

« Dis à Ghéri qu'on peut compter sur moi.

— Alors, tu signes ? »

Oh ! ce n'était plus nécessaire : on avait sa parole. Il dit simplement :

« Si tu veux. » Et au-dessous de la signature des trois *Hommes forts*, sur la feuille maudite, il inscrivit son nom, d'une grande écriture appliquée.

Georges triomphant rapporta la feuille aux deux autres. Ils accordèrent que Boris avait agi très crânement. Tous trois délibérèrent.

Bien sûr ! on ne chargerait pas le pistolet. Du reste on n'avait pas de cartouches. La crainte que gardait Phiphi venait de ce qu'il avait entendu dire que parfois une émotion trop vive suffisait à occasionner la mort. Son père, affirmait-il, citait le cas d'un simulacre d'exécution qui… Mais Georges l'envoyait paître :

« Ton père est du Midi. »

Non, Ghéridanisol ne chargerait pas le pistolet. Il n'était plus besoin. La cartouche que La Pérouse y avait mise un jour, La Pérouse ne l'avait pas enlevée. C'est ce que Ghéridanisol avait constaté, mais qu'il s'était gardé de dire aux autres.

On mit les noms dans un chapeau ; quatre petits billets semblables et uniformément repliés. Ghéridanisol, qui devait « tirer », avait eu soin d'inscrire le nom de Boris en double sur un cinquième qu'il garda dans sa main ; et, comme par hasard, ce fut celui-là qui sortit. Boris eut le soupçon que l'on trichait ; mais se tut. À quoi bon protester ? Il savait qu'il était perdu. Pour se défendre, il n'eût pas fait le moindre geste ; et même, si le sort avait désigné l'un des autres, il se serait offert pour le remplacer, tant son désespoir était grand.

« Mon pauvre vieux, tu n'as pas de veine », crut devoir dire Georges. Le ton de sa voix sonnait si faux que Boris le regarda tristement.

« C'était couru », dit-il.

Après quoi l'on décida de procéder à une répétition. Mais comme on courait le risque d'être surpris, il fut convenu qu'on ne se servirait pas tout de suite du pistolet. Ce n'est qu'au dernier moment, et quand on jouerait « pour de vrai », qu'on le sortirait de sa boîte. Rien ne devait donner l'éveil.

On se contenta donc, ce jour-là, de convenir de l'heure et du lieu, lequel fut marqué d'un rond de craie sur le plancher. C'était, dans la salle d'études, cette encoignure que formait, à droite de la chaire, une porte condamnée qui ouvrait toutefois sous la voûte d'entrée. Quant à l'heure, ce serait celle de l'étude. Cela devait se passer sous les yeux de tous les élèves ; ça leur en boucherait un coin.

On répéta, tandis que la salle était vide, les trois conjurés seuls témoins. Mais, somme toute, cette répétition ne rimait pas à grand-chose. Simplement, on put constater que, de la place qu'occupait Boris à celle désignée par la craie, il y avait juste douze pas.

« Si tu n'as pas le trac, tu n'en feras pas un de plus, dit Georges.

— Je n'aurai pas le trac », dit Boris, que ce doute persistant insultait. La fermeté de ce petit commençait à impressionner les trois autres. Phiphi estimait qu'on aurait dû s'en tenir là. Mais Ghéridanisol se montrait résolu à pousser la plaisanterie jusqu'au bout.

« Eh bien ! à demain, dit-il, avec un bizarre sourire d'un coin de la lèvre seulement.

— Si on l'embrassait ! » s'écria Phiphi dans l'enthousiasme. Il songeait à l'accolade des preux chevaliers ; et soudain il serra Boris dans ses bras. Boris eut bien du mal à retenir ses larmes quand Phiphi, sur ses joues, fit sonner deux gros baisers d'enfant. Ni Georges ni Ghéri n'imitèrent Phiphi ; l'attitude de celui-ci ne paraissait à Georges pas très digne. Quant à Ghéri, ce qu'il s'en fichait !...

18

Le lendemain soir, la cloche avait rassemblé les élèves de la pension.

Sur le même banc étaient assis Boris, Ghéridanisol, Georges et Philippe. Ghéridanisol tira sa montre, qu'il posa entre Boris et lui. Elle marquait cinq heures trente-cinq. L'étude avait commencé à cinq heures et devait durer jusqu'à six. C'est à six heures moins cinq, avait-il été convenu, que Boris devait en finir, juste avant la dispersion des élèves ; mieux valait ainsi ; on pourrait, aussitôt après, s'échapper plus vite. Et bientôt Ghéridanisol dit à Boris, à voix mi-haute et sans le regarder, ce qui donnait à ses paroles, estimait-il, un caractère plus fatal :

« Mon vieux, tu n'as plus qu'un quart d'heure. »

Boris se souvint d'un roman qu'il avait lu naguère, où des bandits, sur le point de tuer une femme, l'invitaient à faire ses prières, afin de la convaincre qu'elle devait s'apprêter à mourir. Comme un étranger, à la frontière d'un pays dont il va sortir, prépare ses papiers, Boris chercha des prières dans son cœur et dans sa tête, et n'en trouva point ; mais il était si fatigué et tout à la fois si tendu, qu'il ne s'en inquiéta pas outre mesure. Il faisait effort pour penser et ne pouvait penser à rien. Le pistolet pesait dans sa poche ; il n'avait pas besoin d'y porter la main pour le sentir.

« Plus que dix minutes. »

Georges, à la gauche de Ghéridanisol, suivait la scène du coin de l'œil, mais faisait mine de ne pas voir. Il travaillait fébrilement. Jamais l'étude n'avait été si calme. La Pérouse ne reconnaissait plus ses moutards et pour la première fois respirait. Phiphi cependant n'était pas tranquille ; Ghéridanisol lui faisait peur ; il n'était pas bien assuré que ce jeu ne pût mal finir ; son cœur gonflé lui faisait mal et par instants il s'entendait pousser un gros soupir. À la fin, n'y tenant plus, il déchira une demi-feuille de son cahier d'histoire qu'il avait devant lui — car il avait à préparer un examen ; mais les lignes se brouillaient devant ses yeux, les faits et les dates dans sa tête — le bas d'une feuille, et, très vite, écrivit dessus : « Tu es bien sûr au moins que le pistolet n'est pas chargé ? » puis tendit le billet à Georges qui le passa à Ghéri. Mais celui-ci, après l'avoir lu, haussa les épaules sans même regarder Phiphi, puis du billet fit une boulette qu'une pichenette envoya rouler juste à l'endroit marqué par la craie. Après quoi, satisfait d'avoir si bien visé, il sourit. Ce sourire, d'abord volontaire, persista jusqu'à la fin de la scène ; on l'eût dit imprimé sur ses traits.

« Encore cinq minutes ».

C'était dit à voix presque haute. Même Philippe entendit. Une angoisse intolérable s'empara de lui et, bien que l'étude fût sur le point de finir, feignant un urgent besoin de sortir, ou peut-être très authentiquement pris de coliques, il leva la main et claqua des doigts comme les élèves ont coutume de faire pour solliciter du maître une autorisation ; puis, sans attendre la réponse de La Pérouse, il s'élança hors du banc. Pour gagner la porte, il devait passer devant la chaire du maître ; il courait presque, mais chancelait.

Presque aussitôt après que Philippe fut sorti, Boris à son tour se dressa. Le petit Passavant, qui travaillait assidûment derrière lui, leva les yeux. Il raconta plus tard à Séraphine que Boris était «affreusement pâle»; mais c'est ce qu'on dit toujours dans ces cas-là. Du reste, il cessa presque aussitôt de regarder et se replongea dans son travail. Il se le reprocha beaucoup par la suite. S'il avait pu comprendre ce qui se passait, il l'aurait sûrement empêché, disait-il plus tard en pleurant. Mais il ne se doutait de rien.

Boris s'avança donc jusqu'à la place marquée. Il marchait à pas lents, comme un automate, le regard fixe; comme un somnambule plutôt. Sa main droite avait saisi le pistolet, mais le maintenait caché dans la poche de sa vareuse; il ne le sortit qu'au dernier moment. La place fatale était, je l'ai dit, contre la porte condamnée qui formait, à droite de la chaire, un retrait, de sorte que le maître, de sa chaire, ne pouvait le voir qu'en se penchant.

La Pérouse se pencha. Et d'abord il ne comprit pas ce que faisait son petit-fils, encore que l'étrange solennité de ses gestes fût de nature à l'inquiéter. De sa voix la plus forte, et qu'il tâchait de faire autoritaire, il commença:

«Monsieur Boris, je vous prie de retourner immédiatement à votre...»

Mais soudain il reconnut le pistolet; Boris venait de le porter à sa tempe. La Pérouse comprit et sentit aussitôt un grand froid, comme si le sang figeait dans ses veines. Il voulut se lever, courir à Boris, le retenir, crier... Une sorte de râle rauque sortit de ses lèvres; il resta figé, paralytique, secoué d'un grand tremblement.

Le coup partit. Boris ne s'affaissa pas aussitôt. Un instant le corps se maintint, comme accroché dans l'encoignure; puis la tête, retombée sur l'épaule, l'emporta; tout s'effondra.

Lors de l'enquête que la police fit un peu plus tard, on s'étonna de ne point retrouver le pistolet près de Boris — je veux dire: près de l'endroit où il était tombé, car on avait presque aussitôt transporté sur un lit le petit cadavre.

Dans le désarroi qui suivit immédiatement, et tandis que Ghéridanisol restait à sa place, Georges, bondissant pardessus son banc, avait réussi à escamoter l'arme sans être remarqué de personne ; il l'avait d'abord repoussée en arrière, d'un coup de pied, tandis que les autres se penchaient vers Boris, s'en était prestement emparé et l'avait dissimulée sous sa veste, puis subrepticement passée à Ghéridanisol. L'attention de tous était toute portée sur un point, et personne ne remarqua non plus Ghéridanisol, qui put courir inaperçu jusqu'à la chambre de La Pérouse remettre l'arme à l'endroit où il l'avait prise. Lorsque plus tard, au cours d'une perquisition, la police retrouva le pistolet dans son étui, on aurait pu douter qu'il en fût sorti et que Boris s'en fût servi, si seulement Ghéridanisol avait songé à enlever la douille de la cartouche. Certainement il avait un peu perdu la tête. Passagère défaillance, qu'il se reprocha par la suite, bien plus hélas ! qu'il ne se repentit de son crime. Et pourtant ce fut cette défaillance qui le sauva. Car, lorsqu'il redescendit se mêler aux autres, à la vue du cadavre de Boris qu'on emportait, il fut pris d'un tremblement très apparent, d'une sorte de crise de nerfs, où madame Vedel et Rachel, toutes deux accourues, voulurent voir la marque d'une excessive émotion. On préfère tout supposer, plutôt que l'inhumanité d'un être si jeune ; et lorsque Ghéridanisol protesta de son innocence, on le crut. Le petit billet de Phiphi que lui avait passé Georges, qu'il avait envoyé promener d'une pichenette, et qu'on retrouva plus tard sous un banc, ce petit billet froissé le servit. Certes, il demeurait coupable, ainsi que Georges et Phiphi, de s'être prêté à un jeu cruel ; mais il ne s'y serait pas prêté, affirmait-il, s'il avait cru que l'arme était chargée. Georges fut le seul à demeurer convaincu de sa responsabilité complète.

Georges n'était pas si corrompu que son admiration pour Ghéridanisol ne cédât enfin à l'horreur. Lorsqu'il revint ce soir chez ses parents, il se jeta dans les bras de sa mère ; et Pauline eut un élan de reconnaissance vers Dieu, qui, par ce drame affreux, ramenait à elle son fils.

JOURNAL D'ÉDOUARD

« Sans prétendre précisément rien expliquer, je voudrais n'offrir aucun fait sans une motivation suffisante. C'est pourquoi je ne me servirai pas pour mes *Faux-Monnayeurs* du suicide du petit Boris ; j'ai déjà trop de mal à le comprendre. Et puis je n'aime pas les "faits divers". Ils ont quelque chose de péremptoire, d'indéniable, de brutal, d'outrageusement réel... Je consens que la réalité vienne à l'appui de ma pensée, comme une preuve ; mais non point qu'elle la précède. Il me déplaît d'être surpris. Le suicide de Boris m'apparaît comme une *indécence*, car je ne m'y attendais pas.

« Il entre un peu de lâcheté dans tout suicide, malgré ce qu'en pense La Pérouse, qui sans doute considère que son petit-fils a été plus courageux que lui. Si cet enfant avait pu prévoir le désastre que son geste affreux amenait sur la famille Vedel, il resterait inexcusable. Azaïs a dû licencier la pension — momentanément, dit-il ; mais Rachel craint là ruine. Quatre familles ont déjà retiré leurs enfants. Je n'ai pu dissuader Pauline de reprendre Georges auprès d'elle ; d'autant que ce petit, profondément bouleversé par la mort de son camarade, semble dispos à s'amender. Quels contrecoups ce deuil amène ! Même Olivier s'en montre touché. Armand, soucieux malgré ses airs cyniques, de la déconfiture où risquent de sombrer les siens, offre de donner à la pension le temps que veut bien lui laisser Passavant ; car le vieux La Pérouse est devenu manifestement impropre à ce qu'on attendait de lui.

« J'appréhendais de le revoir. C'est dans sa petite chambre, au deuxième étage de la pension, qu'il m'a reçu. Il m'a pris le bras aussitôt et, avec un air mystérieux, presque souriant, qui m'a beaucoup surpris, car je ne m'attendais qu'à des larmes :

« "Le bruit, vous savez... Ce bruit dont je vous parlais l'autre jour...

« — Eh bien ?

« — Il a cessé. C'est fini. Je ne l'entends plus. J'ai beau faire attention..."

« Comme on se prête à un jeu d'enfant :

« "Je parie qu'à présent, lui dis-je, vous regrettez de ne plus l'entendre.

« — Oh ! non ; non... C'est un tel repos ! J'ai tellement besoin de silence... Savez-vous ce que j'ai pensé ? C'est que nous ne pouvons pas savoir, durant cette vie, ce que c'est vraiment que le silence. Notre sang même fait en nous une sorte de bruit continu ; nous ne distinguons plus ce bruit, parce que nous y sommes habitués depuis notre enfance... Mais je pense qu'il y a des choses que, pendant la vie, nous ne parvenons pas à entendre, des harmonies... parce que ce bruit les couvre. Oui, je pense que ce n'est qu'après la mort que nous pourrons entendre vraiment.

« — Vous me disiez que vous ne croyiez pas...

« — À l'immortalité de l'âme ? Vous ai-je dit cela ?... Oui ; vous devez avoir raison. Mais je ne crois pas non plus, comprenez-moi, le contraire."

« Et comme je me taisais, il continua, hochant la tête et sur un ton sentencieux :

« "Avez-vous remarqué que, dans ce monde, Dieu se tait toujours ? Il n'y a que le diable qui parle. Ou du moins, ou du moins..., reprit-il, quelle que soit notre attention, ce n'est jamais que le diable que nous parvenons à entendre. Nous n'avons pas d'oreilles pour écouter la voix de Dieu.

La parole de Dieu! Vous êtes-vous demandé quelquefois ce que cela peut être?... Oh! je ne vous parle pas de celle qu'on a coulée dans le langage humain... Vous vous souvenez du début de l'Évangile: 'Au commencement était la Parole.' J'ai souvent pensé que la parole de Dieu, c'était la création tout entière. Mais le diable s'en est emparé. Son bruit couvre à présent la voix de Dieu. Oh! dites-moi: est-ce que vous ne croyez pas que, tout de même, c'est à Dieu que restera le dernier mot?... Et si le temps, après la mort, n'existe plus, si nous entrons aussitôt dans l'Éternel, pensez-vous qu'alors nous pourrons entendre Dieu... directement?"

«Une sorte de transport commença de le secouer, comme s'il allait tomber de haut-mal, et tout à coup il fut pris d'une crise de sanglots:

«"Non! Non! s'écriait-il confusément; le diable et le Bon Dieu ne font qu'un; ils s'entendent. Nous nous efforçons de croire que tout ce qu'il y a de mauvais sur la terre vient du diable; mais c'est parce qu'autrement nous ne trouverions pas en nous la force de pardonner à Dieu. Il s'amuse avec nous, comme un chat avec la souris qu'il tourmente... Et il nous demande encore après cela de lui être reconnaissants. Reconnaissants de quoi? de quoi?..."

«Puis, se penchant vers moi:

«"Et savez-vous ce qu'il a fait de plus horrible?... C'est de sacrifier son propre fils pour nous sauver[1]. Son fils! son fils!... La cruauté, voilà le premier des attributs de Dieu."

«Il se jeta sur son lit, se tourna du côté du mur. Quelques instants encore, de spasmodiques frémissements l'agitèrent, puis, comme il semblait s'endormir je le laissai.

«Il ne m'avait pas dit un mot de Boris; mais je pensai qu'il fallait voir dans ce désespoir mystique une indirecte expres-

---

1. Référence à la religion catholique selon laquelle Jésus-Christ, le fils de Dieu, est venu sur terre et est mort pour le salut des hommes.

sion de sa douleur, trop étonnante pour pouvoir être contemplée fixement.

« J'apprends par Olivier que Bernard est retourné chez son père ; et, ma foi, c'est ce qu'il avait de mieux à faire. En apprenant par le petit Caloub, fortuitement rencontré, que le vieux juge n'allait pas bien, Bernard n'a plus écouté que son cœur. Nous devons nous revoir demain soir, car Profitendieu m'a invité à dîner avec Molinier, Pauline et les deux enfants. Je suis bien curieux de connaître Caloub. »

Table des chapitres

Du tableau

_____

au texte

Agnès Verlet

Du tableau au texte

La Lutte de Jacob avec l'ange
d'Eugène Delacroix

… La tension du corps de Jacob, ployé sur celui de l'ange…

Dans un cadre de nature assez sauvage, cette grande peinture murale (751 cm × 485 cm) d'Eugène Delacroix (1798-1863) représente un combat, une lutte acharnée un peu particulière puisque l'un des deux protagonistes est un personnage insolite, un ange aux ailes déployées : Jacob, l'homme qui affronte cette créature, a déposé ses armes au premier plan et repousse de toutes ses forces son adversaire, qui se trouve complètement déporté sur la gauche. Le combat engagé est rude, mais sa violence semble contenue, démentie par la paisible luxuriance de la nature et la douceur du paysage à la lumière rosée et bleutée. La tension du corps de Jacob, ployé sur celui de l'ange qu'il tente de déséquilibrer de son genou gauche, est extrême. Dans un équilibre instable, l'ange se trouve repoussé jusqu'au bord du talus qui surplombe un cours d'eau. De l'autre côté, à droite d'un entassement de vêtements et d'armes, sur un chemin en contrebas, un groupe de cavaliers arabes passe au milieu d'un troupeau de moutons, de vaches et de chameaux, que fait avancer un berger, dans une lumière poudreuse. Au détour des chênes majestueux qui dominent la scène, on aperçoit, à l'arrière-plan gauche, l'avant-garde de la caravane s'engouffrant dans un défilé entre deux montagnes. Bien que la scène de combat n'occupe qu'une petite partie du panneau, et qu'elle soit isolée sur le côté gauche, c'est elle qui donne à l'ensemble sa dynamique et son sens, comme le précise le titre.

… *« un emblème des épreuves que Dieu envoie quelquefois à ses élus »*…

Cette peinture murale fait partie d'un ensemble décoratif commandé à Delacroix pour la chapelle des Saints-Anges à l'église Saint-Sulpice. Il s'agit donc d'une peinture d'inspiration religieuse, qui a pour sujet un passage de la Genèse relatant un épisode de la vie de Jacob, le fils d'Isaac. Celui-ci fuit depuis plusieurs années parce qu'il redoute la vengeance de son frère Ésaü auquel il s'est substitué par traîtrise pour recevoir la bénédiction paternelle. Ayant appris qu'Ésaü le poursuivait avec quatre cents hommes, Jacob fait passer le torrent à ses troupeaux, ses femmes et ses enfants, et reste seul au gué, à l'arrière du convoi, dans l'idée d'apaiser son désir de vengeance en lui faisant cadeau d'une partie de ses troupeaux qu'il a envoyée en avant. Dans la nuit précédant cette rencontre avec Ésaü lui apparaît un ange, contre lequel il se bat jusqu'au jour. C'est ce moment qu'a choisi Delacroix, résumant ainsi l'argument qui inspira sa composition : « Jacob accompagne les troupeaux et autres présents à l'aide desquels il espère fléchir la colère de son frère Ésaü. Un étranger se présente qui arrête ses pas et engage avec lui une lutte opiniâtre, laquelle ne se termine qu'au moment où Jacob, touché au nerf de la cuisse par son adversaire, se trouve réduit à l'impuissance. Cette lutte est regardée, par les Livres saints, comme un emblème des épreuves que Dieu envoie quelquefois à ses élus. »

... la proximité de la réécriture de Gide avec le texte de la Genèse...

À la fin des *Faux-Monnayeurs*, André Gide reprend lui-même ce passage de la Bible en faisant surgir un ange aux côtés de Bernard dans les jardins du Luxembourg (proches de Saint-Sulpice). C'est un moment décisif du roman, où le jeune homme, qui vient d'apprendre son succès au baccalauréat, se trouve vide et désemparé et serait presque tenté de s'enrôler dans l'armée. La nuit, l'ange le suit dans la chambre où dort Boris, et engage avec lui le même combat que celui de Jacob : « Et toute la nuit, jusqu'au petit matin, ils luttèrent. [...] Tous deux luttèrent jusqu'à l'aube. L'ange se retira sans qu'aucun des deux fût vainqueur. » D'éducation protestante, Gide connaissait bien la Bible, et on peut constater la proximité de sa réécriture avec le texte de la Genèse qui a inspiré la « fresque » de Delacroix. Comme celui de Gide, le texte biblique insiste sur l'acharnement du corps à corps, qui dure de la nuit jusqu'au jour, sans donner de vainqueur : « Et quelqu'un lutta avec lui jusqu'à l'aurore. Voyant qu'il ne le maîtrisait pas, il le frappa à l'emboîture de la hanche, et la hanche de Jacob se démit pendant qu'il luttait avec lui. Il dit : "Lâche-moi, car l'aurore est levée", mais Jacob répondit : "Je ne te lâcherai pas, que tu ne m'aies béni." »

… le sujet biblique est choisi pour sa force…

Delacroix, qui avait pour la religion une sensibilité plus esthétique que mystique, mais qui s'intéressait aux textes bibliques au même titre qu'à la littérature antique, hésita longtemps sur le choix du sujet. Il reçut la commande des peintures murales de la chapelle des Saints-Anges en 1847, à la fin de la monarchie de Juillet, qui, après la Restauration, avait donné un grand essor aux commandes publiques et à la peinture d'Église. Le peintre entreprit la décoration de la chapelle de Saint-Sulpice en 1850 mais, souvent malade et occupé à d'autres chantiers, il y travailla jusqu'en juillet 1861 et cet ouvrage monumental l'épuisa. Il écrit cependant à plusieurs reprises dans son *Journal* que cette œuvre lui procura un grand plaisir et qu'il l'acheva même dans une certaine allégresse malgré son affaiblissement (il est mort deux ans après). Le peintre, voltairien et sceptique, avait reçu cette commande à cause de sa notoriété et du succès de ses décorations au palais du Luxembourg, au Louvre, au Palais-Bourbon et à l'Hôtel de Ville. Par ces réalisations publiques, il renouait avec la grande tradition des peintres italiens de la Renaissance, Michel-Ange, Raphaël, Titien, qu'il appréciait particulièrement. Il prenait ses sujets dans la mythologie, l'histoire de l'Antiquité, la littérature classique, si bien qu'il traita le sujet biblique de Saint-Sulpice dans le style qui lui était propre, et non dans la tradition pré-raphaélite des peintres qui décorèrent les églises de Paris comme Notre-Dame-de-Lorette ou Saint-Germain-des-Prés : Delacroix, qui dès 1820 avait choqué l'opinion publique par la violence de ses couleurs et la dynamique de son pinceau, ne sacrifie en rien à la reli-

giosité de l'époque et au style qu'on appellera « sulpi-
cien ». De fait, dans cette chapelle des Saints-Anges, au
lieu de la douceur un peu mièvre qu'on aurait pu
attendre du sujet, on se trouve face à trois scènes représentant des combats violents : au plafond, celui de l'ar-
change saint Michel terrassant Lucifer ; dans la chapelle
à gauche, Héliodore mis à terre par un ange à cheval
qui le chasse du temple dont il était en train de dérober
le trésor ; et à droite, en face, le combat de Jacob avec
l'ange. Dans ces scènes mouvementées qui ont surpris
et divisé la critique, c'est l'idée de la lutte, du combat
avec un être surnaturel qui domine, et le sujet biblique
est choisi pour sa force dramatique plus que pour une
élévation spirituelle. C'est d'ailleurs par la signification
symbolique du combat de Jacob que Delacroix concluait,
on l'a vu, son argument de présentation, en soulignant
le mouvement de sa composition. Charles Baudelaire,
qui dès 1845 avait vu en Delacroix un « aède » de la
peinture, considérait qu'il était le peintre de la douleur
humaine, du drame universel, et que cette qualité en
faisait le seul grand peintre religieux du siècle, le
seul qui sache exprimer la mélancolie propre à cette
« religion profondément triste, religion de la douleur
universelle ».

*… C'est par le jeu des couleurs et de la lumière que Dela-
croix donne du mouvement aux formes…*

Par son sujet, sa composition, le traitement de la couleur, cette décoration murale est d'abord un splendide
morceau de peinture que Baudelaire, lui encore, a précisément décrite, dans son article sur les « Peintures
murales de Delacroix à Saint-Sulpice » : « L'homme

naturel et l'homme surnaturel luttent chacun selon sa nature, Jacob incliné en avant comme un bélier et bandant toute sa musculature, l'ange se prêtant complaisamment au combat, calme, doux, comme un être qui peut vaincre sans effort des muscles et ne permettant pas à la colère d'altérer la forme divine de ses membres. » Souvent, Delacroix met en relation deux ou plusieurs corps aux expressions physiques très différentes, pour mieux détacher une figure : le corps féminin de Sardanapale, victime offerte à son bourreau dans *La Mort de Sardanapale*, le corps victorieux de *La Liberté guidant les peuples*, ou le corps de la vieille femme dans les *Massacres de Scio*. Ici, le corps de Jacob est tendu, la jambe droite en extension, les muscles du dos, de l'épaule et du bras saillant, le front et le genou s'enfonçant dans le corps de l'autre. Ses jambières, son sabre tombé à terre, la peau de lion qui entoure encore son flanc droit sont les attributs d'un guerrier, même s'il a déposé ses armes pour combattre à main nue. L'ange qui lui résiste a un corps d'homme, des jambes, des bras, un cou masculins. Mais son visage comme ses muscles sont au repos. Sa tunique mauve, au drapé sinueux, est bordée d'un précieux liseré doré ; ses cheveux blonds, son regard doux, son visage fin lui donnent une certaine féminité, ou du moins un caractère mystérieux que soulignent les grandes ailes d'un gris bleuté qui se déploient dans son dos. Le contraste entre les deux protagonistes est accentué par la lumière qui vient de l'avant-plan droit du panneau et qui éclaire le dos de Jacob, mais aussi la face et les ailes de l'ange. L'ombre et la lumière dessinent les plis de la robe, tout en faisant ressortir l'or et le rouge de l'arme et des jambières de Jacob, et plus intensément encore le jour d'un rose doré qui se lève à l'horizon, entre les montagnes. C'est par le jeu des couleurs et de la lumière que Delacroix donne du mouvement aux formes, sculpte les corps dans l'espace.

… une délicatesse de palette qui a déjà quelque chose d'impressionniste…

Mais la composition qui amène le regard à suivre des lignes qui traversent le panneau en diagonale, de l'avant-plan droit à l'arrière-plan gauche, est séparée en son milieu par un monticule de terre dans lequel plongent les profondes racines de trois gros arbres. Ces chênes massifs dominent et entourent les combattants, d'une part, la caravane de l'autre, isolant ainsi les plans du panneau. Arbres majestueux, connus pour leur robustesse et leur longévité, ils manifestent aux hommes leur présence et leur permanence, représentant la création divine d'une nature pérenne auprès de laquelle l'homme semble petit, dans son agitation dérisoire (dans une relation de puissance et de faiblesse qu'ont soulignée des écrivains classiques comme La Fontaine ou Blaise Pascal). Les arbres, les rochers, les montagnes, au loin, les percées lumineuses vers le ciel occupent les trois quarts et la partie centrale de la «fresque». Toutes les variétés de verts et de bleus des feuillages et des arbustes s'harmonisent avec les nuances de brun et d'ocre de la terre et des rochers, ainsi que les tons rosés et dorés du ciel : Delacroix peint la nature dans une palette et un style proches de Camille Corot, mais avec une puissance et une science qui n'appartiennent qu'à lui. Le peintre, qui a beaucoup travaillé la technique des couleurs et s'est intéressé scientifiquement à leur fabrication, utilise très largement les tons chauds, les ocres, bruns, rouges, roses, qu'il met en contraste avec leurs complémentaires, toutes les variétés de verts, de bleus, de gris. Mais ces harmonies contrastées qui donnent une grande vivacité de ton et une certaine violence de mouvement à des tableaux comme *La Barque de Dante* ou *La Mort de Sardanapale*, sont ici plus estompées par la technique de peinture murale, qui n'est pas exactement à la fresque, mais à l'huile et à la cire. La technique de la fresque, en effet, demande une très grande rapidité d'exécution et produit un effet de matité que ne souhaitait pas le peintre. Les tons verts, bruns et ocres du paysage ont une douceur mordorée, rosée et bleutée qui vient de la luminosité, ou plutôt de la subtilité des jeux d'ombres et de lumières. Aucun contraste affirmé entre les formes, aucun contour net, aucune couleur vive, mais une absence de démarcation, une fluidité dans les nuances, une délicatesse de palette qui a déjà quelque chose d'impressionniste. Baudelaire, qui a défendu cette chapelle des Anges contre une critique malveillante, s'enthousiasme même de la nouveauté avant-gardiste du style : «Jamais, même dans *La Clémence de Trajan*, même dans *L'Entrée des croisées à Constantinople*, Delacroix n'a étalé un coloris plus splendidement et plus savamment surnaturel; jamais un dessin plus *volontairement* épique. »

… Delacroix inscrit sa peinture religieuse dans le style orientaliste…

Grâce à la juxtaposition de plusieurs plans, Delacroix peut également superposer les temporalités, et c'est ce qui confère à sa composition le caractère «épique» que Baudelaire trouve à son dessin. Le peintre, qui a choisi dans la Genèse un moment dramatique, celui de la lutte entre l'homme et le divin, introduit dans la même scène un épisode qui précède immédiatement ce combat. À gauche, on voit le torrent que Jacob a fait passer à gué à ses animaux, à ses enfants et à ses femmes. À droite, les cavaliers se dirigent vers le camp d'Ésaü avec les troupeaux qui lui seront offerts : « deux cents chèvres et vingt boucs, deux cents brebis et vingt béliers, trente chamelles qui allaitaient, avec leurs petits, quarante vaches et dix taureaux, vingt ânesses et dix ânons ». La caravane peinte ici par Delacroix, inscrit sa peinture religieuse dans le style orientaliste qu'il a pratiqué pendant toute sa carrière. Comme beaucoup d'artistes et d'écrivains de sa génération, le peintre a voyagé en Afrique du Nord et a rapporté de son séjour au Maroc des couleurs, des modes vestimentaires, des critères de beauté, des normes esthétiques qui ont influencé sa peinture. Ses recherches le portent vers l'Orient, dans lequel il trouve des sujets, des figures légendaires ou historiques, des situations dramatiques ou poétiques. On voit ici une certaine représentation de la vie nomade : les chevaux et les chameaux, le berger qui pousse les troupeaux, la femme marchant, une amphore sur la tête et, au loin, la tête de la caravane, qui se déploie jusqu'à l'horizon. Delacroix, qui aimait le Maroc et ses célèbres chevaux arabes, était également un grand admirateur du peintre Théodore Géricault (1791-1824), bien connu pour ses peintures et ses dessins de chevaux. Comme Géricault, il a souvent peint des chevaux et des cavaliers, et en a introduit dans ses peintures, telles que *La Prise de Constantinople par les croisés*, ou *Attila et les barbares*. Dans *Héliodore chassé du temple*, l'ange est monté sur un immense cheval qui traverse le temple et piétine le corps d'Héliodore que deux acolytes frappent violemment avec des verges. Dans *La Lutte de Jacob*, la cavalcade désordonnée des chevaux et des chameaux, qui accompagnent les moutons et les vaches, est dynamisée par la blancheur de la lumière, qui donne du relief à la composition en créant un effet de lointain par rapport à la scène de combat. Mais les deux scènes, séparées par le talus et les chênes, sont reliées par un jeu de correspondances : la couleur rouge du vêtement du cavalier répond au rouge de la cape de Jacob, posée au sol, de ses armes et de ses jambières, mais elle est aussi disséminée par taches, à l'arrière-plan, à l'avant de la colonne ; à la lumière bleutée du ciel répond le bleu grisé des ailes de l'ange ; le corps du berger à la tunique bleu d'outremer a la même musculature dorsale et la même tension que celui de Jacob. Ce système d'échos est utilisé dans le traitement des couleurs et des formes car, pour Delacroix, la peinture est un art savant, qui obéit à des lois : la science de la couleur pose des problèmes d'harmonie et de mélodie qui s'analysent rigoureusement, en termes musicaux. Le peintre appréciait d'ailleurs de travailler dans les églises où il entendait de la musique qui stimulait sa création. Il nota ainsi, dans son *Journal*, un soir de 1855, combien son travail à Saint-Sulpice était aidé par la musique religieuse : « Le matin de ce jour, j'ai travaillé beaucoup à l'église, inspiré par la musique et les chants d'église. Il y a eu un office extraordinaire à huit heures ; cette musique me met dans un état d'exaltation favorable à la peinture. »

… l'entassement des objets assure à l'ensemble une harmonie de couleurs…

Mais l'harmonie de cette composition est également assurée par ce qui pourrait être un détail à l'avant-plan du tableau, entre le groupe des combattants et la caravane : l'entassement des habits et des armes dont s'est débarrassé Jacob pour se battre. Par ce tableau dans le tableau, Delacroix attire l'attention sur le détail de l'objet, son dessin, sa couleur, sa composition, sa relation aux autres objets. Il met ainsi sur le devant de la scène une masse colorée qui s'offre au regard dans sa diversité : le bouclier de Jacob, une gourde, un carquois de flèches, les tissus rouges d'une cape et, au-dessus de l'ensemble, une lance, dont la pointe dressée désigne les combattants. Cette accumulation d'objets peut avoir pour effet de matérialiser la vanité des armes de combat : on voit, dans la peinture de vanités du XVIIᵉ siècle, des armes et des armures symboliser la fragilité des créations humaines et même des actes glorieux. Mais dans cet avant-plan si proche du spectateur, elle a aussi une fonction d'unification : l'entassement des objets assure à l'ensemble une harmonie de couleurs, puisqu'on y trouve les ocres, les rouges et les bleus d'outremer qui sont disséminés ailleurs. La ligne du javelot donne la direction de la lumière : c'est cette diagonale qui traverse la composition de la droite vers la gauche et que suivent toutes les autres lignes qui lui sont parallèles. Le javelot oriente surtout le regard vers les combattants, vers le combat et, au-delà, vers la trouée lumineuse qui signifie le lever du jour, un espoir, un temps nouveau.

... Le thème du combat moral est central dans l'œuvre de Gide...

En effet, comme le titre le souligne, c'est bien de la lutte de Jacob avec l'ange qu'il s'agit principalement, dans ce poème épique de Saint-Sulpice. La grande épopée, Delacroix l'a pratiquée dans la fresque du Palais-Bourbon, et dans d'autres peintures murales, mais sans grandiloquence, par la simple tension de l'homme et de l'histoire, en mettant en scène des situations où se jouent des drames individuels à valeur universelle. Ainsi du combat de l'homme et de l'ange. Et c'est sans doute le caractère à la fois dramatique et épique de cette peinture qui la rend si proche du roman de Gide, dans un rapport de proximité que l'écrivain a lui-même explicité en faisant apparaître un ange à Bernard. Le thème du combat moral est central dans l'œuvre de Gide qui est sensible aux déchirements de l'homme entre le ciel et la terre, entre le diable et l'ange. Dans *Les Faux-Monnayeurs*, certains personnages, comme Bronja et Boris, ou Rachel, ont la pureté des anges, tandis que d'autres, même et surtout les enfants, sont attirés par une force qui les pousse au mal ou à ce qui est réprouvé par la morale. Cette descente vers le mal est même un des thèmes du roman qu'analyse Gide dans son *Journal des Faux-Monnayeurs* :

« Vincent et Olivier ont de très bons et nobles instincts et s'élancent dans la vie avec une vision très haute de ce qu'ils doivent faire ; mais ils sont de caractère faible et se laissent entamer. Bernard, au contraire, réagit contre chaque influence et se rebiffe.

« Vincent se laisse lentement pénétrer par l'esprit diabolique. Il se croit devenir le diable ; et c'est quand tout lui réussit le plus qu'il se sent le plus perdu [...]. Il finit par croire à l'existence de Satan comme à la sienne, c'est-à-dire qu'il finit par croire qu'il est Satan. »

La lutte de chaque personnage avec une puissance maléfique donne au roman le caractère épique que Gide disait rechercher afin de se dégager du réalisme :

«Pourquoi me le dissimuler : ce qui me tente, c'est le genre épique. Seul le ton de l'épopée me convient et peut me satisfaire ; peut sortir le roman de son ornière réaliste. »

... une lutte, un duel que l'artiste engagerait avec la réalité...

On a beaucoup dit que l'acharnement mis par Delacroix à réaliser la décoration de la chapelle des Saints-Anges pendant près de douze ans avait une valeur autobiographique, et qu'il y avait, dans ces scènes de combat, et particulièrement dans *La Lutte de Jacob*, une part d'identification, un autoportrait, en quelque sorte. Maurice Barrès, qui considérait cette peinture comme la plus belle œuvre de Delacroix, voire le chef-d'œuvre de la peinture religieuse en France, écrivit : « Page d'autobiographie suprême, résumé de l'expérience d'une grande vie, testament de mort inscrit par le vieil artiste sur le mur des Anges. Elle est pleine de musique d'église et de l'harmonie lumineuse où un véritable homme sur le tard unifie toute sa vie. »

Ce qui est certain, c'est que Delacroix décrivait lui-même son travail de Saint-Sulpice comme un combat sans relâche avec la peinture, une lutte à mort qui l'épuisait et l'exaltait tout à la fois. En témoigne cette page de son *Journal*, le 1er janvier 1861 : « La peinture me harcèle et me tourmente de mille manières à la vérité, comme la maîtresse la plus exigeante ; depuis quatre mois, je fuis dès le petit jour et je cours à ce travail enchanteur, comme aux pieds de la maîtresse la plus chérie ; ce qui me paraissait de loin facile à surmonter me présente d'horribles et incessantes difficultés. Mais d'où vient que ce combat éternel, au lieu de m'abattre, me relève, au lieu de me décourager me console et remplit mes moments, quand je l'ai quitté ? »

Dans ce corps à corps de Jacob et de l'ange, dans cette lutte à main nue qui dure toute la nuit jusqu'à l'aurore (comme d'ailleurs dans celle de Bernard), dont on ne sait qui est vainqueur et qui est vaincu, on peut voir une image du peintre, un miroir de son combat avec la peinture que Delacroix analyse dans son *Journal*. De même, dans le roman de Gide, le personnage principal est le romancier qui écrit son journal, le journal du roman qu'il n'arrive pas à écrire sur la lutte de ses personnages avec leurs anges et leurs démons. Mise en abyme dans laquelle Gide montre un écrivain à la recherche du « tragique moral » en littérature, cela même que Baudelaire appelait la « douleur universelle » chez Delacroix. Et cette peinture d'un drame moral par laquelle Édouard veut renouveler le roman, c'est effectivement une lutte, un duel que l'artiste engagerait avec la réalité, ainsi que le souligne Gide lui-même à propos de l'improbable entreprise romanesque des *Faux-Monnayeurs* : « J'invente un personnage de romancier, que je pose en figure centrale ; et le sujet du livre, si vous voulez, c'est précisément la lutte entre ce que lui offre la réalité, et ce que, lui, prétend en faire. »

Le texte

en perspective

Frédéric Maget

Mouvement littéraire

La crise du roman

LES FAUX-MONNAYEURS PARAISSENT pour la première fois en décembre et janvier 1925 dans la *N.R.F.*, revue qu'André Gide (1869-1951) avait contribué à fonder quelques années auparavant. L'ouvrage est publié par Gallimard en février 1926. Il porte la dédicace suivante : « À Roger Martin du Gard / je dédie mon premier roman / en témoignage d'amitié profonde. » Premier roman ? L'expression a de quoi surprendre. Gide a alors cinquante-six ans et derrière lui un glorieux passé littéraire. *Isabelle* (1911), *Les Caves du Vatican* (1914), *La Porte étroite* (1919) et *La Symphonie pastorale* (1919) étaient déjà des manières de roman. Mais Gide avait toujours refusé de les nommer ainsi. Il a jusque-là préféré les termes « récits » ou « soties », ce dernier emprunté au Moyen Âge pour désigner un texte parodique ou ironique. Comme il le note dans le *Journal* qu'il tient au fur et à mesure de l'élaboration de son ouvrage : « Il me faut, pour écrire bien ce livre, me persuader que c'est le seul roman et le dernier livre que j'écrirai » (*Le Journal des Faux-Monnayeurs*, 2 janvier 1921). L'œuvre ultérieure de Gide ne démentira pas ses propos. Après *Les Faux-Monnayeurs*, il abandonne définitivement la fiction pour se consacrer presque exclusivement à des œuvres autobiographiques ou de témoignages. Comment expliquer cette revendication de la forme romanesque à l'âge de la maturité ? Quelle place accorder au « premier roman » de Gide dans son œuvre et plus généralement dans l'histoire du genre ?

1.

Le roman en héritage

1. *Le roman, un genre récent*

Le roman est un genre récent dans l'histoire de la littérature. Inexistant dans l'Antiquité, le terme apparaît tardivement au Moyen-Âge. Il désigne alors tous les textes, narratifs ou non, écrits en langue romane, c'est-à-dire pas en latin. Au XIIIe siècle, le mot roman tend à ne désigner plus que des textes en prose qui s'inspirent soit de la Passion du Christ, soit du mythe du Graal. Mais, c'est au XVIIe siècle dans un contexte de crise des valeurs aristocratiques que le roman s'impose comme un genre à part entière. La publication de *La Princesse de Clèves* de Madame de Lafayette en 1678 marque un tournant dans l'histoire du genre. Alors que prévalaient des récits très longs (parfois plusieurs milliers de pages), *La Princesse de Clèves* est un récit court. Il ne se situe plus dans un passé mythique, mais dans un cadre historique, le règne d'Henri III. L'accent y est mis sur les sentiments de l'héroïne, confrontée à la culpabilité d'un amour illicite dans un style élevé et sérieux. On y trouve déjà la plupart des éléments caractéristiques du roman moderne. Pourtant, jusqu'à la fin du XVIIIe siècle, le roman est considéré comme un genre frivole, sans prestige, tout juste bon à distraire les jeunes filles.

Le romantisme puis, surtout, le réalisme à partir de 1840 et le naturalisme à la fin du XIXe siècle font triompher le genre. Dans *La Comédie humaine*, somme romanesque regroupant une quarantaine de titres, Honoré de Balzac affirme une volonté totalisatrice, que l'on retrouvera plus tard chez Émile Zola. Son œuvre, nettement articulée, se veut le portrait exact d'une époque et d'une société dont il n'ignore aucun aspect. Il impose au genre le recours au narrateur omniscient, le passé de narration, l'attention portée à la psychologie des personnages et à leur environnement grâce à une description minutieuse du réel. Stendhal, Gustave Flaubert, puis Guy de Maupassant ou Zola marqueront l'histoire du genre de leur empreinte personnelle, sans toutefois remettre en cause les données imposées par Balzac. À la fin du XIXe siècle, le roman est devenu le genre majeur de la littérature.

2. *Le roman, genre roi ?*

Cette hégémonie est remise en cause par un groupe d'écrivains rassemblés autour de Stéphane Mallarmé et qui forme l'école symboliste. Pour eux, le naturalisme se trompe de voie en voulant imposer une description objective et quasi scientifique de la réalité. La littérature ne se doit pas de nommer mais de suggérer la chose. Elle s'intéresse «au sens mystérieux des aspects de l'existence». Elle est une tâche essentiellement spirituelle. La poésie est alors considérée comme le seul genre susceptible de faire accéder au sublime.

André Gide fut très proche des symbolistes dans sa jeunesse. Conduit par son ami Pierre Louÿs aux réunions qu'organisait Mallarmé tous les mardis dans son appartement de la rue de Rome, le jeune homme était fasciné, comme beaucoup de gens de sa génération, par l'auteur de *L'Après-midi d'un faune*. À propos de La Pérouse, un des personnages des *Faux-Monnayeurs*, inspiré de son professeur de musique en 1886, M. de la Nux, Gide écrit : « J'avais pour lui une sorte de vénération, d'affection respectueuse et craintive, semblable à celle que je ressentis un peu plus tard auprès de Mallarmé, et que je n'éprouverai jamais que pour eux deux. » Gide publie ses premières œuvres à la Librairie de l'Art indépendant, tenue par l'énigmatique Edmond Bailly. La librairie située rue de la Chaussée-d'Antin était alors le lieu de rencontre de la jeunesse symboliste. Outre Gide et Pierre Louÿs, on y rencontrait les écrivains Stéphane Mallarmé, Jules Laforgue, Paul Valéry, Paul Claudel, Henri de Régnier et Ferdinand Hérold, les musiciens Ernest Chausson, Claude Debussy et Erik Satie, les peintres Maurice Denis et Odilon Redon.

La plupart des auteurs se consacraient alors à la poésie ou au théâtre. Le roman était largement délaissé par les symbolistes, à l'exception d'Élémir Bourges, de Villiers de l'Isle-Adam, d'Édouard Dujardin ou de Georges Rodenbach. Gide pourtant ne partage pas ce déni du genre romanesque. Au contraire, il y voit la possibilité d'affirmer son ambition littéraire et son originalité. Très tôt, il écrit à son ami Paul Valéry (Paul-Ambroise dans *Les Faux-Monnayeurs*) : « Mallarmé pour la poésie, Maeterlinck pour le drame — et quoique auprès d'eux deux, je me sente bien un peu gringalet, j'ajoute Moi pour le roman. » Comme le note le critique Claude Martin, *Les Cahiers d'André Walter*, le premier ouvrage de

Gide paru d'abord chez Perrin puis à la Librairie de l'Art indépendant, peuvent déjà être considérés comme « le journal d'un roman » : « l'ambition du jeune André Walter est visiblement de réinventer le genre romanesque, de le mettre en question et [...] d'en faire le moyen et la fin d'une recherche ». Toutefois, son premier roman, selon l'aveu même de l'auteur, ce sont *Les Faux-Monnayeurs*.

2.

Gide et l'avant-garde

1. *À siècle nouveau, nouvelles formes*

Quand *Les Faux-Monnayeurs* paraissent, plus de trente années ont passé depuis les premières déclarations de Gide sur le roman. L'auteur marque désormais une certaine distance à l'égard du symbolisme. Dans *Le Journal des Faux-Monnayeurs*, contemporain de l'élaboration du roman, il note au mois d'août 1921 :

> L'école symboliste. Le grand grief contre elle, c'est le peu de curiosité qu'elle marqua devant la vie. [...] La poésie devint pour eux un refuge ; la seule échappatoire aux hideuses réalités ; on s'y précipitait avec une ferveur désespérée. Désenchantant la vie de tout ce qu'ils estimaient n'être que leurre, doutant qu'elle valût la peine d'« être vécue », quoi d'étonnant s'ils n'apportèrent pas une éthique nouvelle, se contentant de celle de Vigny, que tout au plus ils agrémentaient d'ironie ; mais seulement une esthétique.

Pourtant à cette date, la crise du roman connaît un regain d'actualité sous l'impulsion du groupe Dada puis des surréalistes. Né simultanément en Suisse et aux

États-Unis et introduit en France au début des années 1920 par Tristan Tzara, le mouvement Dada entend remettre en cause les sociétés contemporaines et en particulier l'importance qu'elles accordent à l'art et à l'artiste. Violemment révolutionnaires et extraordinairement créatifs, les premiers artistes du mouvement Dada (Tzara, Jean Arp et Georges Ribemont-Dessaignes) libèrent l'art des formes imposées par la tradition. Les écrivains de la revue *Littérature*, fondée en 1919, rejoignent le mouvement naissant. Ils se nomment André Breton, Louis Aragon, Philippe Soupault. Avec Paul Éluard, ils vont former le noyau d'un nouveau mouvement littéraire, en rupture avec Dada : le surréalisme.

Selon la définition donnée par Breton en 1924 dans le premier *Manifeste du surréalisme*, c'est « un automatisme psychique pur par lequel on se propose d'exprimer, soit verbalement, soit par écrit, soit de toute autre manière, le fonctionnement réel de la pensée », entendez sans le contrôle de la raison. Fortement influencés par Sigmund Freud, Breton ainsi que tous les écrivains et artistes du mouvement accordent une large place à l'inconscient dans le processus de création littéraire. Pour libérer la pensée, ils adoptent des techniques d'écriture nouvelles : écriture automatique, rêves éveillés, cadavres exquis… Dans cette logique révolutionnaire, le roman est un genre condamné. Reprenant un propos de Paul Valéry qui refusait d'écrire « la marquise sortit à cinq heures », Breton exprime dans le *Manifeste* son rejet du roman, jugé un genre facile, rempli de descriptions inutiles, d'une psychologie rationaliste et d'arbitraire.

2. « Comment peut-on encore écrire des romans ? »

Gide est déjà un écrivain installé quand Dada et le surréalisme font irruption dans le monde de l'art. Il a déjà derrière lui un long passé de créateur et a acquis une reconnaissance littéraire, que son rôle à la *N.R.F.* a renforcée. En 1924, André Rouveyre intitule une série d'articles qui lui sont consacrés : « Un contemporain capital : André Gide ». Loin de mépriser les nouvelles avant-gardes, Gide s'en rapproche. Comme il se plaira à le noter dans *Le Journal des Faux-Monnayeurs* : « *Actuel*, à vrai dire je ne cherche pas à l'être, et, me laissant aller à moi-même, c'est plutôt *futur* que je serais » (19 juin). Dès 1919, il entre en contact avec les surréalistes par l'intermédiaire de Jean Cocteau. En mars de la même année, il donne au premier numéro de la revue *Littérature*, fondée par Breton, Aragon et Soupault, sept fragments des *Nouvelles Nourritures*, qui ne seront publiées qu'en 1935. Et en 1922 André Breton reproduit dans la même revue une conversation qu'il a eue avec Gide à l'occasion de la parution de ses *Morceaux choisis* (1921) :

> GIDE : Croyez-moi, Breton, tout viendra à son heure : en lisant mes morceaux choisis, vous verrez que j'ai surtout pensé à vous et à vos amis.

Comme la jeune génération surréaliste, il a conscience que la Première Guerre mondiale et son cortège d'horreurs macabres marquent un tournant historique mais aussi culturel :

> GIDE : [...] c'est de la faillite de l'humanité tout entière que vous avez le sentiment. Je vous comprends mieux que vous ne croyez et je vous plains. Comme nous le disions l'autre jour avec Paul Valéry : « Que peut un

> homme ? » et il ajoutait : « Vous souvenez-vous de l'ad-
> mirable question de Cervantès : "Comment cacher un
> homme ?" »

Comme eux, il sait qu'un art nouveau doit naître des
décombres du passé dont le roman traditionnel est
exclu. Ainsi, il notera plus tard dans son *Journal*, le
6 novembre 1932 :

> Comment peut-on encore écrire des romans, quand se
> désagrège autour de nous notre vieux monde, quand
> je ne sais quoi d'inconnu s'élabore, que j'attends, que
> j'espère, et que de toute mon attention j'observe len-
> tement se former.

Gide fait directement référence au groupe Dada et
au surréalisme naissant dans *Les Faux-Monnayeurs*. Ainsi
il fait allusion à la Joconde à moustache réalisée par
Marcel Duchamp et qui ornait la couverture de la *Revue
391* dirigée par Francis Picabia (voir p. 396) et au *Fer à
repasser* (voir p. 395), titre derrière lequel on a bien
voulu reconnaître le *Cadeau*, une sculpture de Man Ray
réalisée en 1919 et qui représentait un fer à repasser orné
de pointes. De même, le personnage de Cob-Lafleur,
envoyé par Strouvilhou à Passavant pour prendre la
direction de la revue après la défection d'Olivier, pourrait évoquer Raymond Radiguet, l'auteur du *Diable au
corps* (1923) et le cofondateur avec Jean Cocteau de la
revue *Le Coq* en 1919. Ces références à l'actualité littéraire ne sont pas sans ambiguïté, car elles tournent
toutes autour de Passavant, romancier constamment
dévalorisé dans le roman et dont le premier projet était
justement de créer une revue intitulée *Avant-garde*. Gide
marque ainsi son indépendance à l'égard des chapelles
littéraires, fussent-elles d'avant-garde.

3. L'influence freudienne

Toutefois, Gide partage avec les surréalistes un même intérêt pour l'œuvre de Freud. Gide a été un des premiers en France à découvrir les œuvres du psychanalyste viennois. Il a confié à son ami André Lang avoir « entendu parler de Freud, pour la première fois » au printemps 1921, probablement en lisant la traduction française des *Cinq leçons de psychanalyse* (1909) qui avait été publiée par la *Revue de Genève* en décembre 1920 et en janvier 1921. Bien qu'il ait sollicité une entrevue avec Freud, la rencontre n'eut pas lieu. C'est grâce à une de ses disciples qu'il découvre véritablement la psychanalyse, le docteur Eugenia Sokolnicka. Cette dernière arrive en France à l'automne 1921 et est accueillie par la *N.R.F.* À son arrivée à Paris, elle organise des réunions hebdomadaires où elle expose des cas cliniques.

Au début de l'année 1922, Gide est frappé par le cas d'un jeune garçon polonais ou russe souffrant de troubles obsessionnels, qui seraient dus à la répression de l'onanisme, et dont en 1920 le docteur Sokolnicka avait exposé le cas dans un article intitulé : « *Analyse einer infantilen Zwangsneurose* ». On peut raisonnablement penser que Gide trouva dans l'histoire de ce jeune garçon un écho à son renvoi de l'École alsacienne en 1877 pour « mauvaises habitudes ». Quoi qu'il en soit, le cas lui parut suffisamment intéressant pour être réutilisé, plus tard, dans *Les Faux-Monnayeurs*, où Sokolnicka devient Sophroniska et où le jeune homme est baptisé Boris. Le mot psychanalyse n'apparaît pas directement dans le texte. Toutefois, on reconnaît aisément la part de Freud dans l'exposé des principes et des méthodes de cure de Sophroniska. Ainsi elle identifie l'origine des troubles obsessionnels dont souffre Boris «dans un premier ébranlement de l'être dû à quelque événement qu'il importe de découvrir» (p. 195) et dont la cause «le plus souvent échappe à son souvenir». Son objectif est de faire découvrir cette cause au jeune garçon en le laissant parler, car «le malade, dès qu'il est conscient de cette cause, est à moitié guéri». On retrouve dans le discours du personnage les concepts de névrose, de refoulement et de libre association, utilisés par la psychanalyse. Gide a d'ailleurs souvent répété qu'il avait été le premier à intégrer un personnage d'analyste à une fiction.

Cela ne l'empêche pas d'exprimer des réserves à l'égard des méthodes du docteur Sophroniska. Dans le texte, Édouard qualifie le questionnement auquel est soumis le jeune Boris d'«inquisition» et soupçonne que le médecin puisse vouloir lui extorquer des aveux. Il lui oppose l'argument traditionnel de la suggestion : «Êtes-vous bien certaine […] de ne pas lui suggérer ce que vous voudriez qu'il avoue ? » (p. 196.) Il semble que ce qui gêne le plus Gide dans la cure psychanalytique, c'est son refus du mystère et du mysticisme, comme le note Édouard :

> […] il me semble que la maladie s'est simplement réfugiée dans une région plus profonde de l'être, comme pour échapper au regard inquisiteur du médecin ; et que c'est à présent l'âme même qui est atteinte. (p. 230)

Là où la psychanalyste cherche «un gros secret honteux», Gide cherche la part du diable. Le romancier ira, plus tard, jusqu'à qualifier Freud d'«imbécile de génie». Toutefois, malgré les réserves qu'il exprime sur la cure psychanalytique, il trouve dans l'œuvre du psy-

chanalyste une raison de plus de remettre en cause le
roman tel qu'il existait jusque-là, au regard notamment
de la construction et de la psychologie des personnages. Nulle doute qu'il ne partage en ce début des
années 1920 les reproches que Sophroniska adresse
à Édouard et au genre romanesque :

> Comme vous entrez donc peu dans l'âme humaine
> […]. Oh ! je ne parle pas de vous spécialement ; quand
> je dis : vous, j'entends : les romanciers. La plupart de
> vos personnages semblent bâtis sur pilotis ; ils n'ont ni
> fondation, ni sous-sol. Je crois vraiment qu'on trouve
> plus de vérité chez les poètes ; tout ce qui n'est créé
> que par la seule intelligence est faux. (p. 197)

3.

Une crise de la représentation

1. *Le roman et les nouveaux modes d'infor-mation*

Au début des années 1920, le roman est un genre
largement mis en cause. Geneviève Idt cite dans l'étude
qu'elle consacre aux *Faux-Monnayeurs* de nombreux
titres d'articles parus dans la presse et qui accréditent
cette thèse : « À bas le roman », « Défense du roman »,
« Les méfaits du roman », « Apologie pour le roman »,
« Le roman en péril », « Le roman est-il en danger ? », « Le
roman n'est pas en danger »… Critiqué par les avant-
gardes comme un genre facile, secoué par les décou-
vertes de la psychanalyse, qui amènent à reconsidérer
la psychologie des personnages et l'omniscience du
narrateur, le roman est aussi largement débordé par
les nouveaux moyens d'information qui se dévelop-

pent pendant l'entre-deux-guerres. Il est en particulier concurrencé par la presse et les reportages qui mettent en prise directe avec la vie et par de nouvelles formes d'art (le cinéma parlant) qui amènent à en revoir les techniques. *Les Faux-Monnayeurs* se font l'écho de cette confrontation du roman avec les nouveaux moyens d'information et en particulier avec le cinéma. Ainsi Édouard dans son journal note-t-il : «Les événements extérieurs, les accidents, les traumatismes, appartiennent au cinéma ; il sied que le roman les lui laisse» (p. 84).

Pour autant, Gide ne rejette pas le roman. Déjà, à l'époque du symbolisme, il avait marqué son indépendance à l'égard de ses camarades. Dès 1891, il avait écrit à Paul Valéry son désir d'écrire des romans. En 1908, il fonde avec Jean Schlumberger, Marcel Drouin, Henri Ghéon, André Ruyters et Jacques Copeau la *Nouvelle Revue française* dont le premier numéro sort le 1er février 1909. Cette revue littéraire, qui se veut ouverte à toutes les opinions et à toutes les formes d'art, va occuper un rôle déterminant dans la vie littéraire de l'entre-deux-guerres grâce à Gide et à Gaston Gallimard. Elle accorde une place importante au roman. Outre les récits de Gide, on y trouve ceux de grands romanciers de l'époque : Jules Romains, Georges Duhamel, Drieu la Rochelle, Marcel Proust, Roger Martin du Gard. Le roman est loin d'être un genre moribond. Enfin, à l'époque où il écrit *Les Faux-Monnayeurs*, entre 1919 et 1925, ses lectures sont essentiellement romanesques (Dostoïevski, Stendhal, Fielding, Dickens...). Ce que conteste Gide, ce n'est pas tant le genre romanesque que la tradition réaliste et naturaliste issue du xixe siècle.

2. *Gide contre le réalisme*

Bien que le roman de Gide ne contienne pas explicitement une théorie du genre romanesque, le journal d'Édouard multiplie les critiques à l'égard des grands mouvements littéraires du XIXe siècle, réalisme et naturalisme, qui avaient fait du roman le genre dominant. Ainsi, Édouard critique Balzac, qui dans son avant-propos à *La Comédie humaine* envisage de «faire concurrence à l'état civil» :

> […] l'on a décrété que le propre du roman était de faire concurrence à l'état civil […]. Qu'ai-je affaire à l'état civil ! […] civile ou pas, mon œuvre prétend ne concurrencer rien. (p. 204)

De même, il ironise sur les prétentions du naturalisme à rendre compte de la vie :

> «Une tranche de vie», disait l'école naturaliste. Le grand défaut de cette école, c'est de couper sa tranche toujours dans le même sens ; dans le sens du temps, en longueur. Pourquoi pas en largeur ? ou en profondeur ? Pour moi, je voudrais ne pas couper du tout. (p. 205)

Pour Édouard, le romancier doit se détacher de la réalité :

> Est-ce parce que, de tous les genres littéraires, le roman reste le plus libre, le plus *lawless*…, est-ce peut-être pour cela, par peur de cette liberté même […] que le roman, toujours, s'est si craintivement cramponné à la réalité ? (p. 203)

Il est en cela très proche de Gide qui dans son *Journal* notait à la date du 3 octobre 1921 : «Je ne serai satisfait que si je parviens à m'écarter du réalisme plus encore.»

Les Faux-Monnayeurs se font l'écho d'une crise de la représentation. Ce refus du réalisme tient aussi à la personnalité de l'auteur et à sa propre perception du réel. En effet, Gide avoue dans son *Journal*, le 20 décembre 1924 :

> Je puis être extrêmement sensible au monde extérieur, mais je ne parviens jamais parfaitement à y croire […]. Le monde réel me demeure toujours un peu fantastique. […] C'est le sentiment de la réalité que je n'ai pas. Il me semble que nous nous agitons tous dans une parade fantastique et que ce que les autres appellent réalité, que leur monde extérieur n'a pas beaucoup plus d'existence que le monde des *Faux-Monnayeurs* ou des *Thibault*.

On retrouve ce même aveu chez Édouard : « Rien n'a pour moi d'existence, que *poétique* (et je rends à ce mot son plein sens) — à commencer par moi-même […]. Ce à quoi je parviens le plus difficilement à croire c'est à ma propre réalité » (p. 82). Ou bien encore : « Je [Bernard] vois, hélas ! que la réalité ne vous intéresse pas. — Si, dit Édouard ; mais elle me gêne » (p. 212).

4.

La tentation du roman pur

1. *Des aspirations ambivalentes*

Gide rejette le réalisme parce qu'il propose une version simplifiée et donc fausse de la réalité, parce qu'il exclut la part de mystère et de fantastique qu'elle lui semble contenir. Il ne refuse pas le réel. Bien au contraire, André Gide, en écrivant *Les Faux-Monnayeurs*, manifeste un désir de totalité. Car ce qu'il voudrait, c'est faire entrer le réel tout entier dans son roman :

> Aussi bien est-ce une folie sans doute de grouper dans un seul roman tout ce que me présente et m'enseigne la vie. Si touffu que je souhaite ce livre, je ne puis songer à tout y faire entrer. Et c'est pourtant ce désir qui m'embarrasse encore... (*Le Journal des Faux-Monnayeurs*, 17 juin 1919)

Et l'année suivante (21 novembre 1920) : « Tout ce que je vis, tout ce que j'apprends, tout ce qui m'advient depuis quelques mois, je voudrais le faire entrer dans ce roman et m'en servir pour l'enrichissement de sa touffe. » Comment faire coïncider ce désir de totalité et le refus du réalisme ? La solution proposée par Gide dans son roman est la stylisation du réel, c'est-à-dire la suppression dans le récit des détails concrets, au risque de paraître artificiel, comme le lui écrivit Roger Martin du Gard. Aucune description de paysage ou même de personnage comme le suggère Édouard dans son journal : « Même la description des personnages ne me paraît point appartenir proprement au genre » (p. 84-85).

Ainsi se définit sous la plume du personnage le concept de « roman pur » : « Dépouiller le roman de tous les éléments qui n'appartiennent pas spécifiquement au roman. De même que la photographie, naguère, débarrassa la peinture du souci de certaines exactitudes, le phonographe nettoiera sans doute demain le roman de ses dialogues rapportés, dont le réaliste souvent se fait gloire. Les événements extérieurs, les accidents, les traumatismes, appartiennent au cinéma ; il sied que le roman les lui laisse. [...] Oui vraiment, il ne me paraît pas que le roman *pur* (et en art, comme partout, la pureté seule m'importe) ait à s'en occuper »

(p. 84-85). L'expression n'est pas sans rappeler celle de «poésie pure» lancée par Paul Valéry en 1920 et reprise par l'abbé Brémond en 1925. Le premier souhaitant «arriver à constituer une de ces œuvres qui soit pure d'éléments non poétiques». Gide reprend à son compte cette aspiration à la pureté du genre en l'appliquant au roman.

Dans *Le Journal des Faux-Monnayeurs*, il s'éloigne nettement de la synthèse des arts qui avait été un des maîtres mots du symbolisme dans sa jeunesse : «Purger le roman de tous les éléments qui n'appartiennent pas spécifiquement au roman. On n'obtient rien de bon par le mélange. J'ai toujours eu horreur de ce que l'on a appelé "la synthèse des arts", qui devait, suivant Wagner, se réaliser sur le théâtre. Et cela m'a donné l'horreur du théâtre — et de Wagner. (C'était l'époque où, derrière un tableau de Munkaczy, on jouait une symphonie en récitant des vers ; l'époque où, au Théâtre des Arts, on projetait des parfums dans la salle pendant la représentation du *Cantique des Cantiques*.) Le seul théâtre que je puisse supporter est un théâtre qui se donne simplement pour ce qu'il est, et ne prétende être que du théâtre.»

Gide souhaite, le premier, faire pour le roman ce qu'ont fait Racine pour le théâtre et Mallarmé pour la poésie. C'est pour l'écrivain l'occasion de marquer une nouvelle fois sa différence à l'égard des romanciers réalistes du XIXe siècle : «Et ce pur roman, nul ne l'a non plus donné plus tard ; non, pas même l'admirable Stendhal, qui, de tous les romanciers, est peut-être celui qui en approche le plus. Mais n'est-il pas remarquable que Balzac, s'il est peut-être le plus grand de nos romanciers, est sûrement celui qui mêla au roman et y annexa, et y amalgama, le plus d'éléments hétérogènes, et proprement inassimilables par le roman ; de sorte que la masse d'un de ses livres reste à la fois une des choses les plus puissantes, mais bien aussi les plus troubles, les plus imparfaites et chargées de scories, de toute notre littérature. »

2. Les Faux-Monnayeurs, *l'aboutissement du « roman pur »* ?

En écrivant *Les Faux-Monnayeurs*, Gide a-t-il réalisé le projet de « roman pur » qu'il prête à son personnage ? Il offre un élément de réponse à cette question dans *Le Journal des Faux-Monnayeurs* où il affirme à propos d'Édouard : « Au surplus, ce pur roman, il ne parviendra jamais à l'écrire. » Cette conclusion pourrait apparaître comme une impasse, mais elle offre en fait une des clés d'interprétation du roman. Détournant la célèbre phrase de Stendhal, « le roman est un miroir que l'on promène le long d'un chemin », Édouard écrit : « C'est le miroir qu'avec moi je promène. Rien de ce qui m'advient ne prend pour moi d'existence réelle, tant que je ne l'y vois pas reflété » (p. 172). Il définit ainsi une esthétique qui est au cœur de l'œuvre, une esthétique du miroir et de la mise en abyme. Le véritable sujet du roman, comme Édouard le suggère, c'est peut-être la « lutte entre ce que lui offre la réalité et ce que, lui, prétend en faire » (p. 206). Roman d'un roman, exploration des possibilités offertes par le genre romanesque ramené à ses composantes essentielles, *Les Faux-Monnayeurs* doit être lu comme « un carrefour de problèmes ».

Bibliographie

Éric AUERBACH, *Mimésis*, 1946, Paris, Gallimard, coll. « Tel », 1989.

André GIDE-Paul VALÉRY, *Correspondance 1890-1942*, Paris, Gallimard, 1955.

Geneviève IDT, *Gide, Les Faux-Monnayeurs*, Paris, Hatier, « Profil d'une œuvre », 1970.

Marie-Claude MAGNY, *Histoire du roman français depuis 1918*, Paris, Le Seuil, 1950.

Claude MARTIN, *La Maturité d'André Gide*, Paris, Klincksieck, 1977.

Michel RAIMOND, *La Crise du roman. Des lendemains du naturalisme aux années vingt*, Paris, José Corti, 1968.

Genre et registre

Le roman à l'épreuve
du miroir

ÉDOUARD AFFIRME dans le roman vouloir écrire la
«lutte entre ce que lui offre la réalité et ce que, lui, prétend en faire». Quant à Gide, il confie dans le *Journal*
qui accompagne la rédaction du roman : «Il n'y a pas à
proprement parler, un seul centre à ce livre, autour de
quoi viennent converger mes efforts; c'est autour de
deux foyers, à la manière des ellipses, que ces efforts se
polarisent. D'une part, l'événement, le fait, la donnée
extérieure ; d'autre part, l'effort même du romancier
pour faire un livre avec cela» (août 1921). La question
de la représentation du réel n'a rien de nouveau. En
fait, elle est au cœur même de la création littéraire.
Mais, pour des raisons qui tiennent à la fois à l'histoire
du genre et à l'histoire personnelle de l'auteur, elle
fonde l'écriture des *Faux-Monnayeurs*. Les réalistes puis
les naturalistes se sont fourvoyés. Le réel qu'ils prétendaient représenter dans leur œuvre est factice, il reste à
la surface des choses et n'atteint pas «l'essence de
l'être». Dans *Les Faux-Monnayeurs*, Gide reprend et subvertit les codes traditionnels du roman. En écrivant le
roman d'un roman, il met à l'épreuve les possibilités du
genre.

1.

Un titre déroutant

Le titre d'un roman a une fonction programma-tique. Le plus souvent, il indique le nom du per-sonnage principal ou il annonce un ou plusieurs thèmes qui seront développés dans le récit. Il crée un horizon d'attente. Dans le cas des *Faux-Monnayeurs*, le lecteur songe à une intrigue policière. Le début du roman semble encourager cette interprétation. Au chapitre 2, un juge et un avocat évoquent ensemble une affaire qui pourrait mettre en cause plusieurs représentants de la haute bourgeoisie. Première déception, l'affaire en question ne concerne pas un trafic de fausse monnaie mais une affaire de mœurs. Comme pour se moquer du lecteur qui s'est fait prendre à son propre piège, l'in-trigue judiciaire et policière est immédiatement aban-donnée au profit d'une intrigue familiale : le fils du juge Molinier, Bernard, a quitté le domicile parental. Il faut attendre la seconde partie du roman pour voir apparaître une fausse pièce de monnaie entre ses mains. Et c'est uniquement dans la troisième partie que le tra-fic de fausse monnaie organisé par Strouvilhou à des fins anarchistes est véritablement évoqué, sans que le lecteur connaisse jamais le dénouement de l'enquête.

L'interprétation du titre se complique d'un autre fait. *Les Faux-Monnayeurs* est aussi le titre du roman qu'Édouard est en train d'écrire. Le titre apparaît pour la première fois au chapitre 8 de la première partie dans le journal d'Édouard. Comme Gide, Édouard avait annoncé le titre parmi les ouvrages « en préparation ». D'emblée, il dévalorise le titre : « Il n'est pas assuré que

Les Faux-Monnayeurs soit un bon titre. » Au chapitre 3 de la deuxième partie, Édouard s'en explique à la demande de Laura et Bernard. Au grand étonnement de ses deux amis, le romancier indique que le titre ne désigne aucun personnage de l'histoire. Il réfute ainsi l'hypothèse d'une intrigue policière et contredit la genèse du roman de Gide. Le narrateur révèle alors la véritable intention d'Édouard : « À vrai dire, c'est à certains de ses confrères qu'Édouard pensait d'abord, en pensant aux faux-monnayeurs ; et singulièrement au vicomte de Passavant. » Le titre serait donc métaphorique. Le nom « faux-monnayeurs » désignerait les auteurs d'œuvres faciles remplies de procédés artificiels qui trompent et abusent le lecteur.

Ainsi Strouvilhou reprend cette interprétation métaphorique de la fausse monnaie. À Passavant qui lui propose de prendre la direction de sa revue après la défection de Bernard, il précise sa conception de la littérature :

> … de toutes les nauséabondes émanations humaines, la littérature est une de celles qui me dégoûtent le plus. […] Nous vivons sur des sentiments admis et que le lecteur s'imagine éprouver, parce qu'il croit tout ce qu'on imprime […]. Ces sentiments sonnent faux comme des jetons, mais ils ont cours. Et, comme l'on sait que « la mauvaise monnaie chasse la bonne », celui qui offrirait au public de vraies pièces semblerait nous payer de mots. (p. 355)

Rappelons ici que certains commentateurs ont vu en « Passavant » un calembour (« passe avant ») qui désignerait l'écrivain Jean Cocteau.

Mais Gide semble, une fois encore, refuser cette interprétation. Le narrateur juste après avoir livré une interprétation du titre la dénonce :

> Mais l'attribution s'était bientôt considérablement élargie ; suivant que le vent de l'esprit soufflait ou de Rome ou d'ailleurs, ses héros tour à tour devenaient prêtres ou francs-maçons. Son cerveau, s'il l'abandonnait à sa pente, chavirait vite dans l'abstrait, où il se vautrait tout à l'aise. Les idées de change, de dévalorisation, d'inflation, peu à peu envahissaient son livre, comme les théories du vêtement le *Sartor resartus* de Carlyle — où elles usurpaient la place des personnages. (p. 211)

Gide semble ainsi encourager toutes les interprétations métaphoriques sans en accepter aucune.

2.

Une intrigue foisonnante

D ifficile de résumer *Les Faux-Monnayeurs*. Les intrigues se coupent et s'entrecoupent sans cesse, sont parfois amorcées puis abandonnées. On est fasciné à la lecture du roman par son caractère foisonnant. Dans son *Journal*, Gide avait noté :

> Je supprimerai plus aisément les éléments parasites (de mon livre) si j'ai la confiance que je les pourrai placer autre part. Dans la matière que je contemple entassée devant moi, il y a de quoi nourrir une demi-douzaine de romans. (18 décembre 1921)

C'est à l'influence de Roger Martin du Gard, à qui le roman est dédié, que l'on doit la convergence des différentes intrigues qui sans lui et selon l'aveu même de Gide « eussent peut-être formé autant de "récits" séparés » (*Journal*, 17 avril 1928).

Dès 1919, au moment où il débute l'écriture des

Faux-Monnayeurs, Gide veut « éviter ce qu'a d'artificiel une "intrigue" » (*Le Journal des Faux-Monnayeurs,* 11 juillet 1919). Il refuse la linéarité du récit qui ordonne le réel de façon factice. D'une part, il souhaite intégrer au récit « des personnages inutiles, des gestes inefficaces, des propos inopérants ». Ainsi le récit contient des événements inutiles à la progression de l'action, tels la mort du vieux Passavant, le dialogue entre Profitendieu et Antoine ou les hésitations de Marguerite Profitendieu. Le narrateur se plaît à souligner la gratuité de ces événements : « Précisément parce que nous ne devons plus le revoir, je le contemple longuement. » Ce choix pourrait paraître artificiel. Roger Martin du Gard, qui suit presque au jour le jour l'élaboration du roman, y voit un procédé adroit destiné à mettre en valeur l'intrigue principale. Il cite à son ami des propos de Senancour, un romancier du XIXᵉ siècle auteur d'*Obermann,* qui selon lui explique et justifie ces événements gratuits :

> Dans les grandes compositions, il convient de laisser certains traits indéfinis, pour que les masses conservent une harmonie imposante. Alors, l'imagination, occupée surtout des grands effets, sera encore excitée par cette partie vague et inconnue, où il reste, comme dans la nature, des beautés possibles, afin que chacun suppose celle qu'il aime davantage, et puisse découvrir dans les jouissances de tous une jouissance qui lui soit personnelle. (2 août 1921)

Mais pour Gide, son choix est naturel :

> La Vie nous présente de toutes parts quantité d'amorces de drames, mais il est rare que ceux-ci se poursuivent et se dessinent comme a coutume de les filer un romancier. Et c'est là précisément l'impression que je voudrais donner dans ce livre. (1924)

D'autre part, Gide s'impose comme autre principe de composition de « *Ne jamais profiter de l'élan acquis* » (*Journal des Faux-Monnayeurs*, 3 janvier 1924). Il souhaite que le récit se développe de façon presque autonome sans interventionnisme du narrateur : « La composition d'un livre, j'estime qu'elle est de première importance. Le mieux est de laisser l'œuvre se composer et s'ordonner elle-même, et surtout ne pas la *forcer…* » (*Journal*, 1921). Ce qui fait écrire à Roger Martin du Gard :

> Gide a une matière admirable, inépuisable qu'il n'a qu'à brasser pour atteindre le chef-d'œuvre. C'est malheureux qu'une certaine disposition tordue de son cerveau l'incite sans cesse à couper net le mouvement, par l'introduction parasite de suppléments « curieux », auxquels on ne pourra prendre qu'un plaisir passager et cérébral !

Et d'ajouter : « C'est par là que son œuvre sera "de mode", c'est par là qu'elle vieillira. » Il y voit à la fois un goût de l'artifice et une incapacité profonde qui tient à la personnalité même de Gide. Le 17 juillet 1921, il écrit à son ami : « On dirait bien souvent que vous n'êtes pas pris par votre sujet, et que vos exercices acrobatiques vous captivent bien davantage. » Et de s'interroger : « Quel démon critique vous retient toujours, à califourchon sur les vannes de l'écluse, et qui s'amuse à doser avec une science espiègle les échappements de l'eau ? »

En fait, cela tient à deux conceptions différentes de la composition. Plus tard, lorsqu'il écrit les notes sur André Gide, Martin du Gard se souvient d'une anecdote révélatrice :

> Il a pris une feuille blanche, y a tracé une ligne horizontale toute droite. Puis, saisissant une lampe de poche, il a promené lentement le point lumineux

d'un bout à l'autre de la ligne : voilà votre *Barois* […]. Moi, voilà comme je veux composer mes *Faux-Monnayeurs*. Il retourne la feuille, y dessine un grand demi-cercle, pose la lampe au milieu et, la faisant virer sur place, il promène le rayon tout au long de la courbe, en maintenant la lampe au point central.

3.

Des personnages autonomes

André Gide a longtemps hésité sur le choix du narrateur des *Faux-Monnayeurs*. Dès 1919, lorsqu'il commence à écrire, il envisageait son roman comme un prolongement des *Caves du Vatican* (1914) et souhaitait reprendre le personnage de Lafcadio pour en faire le narrateur :

> J'hésite depuis deux jours si je ne ferai pas Lafcadio raconter mon roman. Ce serait un récit d'événements qu'il découvrirait peu à peu et auxquels il prendrait part en curieux, en oisif et en pervertisseur. (17 juin 1919)

Un mois après, il se demande si ce n'est pas «folie de vouloir éviter à tout prix le simple récit impersonnel» (26 juillet 1919). Mais quelques jours plus tard le principe de la multiplicité des points de vue s'impose :

> La journée d'hier je l'ai passée à me convaincre que je ne pouvais faire tout passer à travers Lafcadio ; mais je voudrais trouver des truchements successifs : par exemple ces notes de Lafcadio occuperaient le premier livre ; le second livre pourrait être le carnet de notes d'Édouard ; le troisième, un dossier d'avocat, etc. (28 juillet 1919)

Il sera repris puis précisé l'année suivante lorsque Gide décide de mettre en avant les différents points de vue des personnages :

> Je voudrais que les événements ne fussent jamais racontés directement par l'auteur, mais plutôt exposés (et plusieurs fois, sous divers angles) par ceux des acteurs sur qui ces événements auront eu quelque influence. (21 novembre 1920)

La multiplicité des points de vue est un principe présent depuis longtemps dans l'esprit de Gide. Déjà dans un projet de préface pour *Isabelle* (1910), il écrivait :

> Un roman tel que je le reconnais ou l'imagine, comporte une diversité de points de vue, soumise à la diversité des personnages qu'il met en scène ; c'est par essence une œuvre déconcentrée. Il m'importe du reste beaucoup moins d'en formuler la théorie que d'en écrire.

L'idée d'un récit impersonnel est complètement abandonnée au profit d'un récit polyphonique et subjectif qui suppose une collaboration active du lecteur chargé de rétablir ce que les personnages n'auraient pas pu ou voulu dire. Les interventions du narrateur relaient cette volonté de faire de ses personnages « des bobines vivantes », comme Gide l'écrit admirablement. Le narrateur intervient très souvent dans le récit de façon directe. Ses interventions peuvent sembler contradictoires.

Certaines d'entre elles ont une fonction explicative traditionnelle. Le narrateur commente les actions des personnages et explique certaines situations afin de faciliter la compréhension du lecteur :

> L'illogisme de son propos était flagrant, sautait aux yeux d'une manière pénible. Il apparaissait clairement

> que, sous son crâne, Édouard abritait deux exigences
> inconciliables, et qu'il s'usait à les vouloir accorder.
> (p. 207)

Il exhibe avec un certain plaisir sa supériorité par
rapport au lecteur : «la raison secrète de Robert, nous
tâcherons de la découvrir par la suite ; quant à celle de
Vincent, la voici… »

D'autres interventions sont des aveux d'ignorance
qui semblent faire du narrateur un double du lecteur :
«Je ne sais quelle secrète réserve, quelle pudeur, tient
ses camarades à distance. » «Je ne sais trop comment
Vincent et lui se sont connus. » De façon plus originale,
il porte sur les personnages le regard d'un spectateur
amusé et ironique. Ainsi, à propos d'Olivier, le narrateur indique : «Il n'a pas encore compris que Bernard
est parti pour de bon. » Il dénonce le mensonge de la
fiction :

> Passons. Tout ce que j'ai dit ci-dessus n'est que pour
> mettre un peu d'air entre les pages de ce journal. À
> présent que Bernard a bien respiré, retournons-y. Le
> voici qui se replonge dans sa lecture.

Cette mise à distance des personnages contribue à
défaire l'illusion romanesque tout en accordant aux
personnages une autonomie accrue. Gide insiste sur
l'autonomie de ses personnages. Lui-même avoue faire
connaissance avec eux au fur et à mesure de l'écriture
du récit. Par exemple, de Profitendieu il écrit : «Profitendieu est à redessiner complètement. Je ne le
connaissais pas suffisamment quand il s'est lancé dans
mon livre. Il est beaucoup plus intéressant que je ne le
savais » (*Le Journal des Faux-Monnayeurs*, 6 juillet 1924).
De même, il prête à son narrateur l'aveu d'une étonnante responsabilité d'auteur à l'égard de certains per-

sonnages secondaires : « [...] que faire avec tous ces gens-là ? Je ne les cherchais point ; c'est en suivant Bernard et Olivier que je les ai trouvés sur ma route. Tant pis pour moi ; désormais, je me dois à eux » (p. 244).

4.

Le roman du roman

1. Le journal d'Édouard

De nombreux critiques expliquent la richesse et l'originalité des *Faux-Monnayeurs* par l'utilisation de la mise en abyme, procédé consistant à faire d'une œuvre son propre sujet. Dès 1893, Gide a le projet d'une œuvre dont le sujet serait l'œuvre elle-même. Il écrit dans son *Journal* (août 1893) : « J'aime assez qu'en une œuvre d'art, on retrouve ainsi transposé, à l'échelle des personnages, le sujet même de cette œuvre. Rien ne l'éclaire mieux et n'établit plus sûrement toutes les proportions de l'ensemble. » On trouve dans le récit des *Faux-Monnayeurs* plusieurs objets ou symboles qui matérialisent cette mise en abyme du roman. Par exemple, une des gravures qui ornent la chambre d'Armand et qui représentent les différents âges de la vie évoque un thème qui est développé dans la fiction.

Mais c'est la présence au sein du récit du journal d'Édouard qui correspond le mieux à l'objectif que Gide s'était fixé. Il occupe une place centrale et massive dans l'œuvre. Quinze chapitres sur les quarante-trois que compte le roman sont consacrés au journal d'Édouard. De plus, son importance croît au fur et à mesure que le lecteur progresse. Enfin, c'est par la lecture du journal d'Édouard que s'achève le roman. Le principal sujet du journal d'Édouard est l'écriture de son roman, *Les Faux-Monnayeurs*, et les théories littéraires qui président à son élaboration. C'est là essentiellement que réside le procédé de mise en abyme dont beaucoup de critiques ont signalé l'originalité.

Pourtant le roman d'Édouard n'est pas le roman de Gide, pas plus qu'Édouard n'est Gide. Certaines déclarations de l'auteur ont pu prêter à confusion. Ainsi Gide a écrit à propos d'Édouard : «Il est certain que si Je, romancier, porte en moi le personnage d'Édouard, je dois porter également le roman qu'il écrit.» Il est vrai que l'on retrouve dans la correspondance de Gide ou dans son *Journal* beaucoup de théories qu'Édouard développe dans son propre journal. Mais, nous explique l'auteur, il les pousse à l'extrême : «J'ai soin qu'il manque, à chacun de mes héros (donc Édouard) ce peu de bon sens qui me retient de pousser aussi avant qu'eux certaines idées» (lettre à Roger Martin du Gard, 29 décembre 1925). Gide réfute toute identification avec son personnage :

> «Je n'ai jamais rien pu inventer.» C'est par une telle phrase du journal d'Édouard que je pensais le mieux me séparer d'Édouard, le distinguer... Et c'est de cette phrase au contraire que l'on se sert pour prouver que, «incapable d'invention» c'est moi que j'ai peint dans Édouard et que je ne suis pas romancier. (*Journal*, 20 octobre 1929)

Mais il précise :

> Il entre, dans chacune de ses réflexions ce léger biais qui fait que c'est Édouard qui la pense, et non moi. À mon avis, je dirai même que *l'indice de réfraction* m'importe plus que la chose réfractée. Et je ne puis imaginer un individu sans *biais*; mais ce qui me gêne (et me

> sert) c'est que tour à tour, *ou simultanément*, je les ai tous. Allez donc faire comprendre et admettre cela aux critiques ! !

On trouverait dans le roman beaucoup de points communs entre les événements et les personnages de la fiction et ceux de la réalité. Comme le remarquait justement François Mauriac dans son propre *Journal* en 1939 :

> Nul doute que ne soit très grande dans ce « roman » la part du journal authentique. [...] Tout ce que Gide m'a avoué, je le retrouve ici, à peine transposé. Ce sont les mêmes termes, bien souvent, que ceux entendus de sa bouche...

Ainsi Valentine Rondeaux, cousine et belle-sœur de Gide, avait rencontré au sanatorium de Pau celui qui devait devenir le père de son enfant. Gide était alors intervenu pour régler au mieux le divorce. Gide a été lui aussi dans une école privée où il avait comme instituteur un certain M. Vedel et dont il fut renvoyé pour « mauvaises habitudes », c'est-à-dire pour s'être adonné au plaisir solitaire. On pourrait ainsi multiplier les parallèles. Mais *Les Faux-Monnayeurs* ne sont pas un roman à clé. Les personnages ne sont que « l'incarnation des divers êtres possibles de Gide », selon l'expression de Pierre Chartier.

2. *Quid du* Journal des Faux-Monnayeurs ?

Reste à examiner *Le Journal des Faux-Monnayeurs* que Gide a écrit parallèlement à l'œuvre et où il a consigné « inch by inch, tous les progrès de [son] roman » (*Journal*, 7 août 1919). Gide avait dans un premier temps envisagé d'intégrer ce journal au roman : « Somme toute, ce cahier où j'écris l'histoire même du livre, je le vois versé tout entier dans le livre, en formant l'intérêt principal, pour la majeure irritation du lecteur. » Mais il a finalement abandonné ce projet et a décidé de les publier séparément. *Le Journal des Faux-Monnayeurs* est un texte fragmentaire et composite. On y retrouve beaucoup de théories qui sont reprises par Édouard dans le roman et des passages qui ont été finalement supprimés. On y trouve aussi des explications sur les choix stylistiques et narratifs de Gide et des éclaircissements sur la genèse de l'œuvre, notamment les deux articles du *Figaro* et du *Journal de Rouen* faisant état d'un trafic de fausse monnaie organisé par un groupe anarchiste et du suicide d'un jeune lycéen de Clermont-Ferrand mis en scène par ses camarades de classe.

Si l'on en croit Gide, *Le Journal des Faux-Monnayeurs* serait destiné à « ceux que les questions de métier intéressent ». Ce *Journal* n'a rien d'un dossier regroupant des notes de travail ou des brouillons écrits sur le vif. Il est au contraire bien structuré et son écriture très contrôlée. Ce n'est pas vraiment Gide qui parle à l'amateur de « questions professionnelles » mais plutôt le romancier des *Faux-Monnayeurs* tel que Gide voudrait qu'il soit. Nouveau palier dans la mise en abyme et nouveau décalage aussi. Le roman d'Édouard n'est pas le roman de Gide et *Le Journal des Faux-Monnayeurs* est une recomposition savante et déjà critique de la genèse de l'œuvre.

Dans ce jeu de miroitements incessants, le lecteur s'égare avec délices ou irritation. Il contemple l'œuvre avec un mélange de curiosité et d'étonnement. Dans *Les Faux-Monnayeurs*, Gide subvertit les codes traditionnels du roman et il refuse l'illusion romanesque. Grâce à un dispositif complexe de mise en abyme, il fait de son roman un reflet d'un possible roman. *Les Faux-Monnayeurs* sont peut-être le premier roman de l'air du virtuel. « Le génie même du roman fait vivre le possible ; il ne fait pas revivre le réel », écrit Gide. C'est en cela peut-être qu'il réussit à « être futur ».

Bibliographie

Pierre CHARTIER, *Les Faux-Monnayeurs d'André Gide*, Paris, Gallimard, « Foliothèque », 1991.

Lucien DÄLLENBACH, *Le Récit spéculaire. Essai sur la mise en abyme*, Paris, Le Seuil, 1974.

Olivier GOT, *Les Faux-Monnayeurs*, Paris, Nathan, coll. « Balises », 1991.

Alain GOULET, *Fiction et vie sociale dans l'œuvre d'André Gide*, Lettres modernes, Minard, 1985 ; *André Gide. Les Faux-Monnayeurs. Mode d'emploi*, SEDES, 1991.

Éric MARTY, *André Gide. Qui êtes-vous ?*, La Manufacture, 1987.

Pierre MASSON, *Lire Les Faux-Monnayeurs*, Lyon, P.U.L., 1990.

L'écrivain
à sa table de travail

Un roman carrefour

LORSQUE *LES FAUX-MONNAYEURS* paraissent en librairie, Gide a cinquante-six ans, l'âge de la maturité pour un écrivain. Intronisé « contemporain capital » par André Rouveyre en 1924, adulé par toute une génération, pressenti dès 1922 pour entrer à l'Académie française, il n'a rien d'un jeune débutant. Pourtant, au début des années 1920, il publie ses œuvres les plus provocatrices et les plus courageuses. Il est en pleine possession de ses moyens. C'est dans ce contexte d'affirmation de soi et de remise en cause des fausses valeurs, qu'il écrit *Les Faux-Monnayeurs*, qui reste à ce jour une de ses œuvres les plus célèbres.

1.

Un roman d'amitié

L'amitié joue un rôle très important dans *Les Faux-Monnayeurs*. Elle noue et dénoue les fils entre les principaux personnages du récit. Elle fut aussi décisive dans l'élaboration du projet romanesque de Gide. Dès sa publication, *Les Faux-Monnayeurs* sont dédiés à Roger

Martin du Gard. Dans son *Journal*, Gide explique en partie les raisons de cette dédicace :

> Il fut le seul que je consultai, et dont j'appelai les conseils : je ne notai que ceux contre lesquels je regimbai, mais c'est que je suivis les autres, à commencer par celui de réunir en un seul faisceau les diverses intrigues des *Faux-Monnayeurs* qui, sans lui, eussent peut-être formé autant de récits séparés. Et c'est pourquoi je lui dédiai le volume. (*Journal*, 17 avril 1928)

Il avait d'ailleurs reconnu sa dette à son ami dans une dédicace manuscrite qu'il lui avait adressée :

> Aurais-je écrit ce livre sans vous ? J'en doute. Et c'est pourquoi je vous le dédie. Votre exemple et votre bon conseil m'ont soutenu de page en page. Je souhaitais que chacune fût digne d'être approuvée par vous et de vous être offerte.

Roger Martin du Gard, comme beaucoup de jeunes gens de sa génération, avait été bouleversé par la lecture des *Nourritures terrestres* (1897). En 1913, il avait écrit à Gide pour le remercier « des quelques mots très indulgents » qu'il avait eus au sujet de son roman *Jean Barois*, qui venait de paraître. Mais c'est après la guerre que débuta véritablement la correspondance entre les deux hommes, un échange fécond qui influença profondément l'œuvre des deux écrivains. Roger Martin du Gard adopte dès 1914 un ton très libre avec son aîné, dont il n'hésite pas à critiquer les partis pris, le goût pour les confessions publiques et un certain exhibitionnisme littéraire. Plus tard, il s'étonnera de « l'outrecuidante désinvolture » dont il fit preuve à l'égard du « Grand prêtre de la *N.R.F.* ». Mais c'est justement cette franchise et cette liberté qui séduisirent Gide. Les deux écrivains surent dès lors qu'ils pouvaient attendre

de l'autre un avis sincère et sans concession. Le 22 juillet
1920, Roger Martin du Gard use de cette liberté de ton
d'une manière décisive. Après avoir «manié tout ce
qu'il possède» de Gide, il lui écrit :

> Chacun de vos livres exprime, avec un art infini (qui
> nous fait pâlir d'envie la vie), un petit coin de vie [...].
> Mais aucun n'exprime la vie, je ne dis pas sottement
> dans sa totalité (je sais bien!), mais la vie dans sa
> richesse, dans sa magnificence, dans sa complexité. Le
> jour où vous écrirez l'œuvre large et *panoramique* que
> j'attends de vous (que vous m'avez parfois semblé
> attendre vous-même), tout ce que vous avez écrit
> jusque-là paraîtra une série d'études préparatoires
> [...]. D'où vient que vous atteigniez bientôt la matu-
> rité et que cette œuvre ne naisse pas?

Cette longue et sévère lettre atteint Gide profondément. Le 10 août, il répond à Martin du Gard : «Vous
ne pouvez savoir de quel *secours* m'a été votre lettre et
quelle reconnaissance je vous ai de me parler ainsi.»

Mais sa véritable réponse fut littéraire, ce furent *Les
Faux-monnayeurs*.

2.

Une lente élaboration

*L*e *Journal des Faux-Monnayeurs* tenu par Gide tout au
long de l'élaboration de son roman, ainsi que son
Journal et sa correspondance avec Roger Martin du
Gard, permettent de suivre assez précisément la genèse
de l'œuvre.

Gide songeait depuis longtemps à écrire un roman.
Comme certains critiques l'ont justement remarqué,

Les Cahiers d'André Walter, la première œuvre publiée par Gide, étaient déjà le journal d'un roman. Pourtant c'est aux seuls *Faux-Monnayeurs* que l'auteur a accordé le nom de roman, un quart de siècle après sa déclaration à Valéry. Le projet en remonte au mois de juin 1919. Gide envisage alors d'écrire un récit dont Lafcadio, personnage des *Caves du Vatican* (1914), serait le narrateur. La rédaction est souvent interrompue par d'autres travaux, *Si le grain ne meurt* (1926), son autobiographie, qui paraît la même année que *Les Faux-Monnayeurs*, des traductions et des conférences. Gide travaille «à sauts et à gambades», comme l'écrivait Montaigne. Le 10 décembre 1921, il annonce à Roger Martin du Gard : «Le travail a ronflé pendant 10 jours, et j'ai écrit 40 pages de mon livre *currente calamo*.» Le 22 juillet 1922, Roger Martin du Gard se félicite que Gide abandonne enfin la traduction d'*Hamlet* pour se consacrer aux *Faux-Monnayeurs*. Mais dans une lettre du 27 avril 1923 : «Je corrige les épreuves de mon *Dostoïevski*, de *Corydon* et de *Si le grain*. Peut-être ne me remettrai-je sérieusement aux *F.-M.* qu'après que nous aurons causé.» Au mois de février 1924, il est encore occupé à tout autre chose : «Suis déchargé de ma préface à *Tom Jones*. La traduction proposée se découvre détestable et D. renonce à la publication. Ouf! Je me retrouve donc en face de mes *Faux-Monnayeurs*.»

Roger Martin du Gard lui enjoint de se consacrer plus sérieusement à l'écriture de son roman. Le 17 février 1924, il lui intime :

> Il faut que cet été, *Les Faux-Monnayeurs* fassent un pas décisif, et c'est possible maintenant : tous les éléments y sont. Il vous faudrait seulement abstraction et recueillement. Jamais vous n'arriverez à construire ce livre comme il est indispensable qu'il le soit, tant que vous

> continuerez à l'écrire sur les tables branlantes de
> vos successives auberges. Il s'agit maintenant de choi-
> sir une table robuste, fixée, et de vous « attabler »
> sérieusement !

Ses injonctions semblent avoir eu quelque effet
puisque le 29 juillet 1924 Gide lui annonce : « J'avais
remis à Gallimard la première partie des *Faux-Monnayeurs*, désireux de la faire paraître avant mon départ
pour l'A.E.F. Mais je l'ai ressaisie et crois préférable
d'attendre, pouvant être appelé à la modifier. » Enfin,
au mois de mars 1925 : « J'ai enfin pu remettre en mouvement la lourde machine, avec des efforts infinis. […]
Je crois que la *Fin* du livre est très proche. » Le 3 juin
1925, il lui annonce :

> J'ai mis au net les derniers chapitres écrits des *Faux-
> Monnayeurs*; c'est-à-dire que, surtout, j'en ai fait tom-
> ber les surcharges; à présent ils me paraissent assez
> bons. Je crois qu'il n'en manque plus que deux ou
> trois — sur lesquels, depuis avant-hier, je m'efforce…
> Ce serait si beau si je pouvais ne m'embarquer
> qu'après le point final !

Finalement le 8 juin, il note dans le *Journal des Faux-
Monnayeurs* : « Hier, 8 juin, achevé *Les Faux-Monnayeurs*. »
Gide aura mis six ans pour rédiger son premier roman.

3.

Un nouveau roman ?

Dans sa préface au *Portrait d'un inconnu* de Nathalie Sarraute (1900-1999), Jean-Paul Sartre classe
Les Faux-Monnayeurs parmi les « antiromans ». Ce jugement, qui a souvent été repris, a conduit certains cri-

tiques à faire de Gide un précurseur du «nouveau roman», mouvement littéraire de l'après-guerre dont les principaux représentants sont Nathalie Sarraute, Alain Robbe-Grillet (né en 1922) et Michel Butor (né en 1926). On peut trouver entre les deux générations d'écrivains des points communs comme le refus du réalisme, du récit discursif et du point de vue omniscient, la place accordée au lecteur et la dénonciation du mensonge et de l'illusion romanesque. Toutefois, les représentants du nouveau roman n'ont jamais revendiqué Gide comme leur précurseur.

En fait, bien des éléments amènent à voir dans le premier roman de Gide une synthèse de son œuvre personnelle. On retrouve dans *Les Faux-Monnayeurs* de nombreux thèmes et motifs empruntés aux œuvres précédentes. Ainsi Pierre Masson a relevé dans son étude de nombreux parallèles avec elles, telle la tragique aventure de Vincent et de Lilian qui n'est pas sans rappeler «l'entêtement dans le pire» qui, dans *L'Immoraliste*, poussait Michel à entraîner Marceline au fin fond du désert ou bien encore Laura et Rachel qui symbolisent dans le récit la femme mal mariée et la solitaire mystique qui sont au cœur de *La Porte étroite*. Dans une lettre à Roger Martin du Gard du 13 janvier 1923, Gide avait lui-même reconnu les liens qui unissaient les personnages des *Faux-Monnayeurs* avec ceux de ses précédents textes : «Je vis encore avec Bernard, avec Olivier. Édouard, c'est *Paludes*, un peu. Et Bernard c'est Lafcadio ; *Paludes* et *Les Caves !*» Des thèmes centraux de l'œuvre y sont repris tels l'homosexualité ou le rejet de la famille.

Mais beaucoup de motifs empruntés aux œuvres précédentes le sont de façon ironique ou critique. Ainsi, comme le note Pierre Masson, la scène du mariage de

Laura peut être rapprochée de celle de *La Porte étroite* dont elle constitue le renversement. Gide reprend les thèmes et les personnages de son œuvre pour mieux les mettre à distance. En écrivant *Les Faux-Monnayeurs*, Gide exprime un formidable désir de renouvellement à la fois de son œuvre et du genre romanesque. Il y revient à de nombreuses reprises : « J'ai soigneusement écarté de mes *Faux-Monnayeurs* tout ce qu'un autre aurait aussi bien que moi pu écrire, me contentant d'indications qui permissent d'imaginer tout ce que je n'étalais pas » (*Journal*, 1er août 1931).

4.

Le roman d'une vie

Comment interpréter ce désir de renouvellement ? Plusieurs réponses peuvent être apportées. Tout d'abord, il y a probablement une raison personnelle. Madeleine, sa cousine et épouse, avait dominé toutes ses premières œuvres. Mais en 1917 Gide est amoureux de Marc Allégret, avec qui il voyage en Suisse. Sa femme, apprenant sa liaison avec le jeune homme, brûle toutes ses lettres à l'été 1918. Cette destruction fut pour Gide un choc terrible : « C'est le meilleur de moi qui disparaît, et que ne contrebalancera plus le pire » (*Et nunc manet in te*, 1938). Cet acte scelle la séparation des deux époux. Comme il le note dans *Et nunc manet in te* : « Jusqu'aux *Faux-Monnayeurs* (le premier livre que j'aie écrit en tâchant de ne point tenir compte d'elle), j'ai tout écrit pour la convaincre, pour l'entraîner. Tout cela n'est qu'un long plaidoyer ; aucune œuvre n'a été plus intimement motivée que la mienne — et l'on n'y voit pas loin si l'on n'y distingue pas cela. »

Le contexte historique a lui aussi probablement joué dans ce désir de renouvellement. Le projet des *Faux-Monnayeurs* remonte à 1919, un an après la fin de la Première Guerre mondiale. On sait quel traumatisme le conflit a été pour la société française mais aussi pour les artistes. Outre les nombreux écrivains disparus prématurément (Alain-Fournier, Louis Pergaud, Charles Péguy...) ou gravement blessés (Guillaume Apollinaire, Blaise Cendrars), l'horreur des combats, le recours à la science pour la fabrication d'armes mortelles fait vaciller tous les idéaux positivistes qui avaient prévalu jusque-là. Gide n'a pas participé directement au conflit. Démobilisé en raison de sa santé, il s'est néanmoins rendu pendant près d'un an et demi au « Foyer franco-belge » chargé d'aider les réfugiés des territoires envahis par l'armée allemande. Impossible de créer et d'écrire sans tenir compte de ce bouleversement profond des consciences :

> Ce ne serait vraiment pas la peine d'avoir combattu pendant cinq ans, d'avoir tant de peine d'avoir combattu, d'avoir tant de fois supporté la mort des autres et vu remettre tout en question, pour se rasseoir ensuite devant la table à écrire et renouer le fil du vieux discours interrompu. (*Dada*)

En 1922, André Gide tient trois conférences qui ont pour sujet l'œuvre du romancier russe Fedor Dostoïevski (1821-1881), qui reste, à cette époque, largement méconnu du public français. Il y analyse longuement les caractéristiques de l'œuvre et rend compte du processus de création chez l'auteur de *Crime et Châtiment* (1866) et des *Frères Karamazov* (1880). À propos de cette dernière œuvre, il note :

> Elle naît d'une rencontre de l'idée et du fait, de la confusion (du *blending*, diraient les Anglais) de l'un et de l'autre, si parfaite que jamais l'on ne peut dire qu'aucun des deux éléments l'emporte, [...] chaque œuvre de Dostoïevski est le produit d'une fécondation du fait par l'idée.

Ainsi l'idée des *Frères Karamazov* était ancienne, « mais cette idée reste flottante dans son cerveau aussi longtemps qu'elle ne rencontre pas le fait divers (en l'espèce une cause célèbre, un procès de justice criminelle) qui la vienne féconder ». Gide avait lui-même emprunté le sujet de la fausse monnaie et du suicide final à deux articles de presse parus en 1906 et 1909. Gide portait *Les Faux-Monnayeurs* depuis longtemps en lui, comme une « idée flottante dans son cerveau ». Il fallut l'amitié de Roger Martin du Gard et une libération personnelle et douloureuse à l'égard du passé pour que se concrétise un projet dont on peut suivre la trace à travers toute l'œuvre. On ne peut aujourd'hui encore qu'admirer cette extraordinaire force de renouvellement qui guida Gide tout au long de sa vie.

Bibliographie gidienne

Le Journal des Faux-Monnayeurs (1927), Paris, Gallimard, « L'Imaginaire », 2002.

Journal 1889-1939, Paris, Gallimard, « Pléiade », 1948.

Dostoïevski (1923), Paris, Gallimard, « Les essais », 1981.

André GIDE — Roger MARTIN DU GARD, *Correspondance 1913-1951*, Paris, Gallimard, 1968, 2 volumes.

Groupement de textes

La mise en abyme

LE MOT ABÎME ou abyme est un terme technique qui se rapporte à l'art du blason. Il désigne le cœur de l'écu. «On dit qu'une figure est un abîme quand elle est avec d'autres figures au milieu de l'écu mais sans toucher aucune de ses figures» (Littré). Gide, qui découvre l'héraldique en 1891, reprend et enrichit le sens du mot pour l'appliquer à l'œuvre d'art. Il note dans son *Journal* en 1893 : «J'aime assez qu'en une œuvre d'art on retrouve ainsi transposé, à l'échelle des personnages, le sujet même de cette œuvre. Rien ne l'éclaire mieux et n'établit plus sûrement toutes proportions de l'ensemble. Ainsi, dans tels tableaux de Memling ou de Quantin Metzys, un petit miroir convexe et sombre reflète, à son tour, l'intérieur de la pièce où se joue la scène peinte. Ainsi, dans le tableau des *Ménines* de Vélasquez (mais un peu différemment). Enfin, en littérature, dans *Hamlet*, la scène de la comédie; et ailleurs dans bien d'autres pièces. Dans *Wilhelm Meister*, les scènes de marionnettes ou de fête de château. Dans *La Chute de la maison Usher*, la lecture que l'on fait à Roderick, etc. Aucun de ces exemples n'est absolument juste. Ce qui le serait beaucoup plus, ce qui dirait mieux ce que j'ai voulu dans mes Cahiers, dans mon Narcisse

et dans la Tentative, c'est la comparaison avec ce procédé du blason qui consiste, dans le premier, à en mettre
un second "en abyme". » Lucien Dällenbach, qui consacre
le premier essai détaillé sur la mise abyme (*Le Récit spéculaire*, Seuil, 1977), fait de ce texte de Gide la « charte »
du procédé qu'il définit ainsi : « est mise en abyme toute
enclave entretenant une relation de similitude avec
l'œuvre qui la contient ». Il propose plusieurs points de
repère à toute réflexion sur le sujet. Ainsi, on admettra
que la mise en abyme apparaît comme une modalité de
la réflexion, que « sa propriété essentielle consiste à faire
saillir l'intelligibilité et la structure formelle de l'œuvre »,
qu'elle s'applique à divers domaines et à diverses formes
d'art et enfin qu'elle « doit sa dénomination à un procédé héraldique que Gide a découvert en 1891 ».

William SHAKESPEARE (1564-1616)

Hamlet (1600-1601)

(trad. Jean-Michel Déprats, Folioplus classiques)

Tragédie en cinq actes, en vers et en prose, Hamlet *est une
des pièces les plus célèbres du dramaturge anglais William
Shakespeare. Le père du héros, roi du Danemark, a été assas-
siné par son frère Claudius, qui usurpe le trône et épouse sa
belle-sœur. Le spectre du défunt apparaît à Hamlet et lui
demande de le venger. Celui-ci feint la folie afin de mener à
bien la mission qui lui a été confiée. Au début de l'acte III, il
organise une représentation théâtrale afin de démasquer le
meurtrier. Dans une scène célèbre, Hamlet et Ophélie, en présence du roi, de la reine et de la cour, assistent à un spectacle
donné par des comédiens et dans lequel est transposé le
meurtre du père d'Hamlet.*

HAMLET : Madame, vous aimez cette pièce ?
LA REINE : La dame fait trop de serments, il me semble.
HAMLET : Oh ! mais elle tiendra parole !

LE ROI : Vous connaissez l'argument ? Ne contient-il aucune offense ?

HAMLET : Non, non, ce n'est qu'un jeu, ils s'empoisonnent par jeu ! Aucune offense au monde !

LE ROI : Comment appelez-vous cette pièce ?

HAMLET : *La Souricière*. Pardi, métaphoriquement ! Cette pièce est l'image d'un meurtre commis à Vienne. Gonzague est le nom du duc, sa femme s'appelle Baptista. Vous allez voir, c'est un chef-d'œuvre de crapulerie, mais qu'importe ? Votre Majesté, et nous qui avons l'âme libre, cela ne nous touche pas. Que bronche la carne écorchée, notre garrot n'est pas blessé. Celui-ci est un certain Lucianus, neveu du Roi.

Entre Lucianus.

OPHÉLIE : Vous faites bien le chœur, mon seigneur.

HAMLET : Je pourrais même servir d'interprète entre vous et votre amant si je pouvais voir se trémousser les marionnettes.

OPHÉLIE : Vous êtes piquant, mon seigneur, vous êtes piquant.

HAMLET : Il ne vous en coûterait qu'un petit cri d'émousser ma pointe.

OPHÉLIE : Encore meilleur, et encore pire.

HAMLET : C'est ainsi que vous méprenez vos maris : pour le meilleur et pour le pire. Commence, meurtrier. Par la vérole, laisse là tes maudites grimaces et commence. Vas-y : le croassant corbeau vocifère : Vengeance.

LUCIANUS :

> Noires pensées, main experte, drogue sûre, heure propice.
> Nul être n'est témoin hormis l'instant complice,
> Toi, fétide mixture, concoctée avec des herbes de la minuit,
> Par la malédiction d'Hécate trois fois infectées et trois fois flétries,
> Que ta magie native et tes propriétés
> Usurpent en un instant sa vie et sa santé.

Il verse le poison dans l'oreille du dormeur.

HAMLET : Il l'empoisonne dans son jardin pour s'emparer de sa couronne. Son nom est Gonzague.

L'histoire est parvenue jusqu'à nous, écrite dans un excellent italien. Vous allez voir maintenant comment le meurtrier gagne l'amour de la femme de Gonzague.

OPHÉLIE : Le roi se lève.

HAMLET : Quoi, effrayé par un coup de feu à blanc ?

LA REINE : Êtes-vous souffrant, mon seigneur ?

POLONIUS : Arrêtez la pièce.

LE ROI : Donnez-moi de la lumière ! Partons.

POLONIUS : Lumière, lumière, lumière !

> *Tous sortent, excepté Hamlet et Horatio.*

(Acte III, scène 2)

NOVALIS (1772-1801)

Henri d'Ofterdingen (posthume, 1802)

(traduction R. Rovini, « 10/18 »)

Chef-d'œuvre inachevé de l'écrivain romantique allemand Novalis, Henri d'Ofterdingen *est un roman dont l'action se situe dans un univers médiéval mythique. Le héros, Henri d'Ofterdingen, est l'auteur présumé des* Nibelungen. *Un jour, il voit en rêve la fleur bleue, le but idéal de sa vie. Il décide de parcourir le monde pour aller à la rencontre de son destin de poète. En chemin, il rencontre un ermite chez qui il découvre un livre étrange qui contient sa propre histoire.*

L'ermite, remarquant le plaisir que prenait Henri à ses livres, l'engagea à rester là pendant ce temps pour continuer à les regarder. Henri, heureux de ne pas quitter les livres, le remercia chaleureusement de cette permission. Et c'est avec une joie infinie qu'il se mit à fureter et à feuilleter. Il finit par lui tomber entre les mains un ouvrage écrit dans une langue étrangère qui lui parut avoir quelque ressemblance avec le latin et l'italien. Il aurait souhaité de toute son âme connaître cette langue, car le livre lui plaisait entre tous sans qu'il en comprît une syllabe. Il n'avait pas de titre, mais en cherchant bien Henri y trouva quelques images. Il s'émerveilla tant elles lui parurent déjà familières, et en regardant mieux il découvrit, assez reconnaissable parmi les autres, sa propre figure. Il sursauta, effrayé, croyant rêver, mais quand il l'eût examiné à plusieurs reprises il ne lui resta plus de doute, la ressemblance était parfaite. Il n'en crut pas ses yeux quand il découvrit sur une autre de ces miniatures à côté de lui dans la grotte, l'ermite et le vieux mineur. Feuilletant toujours, il trouva d'image en image l'Orientale, ses parents, le landgrave de Thuringe et sa dame, son ami le chapelain de la cour, et plusieurs autres de ses connaissances ; toutefois leurs vêtements avaient changé et semblaient d'une autre époque. Sur beaucoup de ces figures il n'aurait su mettre un nom, mais elles ne lui en semblaient pas moins connues. Il vit sa propre image dans diverses situations. Vers la fin, il se trouva une figure plus grande, plus noble. La guitare à la main, il recevait une couronne de la landgrave. Il se vit à la cour impériale, sur un vaisseau, entre les bras amoureux d'une svelte beauté, aux prises avec des hommes d'aspect farouche, enfin tenant d'amicales conversations avec des Sarrasins et des Mores. Un homme d'allure importante se montrait souvent en sa compagnie. Il se sentait une vénération profonde pour cette grande figure, et il fut heureux de le voir à côté de lui, le bras passé au sien. Les dernières images étaient obscures et incompréhensibles ; mais il fut surpris, et ravi en son cœur, d'y trouver certaines figures de son rêve ; la fin du livre semblait manquer. Henri en fut fort chagrin, et ne brûlait que du désir de pouvoir lire et posséder ce volume en entier. Il se remit à contempler les miniatures, chacune à plusieurs reprises, et fut consterné d'entendre revenir le petit groupe. Une étrange pudeur l'envahit. Il ne se sentit pas le cœur de trahir sa découverte et ferma le livre, affectant l'indifférence pour en demander le titre et la langue à l'ermite. Il apprit ainsi qu'il était rédigé en provençal. — Il y a longtemps que je l'ai lu, dit l'ermite. Je n'ai plus en mémoire le détail de ce qu'il contient. Autant qu'il m'en souvienne, c'est le roman d'un poète à la destinée prodigieuse, et la poésie y est exaltée et représentée dans ses formes diverses d'existence. La fin manque à ce manuscrit que j'ai rapporté de Jérusalem, l'ayant trouvé dans l'héritage laissé par un de mes amis et conservé en souvenir de lui.

Stéphane MALLARMÉ (1842-1898)
« Le Sonnet en X »
Poésies (1899)
(Poésie/Gallimard)

« Le Sonnet en X », initialement intitulé « Sonnet allégorique de lui-même », est sans doute le poème le plus difficile et le plus fascinant de Stéphane Mallarmé. Il se démarque des autres modèles de mise en abyme reproduits ici car il n'obéit pas au principe d'inclusion défini par Gide et repris par Lucien Dällenbach. Toutefois Mallarmé a maintes fois insisté sur le caractère réflexif de son poème. Il le définit comme un « sonnet nul se réfléchissant de toutes les façons » et où « le sens, s'il en a un […], est évoqué par un mirage interne des mots mêmes ».

Ses purs ongles très haut dédiant leur onyx,
L'Angoisse, ce minuit, soutient, lampadophore,
Maint rêve vespéral brûlé par le Phénix
Que ne recueille pas de cinéraire amphore

Sur les crédences, au salon vide : nul ptyx,
Aboli bibelot d'inanité sonore,
(Car le Maître est aller puiser des pleurs au Styx
Avec ce seul objet dont le Néant s'honore).

Mais proche la croisée au nord vacante, un or
Agonise selon peut-être le décor
Des licornes ruant du feu contre une nixe,

Elle, défunte nue en le miroir, encor
Que, dans l'oubli fermé par le cadre, se fixe
De scintillations sitôt le septuor.

Marcel PROUST (1871-1922)
À la recherche du temps perdu (1913-1927)
Le Temps retrouvé

(Gallimard, « Quarto »)

Somme romanesque publiée de 1913 à 1927 en sept volumes, À la recherche du temps perdu *est l'œuvre d'une vie. Marcel Proust consacra à l'écriture de son roman les quinze dernières années de son existence, marquées par la maladie et l'isolement.* Le Temps retrouvé *constitue le dernier volet de cette œuvre monumentale. Au terme d'un long parcours initiatique et d'une lente réflexion sur l'art et le temps, le narrateur trouve finalement en lui la volonté d'écrire un livre semblable aux* Mille et Une Nuits *et dont le thème principal serait le Temps.*

Ce serait un livre aussi long que *Les Mille et Une Nuits* peut-être, mais tout autre. Sans doute, quand on est amoureux d'une œuvre, on voudrait faire quelque chose de tout pareil, mais il faut sacrifier son amour du moment, ne pas penser à son goût, mais à une autre vérité qui ne vous demande pas vos préférences et vous défend d'y songer. Et c'est seulement si on la suit qu'on se trouve parfois rencontrer ce qu'on a abandonné, et avoir écrit, en les oubliant, les « Contes arabes » ou les « Mémoires de Saint-Simon » d'une autre époque. Mais était-il encore temps pour moi ? N'était-il pas trop tard ?

Je me disais non seulement : « Est-il encore temps ? » mais « Suis-je encore en état ? » La maladie qui, en me faisant, comme un rude directeur de conscience, mourir au monde, m'avait rendu service « car si le grain de froment ne meurt après qu'on l'a semé, il restera seul, mais s'il meurt, il portera beaucoup de fruits », la maladie qui, après que la paresse m'avait protégé contre la facilité, allait peut-être me garder contre la paresse, la maladie avait usé mes forces, et comme je l'avais remarqué depuis longtemps notamment au moment où j'avais cessé d'aimer Albertine, les forces de ma mémoire. Or la recréation par la mémoire d'impressions qu'il fallait ensuite approfondir, éclairer, transformer en équivalents d'intelligence, n'était-elle pas une des conditions, presque l'essence même de l'œuvre d'art telle que je l'avais conçue tout à l'heure dans la bibliothèque ? [...]

Alors je pensais tout d'un coup que si j'avais encore la force d'accomplir mon œuvre, cette matinée — comme autrefois à Combray certains jours qui avaient influé sur moi — qui m'avait, aujourd'hui même, donné à la fois l'idée de mon œuvre et la crainte de ne pouvoir la réaliser marquerait certainement avant tout, dans celle-ci, la forme que j'avais pressentie autrefois dans l'église de Combray et qui nous reste habituellement invisible, celle du Temps.

Michel BUTOR (né en 1926)

L'Emploi du temps (1956)

(Éditions de minuit)

La mise en abyme est dès l'origine un procédé privilégié du nouveau roman. Selon Jean-Paul Sartre, les œuvres de Nathalie Sarraute, Michel Butor et Alain Robbe-Grillet « marquent seulement que nous vivons à une époque de réflexion et que le roman est en train de réfléchir sur lui-même » (préface à Portrait d'un inconnu *[1948] de N. Sarraute). Dans le roman* L'Emploi du temps *de Michel Butor, le narrateur, Jacques Revel, passe un stage d'un an à Bleston, une ville anglaise imaginaire. Il décide de raconter son séjour et expose les difficultés qu'il rencontre dans la réalisation de cette entreprise. Le texte transforme le récit d'une aventure en aventure d'un récit.*

J'ai devant les yeux cette première page du jeudi 1er mai, que j'ai écrite tout entière à la lumière de ce

jour finissant, voici trois mois, cette page qui se trouvait tout en bas de la pile qui s'est amassée lentement
devant moi depuis ce temps-là, et qui va s'accroître
dans quelques instants de cette autre page que je raye
de mots maintenant; et je déchiffre cette phrase que
j'ai tracée en commençant : « Les lueurs se sont multi-
pliées », dont les caractères se sont mis à brûler dans
mes yeux quand je les ai fermés, s'inscrivant en flammes
vertes sur fond rouge sombre, cette phrase dont j'ai
retrouvé les cendres sur cette page quand j'ai rouvert
mes paupières, ces cendres que je retrouve maintenant.
Le soleil avait quitté ma table; il s'était enfoncé derrière les cheminées de la maison qui est à l'angle de
Dew Street, et j'ai écrit cette seconde phrase : « C'est à
ce moment que je suis entré, que commence mon
séjour dans cette ville, cette année dont plus de la moitié s'est écoulée », m'enfonçant de plus en plus dans
ce mois d'octobre, dans cette première nuit, « lorsque
peu à peu, je me suis dégagé de ma somnolence, dans
ce coin de compartiment où j'étais seul face à la
marche », comme je m'y enfonce de nouveau en la
lisant en la copiant, comme je m'y réveille de nouveau
« près de la vitre noire couverte à l'extérieur de gouttes
de pluie ».
Le cordon de phrases qui se love dans cette pile et qui
me relie directement à ce moment du 1er mai où j'ai
commencé à tresser, ce cordon de phrase est un fil
d'Ariane parce que je suis dans un labyrinthe, parce
que j'écris pour m'y retrouver, toutes ces lignes étant
les marques dont je jalonne les trajets déjà reconnus,
le labyrinthe de mes jours à Bleston, incomparable-
ment plus déroutant que le palais de Crète puisqu'il
s'augmente à mesure que je le parcours, puisqu'il se
déforme à mesure que je l'explore.

Chronologie

André Gide et son temps

1.

Le temps de la formation

1. *Une enfance surprotégée*

André Gide est né à Paris le 22 novembre 1869. Son père, Paul Gide (1832-1880), était professeur à la faculté de droit, et frère de l'économiste Charles Gide à qui l'on doit l'introduction en France de la loi de Gresham. Sa mère, née Juliette Rondeaux, appartenait à une famille de riches bourgeois d'affaires. Tous deux étaient de confession protestante. À Paris, la famille habite successivement rue de Médicis puis rue de Tournon, à proximité du jardin du Luxembourg. La jeunesse d'André Gide est marquée par l'austérité de sa mère, qui lui donna une éducation stricte et puritaine. En 1877, Gide entre pour la première fois à l'École alsacienne dans la classe de M. Vedel, nom repris dans *Les Faux-Monnayeurs*. Il en est renvoyé pendant trois mois pour « mauvaises habitudes », c'est-à-dire parce qu'il s'est adonné à la masturbation. Il est alors menacé de castration par un médecin et doit affronter la tristesse de ses parents. C'est à cette époque qu'il tombe malade. Il est sujet à de fréquentes crises nerveuses et de migraines qui l'éloignent d'une scolarité normale.

2. *La vocation littéraire*

En 1882, il découvre la souffrance de sa jeune cousine Madeleine, qui vit avec le secret des relations adultères de sa mère. André Gide s'éprend d'elle et partage avec elle une période d'exaltation mystique entre 1885 et 1888. C'est aussi à cette époque qu'il découvre la littérature. La lecture du *Journal* d'Amiel en 1883 constitue un tournant décisif dans sa vocation littéraire. En 1887, il retourne à l'École alsacienne où il a comme camarade Pierre Louÿs, lui aussi promis à un brillant avenir littéraire. Après son baccalauréat, qu'il obtient à la session d'octobre 1889, il fréquente assidûment les milieux littéraires. Il rencontre Paul Valéry en 1890, Maurice Barrès et il est introduit en 1891 par Pierre Louÿs auprès du poète Stéphane Mallarmé, qui est alors le maître à penser de la génération symboliste. Cette même année 1891, André Gide publie son premier ouvrage, *Les Cahiers d'André Walter*, à la Librairie de l'Art indépendant fréquentée par tous les artistes symbolistes, après l'avoir retiré des mains de son premier éditeur, Perrin, dont il était mécontent.

1870	Début de la IIIe République.
1871	La Commune.
1876	Mallarmé, *L'Après-midi d'un faune*.
1886	Moréas, *Manifeste de l'école symboliste*.
1889	Le scandale de Panamá.
	Exposition universelle de Paris ; la tour Eiffel.
1891	Oscar Wilde, *Le Portrait de Dorian Gray*.

2.

De nouvelles expériences

1. *De* Paludes *aux* Nourritures terrestres

La parution en 1892 du *Voyage d'Urien* est ignorée par les critiques. Mais en 1891 sa rencontre avec Oscar Wilde lui fait découvrir une autre voie. Gide se détache peu à peu de l'idéal ascétique d'André Walter. Lors d'un voyage avec Paul Laurens en Algérie, en Tunisie et en Italie en 1893-1894, Gide découvre l'homosexualité et est initié à l'amour physique par la jeune Mériem. Après avoir rédigé *Paludes* (1895), qui clôt de façon satirique sa période symboliste, il songe à ce qui deviendra *Les Nourritures terrestres* (1897), véritable plaidoyer en faveur de la vie. L'œuvre sera saluée par la critique et marquera profondément toute une génération de lecteurs. Le 31 mai 1895, Juliette Gide meurt. Cette disparition est à la fois une souffrance et une libération. Au mois de juin, il obtient enfin l'accord de Madeleine pour des fiançailles. Quelques mois plus tard, en octobre, Gide épouse Madeleine.

2. *La création de la* N.R.F.

Le début du XXᵉ siècle marque une certaine pause dans la création. Sept années séparent la publication de *L'Immoraliste* (1902) et de *La Porte étroite* (1909). Entre-temps, Gide peine à écrire quelques textes dont le retentissement est faible (*Prétexte*, 1903 ; *Amyntas*, 1906 ; *Le Retour de l'enfant prodigue*, 1907). C'est à cette époque qu'il se lie d'amitié avec Jacques Copeau et Jean Schlumberger. Avec eux, il crée une nouvelle revue littéraire, la *N.R.F.*, dont l'influence va être décisive sur la littérature de cette période. Grâce au soutien du jeune Gaston Gallimard dès 1911, la *Nouvelle Revue française* fait ainsi découvrir les œuvres de Marcel Proust, d'Alain-Fournier, de Jean Giraudoux, de Paul Valéry, de Roger Martin du Gard et de bien d'autres auteurs promis à un grand avenir littéraire.

1894-1906	Affaire Dreyfus.
1896	Alfred Jarry, *Ubu Roi.*
1897	Maurice Barrès, *Les Déracinés.*
1899	Création de l'Action française.
1900	Freud, *L'Interprétation des rêves.*
1902	Mort de Zola.
1907	Picasso, *Les Demoiselles d'Avignon.*
1909	Monet, *Les Nymphéas.*
1912	Naufrage du *Titanic.*

3.

Gloire et scandale

1. *L'aveu de l'homosexualité*

Malgré le succès critique de *La Porte étroite* (1909), Gide n'est pas satisfait. Le demi-échec des *Caves du Vatican* (1914) accroît le sentiment qu'il n'est pas compris. Gide se sent de plus en plus isolé. L'élaboration de *Corydon*, un essai sur la pédérastie, lui vaut la désapprobation de ses proches, tandis que Paul Claudel refuse de traiter avec lui depuis la parution des *Caves du Vatican*, où il soupçonnait des «relents de pédérastie».

Évincé de la direction de la *N.R.F.* où il est remplacé par Jacques Rivière et Gaston Gallimard, Gide est désœuvré quand débute la Première Guerre mondiale. Pourtant, plusieurs rencontres vont être décisives. Celle, tout d'abord, de Roger Martin du Gard dès 1913, qui restera un ami fidèle jusqu'à son décès et participera activement à l'élaboration des *Faux-Monnayeurs*. Celle, ensuite, de Marc Allégret, dont Gide tombe amoureux et avec qui il part en voyage. Cette dernière rencontre marque la fin de sa relation avec Madeleine, qui, ayant découvert sa liaison, brûle ses lettres. C'est une libération et un nouveau tournant dans la carrière littéraire de Gide.

2. Les Faux-Monnayeurs

La séparation avec Madeleine lui permet de publier *Corydon* (1924) et de travailler plus sereinement à son autobiographie, un des chefs-d'œuvre du genre, *Si le grain ne meurt* (1926). L'influence de Gide au début des années 1920 est réelle, comme le prouve la force des attaques dont il est l'objet de la part de plusieurs écrivains et intellectuels de la droite catholique (Henri Béraud, Henri Massis). Pressenti pour entrer à l'Académie française en 1922, André Rouveyre le déclare « contemporain capital » en 1924. La parution des *Faux-Monnayeurs* en 1926 est l'emblème de ce renouveau. De l'aveu même de l'auteur, c'est le premier ouvrage écrit hors de l'influence de Madeleine. C'est aussi « son premier roman » et un roman d'un genre nouveau qui préfigure beaucoup des expérimentations futures du nouveau roman.

1913	Apollinaire, *Alcools*; Alain-Fournier, *Le Grand Meaulnes*; Proust, *Du côté de chez Swann*.
1914-1918	Première Guerre Mondiale.
1917	Manifeste Dada.
1922	Joyce, *Ulysse*.
	Mort de Proust.
1924	Breton, *Manifeste du surréalisme*.
1925-1926	Abbé Brémond, *La Poésie pure*.

4.

Un écrivain engagé

Après la publication des *Faux-Monnayeurs*, Gide quitte la France avec Marc Allégret et se rend au Congo puis au Tchad. De ces voyages, il ramène la matière de deux ouvrages qui sont des charges violentes contre les abus de la colonisation (*Voyage au Congo*, 1927; *Retour du Tchad*, 1928). Au début des années 1930, il s'intéresse à la question sociale et au communisme qui gagne alors l'Europe occidentale. En 1936, il se rend en URSS avec Pierre Herbart, Louis Guilloux, Eugène Dabit et Jacques Schiffrin. Mais, au lieu de découvrir une société nouvelle et plus égalitaire, il y découvre le totalitarisme. À son retour en France, il publie *Retour de l'URSS* (1936) puis *Retouches à mon «Retour de l'URSS»* (1937) qui scellent sa rupture avec le parti communiste français.

Après ses multiples déceptions, André Gide renonce à l'engagement. Pendant la Seconde Guerre mondiale, après avoir un temps hésité à l'égard du pétainisme, il rompt avec la nouvelle direction de la *N.R.F.* et s'exile à Tunis. Après la Libération, Gide n'écrit presque plus. Il accumule les distinctions : docteur *honoris causa* à Oxford et prix Nobel de littérature en 1947. Alors que Jean-Paul Sartre domine la scène littéraire, Gide s'occupe de la publication de son *Journal,* probablement son chef-d'œuvre, et de ses dernières œuvres. Il s'éteint le 19 février 1951 et est enterré auprès de Madeleine à Cuverville. Sa mort ne mit pas fin à l'influence et au caractère controversé de son œuvre, puisque, en 1952, le Vatican la mit à l'Index.

1929	Crise économique.
1932	Céline, *Voyage au bout de la nuit.*
1936	Front populaire
	Guerre d'Espagne.
1940	Armistice. Régime de Vichy.
1942	Camus, *L'Étranger.*
1948	Sarraute, *Portrait d'un inconnu.*
1950	Ionesco, *La Cantatrice chauve.*

Bibliographie

Auguste ANGLÈS, *André Gide et le premier groupe de la NRF (1908-1914)*, Paris, Gallimard, 1978-1986, 3 volumes.

Jean DELAY, *La Jeunesse d'André Gide (1869-1895)*, Paris, Gallimard, 1956-1957, 2 volumes.

André GIDE, *Journal 1889-1939*, Paris, Gallimard, «Pléiade», 1948; *Si le grain ne meurt* (1926), Paris, Gallimard, Folio, 2002.

Pierre LEPAPE, *André Gide. Le Messager*, Paris, «Points Seuil», 2001.

Claude MARTIN, *André Gide ou la vocation du bonheur*, Paris, Fayard, 1995; *Gide*, Paris, Le Seuil, «Écrivains de toujours», 1963.

Site de l'association des Amis d'André Gide :
www.gidiana.net

```
┌─                                              ─┐
        Éléments pour une
          fiche de lecture
└─                                              ─┘
```

Regarder le tableau

- Qu'est-ce que l'attitude des corps de chacun des protagonistes dégage ?
- Lequel des deux semble en position de force, ou de faiblesse ?
- Que pensez-vous du décor de cette scène ? Certains détails attirent-ils votre attention ?
- Trouvez-vous qu'il y a un décalage entre ce décor, les couleurs du tableau et la scène de lutte qu'il représente ?

« Famille je vous hais ! »

- Combien de familles apparaissent dans *Les Faux-Monnayeurs* ?
- Quelles relations entretiennent les parents de ces différentes familles ?
- Quelles relations les parents entretiennent-ils avec leurs enfants ?
- Quelle image de l'adolescence est développée dans le roman ?
- Quels personnages sont dépourvus de famille dans le roman ?

- Quels sont dans le roman les personnages qui tentent d'échapper à leur famille ? Comment ? Pourquoi ?
- Étudier l'évolution des relations de Bernard avec sa famille.
- Gide écrit en 1909 dans *Les Nourritures terrestres* : « Famille je vous hais ! » Cet énoncé peut-il encore s'appliquer aux *Faux-Monnayeurs* ?

Une diversité de genres

- Combien de lettres apparaissent dans le récit ? Étudier leur insertion dans la narration et leur fonction dans le roman.
- À quel chapitre le journal d'Édouard fait-il son apparition dans le roman ? À quels indices typographiques, structurels et énonciatifs l'identifie-t-on ? Comment est-il inséré dans la narration ?
- Quelles relations le journal d'Édouard entretient-il avec le reste du récit ? Constitue-t-il une pause dans le récit ou au contraire le relance-t-il ?
- Gide avait initialement prévu de fondre *Le Journal des Faux-Monnayeurs* dans son roman. Il a ensuite renoncé à ce projet et s'en est plus tard félicité. Pourquoi ?
- La multiplicité des genres dans le récit (lettre et journal) est-elle un obstacle à l'unité des *Faux-Monnayeurs* ?

L'écrivain et ses doubles

- Montrez que les personnages d'Édouard et de Passavant sont construits en opposition.
- Quels autres personnages d'écrivains apparaissent dans le roman ?

- Relevez dans le texte les références aux milieux littéraires de l'époque de Gide. Quel portrait l'auteur dresse-t-il de ses contemporains ?
- Édouard est-il un double de Gide ?
- En vous aidant de la biographie et des notes de la présente édition, vous étudierez la part de l'inspiration autobiographique dans le roman.

L'omniprésence de la culture

- Cherchez dans un dictionnaire le sens et l'étymologie du mot « épigraphe ». Relevez toutes les épigraphes du texte. Essayez de les classer. Étudiez leur répartition dans le roman.
- Choisissez deux ou trois épigraphes et analysez leur fonction par rapport aux chapitres qu'elles précèdent.
- À l'aide des notes relevez les citations qui parsèment le roman. À quel(s) domaine(s) appartiennent-elles ? Comment expliquez-vous leur omniprésence dans le récit ?
- Retrouvez dans le texte la citation de Jean de La Fontaine qui fait l'objet de la dissertation au baccalauréat. En quoi le sujet est-il emblématique des enjeux du roman ?

La part du diable

- Relevez dans le texte les manifestations du diable.
- En vous aidant des notes de la présente édition, relevez dans le texte les références à la Bible.
- Le roman consacre-t-il le triomphe du diable ?
- La présence du diable et de l'ange dans le récit a-

t-elle une fonction métaphysique, morale ou esthétique ?

Un lecteur malmené

• Dans *Le Journal des Faux-Monnayeurs*, Gide écrit : «Tant pis pour le lecteur paresseux : j'en veux d'autres. Inquiéter, tel est mon rôle. Le public préfère toujours qu'on le rassure. Il en est dont c'est le métier. Il n'en est que trop» (29 mars 1925). En quoi cette citation rend-elle compte de votre lecture des *Faux-Monnayeurs* ?

Pour plus d'informations,
consultez le catalogue à l'adresse suivante :
http ://www.gallimard.fr